悪の歴史

西洋編 下

堀越孝一◆編

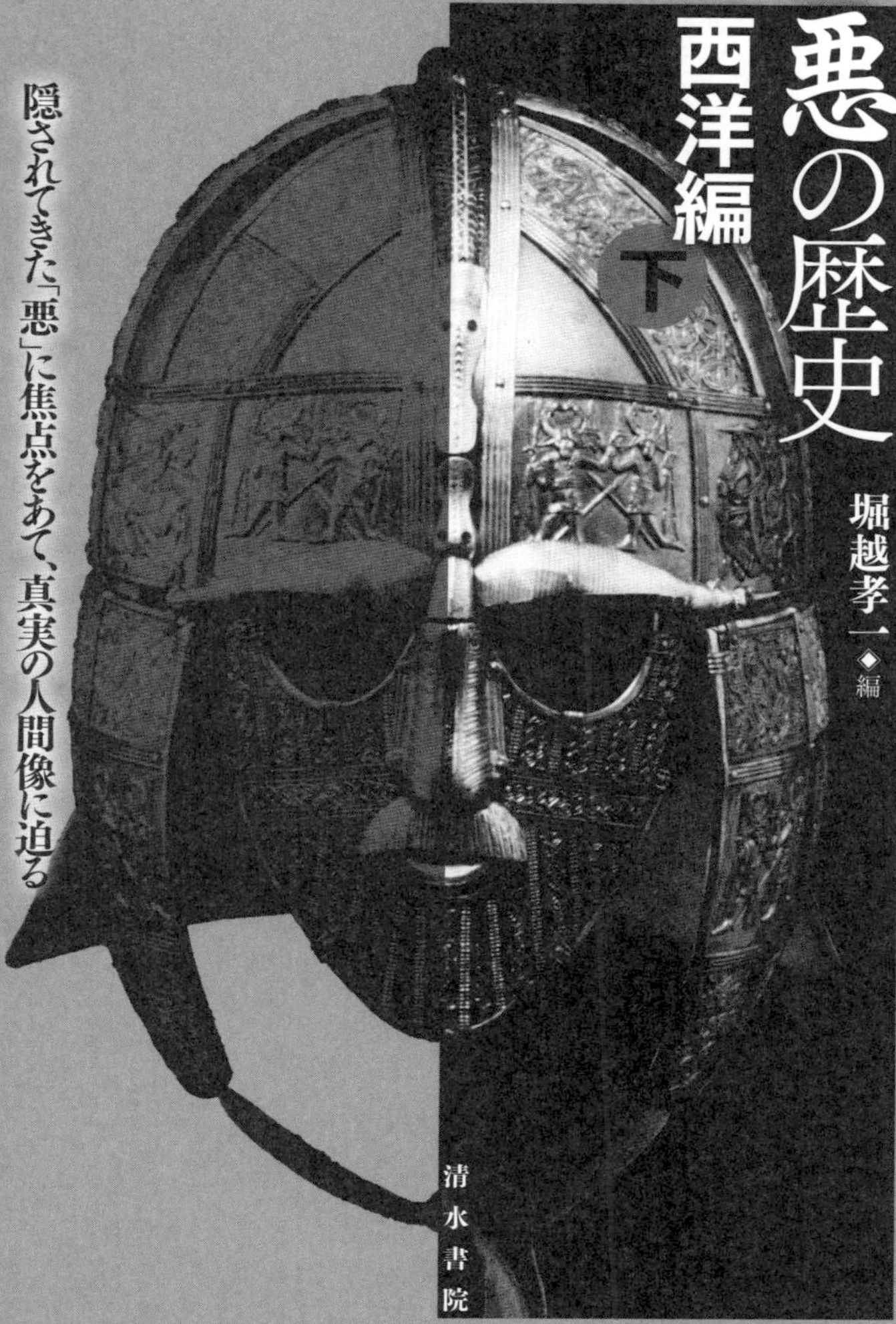

清水書院

隠されてきた「悪」に焦点をあて、真実の人間像に迫る

はしがき

ボンとモーヴェは善と悪か

『パリの住人の日記』の一四一九年の記事に、ブルゴーニュ侯おそれしらずのジャンの死を悼む文章だが、戦火の災いを語って、良家の娘、貞淑な婦人が強姦されて恥ある身となり、飢えをしのごうとモーヴェーズになる、という文章が見える。モーヴェーズはモーヴェな女だが、こういうのにはわたしは一番弱い。悪い女だ、最低でも良くない女だ。そうでしょうと同意を求められても、わたしは身がすくむ。ボンな女ではない。そうかなあ。

『ヴィヨン遺言詩集』の「遺言の歌」の「むかしの女たちのバラッド」の第三連に、

またジャーン、ラ・ボーン・ロレーン、
イギリス人がルーアンで火炙りにした、

と見える。カタカナをならべたのは訳しようがなかったからで、それはたしかに清水書院の『ジャンヌ＝ダルクの百年戦争』の旧版に引用したときには「よきロレーヌ女」と訳したが、同じ本の朝日文庫版には「善良なロレーヌ女」とみえるし、「その性やよしロレーヌ女」と訳してみせた本もある。

「フランソワ・ヴィヨン研究」の第一世代のオーギュスト・ロンニョンは、「ボン」はジャンヌのばあいは「ブラーヴ」と読み替えたらどうだろうかと提案した。一八九二年にパリで出版した『フランソワ・ヴィヨン全集』の「語彙─索引」の「ボン」の項にこう書いている、

「シャルル・セッティエーム・ル・ボン、クラカン・ル・ボン・ブルトン、ジャンヌ・ラ・ボンヌ・ロレーヌ、この三つのケースの形容詞ボンは、現在この語に託されている意味合いよりは、ルルヴェ、いまひとつ高められた意味取りを許すていのものであるだろう。現在わたしたちが使うブラーヴという語に置き換えるとよいと思う。」

さてさて、去年の雪がいまどこにある

「ルルヴェ」の意味合いがいまひとつはっきりしないが、ともかくロンニョンはこう説明していて、ロンニョン以後、ジャンヌは祖国のために勇敢に戦った若い女性という扱いになった。一九七四年にジュネーヴで『テスタマン・ヴィヨンII注釈』を出版したジャン・リシュネルとアルベール・アンリご両所も「ボンヌ」を「ヴァイヤント」と書き換えている。いえ、なに、「ヴァイヤント」も「ブラーヴ」と同じ、勇敢なという意味合いです。

それが、なんともおもしろく、思わず笑ってしまうのが、続く詩行に、

かれらは、どこに、どこに、聖処女よ、
さてさて、去年の雪がいまどこにある、

と歌っている、その「どこに、どこに」といっているのは、イギリス勢が火炙りにかけた女体(なにやら「コール・フェミナン」とイタリックで強調している)の残滓は残らずセーヌ川に投げ込まれた。そのことをいっている。残らずセーヌ川に投げ込まれたのは、それはそれが民衆的な、また国民的な信心の対象になりはしないかとおそれてのことだった、とご両所は解説してみせてくれる。

詩にはそんなことどこにも書いていない。それが、解説にするっと国家主義がはいりこむ。当然でしょう、なにしろダーム・ジャンヌ・ダルクのことなのだからと、十九世紀のフランス人の常識がしゃしゃりでる。ホイジンガは『中世の秋』の第一章「はげしい生活の基調」に、当時、オルレアン党とブルゴーニュ党の党派対立に揺れる世相を見通して、「それは党派の感情であり、国家感情ではない」と言い立てています。なんかヘンな訳文を作ってしまったかに見えますが、これは、しかし、わたしの訳が下手なのではない。ホイジンガがそう書いているのです。「パルタイフェフールであって、スターツフェフールではない。」

なんとも下手な物の言いようで、わたしとしては耳をふさぎたくなる。というのは、じつは、このふたつとも既存の用語ではない。ホイジンガの造語らしい。フェフールは感情で、パルタイは党派でしょう。だから党派の感情でしょう。それはそれなりに分かります。なかま意識ということでしょう。だから、おもしろいのは解説者のリシュネル–アンリご両所が「ラ・ピエテ・ポピュレール・エ・ナシオナル」と言い回している、その「ナシオナル」という言い回しをどう読むか、それに話はつながる。いいたがっているのは政治と宗教両局面にわたる国民感情ということのようです。それがジャンヌ・ダルクの時代に成立しつつあったと大方は見る。ホイジンガは懐疑的です。

右と左と、まっすぐと曲がっていると

『ヴィヨン遺言詩集』の、延べ番号で五三七番の詩行に、

　右へ左へ、せいぜいつとめてお出かけな、

と見える。「兜屋小町が春をひさぐ女たちへ贈るバラッド」の一行で、

　そうだよ、性根を据えるときがきたんだ、
　右へ左へ、せいぜいつとめておでかけな、
　手あたりしだい、男をおつかまえ、きっとだよ、

という詩行の流れに乗っている。

「プルネ・ア・デストゥル・エ・ア・セネストゥル」と書いていて、「プルネ」は動詞「プランドゥル」の変化。次行に「手あたりしだい、男をおつかまえ」と見えるから、この「プランドゥル」は「取る」で、次行と連動して「男をつかまえる」。「ア・セネストゥル」だが、これはラテン語のシニステールからで、左をいう。十四世紀に「ゴーシュ」も同じ意味合いで使われるようになり、近代フランス語ではこちらの方があたりまえになった。「ゴーシュ」はゲルマン語起源である。「セネストゥル」は紋章用語に生き残った。

「セネストゥル」「ゴーシュ」、どちらの語形にしても「デストゥル」、近代フランス語で「ドゥロワ」ではない方をいう。フランク王国時代のラテン語がなまってロマンス語と呼ばれる俗語（ラテン語を使っていたキリスト教会の関係者が使っていた言語に対して、世俗の言語をいう）が発展していく、そのいつ、どのような環境で、ラテン語の世界ではただ「まっすぐな」という意味で使われていた「デクステルム」というような言葉がなまって「デストゥル」となり、「まっすぐな」だけではなく、「右の方」をも指すようになったのか、そのあたりのいきさつは謎に包まれている。

いずれにしても十二世紀の「文芸復興」に萌えいでた「武勲詩」や「騎士道物語」はこの「デストゥル」を一つの言葉として自在に使いこなしている。

一方で「ゴーシュ」は、トブラー―ロンマッチの古フランス語辞典はやはりたいしたもので、「ゴーシュ」の項目もきちんと立てていて、十三世紀末から十四世紀初めの作とみられる『トゥールのマルティヌス聖人伝』から拾った用例をあげている。「ロバに乗って行くのに、ゴーシュな鞍にまたがっていたものだから、大変まずいことになった」というような文章で、「ゴーシュ」は「ゆがんだ」でしょう。鞍がゆがんでいたものだから、腰が痛くなったということでしょうが、なにしろわたしは原作を見ていませんから、これ以上の論評は差し控えます。

いずれにしても「デストゥル」と「ゴーシュ」は、道がまっすぐだ、まがっている、物がちゃんとしている、ゆがんでいるの対応関係にあって、それが右と左をもいっている。前者は肯定的で、後者は否定的である。右に対して左をおとしめるのは、どうやらキリスト教文化圏の根源に根ざす習性であるらしい。

アセナテの憂い

旧約聖書の『創世記』第四十八章の読みがかぎりなくおもしろい。ヨセフは死期の迫った父親ヤコブのところへ長子マナセと次子エフライムを連れてきた。ヤコブはイスラエル人の長である。ヤコブに向かって左方にマナセを、右方にエフライムを向かわせたところ、ヤコブは右手を斜めに差し伸べてエフライムの頭に、左手を右手に重ねて斜めに差し伸べてマナセの頭に置いて祝福した。このヤコブが孫たちを祝福するところは十四節に書かれている。

長子マナセをなぜ右手で祝福しなかったか。レンブラントがこの場面を絵に描いている。かたわらに立っている孫たちの母親アセナテの憂い顔がなんとも印象深く、わたしはこの絵を「アセナテの憂い」と呼んでいる。

十四節のあと、十五節から二十節にかけて、現行聖書の文章は、いかにヨセフが長子マナセをヤコブの右手による祝福にあずからせようとしたか。それに対してヤコブがどう対し、どう言ったかを記述することにかまけている。ところが、おそらくレンブラントが読んだであろう聖書に一番近いところに位置していたはずの『ジェームズ王欽定訳聖書』は十四節をこう訳している。

「そしてイスラエルはその右手を伸ばし、より年若のエフライムの頭に置き、左手をマナセの頭に置いた。故意にそのように手を動かしたのであって、なぜならばマナセが長子だったからである。」

「長子だったが故意に」などと書いてはいない。聖書書誌学の研究史上、『創世記』第四十八章の十四節は後代に修訂され、十五節から二十節までは、後代、原本に付加された文章であるという見方が定まっているという。『出エジプト記』第十五章に「エホバよ汝の右の手は力もて栄光《さかえ》をあらはすエホバよ汝の右の手は敵をくだく」と見える。なんと左の手の出る幕がないではないですか。『ヴィヨン遺言詩集』の詩人が「右へ左へ、せいぜいつとめてお出かけな」と書いている。なんとねえ、どうして右左の順なのですか。『ヴィヨン遺言詩集』にはよそに右左をいう詩行が見あたらないので、詩人の存念のほどを推しはかるには、なにしろ材料不足ですが。

ボーン・ヴィルとはどこの町のことか

ヴィヨンが歌うには、パリ大学の放浪学生のフランソワ・ヴィヨンは、なんか悪いことをしてパリを逃げ出して五年、一四五六年の夏、オルレアン司教チボー・ドーシニーのマン・シュール・ロワールの屋形の地下牢に囚われていた。そこに、たまたま王家に王交代の慶事があり、牢屋の扉が開かれて、自由の身となった。

辛い流浪の旅路だった、そうしていま、
人生試練が、なんとも鈍なおれのこころを、
まるで糸毬みたいに尖っているのを、

ひらいたこと、それがアヴェローイスの
アリストート注解のすべてにまさって、
ただしだこれもまたたしかなことで、
というのはビタ一文もたずさまよっていた、
苦境のこのおれに、エマオの巡礼を力づけた、
福音書がそういっている、神があらわれて、
ボーン・ヴィルのありかをおれに明かした、
信仰と希望と愛の希望をおれにくれた

引用した詩行の最終行をヘンなふうに訳しているのは、なに、原文はただ「希望をくれた」なのですが、ひとつには訳文が字足らずになる。それに、この「希望」は聖書の「パウロがコリント人にあてた最初の手紙」の文章を映している。パウロは「信仰と希望と愛と此の三つの者」と言い回しているのです。

パリを捨ててロワール川筋を放浪したフランソワ・ヴィヨンは、パリを捨ててと言いながら、その実、とんと「放蕩息子の帰宅」の放蕩息子を演じたい。そんなかれを、なんと「エマオの巡礼」に比定するという、なんとも無頼派の詩人であることよ。だから「ボーン・ヴィル」はパリです。

まあ、フランソワ・ヴィヨン研究者集団は「ボンヌ・ヴィル」はロワールをさかのぼって支流のアリエール川に入ったところのムーランだといいたがりますが、それはない。フランソワは流浪の旅路の果てにブルボン侯家の都のムーランを目指したのだといいたがりますが、それはない。フランソワがブルボン侯家の庇護にすがるなんて、すがりたいと願ったなんて、詩のどこにも書いてない。みんな後代の人たちの空想です。

それに、第一、ムーランは「ボーン・ヴィル」ではあり得ない。「ボーン・ヴィル」であるということは、フランス王家とのあいだにミリティア、軍役奉仕をはじめとする各種負担を引き受ける。王家側はその町の有りようをそのまま保証する。そういう契約を結んだ町が、すなわち「ボーン・ヴィル」なのです。

ちなみに、さきほどから「ボーン」と「ボンヌ」が出たり入ったりしていますが、これは形容詞ボンの女性形で、分かりやすい文例でご案内しましょうか。この「はしがき」の書き始めにご案内した、

またジャーン、ラ・ボーン・ロレーン、

ですが、これはいまふうにカタカナ書きすれば、

またジャンヌ・ラ・ボンヌ・ロレーヌ

でしょうが、音に出して読むときにはヌの音はむしろ消えて、喉の奥に残

ります。日本語の「ーン」でしょうね。わたしの親しい知り合いにクロディーンさんというフランス人の女性がいます。クロディーンさん、最初にお会いしたときに、あたしのこと、クロディーヌなんて呼んだら、承知しないからね。クロディーンよ。気っぷのいいご婦人で、それ以来、クロディーンさんです。

なんか、みなさんのそれぞれ個性的な文章をいただいて、『悪の歴史 西洋編(下)』を編むに際して、なんかステキな「はしがき」を書かなければと、ボンだ、モーヴェだ、右だ、左だと、対語をならべて、軽快にさばいてお見せしようと書きはじめたのですが、ダメですねえ、書き継いでいったら、どんどん枚数がかさんで、とうてい「はしがき」としての体を為さないと、あきらめました。わたしがここでいささか言挙げしたいと思っておりますのは、これは善だ、悪だ、右だ、左だと、はじめっから決めつけるような論調は、平にご容赦願います。

「はしがき」の締めに、編集の実際に当たってもらった高草木邦人・林亮の両君にお礼を申し述べたい。わたしが日本大学文理学部史学科で大学院の講義を担当した期間、両君は助手であり、博士後期課程の院生であった。

わたしは両君の助けを得て、日大文理の大学院に西洋史の一時代を作ることができたと信じています。その両君であればこそ、わたしは安んじてこの編集の仕事を任せることができたのです。
また、文字通り末筆で恐縮ですが、わたしは八十路の坂を越して、ようやく清水書院の渡部哲治さんに出会えたのを天の与えと感じています。渡部さんのおかげで、先般、わたしは、わが生涯の恩師堀米庸三先生の思い出につながる『ジャンヌ＝ダルクの百年戦争』の「新訂版」を出版することができました。また、いま、『悪の歴史』シリーズの一巻の編集の仕事にあたるという喜びを得ました。ありがとうございました。御礼申し上げます。

二〇一八年一月十九日

堀越孝一

「悪の歴史」西洋編【下】

目次

❖本書に掲載した各人物論については、各執筆者の考えや意向を重んじて、内容や論説などの統一は一切行っておりません。とくに本巻で扱う西洋やイスラーム関係の人名や地名などについては、該当する現地での読み、英語読み、日本の慣用読みなどがあり、さまざまに表記されますが、本書では原則として各執筆者の用いた表記にしています。したがいまして同一人名や地名などで異なる表記の場合があります。

「悪の歴史」

西洋編

【下】

714/715–768年
751年にフランク人たちの王に即位し、カロリング朝フランク王国の初代国王となった。カール大帝の父。

その登極をめぐる角逐と排除

ピピン
…Pippin…

菊地重仁

本項で取り上げるピピン(七一四/七一五—七六八年、いわゆる小ピピン。宮宰としてピピン三世、国王としては一世)について一般的に知られていることは多くないだろう。高校までに習う範囲となると、トゥール・ポワティエ間の戦い(七三二年)などでのイスラーム勢力に対する勝利で名高いカール・マルテルの息子であること、教皇の支持を受けてメロヴィング朝の国王を廃し、フランク王国に新たな王朝(カロリング朝)を開いたこと、教皇の意を受け北イタリアのランゴバルド王国に侵攻し、同王国勢力の手に落ちていたラヴェンナ地方を教皇に寄進したこと(いわゆる「ピピンの寄進」)、これが教皇領の始まりとなったこと、そして八〇〇年のクリスマスにローマ教皇レオ三世(在位七九五—八一六年)の手により帝冠を得たカール(大帝)の父親であるということ、といったあたりだろうか。こうしたエピソードを踏まえたときに浮かび上がるピピンの人物像はどのようなものだろう。偉大なる王朝創設者だろうか。ローマ教会とフランク王国との緊密な結びつきを創り出した人物だろうか。それとも偉大な父と偉大な息子との間に挟まれた地味な存在だろうか。

ピピンを見る目と語る口

ピピンについて語ることは簡単なようで難しい。王であったがゆえに、同時代の他の人間に比べれば史料から得られる情報は多い。しかし他の人間についてと同様に、そもそもヨーロッパ初期中世史全般に妥当することとして「人となり」に関する史料が不十分なのである。また自らを語るテクストが残っていなければ、何らかの行為についてその意図を究極的に明らかにすることは難しく、そもそもその行為がどこまで意図的であったのかさえ判断し難い。したがって、史料から知られるピピンの振る舞いについて彼の意図、意思と絡めて評価しようとした場合、推論の余地があるどころか、場合によっては推論を重ねなくてはならないことを踏まえておきたい。また、現代日本社会に住む我々にとっては穏やかならぬ側面を「悪」の側面と捉えるとしても、そのように評されるピピンの行いが、史料の文言に基づく限り、必ずしも同時代人たちにネガティブに受け止められていたわけではないように見える。それは初期中世ヨーロッパの人々と我々との間の価値観の相違に由来する可能性もあるが、同時代人たちの「声」を伝える史料そのものに歪みがある可能性もあるのだ。すなわちピピンはフランク人の歴史において「勝者」であり、同時代人たち及び後世の人々が彼について残した記述が、それに応じた偏向性を帯びている可能性もまた考慮されなくてはならないのである。例えば七六八年六月二日、アキテーヌ征服戦争の最中に敵対するアキテーヌ公が暗殺されるが、実行者が「王の命令による」と「主張した」ことを、カロリング家との強いつながりの中で成立した『フレデガリウス年代記続編』が伝えている。ここに非難の色は皆無であり、むしろこの出来事をもってアキテーヌ征服が完了したことを伝えているのである。

あるいは冒頭で触れたように、ピピンは後にカロリング朝と呼ばれる新たな王朝を開いた。本書の性格を踏まえて強調しておきたいのは、前王朝メロヴィング朝は嫡子の不在などの原因で断絶したわけではなく、ピピンが廃絶させたという点である。『フレデガリウス年代記続編』をはじめとした様々な史料が、ピピンが教皇の支持を取り付けたうえでフランク人たちの同意を得て、おそらく司教らによる聖別の儀礼を伴って、国王に即位したことを伝えているが、その際、彼はメロヴィング家の国王を追放しているのであり、これは(たとえ半世紀以上にわたってカロリング家出身の歴代宮宰がフランク王国の実質的統治者であったとしても形式上は)いわばクーデタである。しかし現存する同時代の史料にこれを咎めるような風潮は―当然ながら―ない。よく知られた例として、カール大帝の伝記(当時としては珍しい俗人君主の伝記)を書いたエインハルドゥスは、実質的権力を持たないメロヴィング朝末期の国王たちを戯画的に描き、彼の物語の主人公カールの祖先たちの王国統治における中心的な働きぶりと対置しているが、これは王朝交替を挟みつつカールに至るカロリング家の支配権の歴史を正当化するものと読むことができる。あるいは『フレデガリウス年代記続編』や『フランク王国編年誌』は、ピピンが事前に使者を通じてローマ教皇に伺いを立て、王権の担い手の交代に関する(おそらく文字通り文書のかたちでの)「お墨付き」を獲得していたと強調している。ただし『リーベル・ポンティフィカーリス』(教皇の伝記集)などローマ側の史料において、この出来事に関する記述は見出せない。こうしたローマ側の「無関心」を踏まえるならば、カロリング家周辺の史料に見られる筆致は、王朝交替の正当性を示すためのレトリックの一種ととらえることも可能だろう。とりわけ『フランク王国編年誌』には書物全体にそうした傾向が強く認められるのである。

フランク王国と教皇座

ところでこの時期(あるいはそれ以降)ピピンやその周囲のフランク人有力者たちが教皇座への接近を見せたことは確かであり(例えば七五四年、七五六年の対ランゴバルド人遠征や、いわゆる「ピピンの寄進」が挙げられる)、またそれは教皇グレゴリウス三世からの北イタリアにおける軍事支援要請を受け入れなかった父カール・マルテルの方針とは異なる方向性を示している。他方、教皇の側としてもアルプスの北に頼るべき世俗権力確保の可能性を見出したのは確かであろう。だがその双方の「政策」の射程をあらかじめ長く見積もるのは早計だろう。別の言い方をするならば、王朝交替を巡るやりとりを経て、フランク・教皇同盟のようなものが直ちに成立したなどと考えてはならないということである。例えば七五四年、史上初めてアルプスを越えフランク王国へとやってきた教皇ステファヌス二世の軍事遠征要請をフランク人有力者たちはまず一度拒絶しているように、フランク側において、七五一年以降直ちに教皇の聖断あるいは教皇座との連携がピピンやフランク人たちにとって絶対的な重要性を持つに到った訳ではないように思われる。またフランク王権のキリスト教化的性格の強化という観点、あるいはフランク王権のイデオロギーという観点においても、王の聖別という要素を取り込んだ七五一年の王朝交替劇は急激な方向転換を示すものではないと考えられるようになってきている。七世紀すなわちメロヴィング朝後期からフランク王権は自己認識においても周囲からの認識においてもキリスト教的あるいは聖書的な基準に基づいて評価され表象される傾向が強まっていたのであり、七五一年の出来事もその延長線上で、さらにその後八世紀後半をも貫く大きな流れの中に位置づけるべきだというのである。確かにフランク王国と教皇座との結びつきは、振り返ってみれば、七五一年の王朝交替をきっかけに緊密になっていくように見える。しかしそれはアルプスの南北両方の情勢に影響されながら漸次的に緊密化していく関係性である。このような考えに従えば、少なくとも七五〇年から翌年にかけてのクーデタ実行に関して、ピピンとその周囲が教皇という権威による判断を重視したとは言えても、彼らがその後をも見据えていたのかどうか、つまりフランク王国と教皇座との同盟を確立しようとしていたのかどうかは、実際のところわからない、ということになるだろう。ところで、ここで本書の趣旨からは外れつつもあえて「悪意ある」見方をしてみると、ひょっとしてピピン(たち)はライバル(ここではメロヴィング王家)を蹴落とすために利用できたものを利用した(に過ぎない)という邪推さえできる。もちろんこれは史料に基づいた推測ではなく、蓋然性の低い憶測に過ぎない。しかし、観察者が悪意をもって史料を眺めれば、そこに歴史的行為者の「悪意」を容易に見出してしまいかねない危険性は伝わるかと思われる。

カール・マルテルの跡継

本項は、ピピンが王座に登極するまでの時期に目を向けてみる。クーデタの達成及びその後の教皇との関係構築につながる道のりは決して平坦なものではなく、とりわけカロリング家内部における様々な角逐が存在した。そうした状況をピピンが切り抜けたことは間違いない。しかし果たして彼はライバルたちを「蹴落として」王座に登りつめたのか。上で述べたような史料状況ゆえ、そのような読みは史料テクストから逸脱した邪推に過ぎない可能性は十分に存在する。そもそもピピンの行いに「悪」を見ようとする視角自体が、観察者の「悪意」に基づいているとも言える。こうしたことを十分に留意しながら、以下いくつかのエピソードを紹介することにしよう。

七一四年ないし七一五年、すなわちカール・マルテルの権力掌握の戦いの最中に生まれたとされるピピンは、父カール・マルテルの生前、兄カールマン同様何らの職階を与えられることはなかった。兄が七二三年一月に一度だけ、おそらく成人した段階で、父が発給した証書に連名で署名したことが確認できる一方、ピピンにそのような機会は確認できない。この間のピピンについてわかることは多くないが、「支配者」の息子としての特別さを示唆するようなエピソードは存在する。例えば彼に洗礼を施したのはカロリング家の家門修道院エヒテルナハの修道院長を務めていたアングロ・サクソン人ヴィリブロードであるが、彼は祖父ピピン二世(中ピピン、エルスタルのピピン)の時代からカロリング家と密接な関係を持ちつつ、教皇からの認可、後には委託をもってフリースラントでの宣教活動にあたっていた人物でもある。またピピンが教育を施されたのも、メロヴィング王家との関わりも深いサン・ドニ修道院とされる(兄カールマンについては定かではない)。しかしいっそう我々の目を引くのはピピンの養子縁組のエピソードであろう。おそらく七三七年、ピピンは実父によりランゴバルド王リウトプラントの許へと派遣され、後者によりランゴバルド人たちの慣習に従って養子とされたことがパウルス・ディアコヌス（半世紀後カール大帝に仕えていたランゴバルド人）によって、しかも彼によってのみ、伝えられている。この出来事を事実として分析する研究者たちによれば、これはフランク王国の支配者とランゴバルド王との緊密な関係を示すものであり、プロヴァンスにおける対サラセン人戦役での両者の協力などに見られる同盟関係は、この養子縁組によって強化された。他方、ピピンが実子を持たなかったリウトプラントのランゴバルド王国における後継者として迎えられた訳ではないと考えられている（すでにランゴバルド人有力者たちの意向により後継者が定められていた）。研究者たちが注目しているのは、ちょうどこの頃にテウデリク四世が死去して以降、実父カールが国王を据えずに王国統治を始めていることである。次男ピピンが「王の息子」たる立場を得るという「優遇」にはどのような理由があったのだろうか。そもそもこの「優遇」はカール・マルテルによって企図されたものだったのだろうか。時が流れピピンの息子カールがランゴバルド王国を征服しランゴバルド王となった時期に、パウルス・ディアコヌスがカールの血統を世代を遡って「優遇」した可能性も完全には排除できない。様々な推測は可能だが、史料は黙して語ってくれない。

『フレデガリウス年代記続編』など別の年代記史料によれば、治世末期にカールは病で弱り、王国内の有力者たちの助言を得た上で、王国支配権と宮宰職をカールマン（東方：アウストラシア、アレマニア、テューリンゲン）とピピン（西方：ネウストリア、ブルグント、プロヴァンス）に分割相続させることを計画したとされる。しかし死の直前に事態はさらに転じる。『古メッス編年誌』によれば、バイエルンを治めるアギロルフィング家出身の後妻シュヴァナヒルトとの間の息子グリフォにも王国中央部（アウストラシア、ネウストリア、ブルグント）の少なからぬ部分を相続させようとしたのである（同じ頃「兄弟たちの意に反して」カールの娘ヒルトルートとバイエルン公オディロとが結ばれ、タシロ三世が生まれている）。結果、七四一年に父が死去した際、相続争いが勃発するが、ここに至っては、先のピピンの「優遇」ももはや意味はなくなっているかのように思われる。いずれにせよピピンは兄カールマンと結んで同年内に異母弟と継母を捕縛し、その後七四二年にヴィウ・ポワティエにおいて、父がかつて定めた二つの相続計画を放棄し、王国を南北に分けるような方向へと二人の宮宰それぞれの管轄領域を定め直している。異母弟による相続権主張は認められていない。なお付言しておくならば、グリフォの支配権相続の可能性が、後妻の息子であるという理由で最初から低かったというわけではない。そもそも父カール・マルテル自身、ピピン二世の二人目の妻から生まれた息子だったのである。つまるところ、血統に基づいて支配者としての地位を要求できる人間が複数存在した場合、誰が（あるいは誰と誰がそれぞれどこで）その主張を実現できるのかどうかは、各地の政治的有力者たちのうちに十分な支持者を獲得できるか否かにかかっていた。

角逐と排除――「カロリング宗家」の確立――

さてその後カールマンとピピンは数度の共同軍事遠征を実施、七四三年には空位となっていた王座にキルデリク三世を登位させている（ピピンがクーデターの際に廃位・追放したのはこのキルデリクである）。この国王即位について叙述史料は言及しておらず、二人の宮宰たちが発給した文書の日付部分において、彼の統治年が記されていることから登位のタイミングが推測されている。こうした史料中の王の影の薄さや言及箇所の限定性から、宮宰たちが王を担ぎ上げた理由は自分たちの立場の安定化だったと推測されている。

興味深いのは、史料に見られるこの間の事情の描写の偏向性である。事件から最も近い時期に執筆されたと考えられる『フレデガリウス年代記続編』は、カールの死に言及しつつも、その際の権力継承については触れていない。読者はあたかも先に触れた兄弟二人によって王国を東西に分ける形での権力継承計画がそのまま実行されたかのような印象を抱かせられる。約半世紀後ピピンの息子カール大帝の宮廷で成立した『フランク王国編年誌』前半部は、フランク王国におけるカロリング家の支配をカール・マルテルの死から説き起こしつつも、こうした相続争いには一切触れず、あたかも父から年長の男子二名へとスムーズに権力が移譲されたかのような筆致になっている。九世紀に同編年誌が改訂された際、相続争いについて大幅に加筆されていることを踏まえれば、七四一年の出来事については何らかの形で伝承されていたことは間違いないだろう。その状況における親カロリング的性格を備える二つの歴史叙述史料の沈黙は、七四一年の相続争いとグリフォ（及び非嫡出の兄弟たち）の排除が八世紀後半当時、家門の歴史において「負の歴史」となっていたことを示唆する。つまりは王家にとって都合の悪い事実の隠蔽が行われていたと考えることもできるのである。

さてその後二人の宮宰は軍事遠征や教会改革など王国内外の安定化のために協調して統治活動を行っていたことを史料は伝えているが、七四七年の秋、カールマンが突然ローマへの隠遁を決意する。史料が伝える理由(霊的生活の切望、アレマニエン戦役における虐殺の後悔)だけでは納得できない研究者たちもいるが、かといってこの時期に兄弟間に政治的な不和があったことを示すような証拠はない。いずれにせよカールマンは自らの支配領域と息子ドロゴをピピンに委ね、イタリアへと旅立った。彼はローマで教皇ザカリアスに迎え受けられたのち、近郊のモンテ・ソラッテに修道院を建立して移り住み、その後七五〇年には修道士としてモンテ・カッシーノ修道院に入っている(このことには先に述べた『リーベル・ポンティフィカーリス』も言及している)。ここからフランク王国の舵取りをめぐり、カロリング家の人間たちの思惑が交錯し、対立が生まれ、勝者と敗者が分かれていく。七四八年四月二日(生年には異論もある)ピピンが嫡男カール(のちのカール大帝)を得るが、遅くともこの時までに兄の息子ドロゴは支配権を失っていた。同じ頃、異母弟グリフォがピピンに反旗を翻すが、ピピンの軍事的圧力を前にザクセン、次いで母の故郷バイエルンへと逃亡する。折しも公オディロが死去しており、グリフォは異母姉ヒルトルートと甥タシロの名においてバイエルンを統治しようと試みた。少なからぬ有力者たちが彼を支持したため、ピピンはついに王国西方ル・マン近郊の十二伯領の統治権をグリフォに認める。しかしこれに満足しなかった彼は、さらに南方、アキテーヌを支配していたヴァイファルの許へ身を寄せたのである(なお、このアキテーヌがカロリング王権の支配に服するようになるのは、上述の通り、ピピンの最晩年七六八年になってのことである)。こうした状況の中でピピンはメロヴィング家の国王を廃し、自らが王位に就く計画を立案し実行したのだった。

しかし実はこうした家族内の「争い」はピピンの登位後も続いている。『フレデガリウス年代記続編』によれば、グリフォはピピンへの対抗を続け、そのためにランゴバルド人たちの助力を得ようとアルプスを越えている最中に捕縛され殺されている。七五三年のことである。しかし家族内に発するピピンの王権への衝撃という意味では、兄カールマンの動きの方を強調しておくべきであろう。モンテ・カッシーノで修道士としての生活を送っていたカールマンが「修道院長の指示により」七五四年フランク王国へと姿を現したのである。その背後には、今やフランク王権＝ピピンと結びつかんとしていたローマ教皇と対立するランゴバルド王アイストゥルフ、あるいは親ランゴバルド派のフランク人たちが存在したと考えられているが、それもそのはず、カールマンの来訪目的は、教皇の願いに基づいたフランク軍のランゴバルド遠征を思いとどまらせることにあったからである。折しも少なからぬフランク人有力者たちがベルニ・リヴィエレの集会において遠征参加を拒絶していた。ピピンの王権を揺るがす一連の事態である。事態の収束は教皇の力を借りることで可能となった。軍事援助要請のためすでに一月からフランク王国に滞在していた教皇ステファヌス二世は、修道誓願に基づき修道院に戻ることをカールマンに命じたのである。ここで同時にカールマンの息子たちも剃髪・出家を強いられているが、このことは、カールマンの再登場により彼の血筋の備える支配権要求がピピンにとって現実的な脅威となっていたことを示すだろう。カールマンがモンテ・ソラッテからモンテ・カッシーノへ再隠遁した際の理由を、多くの来訪客があるからとしていたことも、隠遁後も彼が依然として強い求心力を持っていたことを示唆する。このようにピピンにとって脅威的な存在とも言いうるカールマンは、七五四年八月十七日ヴィエンヌ(現在のフランス東南部)で死去したと伝えられている。『フランク王国編年誌』によれば「病死」である。しかしいわゆる『ミュールバッハの編年誌群』がこのカールマンの状況を「捕えられ死去した」としており、なおかつピピンの軍勢がランゴバルド遠征のため南進した時期とも近い(ヴィエンヌには当時王妃ベルトラーダも滞在していた)ことから、ピピンの「悪意」を見て取ろうとし、ピピンが兄を毒殺した(その際「病」はその症状と解される)などと憶測する歴史家さえいる。またその後ピピンの命令により兄の遺骸がモンテ・カッシーノに運ばれ埋葬されたことが複数の史料で伝えられているが、このことを王の意に沿わぬ兄の(死後の)「国外追放」として解釈する歴史家も存在する。しかしここでも史料は真相を語らない。

いずれにせよピピンはカールマンの死よりもわずかに早く、再度教皇の権威に頼りつつ、自身の王権とその相続を安定化させるための重要な一歩を踏み出すことに成功していた。七五四年七月二八日サン・ドニ修道院において教皇ステファヌス二世はピピンと二人の息子カールとカールマンを塗油聖別し、ピピンの妻ベルトラーダにも祝福を与え、以後フランク人の王がこの家系以外から選出されることを禁じたのである。教皇座とフランク王国との同盟関係が、教皇とピピンの家門との同盟という形をとって成立していくことに注目しつつ、ルドルフ・シーファーは、ピピンの家門以外を支配権から排除するというこの出来事は、先に述べた七五四年前半の一連の出来事の文脈の中でよりよく理解できると述べている。しかしここまで見てきた通り、ピピンの「王権」ではなく「支配権」を念頭に置いた場合、角逐と排除の兆候は父の支配権継承が問題となった時期にすでに現れ始めていたのであり、サン・ドニでの出来事は十数年にわたるプロセスの到達点と見ることもできよう。

⦿参考文献

Der Dynastiewechsel von 751. *Vorgeschichte, Legitimationsstrategien und Erinnerung*, hrsg. v. Matthias Becher und Jörg Jarnut, Münster 2004.

Hack, Achim Thomas, Alter, Krankheit, *Tod und Herrschaft im frühen Mittelalter. Das Beispiel der Karolinger (Monographien zur Geschichte des Mittelalters 56)*, Stuttgart 2009.

Jarnut, Jörg, *Die Adoption Pippins durch König Liutprand und die Italienpolitik Karl Martells*, in: Karl Martell in seiner Zeit, hrsg. v. Jörg Jarnut, Ulrich Nonn, Michael Richter (Beihefte der Francia, 37), Sigmaringen 1994, S. 217–226.

Schieffer, Rudolf, *Die Karolinger, 5. überarb. & erweiterte Aufl.*, Stuttgart - Berlin - Köln 2014.

Wolf, Gunther, *Einige Bemerkungen zum Tod von Karlmann d.A. (+ 17. August 754) und Karlmann d.J. (+ 4. Dezember 771)*, in: Archiv für Diplomatik, Schriftgeschichte, Siegel- und Wappenkunde 45 (1999), S. 7-14.

Wolf, Gunther G., *Nochmals zur "Adoption" Pippins d.J. durch den Langobardenkönig Liutprand 737*, in: Zeitschrift der Savigny-Stiftung für Rechtsgeschichte: Germanistische Abteilung 117 (2000), S. 654-658.

912−973年
東フランク王でイタリアに支配を広げ、ヨーロッパの宿敵東洋系遊牧民のマジャール人を撃破、「神聖ローマ帝国」の初代皇帝となった。

オットー一世

小悪を重ねた平凡な「大帝」

…Otto I…

木下憲治

オットー一世は、九三六年にアーヘンでドイツ王(東フランク王)に即位した。即位するやいなや、彼は兄弟や部族大公らの反乱に直面したが、九四一年までにはこれらの反乱を鎮めた。彼は、部族大公に一族の者を任命したり、あるいは、教会の高位聖職者に諸特権を与える代わりに、彼らに国王への奉仕を要求したりしてドイツ王国の支配を固めた。北イタリアを支配していたイタリア王ロタールの急死後、オットーは、ロタールの寡婦《かふ》アーデルハイトを保護、結婚して、九五一年イタリア王位を取得して、ドイツの支配をイタリアに及ぼした。

さらに、九五五年東洋系遊牧民マジャール人がドイツ南部に押し寄せると、彼は、アウクスブルク近郊のレヒフェルトにおいて彼らを迎撃、潰走《かいそう》させた。マジャール人の被害からヨーロッパを救ったオットーの名声は、ヨーロッパ中に轟いた。

ローマ教皇ヨハネス十二世は、北イタリアを実効支配していたベレンガールによる侵略に悩まされていたので、オットーに援軍を求めた。彼は、ベレンガールの勢力をローマから駆逐《くちく》し、九六二年教皇によって皇帝に戴冠《たいかん》され、「神聖ローマ帝国」の初代皇帝になった。

オットーの事績をこのように書き連ねると、彼は偉大であったように思われる。もしそうならば、彼は聖人君子であったのだろうか。あるいは、これだけの偉功は、悪逆非道の上になしとげられたのであろうか。しかし、いずれも事実とは異なっている。オットーは同時代の倫理・道徳の観点からは、巨悪ではなかったが、「大帝」という通り名とは裏腹に、傲慢《ごうまん》、薄情で、忠臣を退け奸臣《かんしん》や妃の言葉に惑い、キリスト教の守護者としてのドイツ王・皇帝としての使命をも時に忘れた。オットーの悪運の良さと偶然が、彼の評価を実像よりも高めていると言えよう。

つまらぬ理由でフランケン大公を反乱させたオットー

オットーの父ハインリヒ一世のドイツ支配は、同輩中の第一人者として、聖俗貴族との合意を重視して行われていた。しかし、オットーの態度は、父とは正反対の高圧的なものであった。いまだドイツは、マジャール人の脅威のまっただ中にあった。王国の安寧は、ドイツ諸部族の結束にかかっていたといえるが、オットーの態度は、ドイツ王国の枠組を崩壊させかねなかったといえる。

史料の言葉を信じるならば、フランケン大公エーベルハルトは、オットー家にとっては恩人と言っても良いだろう。なぜなら、オットーの二代前の王であるコンラート一世は、ドイツ王位の象徴物である帝国権標をハインリヒ一世に伝達するように弟エーベルハルトに命じた。彼は兄の死後、ドイツ王位を要求せず、帝国権標をハインリヒに渡した。そして、彼は、フランケン大公としてハインリヒと友好関係にあった。また、彼は、オットーの戴冠祝宴では、内膳役として食卓を整え、オットーへの恭順を表明した。にもかかわらず、オットーは、エーベルハルトを反乱に追い込んでしまった。

エーベルハルトは、ザクセン人のブルニングを封臣としていたのだが、オットーが登極すると、ザクセン人たちも傲慢になった。ブルニングは、ザクセン人以外の臣下になるべきではないと考え、エーベルハルトに反乱を起こした。彼はブルニングの城を攻撃して破却した。オットーは、この紛争に介入して、裁判を行い、ブルニングを無罪とし、エーベルハルトとその支持者を有罪とした。どうやら、オットーは自分と同部族のザクセン人を贔屓《ひいき》したらしい。エーベルハルトには、多額の罰金が科され、彼の支持者には、マクデブルクで犬を担いで運ぶ罰が科された。エーベルハルトのオットーに対する遺恨は、オットーに対する反乱を拡大させていった。

異母兄タンクマールの反乱

オットーの父ハインリヒは、後に無効とされたハーテブルクとの結婚で、タンクマールという息子を儲けた。ハインリヒは、ハーテブルクとの婚姻解消後も、彼女の財産を、タンクマールに与えるという口実で返さなかったし、タンクマールにも与えなかった。九三七年にザクセンで母の縁者・伯ジークフリートが亡くなったときに、タンクマールは彼の領地を与えられるだろうと期待していたが、オットーは赤の他人にそれを委ねた。タンクマールは、フランケン大公エーベルハルトやザクセン人らと同盟して、オットーに反旗を翻した。

タンクマールは手始めに、王弟ハインリヒの身柄をベレッケ城塞でおさえ、エーベルハルトのもとへ送った。タンクマールは、エーレスブルク城で寄せ手を迎え撃ったが、城の守備隊は早々に降伏したので、タンクマールは聖ペーター教会へ逃げこんだ。教会は法律上の避難所の一つであったから、タンクマールは安全に弟オットーと和解交渉をすることができたはずであった。しかし、追撃の手は緩められず、彼はやむなく防戦していたところを、背後の窓ごしにマインツィアという男に槍で貫かれた。オットーは、マインツィアの涜聖行為を咎めず、タンクマールの部下四人を絞首刑に処した。

連鎖する反乱

エーベルハルトは反乱の失敗を悟り、捕らえてあった王弟ハインリヒを通じてオットーと和解しようとしたが、王弟ハインリヒ自身がオットーに対する叛心を打ち明けた。王弟と結んだエーベルハルトは、反乱の続行を決めた。エーベルハルトは、一時的に追放されたあと、再びフランケンの大公に復帰した。

王弟ハインリヒが兄王に叛くと、ザクセン貴族が王弟を支持した。その上、ロートリンゲン大公ギゼルベルトは、オットーの部族大公圧迫政策への不満から、王弟ハインリヒと気脈を通じた。九三九年オットーはビルテンでハインリヒとギゼルベルトを敗走させた。ギゼルベルトは西フランク王ルイ四世に臣従し、フランケン大公のエーベルハルトとも同盟した。

エーベルハルトが、ライン川上流のブライザッハ城塞を占領した。九三九年にオットーは、この要塞に軍勢とともに到着すると、マインツ大司教フリードリヒに和解交渉に当たらせた。彼は、和睦を取り付けてきたが、オットーが拒否して、その大司教の面目をつぶした。オットーは、しばしば、全権委任者の面目をつぶしても良心のとがめを感じなかったらしい。この結果、マインツ大司教とその部下たちが国王と袂《たもと》を分かった。

エーベルハルトは城塞を部下に委ね、メッツでハインリヒとギゼルベルトと合流した。ブライザッハにオットーが足止めされている間に、彼らは、ザクセンを急襲することを決定したので、オットー陣営のザクセン人は脱落しはじめた。オットーは、シュヴァーベン大公ヘルマンらの軍勢を向け、アンデルナハ近郊のライン河畔でヘルマンらが決定的勝利を収めた。エーベルハルトとギゼルベルトは河を渡りきったが、彼らの手勢が対岸に残って略奪にふけっていた。ヘルマン麾下《きか》の二人の伯が、孤立していた両大公を奇襲した。その伯の一人はエーベルハルトのいとこコンラート・クルツボルトであった。この戦闘で、エーベルハルトが斃れ、ギゼルベルトはライン川で溺死した。同じ一族でありながらエーベルハルトは死に、コンラート・クルツボルトは生き残ったので、オットーの側に神が味方したと判断された。神意が、オットーの正義を示したので、世情はオットーに流れ、オットーは窮地を脱したのである。オットーの非によってはじまったエーベルハルトとの紛争は、悪運の強さによってオットーの勝利で終結したのであった。

息子リウドルフを反乱に追い込む

九五〇年十一月イタリア王ロタールが死に、翌月イヴレア辺境伯ベレンガールとその息子アダルベルトがイタリア王となった。ロタールの寡婦アーデルハイトは、ベレンガールらによって拉致《らち》監禁されていた。アーデルハイトは、このときまだ十九歳で眉目秀麗《びもくしゅうれい》で多くの財産を持つ女性であった。

オットーは、アーデルハイト救出の軍を起こしたが、息子のシュヴァーベン大公リウドルフは父に無断でイタリアへ出兵してしまった。彼はシュヴァーベン大公領からイタリアに急行したのだが、成果を得ることはできなかった。おじのバイエルン大公、つまり、オットーと和解していた王弟ハインリヒが、イタリア諸都市に使者を送り、リウドルフに協力しないように申し伝えたからであった。そのため、リウドルフの手兵は疲弊しきって、南下してきた父の軍勢に合流させてもらわねばならなかった。

九五一年オットーは、アーデルハイトを救出し、彼女と結婚し、イタリア王に選ばれた。リウドルフの失態に激怒していたオットーは、彼に、アーデルハイトが息子を産んだ場合の後継問題を明言しなかったのだろう。疑心暗鬼に陥ったリウドルフはいとまごいもせずドイツへ戻っていった。同年のクリスマスにザールフェルトで開かれた祝宴で、リウドルフ、マインツ大司教フリードリヒ、そして、オットーの娘婿のコンラート赤公らが反オットーの謀議に加わった。

赤公が反オットーの徒党に加わったのも、オットーの傲岸不遜《ごうがんふそん》な態度が原因であった。オットーは、赤公にイタリアの全権を委任してドイツへ戻っていったので、赤公は、イタリア王位を狙うべレンガールと交渉し、両者はイタリアをオットーから封土として授けられることで合意した。赤公は、この方法がドイツにとって最も負担が少ない方法であると確信していた。赤公はベレンガールをオットーが滞在するマクデブルクまで案内した。しかし、オットーは彼らを三日間待たせ続けた。しかも、オットーは、またも全権委任者の判断を一蹴した。赤公は、オットーの態度に体面を傷つけられたと感じた。オットーは悪態をついてみたものの、ベレンガールにイタリアを授封する以外の手立てを見いだせなかった。赤公はオットーに弓引くことを決意した。

　九五二年または翌年アーデルハイトがオットーの息子を産んだ。オットーは、リウドルフを廃《はい》嫡《ちゃく》して、この子を後継者にしようとした。しかし、これもまた短慮であった。リウドルフの後継指名は、聖俗貴顕《せいぞくきけん》の承認を得たものであったから、オットーの一存での廃嫡は、聖俗貴顕の面目をも傷つけることになった。マインツ大司教フリードリヒの仲介で、リウドルフと赤公はオットーと胸襟を開いて話し合ったので、オットーもいったんは自らの非を認めたらしい。しかし、アーデルハイトと王弟ハインリヒが、オットーをそそのかした。彼は、フリッツラーの王国集会で、リウドルフと赤公に帝国追放刑を宣告したのであった。これで、彼らは反乱に追い込まれたのである。実は、オットーは、この反乱で窮地に追い込まれることになるのだが、王国の内訌《ないこう》に乗じてマジャール人が侵入してきたので、リウドルフと赤公は金銭を支払って撤退してくれるように交渉した。王弟ハインリヒが、この事実をリウドルフらが異教徒と同盟したと宣伝したらしい。そのため、リウドルフ陣営は総崩れとなり、形勢は逆転した。

マジャール人の侵入の原因もオットーに責任なしとは言えない。なぜなら、オットーがバイエルン大公位を王弟ハインリヒに与えたことによって、それを継承できなかった前大公の息子ハインリヒとバイエルンの宮中伯アルヌルフらが、マジャール人のもとへ亡命し捲土重来《けんどちょうらい》の機会をうかがい、マジャール人にドイツ侵入を促していたからであった。

母、妻、末弟は聖人

オットーは九三六年の国王即位式において、この儀式のハイライトのひとつである塗油という儀礼を経て、聖職者ではないものの特別に神聖な者となった。同時に、オットーは、この即位式で弱者と教会の保護者になることを誓っている。また、この後に行われた戴冠祝宴では、四人の部族大公が、儀礼的に宴会で奉仕をして見せたあとで、オットーもまた、自らの気前の良さを示すために、相応の贈り物をしてみせた。

ところで、オットーの最初の妃エドギータは、敬虔で貧者への施しを欠かさなかったという。しかし、オットーは、彼女が気前よく貧者への施しを行っていることを咎め、施しをせぬように命じた。伝説では、妃が言いつけを守るかどうか確かめるために、オットーがある祝日に教会で乞食に身をやつして、エドギータに施しを懇願した。エドギータは、施せるものは何も持っていないと答えたが、その乞食はエドギータが着ていた高価なドレスの一部を切望したので、エドギータはやむなくドレスの片袖を与えた。オットーの宴会に、エドギータは片腕を乞食に与えてしまったドレスでは出席しなかった。オットーが、いつものドレスはどうしたのかと詰問し、そのドレスの片袖をあらためさせたところ、奇跡により片袖が完全に復元されていたのであった。

また、母マティルダが懇願したので、オットーと弟ハインリヒが和解した後に、この兄弟は、母をそろって苛《さいな》みはじめた。マティルダは、自分の財産から、貧者、教会、修道院に多くの施しをしていた。しかし、二人の息子たちはこれが気に入らなかったので、母が行った貧者への施しを巻き上げた。また、彼らは、母が本来自分たちのものになるべき財産を横領していると疑い、金をかえせと母に迫った。彼らは、母の財産を奪うために、母に修道女になることすら勧めた。そして、オットーは母の財産を没収してしまった。

オットーの母マティルダ、最初の妻エドギータ、ケルン大司教になった末弟ブルーノは、いずれも死後、聖人とされ、崇敬された。彼らと比べると、オットーは、キリスト教徒の模範たるべき王としても、「気前の良さ」を徳目とする中世ヨーロッパ貴族の理想像からも褒められたものではなかった。

悪をもって悪を制す

九五一年に彼が初めてローマに遠征したとき、オットーは既に皇帝戴冠の野心を秘めていたが、当時の教皇は、これを拒絶していた。だが、九六二年オットーに再び機会が巡ってきた。北イタリアの支配者ベレンガールがローマ方面へ侵略を開始したために、教皇ヨハネス十二世がオットーに援軍とひきかえに皇帝戴冠を持ちかけてきたのである。ベレンガールはオットーの大軍に恐れをなし抵抗しなかったので、ドイツの軍勢は無傷でローマに入り、オットーは同年二月二日教皇ヨハネス十二世の手により、皇帝に戴冠された。オットーは、教皇には教皇領の領有を認め、それを文書で保証したにもかかわらず、実際には教皇に教皇領の支配権を行使させなかった。それどころか、彼は、教皇領にはお目付役を配置し、新しい教皇は、選ばれてから即位するまでの間に、皇帝に誠実宣誓しなければならないと決めてしまった。

ヨハネス十二世は、オットーの傲慢さに耐えかね、旧敵ベレンガールと手を握った。それどころか、教皇は異教徒マジャール人にまで同盟を呼びかけた。オットーが、ローマへ戻ったときには、反オットーの面々は既に逃散していた。オットーは、即刻ローマに教会会議を召集し、ヨハネス十二世を廃位した。かくして、オットーは教皇を廃位した初めての皇帝となった。

このようにいうとオットーが大悪人のように思えるが、実はこのヨハネス十二世も希代の生臭坊主であったのだ。彼は、ローマで強い影響力を持っていたトゥスクルム伯家の力で、十八歳で教皇に即位したが、彼の行状はすさまじいものであった。宴会で悪魔のために乾杯することは序の口で、ローマへの巡礼者の女性を凌辱《りょうじょく》し、ラテラノ宮を淫売宿にし、助祭枢機卿を去勢し、狩猟を楽しみ、愛人に教会領の都市を与えた。

オットーは、ヨハネス十二世を廃位後、教皇庁の主任公証人であった平信徒をレオ八世として教皇にした。オットーがローマを留守にしていた間に、ヨハネス十二世はレオ八世の選挙無効を宣言して、彼を追放し、オットーに味方した教皇庁の助祭枢機卿ヨハネスの舌を抜き、鼻をそぎ、右手の指を二本詰めさせ、書記官長アゾーの右手を切断した。しかし、ヨハネス十二世の復讐もここまでであった。一説によれば、彼は、人妻との情事の現場を彼女の夫に取り押さえられて、殺害されたのであった。今度はローマの市民が、レオ八世を拒否して、教皇ベネディクト五世を即位させた。しかし、オットーは彼をも廃位してハンブルクへ流刑に処した。

オットーはドイツへ戻ったが、ベレンガールの息子アダルベルトがイタリア王位を求め始めたため、オットーは、教皇ヨハネス十三世を即位させた。だが、またしてもローマ市民はこのオットーが指名した教皇を拒否し、カンパニア伯ローフリードとローマ都督ペトルスは、彼をカンパニアの砦に監禁した。オットーは、九六六年最後のローマ遠征を敢行した。オットーは、ローフリードを処刑し、死体を路上にさらし、ペトルスをラテラノ宮の前にあった、あるローマ皇帝の騎馬像に吊させ、驢馬に後ろ向きに乗せて引き回し、アルプスの北方へと追放し、その他十二人を公開処刑した。

オットーの皇帝戴冠がローマに混乱をもたらしたように見える。しかし、オットーをローマに呼び寄せたのは、ヨハネス十二世ではなく、彼に困り果てたローマ教皇庁の聖職者であったという史料が残されている。それゆえに、オットーの傲慢ではあるが断固たる措置によって、ヨハネス十二世が教皇座から排除され、九六七年のオットーが臨席したラヴェンナ教会会議で聖職者独身制の徹底によって教皇庁の風紀の刷新に成果を上げたことは、「悪を持って悪を制した」と言えるだろう。

「蛮族の王」オットー

オットーの性格は、傲慢であったと言えるだろう。「傲慢」は、中世のキリスト教的な国王が避けねばならない悪徳の一つであったし、しばしば、彼の傲慢さはドイツ内外の情勢を悪化させたかもしれない。オットーは、ローマで加冠されたあと、南イタリアのランゴバルド系諸公国に対しても上級支配権を認めさせ、ビザンツ領の海港都市バーリをも包囲攻撃しはじめた。海上から補給線を確保できたバーリは陥落しなかったので、オットーは交渉戦術に切り替えたが、彼は劣勢であるにもかかわらずビザンツ帝国に傲慢な態度でのぞんだ。損な役回りを演じさせられたのは、クレモナ司教リウトプラントであった。彼は、かつてベレンガールに仕えていたときに、ビザンツの都コンスタンティノープルに彼の使者として訪れ、歓待され、絹織物を持ち帰ることができた。しかし、彼の九六八年の帝都訪問は、オットーに無理難題を押しつけられたと言ってよい。

オットーは、ビザンツ皇帝に彼の皇帝位の承認をせまり、皇女を自分の息子と結婚させ、その嫁資代わりに南イタリアを割譲するように、リウトプラントに交渉させたのであった。これだけでもオットーの傲慢さが突出しているが、その上、普遍的支配者を自認するビザンツ皇帝に「ギリシア人の皇帝」と呼びかけた。皇帝ニケフォロス二世は、オットーを皇帝でもなければ、ローマ人でもなく、単なる野蛮人の王にすぎないと批判した。帝都滞在中リウトプラントは、スパイのように扱われ、粗末な小屋をあてがわれ、厳重に監視された。馬を使うことも、水を買うために外出することも禁止された。その上、帰国するときには、購入した絹織物を税官吏に没収され、むなしく帰国したのであった。

またしても、オットーには悪運が味方した。オットーを憎んでいた皇帝ニケフォロス二世が、宮廷革命で殺害されたのだ。次の皇帝ヨハンネス一世は、オットーの皇帝位を承認し、オットー(二世)とビザンツの皇女との結婚までをも承諾した。オットーは、運良く自らのもくろみを達したのであった。

誤解されたオットー

叙上のように、オットーは聖人君子ではないが、巨悪でもなかった。本章は、彼の汚名を雪ぐことで終えることにしよう。

ひとつめの汚点は、彼が、ドイツの北西辺境に住んでいたエルベ・スラブ人を、ドイツの武力で征服し、強制的にキリスト教への改宗を迫ったと言われることである。実際、エルベ・スラブ人への伝道活動では、血なまぐさく、恥知らずな逸話が伝えられている。オットーが「辺境伯」の称号を与えて、エルベ川中下流の辺境地帯への駐留を命じたのが、ゲーロであった。エルベ・スラブ人たちは統一国家を形作っておらず、多くの氏族に分かれていた。ゲーロは、辺境伯就任の祝宴と称して三〇人あまりのスラブ人の族長を招いて酒宴を行った。ゲーロは、泥酔した族長たちを殺害させた。この事件が、これまで分裂していたスラブ人を団結させることとなり、ドイツ人との多年にわたる衝突の原因となった。

また、オットーはレヒフェルトの戦いの後、ストイネフの指導下にあったヴェンド人(エルベ・スラブ人の一派）と戦い、勝利を収めた。オットーは、ストイネフの斬首を命じ、彼の首級を高い柱の上に掲げさせ、この柱の周りで七〇〇人の捕虜を斬首させた。さらに、ストイネフの助言者は、眼をくりぬかれ、舌を引き抜かれ、死体の間に捨て置かれた。

そのうえ、ヘフェーラー族の族長の息子トゥーグミルの逸話は、オットーの狡猾さを表している。ハインリヒ一世の時に捕虜となっていたトゥーグミルは、王宮で人質として育てられた。オットーは彼を買収して策を授けた。トゥーグミルは、脱走してきたと嘘をつき、彼の領民（すでに父は亡くなっていた）によって後継者として受け入れられた。トゥーグミルは、彼の唯一の血縁者であった甥を呼び寄せて殺害したあとで、ブランデンブルク他の支配地域をオットーに献上した。しかし、九四八年にはオットーが彼の城を取り上げているし、トゥーグミルの名前がメレンベック修道院の過去帳に記載されているので、オットーは彼から支配権を取り上げ修道士にしたかもしれない。

オットーによるエルベ・スラブ人の平定とキリスト教への改宗事業には、流血と奸策が伴っていたことは確かであるが、これが悪行であったわけではない。まず、異教徒を改宗させることは、この時代のキリスト教的な王・皇帝としての義務であった。我々は、カール大帝によるザクセン人の強制的・組織的な改宗政策を思い浮かべて、オットーも同様の行為をしたかのように思いがちであるが、これは必ずしもあたらない。

まずストイネフらの惨殺は、オットーの側だけに責任があったとも言えない。実は、この虐殺事件は、ストイネフらが辺境伯の一人ヘルマン・ビッルングの城塞を包囲し、奴隷以外の非戦闘員の解放を約束しながら、城から出てきたところを襲ったことへの報復戦であった。その上、エルベ・スラブ人のもとには、しばしば、オットーに対して不満を持つ貴族が亡命しており、こうした貴族が彼らのもとで将軍として活動したために、エルベ中下流域の辺境地帯のおける紛争が激化している。

そして、見誤ってはならないことは、オットーはドイツの国力を挙げて軍事的、組織的にエルベ・スラブ人政策を行ったわけではないことである。オットーが、彼らとの戦いに投入したのは、ザクセン人だけであった。ゲーロの辺境伯という官職も、せいぜい外敵の侵入をその都度防ぐ程度の権限であったらしい。オットーがエルベ川中下流域に、防衛城郭を多数設置し、ドイツ人を入植させ、この城郭を中心にスラブ人の諸集落を編成したといわれてきたが、この仕組みが機能していたことは史料的に確認できない。

また、オットーによるマクデブルクへの大司教座の設置は、東方への勢力拡大を象徴しているとされるが、ドイツの歴史家G・アルトホフによれば、この大司教座の設置が大規模なエルベ川以東への膨張計画の一環であったという証拠はないという。確かに、証書史料では、エルベ川以東の地で、オットーがあらゆる権利を自由に処分しているが、このことは、オットーがエルベ川以東に実効支配を確立していた証拠にはならない。なぜなら、オットーは彼の支配が及ばなかったデンマークにおいても教会組織の設置を定めているからである。

つまり、オットーが、エルベ・スラブ人を軍事的、組織的にドイツ王国へ編入させ、キリスト教へ改宗させたことは史料的根拠が乏しい。この事業完成の令名―もしくは悪名―は、オットーのものではないのである。
最後に、オットーが犯したかもしれない最大の汚点、つまり、彼がイタリア王位と皇帝権に手を出したことで、中世ドイツの皇帝は、イタリア政策にかかりきりとなり、最終的にはドイツの発展を他の西欧諸国に比べて遅らせたというものである。確かに、オットーの在位中ですら、ドイツの貴族はオットーがイタリアに長期滞在することに不満を表明していた。彼の腹心ヘルマン・ビッルングは、マクデブルクの王宮の国王のベッドを我が物とし、同市への国王入市式をも簒奪して、公然と不満を表明している。

十九世紀には、ドイツの歴史家H・V・ジーベルが、オットーがイタリア王に即位し、ついには皇帝権をもドイツ王位に結びつけたため、ドイツ人の東方への進出が手薄になったと批判したのに対して、J・フィッカーは適切にも、オットーの時代にはドイツ民族は成立していなかったと反論した。確かに、彼が皇帝位を求めた一因は、彼の傲慢さにあったかもしれないが、イタリア王位の確保は、西フランク王国とドイツ王国の境界地域への大国の出現を阻止するという正当な理由があったし、皇帝位についても高位聖職者をドイツ王国の支配の支柱として利用するためには、教皇をドイツ王の保護下に置いておく必要もあっただろう。そして、J・フィッカーの説に従えば、成立途上にあったドイツ民族の数百年先の運命までをもオットーの責任とするのは酷であろう。

オットーの通り名は「大帝《マグヌス》」であるが、最初は彼の同名の息子オットー二世と区別するために、「年寄りの方の」という意味で「マグヌス」と呼ばれていただけであったが、後の歴史家によって「大帝」

と解釈された。オットーは、小悪を重ねているが、十世紀ドイツという時代環境の中では、巨悪をなさなかったといえる。オットーの「大帝」としてのイメージは、悪運や偶然に支えられていると言えるだろう。

⊙参考文献

G. Althoff, Die Ottonen : *Konigsherrschaft ohne Staat*, Stuttgart 2000

G. Althoff, *"Saxony and the Elbe slavs in the tenth cenruty"*, in : T. Reuter (ed.), *The New Cambrige Medieval History*, v. III, Cambrige 1999, pp. 267-292

G. Althoff, Inszenierte Herrschaft. *Geschichtsschreibung und politisches Handeln　im Mittelalter*, Darmstadt 2003

G. Althoff/H. Keller, *Heinrich I. und Otto der Grosse. Neubiginn auf karolingischen Erbe*, 3th. ed., Gleichen/Zürich, 2006

B. Arnold, Medieval Germany 500-1300 : *a political interpretation*, Basingstoke 1997

M. Becher, Otto der Grosse : *Kaiser und Reich : eine Biographie*, München 2012

R. H. C. Davis, *A History of Medieval Europe*. From Constantine to Saint Louis, London 1957

Deutsche Biographie (https://www.deutsche-biographie.de/, ２０１７年5月19日23:25分10秒)

G. Hartmann, *Die Kaiser des Heiligen Römischen Reiches*, 4th. ed., Wiesbaden 2016

R. Holtzmann, *Geschichte des saechsischen Kaiserzeit (900-1024)*, München 3th.ed, 1955

R. Jenkins, Byzantium : *the Imperial centuries, A.D. 610-1071*, Tronto 1987

L. Körntgen, *Ottonen und Salier*, Darmstadt 2002

E. Müller-Mertens, *The Ottonians as kings and emperors*, in : T. Reuter (ed.), *The New Cambrige Medieval History*, v. III, Cambridge 1999, pp. 233-266

B. Schneidmuller/S. Weinfurter (eds.), Die deutschen Herrscher des Mittelalters : *historische Portraits von Heinrich I. bis*

Maximilian I. (919-1519), München 2003
B. Schwenk, *Das Hundetragen. Ein Rechtsbrauch im Mittelalter, in:* Historisches Jahrbuch. v. 110 (1990), pp. 289–308
W. Zimmerman, *A Popular History of Germany from the Earliest Period to the Present Day,* v. II, New York 1878
G・アルトホフ（柳井尚子訳）『中世人と権力　「国家なき時代」のルールと駆引』（八坂書房、二〇〇四年）
今野國雄『西洋中世世界の発展』（POD版、岩波書店、二〇〇〇年）
R・W・サザーン（森岡敬一郎・池上忠弘訳）『中世の形成』（みすず書房、一九七八年）
H・K・シュルツェ（小倉欣一・河野淳訳）『西欧中世史事典III』（ミネルヴァ書房、二〇一三年）
尚樹啓太郎『ビザンツ帝国史』（東海大学出版会、一九九九年）
瀬原義生『ドイツ中世前期の歴史像』（文理閣、二〇一二年）
P・デ・ローザ（遠藤利国訳）『教皇庁の闇の奥　キリストの代理人たち』（リブロポート、一九九三年）
成瀬治・山田欣吾・木村靖二編『世界歴史大系　ドイツ史一　先史—一六四八年』（山川出版社、一九九七年）
半田元夫・今野國雄『キリスト教史　一』（山川出版社、一九七七年）
M・ブロック（堀米庸三監訳）『封建社会』（岩波書店、一九九五年）
J・ヘリン（足立広明他訳）『ビザンツ　驚くべき中世帝国』（白水社、二〇一〇年）
山内進『北の十字軍「ヨーロッパ」の北方拡大』（講談社、二〇一一年）

995−1035年
デンマーク王。イングランドを征服後、ノルウェーなど他の北欧諸国も併合して「北海帝国」を構成した。

北欧の風雲児

クヌート

…Knud…

荒木洋育

デンマーク王クヌート(九九五―一〇三五年)は、デンマーク王スウェン一世とポーランド王女との間の次男として誕生した。

イングランドへのノルマン人の侵入は八世紀末に始まった。アングロ－サクソン系の指導者ウェセックス王アルフレッドはそれに反撃し侵入を抑えることに成功したが、十世紀後半にノルマン人の侵入は再び活発化する。デンマーク王スウェンは一〇〇四年以降断続的にイングランドへの侵攻を行った。デンマークの国内事情により王自身が参加しない遠征もあったが(一〇〇九―一二年)、その場合でもソーケルなどの臣下を中心とした遠征軍が派遣され、侵攻はほぼ毎年行われた。戦況はデンマーク優位に展開し、イングランド側では一〇一二年カンタベリー大司教が殺害されるなど被害は甚大であった。一〇一三年のスウェン本人による侵攻の結果、翌一四年までに首都ロンドンを含むイングランド全土はほぼ占領され、王エセルレッド二世も逃亡してスウェンは事実上イングランド王位を手にする。しかしその直後にスウェンは戦死し、長男ハーラルはデンマーク王を継承、次男クヌートがイングランド侵攻を担当することとなった。エセルレッド、更にその死後は彼の長男エドマンドによるアングロ－サクソン系の反撃があり、二年ほど一進一退の状況が続いたが、一〇一六年にクヌートとエドマンドとの間で王国を分割する形で一応の合意がなされる。その後エドマンドの急死によってクヌートが単独の王となり、一〇一八年には国内の有力者をオックスフォードに集めてデーン系とアングロ－サクソン系の和解を実現した。その後クヌートはハーラルの死（一〇一九年）によってデンマーク王位を継承、更に一〇二六年にはノルウェー王オーラフとスウェーデン王オーヌンドの侵攻を受けるが撃退し、逆に両国を併合した。これにより歴史上唯一の北欧とブリテン島にわたる領域集合体が成立した。

この領域集合体は「北海帝国」と呼ばれるが、クヌートはその死（一〇三五年）まで維持することに成功した。死後この「北海帝国」はクヌートの王子たちによって分割相続されるが、王子たちはいずれも早世し、十年足らずで「帝国」は消滅し、イングランドではアングロ－サクソン系の王朝が復活した。

英国とデンマーク

英国の歴史と日本の歴史の共通点の一つとして、両国が「島国」として、外国の侵略あるいは占領を受けることが極めて少なかったことを挙げる事ができるであろう。日本の場合、確認できる範囲では第二次世界大戦後の米国による占領が有史上初めての事例とされる。他方英国についていうなら、（イングランドに関して）王国が一応形成された後の事例としては、本項デンマークのクヌートによる占領(一〇一六年)と、次項で取りあげる予定のノルマン・コンクェスト(一〇六六年)の二例が最後となっている。以後は、十六世紀後半におけるスペイン、十九世紀初頭におけるナポレオン、二〇世紀におけるドイツによるそれぞれ侵略・占領の危機はあったものの、いずれも海軍力、空軍力の充実等でしのぐことに成功して現在に至っているのである。その中で、二度にわたり外部勢力の侵略・支配を受けた十一世紀は明らかに英国にとっては「異常な時代」であった。つまり、本項「クヌート」と次項「ウィリアム一世」ではそのような「異常な時代」を扱うわけであり、なぜそうなったのかについても触れることとしたい。

さて、高校まで世界史を学習してきた人たちにとって飲み込みにくい点として、英国、というよりイングランドを最初に「征服した」「外国」がデンマークであったということが挙げられるかもしれない。特に近世以降のイングランドにとって、最初に考えるべき「外国」は、まず第一にドーバー海峡の向こう側にあるフランスであり、次に大西洋の向こう側にあるアメリカ(合衆国)になるはずだからである。ということで、英国(イングランド)とデンマークとの関係についてまず考えてみよう。

まず地理的な面から。デンマークはドイツと地続きの大陸諸国の一つであり、島国である英国とは確かに異なる。しかし、北海を考慮すると立派な「隣国」であり、現実に北海油田を(協定を通して)英国と共有している。次に歴史・伝統の側面からみると、両国間の関係にはさらに興味深い面がある。

まず両国とも中世以来の歴史を持つ(現在でも存続する)王国であり、王家相互の婚姻を通じての関係は古来密接である。まず英国王室がデンマークから王妃を迎えた例がいくつかある。有名な例としては、十七世紀初めのジェームズ一世（在位一六〇三―二五年）の王妃のアン（ただし結婚はジェームズがスコットランド王のとき）、また記憶に新しい例としては二〇世紀初めのエドワード七世（在位一九〇一―一〇年）の王妃のアレクサンドラという例がある。またその逆、デンマーク王室が英国から王妃を迎えた例もいくつかあり、その中に、十八世紀後半のクリスチャン七世の王妃カロリーネ（ジョージ三世の王女で英名キャロライン）がいる。彼女は改革者として知られる医師ストルーエンセと不倫の関係を結んだことでデンマーク史上有名である。

また、国力が充実した後の英国にとり、バルト海の出口をおさえるデンマークは地政学上重要な存在であり、そのことを背景として英国とデンマークは同一歩調をとる（あるいは英国によりデンマークが同一歩調を取らされる）ことがよくあった。有名な例として、ナポレオン時代、ナポレオンを支持したデンマークに対し英国がたびたび首都コペンハーゲンへの攻撃を行ったことがある。また、一九七三年の「拡大ＥＣ」成立の際に英国とデンマークが（アイルランドを加える形で）同時にＥＣに加盟したことも、その文脈から理解することが可能である。さらには、一昨年（二〇一六年）英国は国民投票の結果としてＥＵからの離脱を決めたが、次の離脱「候補」として挙げられる複数の国の中にデンマークが含まれているのである。つまり、海によって隔たれているとはいっても、英国とデンマークの関係は非常に密接な関係にあるといえるだろう。

「アングロ−サクソン王国」とノルマン人

次にこの「クヌートの征服」の背景、この時期のイングランドが置かれていた状況について考えてみたい。世界史の教科書ではこのあたりについて、「ウェセックス王のアルフレッド」が「デーン人に打ち勝って」「イングランドの統一に成功し」た後、栄えていたアングロ−サクソン王国をデンマーク王クヌートが征服したという流れで書かれていることが多く、前後関係の理解がしにくくなっている。

まず重要な点として、ウェセックス王アルフレッドがイングランド全域を統一したわけではないことを指摘したい。彼とデーン人の指導者グスルムが結んだ二度の協定（八七八年、八八六年）で決められた内容はグスルム等デーン人の改宗を別とすればあくまで両者間の境界の画定であり、最初の協定の時点ではアルフレッドの領域は本来のウェセックス王国の版図とほぼ同じであり、ロンドンもデーン人の支配下にあった。二つ目の協定においてアルフレッドはロンドンを回復するなど版図をさらに拡大したが、彼の死（八九九年）の時点では、イングランドの約半分、具体的にはイースト・アングリア（現在のノーフォーク、サフォークに相当する）から東海岸一帯から北部にかけての地域はデーン人の支配下にあった。この地域はデーン人たちの法（ロウ）が通用する地域という意味を持つ「デーン・ロウ」と呼ばれることになるが、アルフレッド以降のウェセックス王-イングランド王にとってはその地域を支配下に収めることが課題として残されることとなった。

この征服事業は一直線に進んだわけではない。例えば南部のイースト・アングリアについては九一八年にイングランドの支配下に入ったものの、北部地域、特に現在のヨークシャーに相当する地域については、地域のデーン系住民がアイルランドを征服していたノルウェー人と組んでイングランドへの抵抗を長く続けた。最終的にこの地域がイングランドの支配下に入ったのは九五四年のことであり、この時に初めてアングロ-サクソン王国によるイングランドの統一が実現したといえる。ノルウェーによるイングランドへの侵攻が九九〇年頃には再開されるので、アングロ-サクソン系の天下は四〇年ほどしか続かなかったといえる。

この四〇年ほどの時期、更にいえばエドガー王の治世(九五九―九七五年)を通常「アングロ-サクソン王国の全盛期」と呼ぶことが多い。この時期のイングランド国家は同時代の他の西欧国家と比較して特徴的な面をいくつか持っていた。二、三の例を挙げてみると、例えば行政その他の場においてラテン語だけでなく古英語も重視されていた。また、国王の諸侯および一般の臣民に対する権力は強力であり、各地域に地方官が派遣され(これを州長官〔シェリフ〕といい、征服以降も制度として継承される)、一種の「徴兵制」が導入されたりもしていた。特に後者については同時代の他の西欧国家においては到底実現不可能なものであった。このような独自の国づくりとその成果は、九―十世紀という時代を考えれば特に目覚ましいものといえるであろう。この時期の他の西欧国家は、フランク王国の分裂・衰退以降の混沌とした状況の中でデーン人を含むノルマン諸民族の海からの侵入(いわゆる「ヴァイキング」)、東方からのマジャール人の侵入等を受けている状態であり、古い概説書の表現を借りるなら「暗いと言われる西欧中世のなかでも特に暗い時代」だったからである。

この時期のイングランドが他の西欧に対してある意味優位に立っていた背景として、外側からの圧力が和らいでいた時期にあったことを指摘しなくてはならない。大陸諸国の状況についてはすでに述べた通りであるが、ノルマン諸民族の活動もこの時期(十世紀中葉)幾分収まっていた。これは彼らがそれぞれの国家建設に力をより注ぐようになったことが背景にあるのであり、デーン人によるデンマーク王国の建設(九四〇年ころ)をはじめとして、スウェーデン、ノルウェーの各王国が建設されるのもこの時期である。

そう考えると先に述べたようなアングローサクソン王国の統治とその成果は、実は外的状況の上での「偶然」によるものであり、存立基盤は決して強いものではなかったといえるであろう。実際、エドガーの治世の頃(九六〇—七〇年代)になると、東フランク(ドイツ)でのオットー一世によるマジャール人討伐と皇帝位獲得、西フランク(フランス)でのクリュニー修道院を中心とした改革運動の始まりなど、大陸側での新たな秩序形成の動きが見られる。またノルマン系諸国では、建国の前後に相次いでキリスト教への改宗が進められると同時に相互の抗争が激化し、その軍事力として「ヴァイキング」をいわば国の力で養成・組織する動きがみられた。そうなると各国はその軍事力を本来の目的である相互抗争だけでなく、特に余剰となる部分を国内安定の観点からも対外的な進出、侵略に利用しようとするのは当然の流れである。これが十世紀後半から十一世紀前半にかけてのノルマン系諸民族の拡大の再開であり、このノルマン人の活動の「第二波」の成果の最たるものがクヌートによるイングランド征服であった。

このように十世紀後半というのは（ブリテン島以外の）西欧地域が一つの変動期に入った時期であり、エドガー以降のイングランド王はそれへの対応（具体的には外敵の侵入を想定した軍事力の強化など）を要していたといえるであろう。しかしアングローサクソン王家は十分な対応ができたとはいえない。一つの要因としてエドガーのような君主が亡くなったあとしばしば起こることだが、王位継承をめぐる紛争が発生したことが挙げられる。エドガーの死後、王位を継承したのは長子のエドワード（在位九七五―九七八年）であった（「殉教王」と呼ばれる）。しかしエドガーの後妻エルフリードは自分の子エセルレッドの継承を画策し、エドマンドはエルフリード邸に招かれた際に暗殺された。エルフリードが殺害に関与したことが証明されることはなかったが、当然それが疑われる状況であり、かつ結果としてエセルレッドが即位した（エセルレッド二世、在位九七八―一〇一六年）ことは国内にしこりを残すことになった。

このエセルレッド二世の治世になると、旧デーン・ロウ地帯のデーン系住民の動揺、地方勢力の自立がみられることになる。また王の方も（「準備不足の王」のあだ名は直接には後のデンマークの侵攻への対処が背景にあると思われるが）その場しのぎの対応に終始したようであり、軍事力の強化をはかる能力も余裕もなかった。

このようなイングランドの状況は当然誕生間もない北欧諸国にとっては侵攻の好機と映ったことは間違いなく、実際に九九〇年代から侵攻が再開されるが、最初からクヌートが関与したわけではない（まだ誕生前）。実は最初の主役はノルウェー、具体的には国王オーラフ・トリグヴァソン（オーラフ一世)であった。九九一年にイングランド軍をモールドンの戦いで大敗させ、エセルレッドが事実上の賠償金としての「平和金」の捻出のために(西欧で)最初の全臣民を対象とした税制(「デーンゲルド」と呼ばれる)を創設するきっかけを作ったのも彼とされる。しかしノルウェーおよびオーラフの抱えていた問題は、当時の各北欧国家の体制が王位継承のありかたも含めて未成熟で国内抗争の種が絶えないことにあった。彼が国内の抗争の末に一〇〇〇年に戦死すると、ノルウェーは当面はイングランド侵攻の前面から退くことになった。デンマークはそれに代わる形で登場したのである。

クヌートの征服と統治

直接のきっかけはイングランドの手によるイースト・アングリア地方の(植民)デーン系住民の虐殺であった。

ただしデンマークはノルウェーと比べて対イングランド政策面において異なる点、および有利な点をいくつか持っていた。まず、たびたび触れてきたように、旧デーン・ロウ地域というデーン系住民がすでに居住する地域があった。また、アルフレッドが対処したときとは異なり、王国が建設され、かつキリスト教を受け入れて大陸ヨーロッパの文化圏の一員となっていただけではなく、大陸の王家とも姻戚となっていたのである。具体的には当時の王スウェンの妃はポーランド王家の出身であり、息子のクヌートはその血をひいていた。

デンマーク王スウェンのイングランド遠征は一〇〇四年頃から断続的に行われたが、これは明らかに征服を意識した大規模なものであった。その詳しい過程については概略に触れた通りであるが、一〇一四年にスウェンが死ぬまではあくまで彼の遠征であって、次男クヌートの役割は(遠征初期は年齢的な制約もあり)少なくとも前面に出るようなものでなかったことは明白であろう。つまりクヌートが登場した時点ではすでにロンドンは陥落し、エセルレッドは逃亡してデンマーク王家は形の上でイングランド王位をとりあえず奪取するに至っていたのである。というわけで、「クヌートの征服」と呼ばれるこの征服事業の過程の大半はクヌート以前にすでになされていたものであり、意地悪く言えばクヌート本人はその「利得」を手に入れたに過ぎないともいえる。そのあたりの事情は当時の人々、特にエセルレッド側も承知していたところで、クヌートが継承した後、反撃を開始したのである。

そこで概略に述べたような展開となる。繰り返すと、イングランド王家の側でも一〇一六年にエセルレッドが死に、長子エドマンドが継承してクヌートとの争いを継続した。結局一応の和睦として両者間でかつてアルフレッドが行ったように王国を分割することで合意がなされる。しかしその後エドマンドが急死し、クヌートが(自動的に)単一のイングランド王となり、デーン系とアングローサクソン系との間にあれほどの敵対関係があったにもかかわらず、僅か二年後(一〇一八年)には有力者の支持をとりつけ、和解を実現してしまったのである。これはどうして実現したのだろうか。

考えるに、本書の主旨とは異なってしまうが、ここまでの過程の中で、クヌート本人が「悪」とは無縁で、手が汚れていない「部外者」であったこと、あるいはそのような印象を同時代人が持ったことが重要ではないだろうか。ここまでの過程においてイングランドに対し「悪事」を行ったのはオーラフ・トリグヴァソンであり、クヌートの父スウェンであり、あるいは配下の将ソーケル等であった。またイングランド王家の側にしても、エセルレッドとエドマンド父子の王位継承の背後にあったのはおそらくはエセルレッドの母エルフリードが行った「悪事」である。彼らはクヌートが登場した時点では多くが既に世を去っていたので、彼の登場は一種の「新規まき直し」の印象があったのではないかと思われる。

興味深いのはクヌートがその印象を認識し、その後のイングランド統治に利用したように推察できることである。彼はイングランドを四つの伯領に区分し、有力貴族に統治を委任した。また地方政治の下層についてはほとんど手をつけなかったし、法制面においても『クヌート王法典』を制定し、従来のアングロ‐サクソン王権を理念的に継承する姿勢を示している。また臣民に対する負担についても、直属軍を維持する費用として先に述べた「デーンゲルド」を「ヘレゲルド」と名前を変えてそのまま継承しただけで、新たな負担を求めることはしなかったのである。

この「部外者」としての強みは「北海帝国」の建設、運営にも生かされたようである。彼の母がポーランド王女と考えられている件については先に述べたが、そのことは彼を同時代の他の北欧君主と比べて「異質」な存在としているように思われる。世代的にもずれはあるのだが、例えばオーラフ・トリグヴァソンと比較するとその点は明らかであろう。彼が（イングランドに加えて）北欧の統一に成功した背景としては彼の幸運・能力が関係していたことはもちろんだが、彼自身が北欧諸国の内部、あるいは相互で繰り返される紛争の「部外者」であったことも大きいのではないだろうか。

クヌートはこのようにして、父スウェンの死から僅か十年ほどでイングランドと北欧を統合する「帝国」を創設したが、その崩壊もまたあっという間であった。彼が死んだ後、嫡男ハーディクヌートがデンマークを相続し、イングランドは長子ハロルドが相続するが、その間にノルウェーが自立し、ハロルドも数年後に死没する。次いでハーディクヌートがイングランド王位を兼ねたが、彼も数年後に夭折(一〇四二年)したことであっけなくクヌートの家系は断絶してしまったのである。クヌート本人の死からわずか七年後のことであった。その後の北欧ではノルウェーが国力を回復し、王朝が断絶したデンマークではしばらく国力が低迷する。またイングランドではエセルレッドの息子エドワードが継承してアングロ-サクソン系の王家が一時的に復帰する。つまり短期的にはクヌートの出現前の状況に戻ってしまったのである。

本章の冒頭で、クヌートの副題を「北欧の風雲児」としたが、彼の人生そのものも一陣のそよ風に例えられるのではないか。国内および相互の抗争に明け暮れる北欧諸国、またその侵略を受けるイングランドを含めた北海地域に突如現れ、十年ほどでその全てを対象とする秩序を実現した流れはまさに風を連想させる。そしてその後僅か十年ほどで世を去り、更に十年後には「クヌート法典」を除いて業績もあたかももとからなかったかのように姿を消してしまった、その流れも風にたとえるのがふさわしいと思われる。しかし、十一世紀前半という、まだヨーロッパ世界が混沌の中にある時期に彼が作り出した「帝国」が、歴史の中で今に至るまで輝きを放っていることも事実なのである。

一代の野心家
ノルマンディー公ウィリアム
…William…

荒木洋育

1027–87年
ノルマンディー公国を平定後、1066年にイングランド王国を征服・獲得して、ウイリアム1世となった。

ノルマンディー公ウィリアムは、ノルマンディー公ロベールと皮なめし職人の娘アルレットとの間に生まれた。父の指名により一〇三五年に公位を継承するが、母の身分が低かったため公としての権力の確立には時間を要した。フランドル伯の娘アデレードと結婚。

当時のイングランド王エドワードはエセルレッド二世の孫で、クヌートの系統が絶えた後王位を継承していたが、子がなく、存命中から後継者問題が浮上していた。王妃の兄ハロルドが一応有力候補となっていたが、弟トスティイもその地位をねらい、またノルウェー王ハーラルもクヌートの征服の再現をねらっていた。そしてウィリアムも、祖父の妹エマがエセルレッド二世の妃であったことから王位を要求する資格を持っていた。

エドワードが一〇六六年に没すると、継承をめぐる争いが表面化する。王位についたハロルド(二世)に対し、トスティイが国内で反乱を起こし、ノルウェーも侵攻を開始した。ハロルドは双方を撃破したが、ウィリアムはその時機を選んでイングランドに上陸した。

ハロルドとウィリアムとの戦いがヘースティングスの戦い(一〇六六年)である。この戦いは歩兵を中心とするイングランド軍と騎兵を中心とするノルマンディー軍との戦闘となった。激戦のさなかにハロルドが戦死したこともあり、ノルマンディー側の勝利が確定し、同年クリスマスにウィリアムは即位(一世)した。

これがいわゆる「ノルマン・コンクェスト」であり、それを記録するために王妃アデレードが作らせたのが有名な「バイユーのタペストリー」である。結果としてイングランドの支配層が大陸出身者中心に切り替えられ、同時に大陸型封建制が導入され、またイングランドへのフランス文化、ラテン文化の導入が進んだ。ウィリアムは治世を通じてイングランド支配の確立に専念したが、死の直前にまとめられた『ドゥームズデイ・ブック』はイングランド国内の土地の保有状況を(当時の基準として)詳細に記録した土地台帳として、ウィリアムの業績の一つとされる。死後(一〇八七年)、ノルマンディー公は長男ロバート、イングランド王は次男ウィリアムがそれぞれ継承した。

『マクベス』の同時代人

シェークスピアの「悲劇」の代表作といえば通常いわゆる「四大悲劇」、即ち『ハムレット』『オセロー』『リア王』『マクベス』を指すが、その中で一番最後に作られた『マクベス』はスコットランドを舞台としている。非常に有名な作品で最近(二〇一五年)も映画化されているので簡単に筋をまとめると、以下のようになる。スコットランド王ダンカン一世の忠実かつ有能な家臣であったマクベスは、遠征の途中であった魔女たちの予言に導かれ、妻と共に王を殺害し、自ら王位につく。しかしその後猜疑心と罪悪感に駆られて暴政のために次第に信望を失い、最後に亡き王の息子に挑まれた復讐戦に敗れて無残な最期を遂げる、という話である。

この『マクベス』、実はスコットランドの実在の王マクベス(在位一〇四〇—五七年)の生涯を元に作られた作品である。しかし脚色された部分も多い。マクベスがダンカン一世を殺害して王位に就いたのは事実であるが、実は殺されたダンカンの方にも問題があったのである。当時スコットランドでは王位継承の際に前王が生前に指名した者が継ぐ形をとっていた。とはいえ基本的には前王の子あるいは弟などが指名されることが常だったのだが、先代の王は自分の娘の子ということでダンカンを指名したのである。他方マクベスの側は確かに父は王家の出ではなかったが、妻、母双方とも王家の出であり、世代的にも初代国王にダンカンより近かった。つまり、マクベスによる前王の殺害と自らの即位は彼(および彼の妻)の野心はあるとしても、それなりに根拠のあるものだったのである。彼が最後にイングランドの支援を受けたダンカンの息子マルカム(三世)に討たれたのは事実であるが、暴政を敷いたというのは事実ではないようであり、統治期間の長さが示すようにそれなりの統治をしていたようである。本章の主人公であるノルマンディー公ウィリアム(イングランド王としてはウィリアム一世)は実はこのマクベスの同時代人である。

ウィリアムが誕生したのは一〇二七年のことで、前項でとりあげたクヌートが「北海帝国」を作り上げたのとほぼ同時期である。父はノルマンディー公ロベールであるが、母はアルレットといい、カーンの皮なめし職人の娘であり、いわゆる庶子であって中世では継承には困難をともなう立場であった。しかし、父ロベールは一〇三五年エルサレムに巡礼の旅に出る際にウィリアムを後継者に指名する。そして巡礼先でロベールが亡くなったことにともないまだ幼少であったウィリアムがノルマンディー公位を継ぐこととなった。

ウィリアムが直面したのは臣下の貴族たちの自立の動き、および相互の抗争であった。この背景となったのは彼が継承した際まだ幼少であったことに加えて、母の身分が低かったことがある。これを収めて公領全体に権力を及ぼすことができるようになったのは一〇六〇年前後とされ、相当な時間を要したのである。大きな意味を持ったのは彼の結婚であり、公妃アデレードはフランドル伯の娘であったが、父方からアルフレッド王と初代ノルマンディー公爵ロロ双方の血を引いていた。従って近親婚の禁忌を犯す結婚であり、教皇の特免を必要とする厄介な事態となったが、ウィリアムはこの結婚によりノルマンディー公としての正統性を強めることができたのである。

ここまでのウィリアムの人生をたどり、マクベスとの関係について考えると色々と興味深い。両者とも王位あるいは公位を普通の形ではなく継承している点、また血統的な継承の根拠が弱いという点については共通している。マクベスは一〇五〇年頃にローマに巡礼を行っているので、この両者は実際に会っていた可能性がある。更に後に具体的に述べるがマクベスとノルマンディーとの関係は意外に深いのである。いずれにせよマクベスとウィリアムはある種似た境遇に置かれていたのであり、ウィリアムは自分がノルマンディー公爵にふさわしいことを常に証明する必要に迫られていたといえる。その一つが祖先を上回る事績を挙げることであり、彼がイングランド王位を狙った背景として、その衝動があったことは間違いないであろう。

「征服」する側の事情、される側の事情

先にウィリアムが血統的な強い根拠なしにイングランド王位を要求したと述べたが、具体的には彼の大叔母エマがエセルレッド二世の後妻であったことに基づいている。女系であるだけでなくウィリアム本人とも離れており、継承権要求の根拠として強いとはいえない。「征服」と呼ばれるゆえんである。にもかかわらずウィリアムがイングランド王位を狙ったからには、イングランド側にも狙われる事情があったはずである。ここでイングランドの状況についてみてみよう。

まず注意しなくてはいけないのは、実は「征服」以前からイングランドの「フランス化」が少しずつ進んでいたという事実である。ことはクヌートの家系が絶えたあとイングランド王となったエセルレッドとエマの子、エドワード(証聖王)の治世に始まる。

エドワードは父エセルレッドの死後、幼児期から成人するまでの長期間を母の実家のノルマンディーで過ごした。結果としてエドワードはおそらく英語を解することができず、帰国・即位後も宮廷、教会その他の要職にノルマンディー出身者を起用し、重用した。これはアングロ-サクソン系有力者の反発を招くこととなり、紛争の末、代表者ゴドウィン(エドワードの妃の父)により一〇五二年にエドワードは政治の実権を奪われてしまい、以後は専ら教会関係の政策に力を注ぐこ

となったのである。つまりエドワードの生前からイングランドに対するノルマンディーを中心としたフランス系の「浸透」、およびそれに対するアングローサクソン系の反発が起きていたのである。

この一〇五二年の紛争の際にゴドウィン側によりノルマンディー系の貴族に対する迫害が行われたが、その際マクベスはスコットランドに逃れてきたノルマンディー系の貴族たちをかくまった。スコットランドは十二世紀以降、イングランドと同様、しかし「征服」という形ではなくノルマン系貴族を招聘する形で自発的なノルマン化（あるいはフランス化）を行うこととなるがその端緒となる出来事である。しかし短期的にはマクベスの行動はゴドウィン派の反発を買うことになり、（劇で描かれているように）マルカム軍へのイングランドの援助およびマクベスの敗死を招くこととなった。

またこの紛争の際ゴドウィン派はノルマンディー派のカンタベリー大司教を解任したが、これは聖職者の世界においてイングランドと大陸との対立、断絶を生むこととなった。当時ローマ教皇は高位聖職者の任命権（「聖職叙任権」）を皇帝、王などの世俗の権力者から奪って自ら握ろうとする動きを西欧各地域で進めており、これが少し後には皇帝と教皇との深刻な紛争（いわゆる「叙任権闘争」）に発展するのだが、ゴドウィン派の行為はそれに真っ向から反するものであったからである。

この紛争の後、子のないエドワードの後継者として王妃の兄（つまりゴドウィンの息子）ハロルドが有力となり、一応ゴドウィン派が「勝利」することとなったが、そこまでの経過はイングランドが当時陥っていた深刻な状況を物語っている。イングランドが置かれていた環境は十世紀のエドガー王の治世のころと比べて数十年の間に全く変わってしまっていた。エドガー王の頃は前項で述べたように大陸側の状況が混沌としていたことと、ノルマン人の関心が国家建設に向けられていたことにより、イングランド王国が大陸に対してある意味優位に立っていた状況があった。しかしこの頃になると、大陸側で(ノルマンディーも含めて)領域権力の確立と教会制度の整備が進み、逆にイングランドの方に影響を及ぼし始めたのである。イングランドの「フランス化」はその表れであったが、ゴドウィン派に代表されるアングロ-サクソン系はすでに述べたようにそれを拒絶する道を選んだのであり、エドワード治世末期のイングランド王国は西欧世界で孤立していたといっても過言ではない。

ウィリアムはこのような状況を十分に察知し、野心家らしく前もって布石を打っていたようである。そのことを物語る話が「バイユーのタペストリー」に見られる。先にエドワードの後継者の地位を固めつつあったハロルドがフランスに渡った時、土地の領主に捕らえられウィリアムのもとに送られた。ハロルドはウィリアムに対して忠誠を誓った後解放されたというものである。この話からはノルマンディー周辺の貴族階級の中に先の一〇五二年の紛争以後イングランドに対して険悪な感情があったこと、この出来事によって立場上ウィリアムが競争相手ハロルドに対してあらかじめ「目上」であることを認めさせたことが読み取れる。そしてそのウィリアムの方ももはや単純な「ノルマン人」ではなかった。

高校の世界史の教科書等の記述では、ノルマン人のロロがフランスに侵攻して国王からノルマンディー公に封じられたことと、その子孫にあたるウィリアムがイングランドを征服したことが一連のできごととして扱われている。そのため、それを鵜呑みにすると、いかにもノルマン人たちがノルマンディーを経由する形でイングランドにあたかもヴァイキングのように侵攻したイメージを持つかもしれない。しかし実像はそれとはかなり異なっている。

現在「ノルマンディー」と呼ばれている土地が十世紀前半という時代に「ロロ」という人物に率いられたデンマーク出身のヴァイキングの一団に占拠され、当時のフランス王を(形式的に)主君とする公国の設立を認められ、その名称として「ノルマンの土地」を冠したことは事実である。しかし同時に忘れてはならない事実として、公国の設立の際に条件としてロロが部下たちとともにカトリックに改宗して「ロベール」という洗礼名を受けたことを指摘しなくてはならない。また同時にロロ改めノルマンディー公ロベールは同地の貴族の娘と結婚している。

ノルマンディー公ウィリアムは彼の五代の孫にあたるが、歴代の公妃はいずれも地元出身であり、ウィリアム本人の母親も地元の平民出身の側室であった。従ってウィリアム本人に関しては単純計算すればヴァイキングの血はほとんど流れておらず、ほぼ「フランス人」であったと考えてよいであろう。ロロの臣下に始まる彼の家来たちの家系もおそらく大同小異であり、ウィリアムによる征服、いわゆる「ノルマン・コンクェスト」は「ノルマン人によるイングランド征服」ではなく「フランス人によるイングランド征服」と呼んだほうがむしろふさわしいのである。

ウィリアムの「フランス的」、更に言えば「大陸的」性格は以下のことからも裏付けられるであろう。後で述べるようにこの征服によってイングランドがこうむったのは政治・文化面での「フランス化」「ラテン化」であり、「ノルマン化」ではない。またウィリアムは征服以前の時点で側近に教皇との関係の深い聖職者を多く取り立てていたこと、かつ聖職者を中心に大陸全体に及ぶ人的ネットワークを築いていたことが最近の研究から明らかになっている。「征服」についても教皇庁内の有力者であったヒルデブラント、後の教皇グレゴリウス七世の承諾を取り付けてのものであった。先に述べたように征服前のイングランド教会がローマ教会との関係を悪化させていたことと考え合わせて、ウィリアムが「征服」の準備をいかに周到に進めていたかを物語る証左だが、同時にウィリアムの君主としての「大陸的」性格も示している。さらにウィリアムの征服事業にはノルマンディーだけでなくフランスの他の地域からも多くの騎士の参加があったことが研究から明らかになっているのである。

ただし付け加えるならば、ウィリアムの征服の「フランス的」「大陸的」性格を必要以上に強調するのも適切とはいえないだろう。彼の「ノルマン的」性格はなによりも「バイユーのタペストリー」に表現されている。そこには彼が「征服」に使用した船が描かれているが、それは我々が映画等で知るヴァイキングの船とあまり違うものではない。この点でウィリアムは祖先の「ノルマン的」「ヴァイキング的」伝統も確かに継承していたといえる。

イングランド王として…強硬と柔軟

このような背景の中でウィリアムによる「征服」、いわゆる「ノルマン・コンクェスト」は行われた。細かい経過は「概略」に示した通りであるが、一言付け加えると先手をノルウェー側に打たせて、イングランド側が疲労したのを見越して侵攻したところに彼の周到さが現れているといえる。もちろん彼自身も予期していたところだろうが、ハロルドの戦死とウィリアムの戴冠(一〇六六年のクリスマス)で全て解決したわけではなかった。その後もアングロ-サクソン人による反乱が相次ぎ(一一六八—七一年)、先に述べたような経緯からノルマンディーに対して敵対的であったスコットランド王マルカム三世への対応にもウィリアムは追われ、事態が沈静化するには征服後約十年を要することとなった。

この経過について、多くの本ではウィリアムは反乱の鎮圧のなかで「アングロ-サクソン有力貴族の所領をうばって、これを彼の家臣であるフランス系の高位聖職者や騎士に与え」、また同時に「教会組織の上層部が広範に大陸、フランス系の人びとによってとってかわられる」ことになった、という記述がされる。この記述から、あたかも「征服」によって旧来のアングロ-サクソン系の貴族が根絶やしにされたような印象を持つかもしれない。

実際はどうか。教会分野をみると、「征服」後まもなく(一一七〇年)、カンタベリー大司教スティガンドは職を解かれ、代わりに大陸出身者が就任した。また前後数年の間に王と直接の主従関係を持つ高位聖職者(大司教、司教、大修道院長)のほとんどを大陸出身者が占めることとなった。また「征服」によってノルマンディー側の多くの司教座教会、大修道院は、(世俗の貴族と同様)イングランド側に所領を獲得した。またこれら聖界領主たちはこの「新たに獲得した」所領に関してはウィリアムから課税免除などの優遇を受けた。このような形でウィリアムは自分を支援した聖職者たちに恩返ししたわけだが、その場合交代したのは実は首長だけであり、下位の役職者まで交代させられたわけではない。

世俗の分野でも似たような状況が推察される。確かにウィリアムの治世末期において特に上層貴族に関して、(名前からみて)ほとんどがノルマン系に占められるようになったのは事実である。しかし下層貴族についてはなおアングロ‐サクソン系が健在であったとみられ、彼らが「根絶やし」にされたわけではない。

なぜか。ノルマン・コンクェストの結果として、ラテン文化・フランス文化流入、大陸型封建制の導入に加え、以前の研究者たちは、先進的なノルマンディーの行政制度とアングロ‐サクソン王国の集権的な制度が統合された結果としての、イングランド特有の強力な君主権と集権性の強い行政制度の形成を指摘してきた。しかし最近は、ノルマンディー公領の制度がそれほど整備が進んでいたわけではなかったこと、少なくともウィリアム二世治世(一〇八七―一一〇〇年)位まではイングランドの行政実績がアングロ‐サクソン期と比較して特に上がっているわけではないことが明らかになっている。要するにノルマン人支配層がアングロ‐サクソン王国時代の行政制度を「使いこなす」には相当の時間を要したわけであり、征服者たるノルマン人が旧来の支配層を「一掃」するといっても、それは上層貴族、高位聖職者までであり、現実行政を直接担当する下層貴族たちまでを「一掃」することは到底不可能であったと考えられるのである。

ウィリアムの最後の業績といえる『ドゥームズデイ・ブック』(一〇八五年作成)は、全国単位で土地の所有関係を調査したものであり、当時他の西欧諸国ではみられないものであった。そのようなものがわざわざ作られた動機については従来の研究では様々な見解がなされているが、今述べたことを考慮するとまた異なる見方ができるのではないだろうか。このような調査を行う際には地方行政組織が全般的に活動し、かつ調査を行われる側も、特に領主層は領民を把握することが必然的に要求される。逆にこのような調査を行うことによって、ノルマン系の領主たちは領民の状況を把握し、また行政能力を高めることができる。あくまで筆者の勝手な憶測であるが、作成にはそのような「教育的」な意味もあったのではないか、と考えるのである。

このように最近の研究では「ノルマン・コンクェスト」はイングランド社会にそれこそ様相を一変させるような変化をもたらしたわけではないことが明らかになりつつある。しかしこれはウィリアムに対する評価を低くするものではないし、「野心家」という評価を変えるものではないと筆者は考える。「征服」以前のウィリアムの行動について指摘した通り、彼の行動の特徴はあらかじめ先を見通しつつ、現実面の行動においては不利な状況をも粘って、現実的・漸進的に対処する点にあると思われ、これは彼が「野心家」であることとは矛盾せず、むしろ裏付けることになるであろう。ウィリアムの「征服」とその後の国王としての統治の中で、イングランドには大陸文化が本格的に流入し、また(ウィリアムがノルマンディーにも領地を持っていたため)大陸とのつながりを深めることとなる。これこそが「ノルマン・コンクェスト」とウィリアム一世が英国史に残した最大の遺産といえるだろう。

1050—1106年
ドイツ王、神聖ローマ帝国皇帝。叙任権闘争においてローマ教皇と対立し、破門される。

帝国のために頭を下げた神聖ローマ帝国皇帝

ハインリヒ四世

…Heinrich IV…

井上みどり

十一世紀後半、ドイツ王ハインリヒ四世（在位一〇五六—一一〇六年）は、教会改革を推し進めようとするローマ教皇グレゴリウス七世と対立し、叙任権闘争《じょにんけんとうそう》が起こった。ドイツとイタリアの諸侯や都市が国王派と教皇派とに分かれて対立するなか、教皇は王を破門する。一〇七七年、破門されたハインリヒ四世は、妻子とわずかな供のみを連れて冬のアルプスを越えた。そしてイタリア北部のカノッサ城にて城主であるトスカーナ女伯マティルデらにとりなしを頼み、雪の中、三日三晩のあいだ裸足で許しを請うた末についに破門を解かれた。一般に「カノッサの屈辱」として知られる事件である。

悲運の幼王

一〇五三年、ドイツはトリブールの地で、わずか三歳にも満たない幼児がドイツ王に選出された。のちの神聖ローマ帝国皇帝ハインリヒ四世である。政治的手腕に優れた彼の父、ハインリヒ三世（在位一〇三九—五六年）は、ドイツ王、やがては皇帝として国内外に広く政策を展開し、当時盛り上がりを見せていた教会改革に対しても教皇と円満な関係を築きながら積極的な姿勢を見せるなど大きな功績を残した人物であった。しかしその晩年には国内外のさまざまな不満が噴出し、盤石に見えたザーリア朝王権の基盤は少しずつ揺らぎを見せ始めていた。

ハインリヒ三世は晩年、その早すぎる死を予感していたかのように、嫡子《ちゃくし》の後継者としての地位を固めることに腐心した。しかしそれにもかかわらず、その息子である若き王を取り巻く状況は決して楽なものとはならなかった。ドイツ王、神聖ローマ帝国皇帝としてカリスマ的な政治力を発揮していたハインリヒ三世の死は、国内の対抗勢力や、帝国での実権を握ろうとする聖俗諸侯、また、聖職者人事にまで介入する王権のあり方に不満を募らせる教会改革派など、それまでかろうじて抑え込まれていたファクターを再度活気づける大きな契機となったからである。

それでも当初は、実母アグネスが摂政《せっしょう》となり、教皇ヴィクトル二世が後見となって幼王を支えていた。しかしヴィクトル二世が急逝《きゅうせい》すると、国政は一気に動揺を見せ始める。まず、アグネスはかつてハインリヒ三世が苦心して手元に留めていた南ドイツの三つの大公領を相次いで有力貴族に与えてしまう。一方でローマ教会側も、その後続いた三代の教皇選挙において、地元ローマの都市貴族との対立などを背景にドイツ側の直接介入を避け、枢機卿団《すうききょうだん》による選挙という教皇選挙の基本原則確立へと動いた。

さらにドイツ国内では、依然として王権が家人(ミニステリアーレ)と呼ばれる不自由身分出身者を統治において重用するという伝統が続いていた。またそれと並び、国王宮廷で育成した聖職者を各地の大司教・司教として派遣するという、いわゆる帝国教会政策が帝国統治の要となっていた。これらは共に、特定の地域で世襲《せしゅう》を重ねることで王権の対抗勢力となり得る有力貴族を押さえ込むための手立てであったが、時代を経るにつれて各地の諸侯から激しい反発を呼び、ここに聖俗の諸権力が入り交じった、相互の利害関係が複雑に絡み合う事態を惹起《じゃっき》することになった。

そのような状況の中、一〇六二年四月、少年王ハインリヒが、帝国の指導権掌握を狙うケルン大司教アンノらに拉致《らち》されるというセンセーショナルな事件が起こる。しかもこれは名だたる有力貴族たちの了承を得た上での所業で、これをもって、かねてより信仰に生きることを強く望んでいた母アグネスは摂政の職を辞し、政治の表舞台から退くことになる。しかし、アンノの権勢も長くは続かなかった。同様の野心を持つ諸侯は他にも数多くいたのであり、その座はすぐにブレーメン大司教アーダルベルトに奪われることになったからである。そして皮肉にも、このようなドイツの政治的混乱の一方でかつてハインリヒ三世が後押しした教皇庁は確実に力を増し、教会改革の波はいっそう拡大する機会を得たのである。

皇帝戴冠を目指して

そんなハインリヒがいよいよ親政に臨んだのは、十五歳になろうかという頃であった。名実ともに王となった彼がまず着手したのは、自らの幼少期に簒奪《さんだつ》・横領されるなどして散り散りになってしまったかつての王領地を取り戻すことであった。そして同時に、父ハインリヒ三世をはじめとする先代たちに倣《なら》い、ローマでの皇帝戴冠《たいかん》を目指してゆくことになる。もとよりザクセン朝のオットー大帝の昔から、歴代のドイツ王はローマにおいて教皇手ずから皇帝の冠を授けられていた。父と同様にそれを果たし、晴れて「ローマ人の王」を名乗るのは、いわばハインリヒにとっての悲願ともなったのである。

しかし同時に、この頃からハインリヒと教皇庁との摩擦も明確に形をとり始めるようになる。すでにローマでは、ハインリヒ親政前の段階で、新教皇アレクサンデル二世が自らの主導のもと、教会改革を本格的に推し進め始めていた。それまでいわゆる聖職売買(シモニア)や聖職者妻帯(ニコライスム)の禁止に代表される教会改革は、あくまでクリュニー修道院を中心とする修道院主導で進められていたが、これ以降はローマ教皇庁が自ら直接乗り出してゆくことになるのである。そしてまた、教皇庁のそんな動きはやがてアルプスを越え、ドイツの聖職者に対しても向けられるようになっていった。

そしてさらに、教皇庁とハインリヒ側との対立を決定的にする出来事が起こる。北イタリアはミラノの大司教位をめぐる争いである。当時この地では、「パタリア」運動と呼ばれる動きが盛んで、聖職者の妻帯を厳禁とする市民側と大司教とが激しく対立していた。時の大司教は自ら引退を決め、自分の後任として地元の有力者を推し、ハインリヒ四世はこれを支持したが、これに市民側は反発した。さらに教皇もまた、アルプス以北ならばいざしらず、ローマのあるイタリアの地でのドイツ王権の介入を看過しなかった。そして教皇は、ハインリヒに対抗し、パタリア指導者側が次期大司教として別に擁立した人物を支持したのである。

ミラノ大司教の選任をめぐる問題は双方引かぬ泥仕合となり、混乱を極めたが、それでもハインリヒと教皇が互いに互いを必要としているという状況は変わらなかった。なぜならこの時、ハインリヒには神聖ローマ帝国皇帝の冠を戴くという大きな目的があったからである。そこで彼は、親政開始時より幾度かのローマへの遠征と、そしてその最終目的である戴冠計画を実行し、それによって権威を得て教会分裂とミラノ問題に決着をつけるべく動こうとした。しかしそれはその都度、さまざまな理由によって阻まれることになる。

一方、教皇側としてもハインリヒのローマ行きは願うところであった。教皇庁は、教皇領を侵害せんとする勢力に対するドイツ王の「ローマ教会の保護者」としての働きを期待していたし、また、大司教や司教をはじめとするドイツの聖界諸侯への王の影響力をやはり無視することができなかった。よって、ドイツ王権、すなわちハインリヒと和解し協力を取り付けることは、改革をより推進していきたい改革派教皇にとっても急務だったのである。

こうして双方の利害は一致し、一〇六六年五月には、帝国で一旦、イタリア・ローマへの遠征が決定された。しかしそれは確固たる理由もなしに延期されてしまう。そこで同年末、教皇は再度遠征を要請し、ハインリヒもそれに応えようとアウクスブルクにまで赴いて待機していたが、結局それも有力諸侯間での不信や対立が尾を引いて、王国規模での共同行動を難しくする事態を生んでしまった。こうしてハインリヒ四世は、教皇アレクサンデル二世による皇帝戴冠という貴重な機会を二度とも失い、やがてはあのカノッサへの道をひた進むことになるのである。

カノッサへの道

一〇七三年四月二三日、そのわずか二日前に死去した教皇アレクサンデル二世の後を受け、ローマで新たな教皇が誕生した。その人物こそ、叙任権闘争におけるハインリヒの最大のライバルとなるかの教皇グレゴリウス七世であった。教皇になる前の名前をヒルデブラントといった彼は、すでに先代の改革派教皇たちのもとで実績を上げてきた有力な人物であり、この登位は改革派の人々にとってはまさに満を持してのものであった。

グレゴリウス七世の目指す改革とは、「教会の自由」、すなわち(イタリア・ローマの都市貴族や「教会の保護者」たるドイツ王権をはじめとする)内外の束縛からのローマ教皇庁の解放を意味していたため、ドイツ国内、ひいては神聖ローマ帝国の統治者としての立場を目指すハインリヒ四世とは本質的に相容れないものであった。しかしその一方で、すでに述べたように、世俗の頂点たるドイツ王(ひいては神聖ローマ帝国皇帝)と、聖界の頂点たる教皇は、「この世のあるべき秩序」を維持し、守るべき者として、ある時には互いに協力していかねばならないというジレンマも負っていた。特にローマから見てアルプス山脈を越えた先にあるドイツの聖職者たちは、先に述べたザーリア朝王権の帝国教会政策の影響もあって限りなく王権に近く、ハインリヒの主要な支持者でもあった。それゆえ教皇は、ドイツでの教会改革を本格的に進めたければ、まずはそうした人々の支持を取り付けねばならず、それにはハインリヒの協力が不可欠であるとも言えた。

一方この頃、ハインリヒ四世もまた、ドイツ国内での反乱勢力鎮圧に追われる最中にあった。かねてより王権に対して不満を募らせ、たびたび戦いを挑んできていたザクセン諸侯が、農民を率いて再び抵抗を見せていたからである。それゆえ彼は、ザクセン戦争で苦境に立たされると、そちらに集中するため、時には教皇に対して恭順を示すこともあったのである。しかし基本的には、帝国教会政策の要である司教の叙任を断念することはなく、先のミラノの場合のように、ドイツのみならず、場合によっては帝国の統治者としてイタリアにまで自らの権威を示そうとすることがあった。

そうして起こったのが、例の「カノッサの屈辱」事件である。一〇七五年夏、ミラノで「パタリア」運動の指導者の一人が反対派に殺されると、ハインリヒ四世は自分の腹心の者を速やかに同地へと派遣し、パタリア派に対して帝国追放を言い渡した。さらに、改めて同地の大司教の選任問題に介入し、また新たな人物を大司教に推す行動に出たのである。このことは教皇グレゴリウスの不興を買い、一〇七五年十二月の書簡で彼は、王のイタリアへの介入を非難、また王のもとへと書状を持参した教皇特使の口からは、今の姿勢を改めてただちに贖罪《しょくざい》をしなければ教会から排除される旨が告げられた。

この宣告は、ハインリヒにとっては王権がこれまで世襲的に持っていた教皇庁に対する権威をすべて否定するものであり、またイタリア王国を帝国から離反させ、自らに近しいドイツ国内の司教たちをも攻撃するものであると受け止められた。そこで彼は、一〇七六年一月、ヴォルムスに会議を招集すると、教皇グレゴリウス七世の廃位を宣言した。教皇に宛てられた書簡の中で、ハインリヒは教皇グレゴリウスをヒルデブラントと呼び、もはや正当な教皇とは認めていない。

神の恩寵により王たるハインリヒより、ヒルデブラントへ。余がこれまで汝に父としての振る舞いにふさわしいことを期待し、臣下の大いなる憤怒にも関わらず、汝に服してきたなかで、余は余の生命と余の王国にとって最も有害なる敵からのみ受け取り得るような報復を経験した。というのも、汝が余から、かの教皇座が余に負っている世襲の権威すべてを不遜な企てにおいて奪い取った後、さらに歩を進めて、イタリア王国をきわめて悪意ある陰謀によって余から遠ざけようと試みた。そしてそれにも満足せず、恥じることなく、もっとも愛しい身体の一部のように余に結ばれている、いとも尊敬すべき司教たちに手をのばし、神と人間の法に反して、彼らに、彼ら自身が述べているように、きわめて高慢なる侮辱とむごい中傷を浴びせた。(Schmale, S. 62f.)

そしてまた、帝国教会政策によって「もっとも愛しい身体の一部のように(velut dulcissima membra)」帝国と結びついていたドイツや北イタリアの司教たちも、教皇の宣告こそが教会の平和を乱すものだとして、この会議後、自分たちの名でグレゴリウスのことを「兄弟ヒルデブラント(Hildebrando fratri)」と呼び書簡を送り、その行動を非難している。「汝は不正な革新を求め、良い評判を得るよりも高い名声を得ようとしている。汝は前代未聞に広げられた高慢さで、あたかも教会分裂の旗手のごとく、使徒の教えに従って汝の時代以前には静穏無事な生活を送ってきた教会のすべての手足を残酷な傲慢《ごうまん》さで引き裂いている(野口、二五五頁以下)」と。

一方、グレゴリウス側も黙ってはいなかった。彼もまた、ただちにハインリヒに対する破門を宣言したのである。世に名高い聖職叙任権闘争はこうして始まり、かのカノッサへの道が開かれた。しかしここで見たように、この対立は単なる聖職者の叙任権をめぐる争いではない。ハインリヒにとっては、父から受け継いだ帝国を守るための闘いであり、グレゴリウスにとっては、「教会の自由」を目指して掲げた改革を貫徹できるかどうかの闘いであった。そして、だからこそ、先に見たように互いに互いを必要とせざるを得ない王と教皇は、この抗争がエスカレートするなか、和解の道をも探っていくことになったのである。

「屈辱」か否か

一〇七六年のクリスマス前、ハインリヒ四世は、妻子とわずかな供のみを連れて雪と氷のアルプス山脈、モン・スニ峠を越え、イタリアへと入った。この後、彼はアウクスブルクでの会合に参加せんと北上を続けていた教皇グレゴリウスのもとへと馳せ参じ、自らに課された破門を解いてもらうための恩赦《おんしゃ》を請うわけであるが、この間のハインリヒの立場とそれまでの経緯、そしてカノッサ事件そのものが持つ政治的意義については研究者によってもさまざまに意見が分かれるところである。

もとより、俗に言う「カノッサの屈辱」と呼ばれる事件の名称自体、当時のハインリヒ四世がきわめて追い詰められた状況にあったことを窺わせるものである。すなわち、教会からの破門によって帝国内での威信を失い、多くの支持者に去られてしまった彼が、一〇七七年一月末の三日間、雪の中を裸足で自らの身を投げ打ち、教皇に赦しを求めねばならぬほどの「屈辱」的な状況に追い込まれた、という前提である。

しかし近年までに発表された諸研究では、その辺りの部分が再検証されている。すなわち王と教皇は、カノッサに至るまでの段階において、そしてカノッサ事件そのものにおいても、それぞれ互いに和解の可能性をも大いに視野に入れながら行動していたと考えられるのである。

たとえば、一〇七六年十月に反王派諸侯によって開催されたトリブールでの会議をみてもそれは明らかである。この会議は、ハインリヒの破門を受けての状況下で、かねてより王権に不満を募らせていた南ドイツの三大公(バイエルン、シュヴァーベン、ケルンテン)とザクセン貴族を中心として開かれた。この会議に集った反王派諸侯は、一年以内にハインリヒの破門が解かれなければ王を廃位することを宣言し、対立国王の擁立を画策した。一方、ハインリヒもまたこの時、対岸オッペンハイムに布陣して会議の行方を見守っていた。

これまでこの会議は、カノッサ前夜のハインリヒが、帝国内でかなり追い詰められた状況にあったことを示す一つの象徴のようにもとらえられてきた。とりわけ、この会議の期間中には王側の九人の司教たちが揃ってトリブールへ赴き、教皇使節のもとを訪れているのだが、このような司教らの動きは王からの離反と解釈され、ハインリヒが求心力を失っていたことの決定的な現れであると理解されてきた。

しかし近年の研究では、司教たちが教皇使節を訪ねることをハインリヒが事前に十分承知していたという可能性が指摘されている。つまり、これら司教は教皇側からの赦免を受けることで、それぞれに和解の道を模索していた王と教皇とのあいだの仲介に動いたのではないかというのである。加えて教皇特使という存在も、単なる教皇の代弁者というわけではなく、二人のうちひとりは教皇側の司教、もうひとりは王側の司教が指名されており、両者のあいだの和解を目指すことが意図されていたとも言われている。このようにトリブールの会議は、王側と反王・教皇側がライン川を挟んで対峙したというだけの出来事ではない。そのなかで両者が、約十日間にわたって交渉の機会を持っていたという点がむしろ注目されるのである。

叙任権闘争全体を語る上でとかく前面に出されがちな、国王派対教皇派、あるいはハインリヒ四世対グレゴリウス七世という図式についても、それをただ単純に当時の状況として受け止めるのは妥当とは言えない。なぜなら、双方の派閥にはそれぞれさまざまな立場・考え方を持つ人々が関与していたことがわかっているからである。実際、カノッサ事件での仲介者となったトスカーナ女伯マティルデやクリュニー修道院長ユーグをはじめとして、王と教皇、その両者の周囲にはつねに、双方に縁故のある人間が数多く存在していた。つまりこの時期、王の陣営も教皇の陣営も決して一枚岩とは言えない状況にあったのであり、その点において叙任権闘争は、単なるドイツ王ハインリヒ四世対教皇グレゴリウス七世という個人間の単純な図式のなかに置かれるべきではないのである。

したがって「カノッサ」事件もまた、そうした両陣営内部のさまざまな思惑のなかで起きた、あるいは行われたものだと見なすことができる。トリブールに集った反王派諸侯は、王と教皇の対立という事態を早期に収束させるため、教皇をアウクスブルクへと招くことを決定した。そして教皇もまた、ローマの支持者たちが懸念を示したにも関わらず、ドイツの地へと赴くことを自ら希望した。

一方、皇帝戴冠を目標とするハインリヒの方でも、支持者の手前、教皇がアウクスブルクへと至り、対立国王が擁立されるよりも前に和解をなす必要があった。それゆえ赦免《しゃめん》を得るため、自らイタリアへと向かったのである。ハインリヒが最終的に謝罪をしたのは、ドイツの司教たちをはじめとする自らの支持者たちの意向をも受けてのことであったと考えられる。司教たちにとっては、遠くにいるローマ教皇よりも、王ひいては皇帝の方が自分たちの利害により直接関わる存在として重要であった。したがってその王が教会から破門され、皇帝戴冠を実現できず、帝国の平和が乱されるという状況が続く

ハインリヒ4世のカノッサへの旅程
(Ch. Stiegemann/M. Wernhoff〔Hg〕, *Canossa 1077,* Bd. 1, München 2006, S. 40.より)

ことはなんとしても避けたかったのである。

このようにハインリヒもグレゴリウスも、それぞれの陣営の支持者の意向をその身に背負った形で行動していた。たしかにカノッサの地において、ハインリヒは教皇の赦免を求め、その結果、「布告」を発して教皇の廃位宣言を取り消した。しかしその一方で、赦免のために行った「誓約」のなかで、ハインリヒは王として教皇に対峙しており、教皇の裁定と助言に従うとはいえ、ドイツ国内の騒乱を自らが治め、国内の「和平・調和(concordia)」をなすとも宣言している。

余、王たるハインリヒは、目下、ドイツ王国の大司教や司教、大公や伯やその他の諸侯、および彼らにこの不和において従うその他の人々が、余に対して抱いている不平と不和に関して、教皇グレゴリウス聖下が定めるであろう期限のうちに、聖下の裁定に沿った公正あるいはその助言に沿った和平をなすであろう。それは、もし余あるいは聖下に明らかな妨害がなされなければのことであり、〔妨害があったとしても〕その妨害が取り除かれればすぐに、余は上記のことを貫徹するであろう。(Weinrich, S. 138f.)

こうしてハインリヒ四世は、自身と、そして支持者の願いに基づき、帝国を再び調和と秩序のもとへと導くため教皇の前に跪《ひざまず》いた。そしてカノッサ事件の後、彼は四月にドイツへ帰還すると、むしろ攻勢に出て国内を掌握し始めるのである。

他方、グレゴリウスは、ハインリヒをカノッサで許したことを自らの支持者である反王派諸侯に対して弁明しなければならなくなった。カノッサ事件に関する史料のほとんどは教皇派・反王派の手によって書かれており、ハインリヒの「屈辱」を強調するかたちになっているが、その背景には、教皇による自らの陣営への配慮が見え隠れしている。そして、やがては攻勢に出たハインリヒに対抗できずにローマを追われ、南イタリアのサレルノで客死することになったグレゴリウスは、むしろキリスト教世界の調和を乱し、不和と分裂をもたらした元凶として、悪魔のようにさえ言われることもあった。

一〇八〇年、ハインリヒは、対立国王を擁立した反王派との抗争の中でまたしても教皇と対立し、再び破門される。しかしこの二度目の破門は、改革を無理に押し進めようとした教皇への貴族層からの反発もあり、一度目ほどの大きな影響を生むことはなかったようである。ハインリヒは対立教皇クレメンス三世を擁立し、エルスター河畔の戦いで対立王の軍を打ち破ると、翌八一年からイタリアへと駒を進め、最終的には八四年、ローマでクレメンス三世の手によりついに皇帝戴冠を成し遂げた。ハインリヒは一〇八二年の最初のローマ進軍に際し、ローマの聖職者や市民に対して宛てた書簡で教皇グレゴリウスを非難すると同時に、自らの権威が父祖より受け継いだものであることを改めて強調している。

＝もちろん余は知っているし、またそう信じたいのだが、汝らは、汝らがなんぴとに対しても否認

> しない正義の友として、その正義を、もし汝らが余が不正を行い、汝らに混乱をもたらすために来たのだと聞かされることがなければ、余に対しても不当にも伏せておくことはなかったであろう。余はたしかに、かのヒルデブラント殿の陰謀をよく知るものであり、彼が彼と同じ都市に暮らす人びとを欺くことができたのは余にとって驚くことではない。なぜなら、彼はいたるところで世界を唆《そそのか》し、教会を子供たちの血で汚しているのだから。彼は子供たちが親に、親が子供たちに敵対するように唆し、兄弟が兄弟に対して武器を取るように仕向けたのだ。(Schmale, S. 78f.)

> 汝らが皇帝たち、すなわち余の祖父〔コンラート二世〕と余の父ハインリヒ〔三世〕に対して保ってきた、そして汝らが余に対しても保つべきであり、実際にヒルデブラントの登場まで保ってきた忠誠のために、余は汝らに求める。父の手を通じて汝らから余に委ねられた、余の父祖からの権威を否認しないように。あるいは否認せんとするならば、少なくともその理由を述べるように。なぜなら、余は、汝らを公正に扱い、聖ペトロにあらゆる敬意を払い、ふさわしいものをすべて贈るつもりだからである。余は、汝らと争うためにきたのではなく、汝らの敵と戦うためにきたのである。(Schmale, S. 80f.)

たしかにハインリヒ四世は、その後、新たに教皇に選出されたウルバヌス二世やその後継者パスカリス二世との争いのなかで、やがては長男コンラートにも次男ハインリヒ(五世)にも離反され、一一〇六年、リエージュで没することになった。地方権力の台頭や自立（領邦形成）という激動の時代にあって、王や皇帝に期待されるものが少しずつ変化してゆくなか、父から受け継いだ帝国のあり方にこだわった晩年の彼は、ある意味で時代に取り残されてしまったとも言えるかもしれない。しかし、E・ヴェルナーが「救うべきものを救うため、疲れをみせず、ねばり強く努力した」と評すように、彼は父から受け継いだ帝国を再び秩序のもとへと導くべく、時には頭を下げることさえ厭《いと》わなかったのである。

⊙参考文献

井上雅夫『カノッサへの道—歴史とロマン』（関西学院大学出版会、二〇一三年）

瀬原義生『ドイツ中世前期の歴史像』（文理閣、二〇一二年）

野口洋二『グレゴリウス改革の研究』（創文社、一九七八年）

成瀬治・山田欣吾・木村靖二編『世界歴史大系　ドイツ史一　先史—一六四八年』（山川出版社、一九九七年）

堀米庸三『正統と異端—ヨーロッパ精神の底流』（「中公新書」、一九六四年）

堀米庸三『ヨーロッパ中世世界の構造』（岩波書店、一九七六年）

E・ヴェルナー（瀬原義生訳）『中世の国家と教会—カノッサからウォルムスへ 一〇七七—一一二二』（未来社、一九九一年）

Althoff, Gerd, *Heinrich IV.*, Darmstadt 2006.

Schmale, Franz-Josef / Schmale-Ott, Irene (übers.), *Quellen zur Geschichte Kaiser Heinrichs IV.*, Darmstadt 1974.

Weiland, Ludwig (Hg.), *Monumenta Germaniae Historica, Legum sectio IV, Constitutiones et acta publica imperatorum et regum*, tom. 1, Hannover 1893.

Weinrich, Lorenz (übers.), *Quellen zur deutschen Verfassungs-, Wirtschafts-, und Sozialgeschichte bis 1250*, Darmstadt 1977.

1133−89年
イングランド王。フランスの西半など大陸側やアイルランドにも勢力を広げて所領を保有した。その版図は「アンジュー帝国」と呼ばれる。

天国と地獄を見た幸運児

ヘンリー二世

…Henry II…

荒木洋育

ヘンリー（ヘンリ）二世は、アンジュー伯ジョフロワとイングランド王ヘンリー一世の王女マティルダとの間に生まれた。マティルダはイングランド王ヘンリー一世のただ一人の嫡子《ちゃくし》であったので、ヘンリー本人はアンジューに加えてイングランド、ノルマンディー公領の継承権を持っていた。一一五一年に父を継いでアンジュー伯となり、同年にフランス前王妃アリエノール・ダキテーヌと結婚し、彼女を通じてポワトゥー、アキテーヌを獲得。更に一一五四年にはイングランド王位を継承したこともあり、最終的には北はスコットランド国境から南はピレネー山脈まで及ぶ領域集合体（「アンジュー帝国」と呼ばれる）の君主となった。ヘンリーはイングランド王であると同時にフランス領内のノルマンディー等に関してはフランス王の臣下という立場であったが、当時のフランス王国の半分以上の領域を所領として保有していたため、これが百年戦争まで続く英仏対立のきっかけとなった。

ヘンリーは「帝国」の財政基盤として当時最も行政が整備されていたイングランドの統治に力を注いだ。一一六六年には全ての諸侯に各自が動員可能な軍事力を数値化させて文書として提出させた（「諸侯の回答書」）。また司法面では巡回裁判制度と陪審制《ばいしん》を導入して王国行政府と臣民との距離を縮めることに功があった。またヘンリーはそれまで国王、各領主、教会が各自持っていた裁判権を刑事案件、特に重罪案件に関しては国王裁判所に一本化しようとし、教会裁判所に関してはカンタベリー大司教トマス・ベケットの抵抗もあり成功しなかったが、領主裁判所に関してはほぼ成功した。

これらの業績により、ヘンリーの治世はイングランド史上、王権が貫徹され、特に司法面で中世イングランド王国の基本的な枠組みが確立された時期として研究史上評価されている。

「帝国」成立と、二つの幸運

西欧中世という時代に対して一般的な人々が持つイメージとして、「教皇」と「皇帝」という聖俗界の指導者を形式的に持ちつつ、現実には現在でいうところのフランスのような王国から公領、伯《はく》領《りょう》、といった小規模なものにいたる様々な領域権力が離合集散を繰り返した時代、というものがあるかもしれない。

それはある程度事実である。西欧全体を一旦統合したのはカール大帝のフランク王国であったが、それが九世紀に分裂した後は西欧には長らく統一的な権力が生まれなかった。一応はドイツ王がイタリア王（ただし北部のみ）を兼任し、教皇からローマ皇帝として認められるという形で指導的な立場にあったが、その歴代の皇帝も、「本領」のドイツなどを含めて地方権力の分立に悩まされる状態であった。しかし十一世紀頃になると各領域権力の間の淘汰《とうた》が進み、ある程度のまとまりをもった大領主(あるいは大諸侯)が出現してくる。それら領主は互いに競合しつつ更なる勢力の拡大を図るのであり、十一世紀末から始まる十字軍遠征、前章で扱ったノルマン・コンクェストはその表れであるとみなすことができる。その中には婚姻政策、軍事的征服などを通じて複数の公領、伯領、更には王国を手中にする者も何人か現れたのであり、彼らはいってみれば西欧中世における「覇者《はしゃ》」であり、彼らの領土(正確には領域集合体)は「覇権国家」の規模を有していた。そのような国家は当時の人々にとって、現在我々にとっての「超大国」と同じような存在に感じられたに違いないのである。本章で扱うヘンリー二世はその意味で最初の「覇者」であり、彼の版図はいわば西欧中世に最初に出現した「覇権国家」であった。

ヘンリーが最終的に(晩年、一一八〇年代の時点で)支配した領域を北から大きく列挙すると以下のようになる。イングランド王国、ノルマンディー公領、アンジュー伯領、ブルターニュ公領、ポワトゥー伯領、アキテーヌ公領。別の言い方をすると、北はスコットランドとの国境から南はピレネー山脈に及ぶ領域であり、フランスに関しては王国の半分強の面積を占めるものであった。このような領域集合体はこれが初めてではなく、それ以前にはクヌートの「北海帝国」があったし、十三世紀にはフリードリヒ二世のシュタウフェン家がシチリア島とドイツにまたがる形で領域集合体を作り上げることになる。しかし、ヘンリーの領土、研究者がよく使う呼称の「アンジュー帝国」の特徴は、イングランド王国、ノルマンディー公領を軸としたある程度の一体性を保持していたことである。この一体性の中身については後で触れることになるが、そのことからしてもヘンリーの「アンジュー帝国」は、フランク王国以降の西欧が初めて生んだ「覇権国家」であったといってよい。

興味深い点として、ヘンリーがこのような「帝国」を構成した背景には軍事的要素がそれほどないことが挙げられる。二つの「幸運」が作用している。

一つに、ヘンリーの母親がイングランド王、ノルマンディー公ヘンリー一世の娘マティルダであったこと。ヘンリー一世は唯一の男子後継者ウィリアムを海難事故で失ったため、マティルダがただ一人の跡継ぎになっていた。しかし彼女が女性であったこともあり国内の支持が十分集まらず、王の死後(一一三五年)亡王の妹の子に当たるスティーブンが継承してしまい、結果としてイングランドは国王スティーブンとマティルダおよび彼女の夫アンジュー伯ジョフロワを支持する集団との内戦状態に陥っていた。しかしマティルダとジョフロワの間に生まれたヘンリーが成人したことによりマティルダ派が優位に立つことになった。ヘンリーはスティーブンに継承の約束をさせて彼の死後(一一五四年)イングランドとノルマンディーを継承する。更にそれに先立って父ジョフロワの死(一一五一年)によってアンジュー伯領を継承していたから、これによりヘンリーは三地域を手にすることになったのである。

二つに、アキテーヌ公領、ポワトゥー伯領の女子相続人のアリエノール・ダキテーヌと結婚したこと。アリエノールはフランス王ルイ七世と結婚していたが、(第二回)十字軍から帰国後、おそらくは男子が生まれなかったことを理由に(表向きは王と近親関係にあったことを理由に)教皇の承諾を得て

「離婚」していた。そのわずか一年後(一一五二年)にヘンリーはアリエノールとの結婚を実現したのである。これはもちろんヘンリー側の「野心」「意志」が背景にあるが、(ヘンリーよりも年上の)アリエノール側の判断も大きいであろう。ヘンリーとアリエノールとの間には成長した王子としては順にヘンリー(父と同名)、リチャード、ジェフリー、ジョン、その他多くの王女が生まれた。アリエノールは政治能力と広い視野に恵まれた女性であり、そのことはヘンリーの治世中の彼女の動き、またその後の彼女の息子たち、リチャードとジョンの治世における彼女の政治への関わりからも推測できる。

「帝国」の実態と、その統治

このようにして生まれた「アンジュー帝国」は、行政制度の整備の度合い、君臣関係などの面で、極めて多様な領域の集合体であった。例えば行政制度の面では、イングランド、次いでノルマンディーの整備が進んでおり、それにアンジューが続いていた。しかし、ポワトゥー、アキテーヌに関してはその点はなはだ遅れ、文書保存もしっかり行われていないような状況であったのである。

ヘンリーはそれに対処するために二つの方針をとったようである。一つは最も王権が確立し行政制度も整備されていたイングランドを領域維持のための財源として重視することである。冒頭でもとりあげた一一六六年の「諸侯の回答書」の作成は、確かに諸侯の持つ軍事力を数字化することが目的としてあったが、同時にその数字をもとにして諸侯に対して財政負担を要求する際の指標を作ることも目的としてあった。実際ヘンリーはそのような要求を諸侯に対して行っている(負担した諸侯はそれと引き換えに封主としての王に対する軍役義務を免除されたので「軍役代納金」と呼ばれる）。これによって得られた収入は傭兵《ようへい》に対する給与として使われることになった。また、司法分野を中心とする様々な改革は、目的は第一義的にはもちろん国内の秩序確立にあっただろうが、同時に法廷主宰にともなう国王収入の増加にもあったはずである。

もう一つの方針はこの領域集合体の統一性と分権性を両立させることである。ヘンリーが生涯の最後の時期（一一八〇年代）に確立させたと考えられているのは次のような方法である。まずヘンリー本人が各領域を頻繁に巡回して統一性を確保する。ヘンリーがその時点で滞在していない領域に関しては各領域固有の行政組織に職務を遂行させ、それをヘンリーが指名する一種の「国王代理」に相当する者が統轄する、というやり方である。

このようなやり方は当時の交通、通信事情、領域の広さからして君主本人に大きな負担を課すものになった。同時代人の記述に共通する点として、ヘンリーが「絶えずせわしなく移動する、次から次に活動しかつ指示をする君主」として描かれていることが挙げられる。多くの場合、これはヘンリー本人の「行動力」「性急さ」更には「落ち着きのなさ」の表れとして解釈されることが多いのだが、実はこれはそのようなヘンリーの性格のためだけではなく、彼が作り上げた統治方法を実行したがゆえにそうなったとしてみることもできるのである。また彼の息子、リチャード一世はイングランド王であったにもかかわらず、十字軍遠征参加とフランス王フィリップ二世との大陸での領土をめぐる紛争への対処のため、イングランドに滞在したのは十年の治世のうち半年足らずに過ぎなかったのだが、これもこのような統治方式が一因として考えられる。しかしこのような問題点があったにせよ、ヘンリー本人、リチャード一世、さらにジョン(ただし治世前半のみ)の三代にわたり領域を維持することにはともかく成功したのだから、ヘンリーのとった統治方式はある程度成功を収めたといってもよいのではないだろうか。

トマス・ベケットとの対立

さて、君主としてのヘンリー二世を考えるときに避けられない「悪事」として、カンタベリー大司教トマス・ベケットの暗殺事件(一一七〇年)が挙げられる。これはヘンリー本人の性格、君主としての特質をよく示す事件と思われるので少し触れたい。ヘンリーはイングランドの司法面での改革を進めたが、その一つの目的となったのは国王法廷を頂点とする裁判秩序の整備であり、焦点となったのは死刑判決が確実視される殺人などの重罪犯の扱いであった。例えばヘンリー以前の時期ではそのような重罪犯の扱いは領主裁判所、教会裁判所によってばらばらで、例えば聖職者がそのような罪を犯しても教会裁判所では極刑を科されることはなかった。ヘンリーの治世初年にヨーク大司教が(おそらく聖職者の手によって)毒殺される事件が起きており、ヘンリーはその件に関心を持つこととなる。彼の対処は現代の視点では妥当なもので、国王法廷を最終法廷として重罪犯を裁くことでそのような既得権をなくそうとしたのだが、ベケットはイングランド教会の長として異議を唱えた。それが両者の対立の原因となったのである。

この対立の結果として一時ベケットが大陸に亡命する事態になったが、最終的にヘンリーとベケットとの間に和解が成立し、ベケットはイングランドに帰国した。ところが、一月後ヘンリーの不用意な一言(内容については諸説あり)を周辺がベケットの殺害の指示と解釈し、彼らによりカンタベリーの聖堂内でベケットは殺害されたのである。

ここまでの経過はヘンリーの君主としての性格をある意味典型的に示すものである。聖職者の裁判に対する最終的な決定権を国王側に一本化することを構想したのはヘンリーであり、対立するベケットとの和解に同意したのも彼であり、更にベケットの殺害につながる一言を発したのも彼なのである。ヘンリーの場合、「悪人」というよりは、緻密さと無神経さ、甘さが同居した人格と考えた方が適切なようである。彼の場合、それはここまで述べてきたような生まれの良さと幸運が背景にあったと思えるのである。

しかしベケットの殺害事件は当時の西欧全体に広がる「不祥事」となった。なぜなら、見方によっては(事実かもしれないが)、和解という口実でヘンリーがベケットをイングランドにおびき出して殺害したという解釈もできるからである。結局ヘンリーは公式の謝罪を余儀なくされ、教会裁判権に関する改革も頓挫《とんざ》することになった。その結果として、近世に入るまで(法的には近代に入るまで)概説書の表現を借りれば聖職者は一回は死刑になる危険を感じずに重罪を起こすことができる状態のままであった。ベケットは聖者とされ、信仰、さらに巡礼の対象となった。ただし、多くの本は触れていないがこれには後日譚《ごじつたん》がある。十六世紀に、ヘンリー八世が国王至上法によって英国国教会を創設してローマ教会から分離した際、彼はベケットを糾弾の対象とし、墓を破壊して遺体を焼却した。そのため、現在のカンタベリー大聖堂にはベケット関係の遺物はほとんど残されていない。

王子たちとの確執と晩年

もう一つ、ヘンリーの君主としての性格、更にそれに対する他者の反応を表す典型的な事例として、彼と王妃および王子たちとの確執がある。

ヘンリーが彼の「帝国」を、統一性と分権性を両立するような統治方法をとったことについてはすでに述べたが、付け加えるとその方法が確立したのは彼の治世末年(一一八〇年代)のことであり、治世の最初からそういう方法をとったわけではない。治世前半には、ヘンリーは各領域を形式上王子たちに分与する方法をとっていた。例えば、後に彼を継承するリチャードはアキテーヌの統治を任されていた。問題が生じたのは末子ジョンが誕生したとき(一一六七年)であり、彼に分与する領域が残されていなかったのである。彼の渾名《あだな》である「欠地王」は実はそれに由来する。おそらくヘンリー、更には妃のアリエノールにとってジョンの成長は想定外のことであったに違いない。なぜならジョンはアリエノールが高齢(四五歳ころ)の時の子であり、当時の医療状況ではたとえ高貴の身であっても成長は困難であったと思われるからである。幼少時病弱であった可能性もあり、王、王妃双方とも彼の成長に期待をかけなかったのではないだろうか。このことは本章の話題からはずれるが、ジョンの性格、また特に彼とアリエノールとの関係に微妙な影響を与えたのではないかと筆者は考えている。しかしともかく、ジョンは無事成長したのであり、ヘンリーは彼に与える領域を真剣に考慮せざるを得なくなった。

ヘンリーのとった対処法はすでに息子たちに分与していた領域から部分的に城塞《じょうさい》や領地を割譲させて、散在してはいるもののジョンに領土の格好をつけさせようとするものであった。この無神経ともいえる方針に嫡子ヘンリー、リチャードを中心とする王子たちは反発し、王妃アリエノールが後援する形でヘンリーに対する大規模な反乱が発生したのである(一一七三―七四年)。イングランドの多くの諸侯が王子側に参加し、スコットランド王ウィリアム一世もイングランドに侵入して反乱は大規模なものになり、ヘンリーは窮地に陥った。

それに対するヘンリーの対処は同時代の西欧君主の常識を破るものであった。つまり当時の君主たちの軍は(君臣間の契約に基づく)軍事奉仕義務に従う貴族が軸となっていたが、彼はそれまでの財政的蓄積を生かして傭兵を軸とした軍団を編成したのである。おそらくこの発想は先に述べた「諸侯の回答書」、および「軍役代納金」が作られた頃にさかのぼるものであろう。ヘンリー軍はスコットランド軍をはじめとして(ウィリアム一世は捕虜となった)反乱軍を各個撃破することで鎮圧することに成功した。ヘンリーの王子たちに対する処置は寛大なものであり(ただし王妃アリノエールは幽閉《ゆうへい》され、ヘンリーの死に至るまで外出の自由は制限された)、ジョンへの所領分与計画は撤回された。その後ヘンリーはジョンにアイルランド遠征を行わせその地を彼の所領にしようとしたが、失敗し、結局ジョンはヘンリーの死に至るまでソールズベリ伯領の女子相続人の配偶者という身分でイングランドで過ごすこととなった。

この一連の経過からは彼の「先見性」「寛大さ」、しかし同時に「無神経さ」「人の良さ」を読み取ることができるのではないか。彼が反乱の鎮圧の際傭兵を起用したのは、少し後の時代には各国の軍団の主体が傭兵となるのを先取りしたものである。ただこのことは筆者の推測ではあるが諸侯の間にヘンリーに対する複雑な感情を起こしたのではないだろうか。また王子たちに対する寛大な処遇は当面の事態の解決にはなったが、双方の感情のしこりは残ったと思われる。このことが彼の晩年（一一八〇年代）の苦境につながる。

一一八〇年代になると、王子たちのうち長男のヘンリーは病死し、三男ジェフリーは事故死して、残った後継者は次男リチャードと末子ジョンに絞られていた。またフランスでも王の代替わりがあり、アリエノールの前の夫ルイ七世が没し、その子フィリップ二世（在位一一八〇―一二二三年）が後を継いでいた（母はアリエノールではない）。彼が統治の課題としたのが、王国内の半分を所領としていたアンジュー家（プランタジネット家）への対処であった。そこで浮上したのがヘンリーの後継問題である。

ヘンリーはリチャードが後継者であることを公式になかなか認めようとせず、リチャード側はヘンリーがジョンを後継者にしようとしていると疑うようになったのである。フィリップはそれに関与してリチャードの立場を支持し、結局リチャードは父に対して挙兵するに至った。この戦いは圧倒的にヘンリーにとって不利なもので、最後にはジョンもリチャードの側に走った。ヘンリーはついにリチャードと和睦《わぼく》して彼の要求を全面的に認め、間もなく世を去ったのである（一一八九年）。

このようにヘンリーにとり命取りとなったのは最終的には肉親との確執であった。ではヘンリーはなぜリチャードを後継者として認めなかったのか。リチャードの十字軍での活躍を考えるなら、少なくとも軍事的能力を認めていなかったとは考えにくい。筆者は二つの点を推測する。まずリチャードの私生活(様々な噂が当時から語られている)に対してヘンリーが反発を持ったこと、次にジョンと比較してリチャードがイングランドと疎遠であり、イングランドの行政にも通じていなかったことに対してヘンリーが不安を感じていたことである。要するにヘンリーはリチャードの能力ではなく君主としての背景、資質に不安を抱いていたのであり、だからこそリチャードも強く反発したのではないか。とはいえ最後にあっさりと折れてリチャードの要求を認めたところに彼のよく言えば「寛大さ」、悪く言えば「人の良さ」が表れている。またリチャードがヘンリーを追いつめたのも、ジョンがリチャードの側に走ったのもその人の良さを見越していたからではないだろうか。

中世のヨーロッパにおいて王家での父子の争いは珍しくなく、無残な結末を迎えた例も多い。父親が敗れた場合、死まで監禁されたり、何ヶ月も埋葬されなかったりすることもあった。しかしヘンリーの場合、リチャードは葬儀を経て父の遺体をきちんと埋葬し、自分に対抗して戦った父の忠臣も許している。その点で、ヘンリーは最後までやはり「幸運児」であった。

⦿参考文献
エドマンド・キング(吉武憲司監訳)『中世のイギリス』(慶應義塾大学出版会、二〇〇六年)
君塚直隆著『物語り イギリスの歴史(上・下)』(中央公論新社、二〇一五年)

1165−1223年
カペー朝の第7代フランス国王。第3回十字軍に参加。その後、イギリス王家から領地を奪って王権を強化し、カペー朝の最盛期を築いた。

「尊厳王」は手段を選ばぬ現実主義者

フィリップ二世

…Philippe II…

林 亮

フィリップ二世(一一六五―一二二三年)は、カペー朝第七代フランス王(在位一一八〇―一二二三年)で、「カペー朝のカール大帝」とも称される。プランタジネット朝のイングランド王リチャード一世、シュタウフェン朝の神聖ローマ皇帝フリードリヒ一世とともに第三回十字軍(一一八九年―九二年)に参加したが、リチャード王と対立してその途中の九一年には帰国した。リチャード王や次代のジョン王と戦い、ノルマンディー地方やアンジュー地方など大陸西部のプランタジネット家領を奪った(一二〇四年)。婚姻、相続を通じて北フランスの諸侯領を王領に併合し、異端キリスト教徒に対するアルビジョワ十字軍を発して南フランスにも王権を拡大した。一二一四年には、ジョン王と結んだ神聖ローマ皇帝オットー四世の軍をブーヴィーヌの戦いで破り周辺諸国の侵入を防いだ。このように王領を拡大させるとともに、司法や行政機構の中央集権化に努め、パリにルーヴル宮殿の原型となる砦や新しい城壁を築いた。

❖カペー家系図…(堀越孝一『中世ヨーロッパの歴史』より)

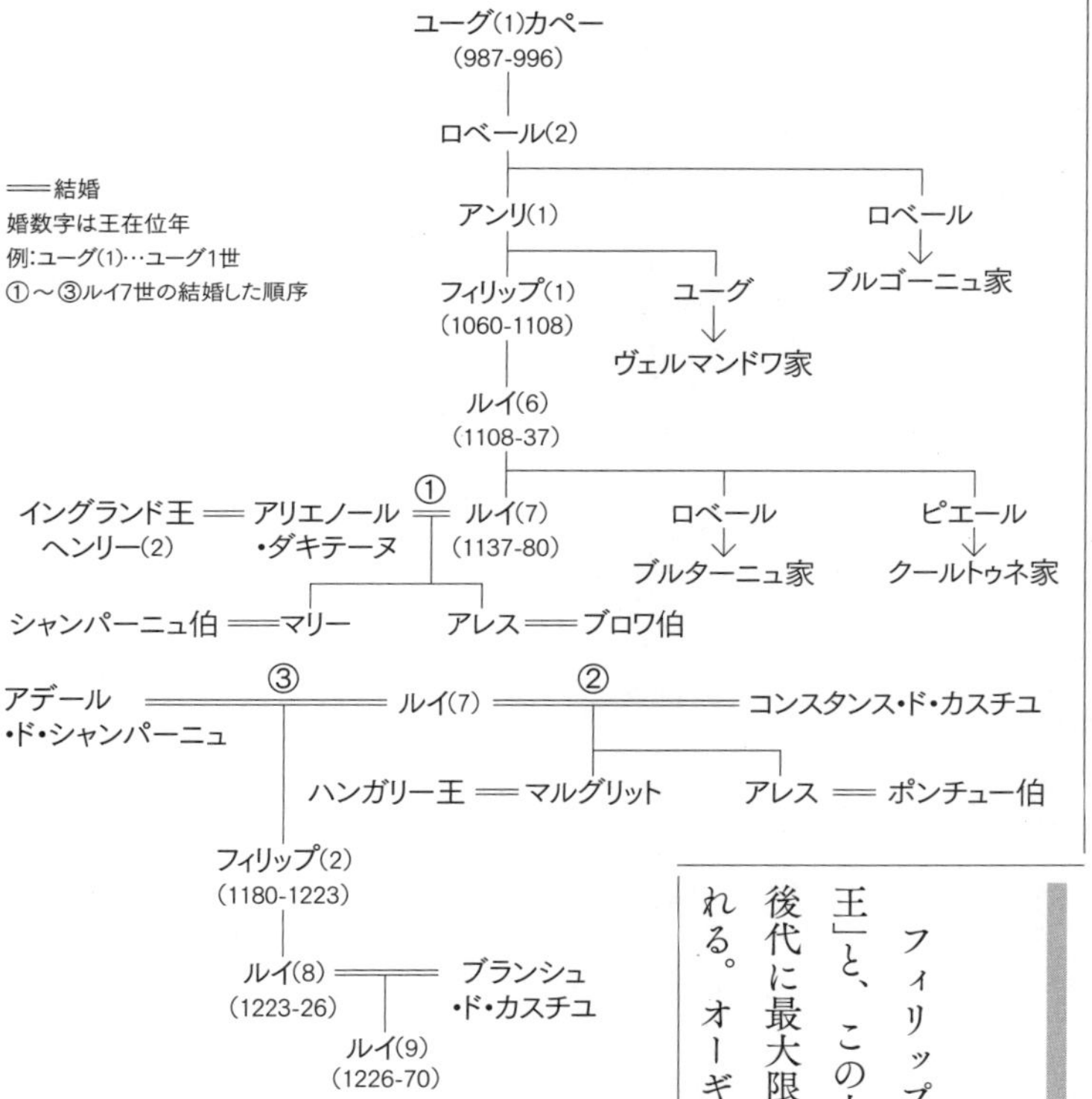

カペー家父祖六代
——王国と王領

フィリップ・オーギュスト、即ち「尊厳王」と、この中世フランスきっての名君は後代に最大限の敬意をもってそうあだ名される。オーギュスト、との響きから察せられるように、かの古代ローマの帝国創始者オクタウィアヌスがローマ元老院からのアウグストゥスの贈り名になぞらえてのことである。

内政、外交、戦争、どれをとっても成果を上げ、弱小と国内諸侯にすら軽んじられたカペー王家を名実ともにヨーロッパに名だたる強者として君臨させた彼の手腕は、皆が認めるところである。ただ、彼はその御大層《ごたいそう》なあだ名や実績にもかかわらず、それほど後世に目立った印象を与えていないように見える。例えば、聖王ルイ九世や太陽王ルイ十四世などと比しても、決して劣らぬ功績であるのに、である。

その理由の一端は、彼がその大仰なあだ名に反して、外聞や上辺の華々しさより、実利を冷徹に計算して獲得する、その一見すると地味で時には卑怯《ひきょう》にも思える手法を徹底したところにあるのだろう。そのため、一つひとつの彼の振る舞いの地味さと、結果として彼が獲得した成果との差異が目立つのである。

確かに彼の代にカペー家は飛躍を果たしたわけだが、それは裏を返すと先述のようにカペー家は王家とは名ばかりであり、その実態は群雄する諸侯のひとりに過ぎずしかも決して強者という立場にはいなかった。フィリップ二世が徹底した実利を追求し、なりふり構わずの姿勢でもって臨まなければならない、当時のフランス王家の状況というのはどのようなものであったのか。

フランス王国としては最初の王朝となるカペー朝は、九八七年に西フランク王国のカロリング朝王家が絶えた際、諸侯のひとりであったフランキア侯ユーグ・カペーが他の世俗貴族やフランスの司教たちに推挙されてフランス国王となって始まった王家である。従って、そもそもがノルマンディー公やトゥールーズ伯などといったフランス大諸侯たちの同輩に過ぎず、しかも彼らのうちでも決して強者という立場にはいなかった。そのため、初代ユーグからロベール二世、アンリ一世と世代を重ねていくうちにフランスの諸侯は王の周囲から離れていき、王家は事実上諸侯への統制が殆ど不可能となっていった。その傾向はフィリップ二世の時代に特に顕著となり、フランス国王とは言うものの、王家の発給する文書に証人として署名する諸侯は殆どおらず、そこには執事や厩《うまや》係《がかり》、酒蔵係といった王の家中役人に過ぎない召使い達の名が列挙されていた。そうした事からもこの時点で王宮に大貴族が寄り付かず、あくまでパリ周辺の一領主に過ぎなかったカペー家の実態が窺える。王家が他領の諸侯へ王令を発布することなどごく僅かの例外的なことになっていた。次のルイ六世の時代もこうした状況とは変わらず、王家は家中役人を重用して側近集団を固め、自らの領地としての王領地内の反抗的な城主たちの平定に明け暮れていた。

そしてフィリップ二世の父であるルイ七世の時代になると、カペー家にとっては悪夢としか思えない状況としてプランタジネット家による、いわゆるアンジュー帝国が成立してしまう。これによってプランタジネット家が、イングランド王位に併せてノルマンディー地方、アンジュー、メーヌ、トゥーレーヌのロワール渓谷諸地域、そしてアキテーヌ地方といった、フランス王国の西側の大部分を所領としたことになるのに比べ、フランス王家たるカペー家はパリからオルレアンにかけての地域を中心とした小さな王領しか実効支配できていなかった。

この圧倒的危機において父王から王位を継承したのがフィリップ二世なのである。こうした状況を打開しようと思えば、あらゆる手立てを講じる手腕や半端なプライドを捨てる覚悟、どんな決断をも下せる冷徹な精神が必要とされるのは当然のことであり、彼はそれを実現させる才能を持っていたということなのである。

カペー家の劣等感——真の王家へ

大諸侯たちは言うことを聞かず、またアンジュー帝国の脅威にさらされるカペー家の王国運営は困難を極めていたのであるが、そこにはやはりカロリング朝の血を引かず名ばかりの王家として諸侯たちの敬意を勝ち取る権威が足りていなかったという側面がある。この血統による権威の不足は、神聖な血統による王家という通念を持っていたフランク族由来の彼らにとっては重要な意味を持っていた。事実、初代ユーグ・カペーの即位に際しては、最後の西フランク王ルイ五世の叔父にあたるロレーヌ侯シャルル(ルイ四世の息子)を推挙する勢力もあり、シャルルが実際の才覚はともかくカロリング朝の血を引くことは確かであり、このため混乱が生じたこともあった。

前述のようにユーグ・カペーの推戴《すいたい》自体が、王国の聖俗有力者たちの合議によるものであり、ここからフランスの国王は聖俗諸侯による「選挙」によって決められるという観念が生まれる。王の子供へ単純に王位が継承されるのではなく、諸侯たちの合意が必要になったのである。そのため、王は次代への継承に際し諸侯の同意を取り付ける必要があり、主君でありながら家臣の顔色を窺わねばならない状況になってしまっていた。一歩間違えれば諸侯たちが派閥を作り、それぞれが自分に都合の良い継承権者を推挙し合って対立し、国を割ってしまう可能性すらあったといえる。

そこで、カペー家は当代の王が存命のうちに継承者、すなわち王太子の戴冠式《たいかんしき》を済ませてしまい、「共治王」として自らと共に王位に就かせるという方策を立てた。これにもやはり諸侯の同意は必要ではあったが、国王が予め諸侯たちに協力を取り付けることが可能なので、比較的安定した王位の継承が実現できたのである。この対策により、フィリップ二世の代に至るまで、明確な王位継承に対する異議申し立て、反乱は殆ど起きていない。

それでもやはり王家としての権威はあるべきで、そのためカペー家は西ヨーロッパの王家として最も由緒《ゆいしょ》のある家系、すなわちシャルルマーニュに連なる血筋を求めたのである。このシャルルマーニュの血統への「復帰」は、フィリップ二世の時代に達成された。フィリップ二世の母親アデールはカロリング家の血を引くシャンパーニュ伯家出身であり、さらにフィリップ二世の最初の妃イザベル・ド・エノーは、前述のロレーヌ侯シャルルの血統に繋がるまさに由緒正しきカロリングの末裔《まつえい》であった。こうしてフィリップ二世は「カロリード」と呼ばれ、以後カペー家は名実ともに正当な王家としての権威を獲得したのである。従って、次代のルイ八世からは生前即位の慣行は不要となった。

この、弱体と軽んじられたカペー家の強《したた》かな生き残り戦略は、フィリップ二世の計算高さへと着実に受け継がれたといってよいだろう。

敵のいぬ間にかすめ取る——敵の敵は味方

「カロリード」たる正当なフランス王フィリップ二世とはいえ、やはり王領地の実力は乏しく、対するプランタジネット朝イングランドは強大であった。この強敵に対抗するため王は借りられる手は何でも借りた。まずは父王の崩御と弱冠十五歳での単独王位による統治開始に際し、母親の実家であるシャンパーニュ伯家の後見を離れることを決意したのだが、これは王領に接し伝統的に対立関係の続くシャンパーニュ・ブロワ伯家からの王家への介入を嫌ってのことであった。代わりの助けと頼んだのが、王妃の出身地であるフランスと神聖ローマ帝国の境界にあたるロレーヌ地方北西部であった。エノー伯家などこの地方はフランスの大諸侯フランドル伯の影響下にあり、また経済的発展著しい大都市が多く所在しており、王家の後ろだてとして十分な力を持っていた。この結婚により王は婚資としてフランス東北部のヴェルマンドワ伯領(後にアルトワ伯領も)や大都市アミアンなどを手に入れたのである。

また、このフランス東北部の大都市圏を手中に収めたことで、王は都市の持つ可能性に着目することになる。王の助けとなる新たな勢力として、都市という新興勢力は有望であった。諸侯の忠誠は彼ら自身の利害関係に左右されときに裏切るので信用することができず、王領地内の子飼いの配下たちは実に王家に忠実であったが、なにぶん小身であり敵対勢力に対抗するには力が足りない。そうしたとき、都市から得られる莫大な資金や都市民で編制される歩兵部隊は非常に魅力的に写る。そこで、フィリップ二世は先代までのどちらかというと都市を抑えつける政策から一転し、王家に忠実な都市に様々な特権を与えて優遇するようになり、都市との協力関係を構築していったのである。このような都市は「優良都市(ボンヌ・ヴィル)」と呼ばれるようになる。

手段を選ばぬ策略の次の一手として行ったのが、対プランタジネット家の調略、内部からの切り崩しであった。これは父王ルイ七世が行っていた手法を受け継いでのことだが、イングランド王ヘンリ(ヘンリー)二世の息子たちを煽《あお》って父親への反乱を助長したのである。フィリップ二世は単独統治開始早々の一一八〇年にはヘンリ二世の息子リチャードと手を結んで休戦協定を取り結んだ。その一方で、さらに裏でリチャードの弟ブルターニュ侯ジョフロワを調略してリチャードへの反抗を画策する。ただしこの計画はその後すぐにジョフロワが客死してしまうため頓挫した。それならばと臆面もなく八八年には再びリチャードと対ヘンリ二世の同盟を取り結ぶのである。このようにしてヘンリ二世の足元から切り崩していくことで戦いを優位に進め、一旦はアンジュー地方の深部まで進出してヘンリ二世を追い詰めて降伏させるに至った。しかし、ここでヘンリ二世が没してリチャードが待望のイングランド王位を手に入れてしまい、そうなると今までの同盟関係はご破算ということで、フィリップ二世の計略は水泡に帰してしまった。

それならばと、今度はリチャード一世王の弟の反抗心に目を付けて、末弟ジョンとの対リチャード同盟を取り結ぶ。この時は丁度第三回十字軍からフィリップ二世のみ先に帰国しており、リチャードは聖地でサラディンと戦っている最中であった。リチャード王が聖地から帰国の途中にオーストリアで捕虜となったと聞くや、ジョンと共にドイツ王に賄賂《わいろ》を贈りリチャード王をその地に留めようと画策した。さらにこれを好機とフィリップ二世はノルマンディー地方を占領してしまう。この行為は、十字軍へ出征中の財産は保全されるべきとする慣習からすれば問題で、既に聖地から引き上げ帰国の途上であったため曖昧《あいまい》な部分ではあるが、卑怯との誹《そし》りも止む無きことであった。それでもフィリップ二世にはこの機会を逃す考えはなかったのであろう。

まさになりふり構わずの所業であるが、そこまでしてリチャードとの直接対決を避けて優位に事を進めようとしたのには理由があり、それはごく単純な話で、戦ったらリチャード王には到底勝てないからである。リチャード王、世に獅子心王と呼ばれる英雄は当代きっての戦《いくさ》上手であり、一方のフィリップ二世は決して戦いそのものは得意ではなかった。実際、リチャード王が帰国するやジョンを帰順させ攻め込んでくると、フィリップ二世は対決せざるを得なくなり、一一九四年のフレトヴァルの戦いなどで大敗北を喫している。これによってリチャード不在時に掠《かす》め取った領地はあっさりと奪い返されてしまった。追い詰められたフィリップ二世は教皇に助けを求め仲裁してもらい、その後リチャード王が戦死したことで九死に一生を得た。

今度の相手はジョン王となり、この時時勢が逆転した。従来の路線を継続し、ジョンの従兄弟でブルターニュ地方の相続権を持つアーサーと手を結ぶ。そして、ジョン王がフランス封臣との婚姻トラブルを起こすと、封建関係上の宗主権を理由にジョン王がプランタジネット家の家領として持つフランス王国内の領地の没収を宣言し、ノルマンディー地方やロワール地方に侵攻して瞬く間に占領してしまったのである。フィリップ二世の策謀の才はジョン王をはるかに上回り、こうしてヘンリ二世やリチャード一世にはどうやっても勝ちきれずに幾度となくあと一歩のところで届かなかった念願の諸侯領をフィリップ二世は手に入れた。名目上でしかないプランタジネット家の大陸所領におけるフランス王への主従関係を口実として巧みに利用し、ジョン王が王位継承にあたり広大なアンジュー帝国の各地域の忠誠を勝ち取れていなかった状況を狙って（ロワール地方への侵攻にあたっては当地の在地有力者を離反させている）素早く侵攻するといった、機知と決断の勝利であった。

信仰と実利

フィリップ二世という人物について考える際に、その戦略眼の確かさの一方で、彼の信仰との向き合い方、すなわち教会との関係についても検討する必要がある。というのも、フィリップ二世は二番目の妃インゲボルクとの間の離婚問題で教皇から破門を宣告されたり、キリスト教の王としての神聖な義務である十字軍からも早々に撤退したりと、あまりローマ教皇の望む行動を取っていないように見えるのである。さらに言えば、教皇の指名によって宣告された南仏の異端撲滅のためのアルビジョワ十字軍に際しても、自らが出陣することを嫌って中々行動に移そうとしなかったのである。これはカペー家の伝統に即した行動から逸脱した、彼個人としての特異な性質によるものと考えるべきか。

一般にカペー王家はカトリック教会、ローマ教皇とは常に協力的な関係を継続していて教会の忠実な僕《しもべ》であったと言われる。確かに、叙任権《じょにんけん》闘争を代表に十一世紀後半以降常に教皇権と対立していた神聖ローマ皇帝や、カンタベリー大司教トマス・ベケットの殺害やその後の大司教位を巡り教皇と対立して関係が悪化したイングランド王のような致命的な問題は起こしていない。しかし、実は歴代のカペー諸王のうち何人もが教皇から破門されているのである。しかもロベール二世もフィリップ一世も、教会法の定める近親婚に抵触《ていしょく》したり違法な離婚という理由で破門と王国聖務停止令という大きな処罰を受けている。後者については特に影響が大きく、王国内で聖職者が一切の聖務、つまり結婚式や葬儀などを執り行う事が禁じられ、フランス中の人々の信仰生活が脅かされる大変重大な事態であった。

フィリップ二世によるインゲボルクとの離婚も不当なものとして訴えられており、やはり王国聖務停止令を宣告される事態となっている。この離婚の出来事は非常に謎めいており、彼女は外見上は少なくとも美麗であったと言われるが、結婚初夜に王が彼女に対し理由は定かでないが非常に嫌悪を示して一方的に破談を宣告してしまったという。王は数年後に別の愛妾《あいしょう》を迎え入れており、この女性が一二〇一年に亡くなるまで教皇の怒りは解けていない。なお、インゲボルクは離婚後二〇年間幽閉《ゆうへい》されるが、一二一三年に王が幽閉先に迎えに行き、復縁している。さらに彼女の希望により死後、サン＝ドニ修道院で王の隣に埋葬されている。フィリップ二世のこの行いは非常に不可解ではあるが、王妃との離婚問題やそれに伴う教皇との関係悪化は歴代カペー家のいわばお家芸であり、それでもなお他の国々に比べれば全体として諸王と教皇の関係性は良好であり、フィリップ二世も教皇の権威を利用するときには最大限利用していると言える。そう考えると、彼の十字軍に対する姿勢も同様の方針によるものと言える。第三回十字軍は流石《さすが》に立場上参加せざるを得なかったもののアッコン奪回という最低限の成果を示して終わらせ、第四回の時は、ジョン王に対して攻勢をかけるのに全力を傾けており、それどころではなく不参加で済ませ、アルビジョワ十字軍も同様に南仏に王領を拡大できる機会というメリットと、トゥールーズ伯という南部の大諸侯やその背後に控えるアラゴン王国との対立といったデメリットを計算し、自らが乗り込むことを避けたのであろう。つまり、フィリップ二世にとっては、教会もまた自らの戦略上の駒のひとつに過ぎなかったのである。

フランス王国首都パリの創設者

攻めるときには果断に動き、宿敵プランタジネット家から大陸所領の大半を奪い取ったフィリップ二世だが、この一二〇四年頃の征服の後、十年間ほどは大きな対外的な動きを見せなくなる。前述のようにアルビジョワ十字軍による南仏遠征には直接かかわらず、一二一〇年に中央山塊地域のオーヴェルニュ地方に遠征して王領に統合しているが、主だった軍事的な活動はその程度であった。当然のことながら、この国王がノルマンディー地方とロワール地方を獲得しただけで満足するはずもなく、次の一手の準備を着々と進めていくのであるが、その間に、王の足元でもフランスの歴史上重要な事業が進行していた。それが、フランスの首都パリを、まさに国の中核として築き上げるというものであった。

これは、都市パリを物質的な拠点、即ち首都としたことのみならず、真の意味での政治構造上の中央の生成ということをも示す事業であった。首都パリの建設という意味で重要な建造物が、当時のシテ島にあった王宮の出城として築かれたルーブル城塞《じようさい》である。この城には、王が常にこのパリに座して統治を行うための絶対的な防衛の要という決意が込められていた。その堅固な防備に守られた王都に、王権にとって重要なものを集めて守ろうとしたのである。これは現代的な感覚からしたら当然のことであるが、しかし中世の当時において王は一か所に留まるものではなく王領の幾つかの拠点都市を巡っていくものであり、王とその側近集団、そして国王が行政を行うための機能としての文書資料や国王金庫なども全て共に移動していくものであった。この慣行のために手痛い失敗をしたのが、フレトヴァルでの敗戦であった。この大敗北の際、王は自身が逃げ延びるのが精一杯であり、文書や金庫などの殆どを打ち捨てるしかなかった。この苦い経験をもとに、安全に王国運営を行う拠点を確保する必要性を痛感し、パリの開発を行ったのである。文書類はシテ島の王宮の塔の一つを専門に割り当て、金庫はテンプル騎士団のパリ支部の拠点であった郊外の砦、通称タンプル塔に預けられテンプル騎士団に管理が委託された。聖地防衛の最前線で戦い続けるテンプル騎士団は当時のヨーロッパ最強の軍事組織であり、中東の聖地国家の本部とヨーロッパ各地の支部との間で独自のネットワークを構築していて、本支部間で行う資金の送金などの経験から会計業務のエキスパートでもあったのである。

そして、王領が従来と比べ各段に広大なものとなったため、今までのような領地経営の手法では拡大した王領の経営が困難になっており、地方行政のための行政手法が生まれたのである。地方代官としてのバイイやセネシャルの官職が創設され、地方からの報告が集められ、また各地方に指示を出す拠点として中央独自の機能が国王会議（クリア・レギス）に再構築された。

また、こうした行政官僚として手腕を発揮したのが、王の騎士と呼ばれる王の側近集団であった。彼らは家産を持たない王領地内の平騎士たちであり、自分の領地を持つ上級貴族と異なり王個人から直接給養される立場のために王家に忠実であった。カペー家歴代の諸王は反抗的な領主貴族に対抗するために、代々こうした比較的小身な出自の者たちを側近としてきたが、フィリップ二世の時代に彼らの活躍が花開くこととなった。

このように、フィリップ二世は取れる手段は何でも用いる人物であり、それは人材の活用の側面

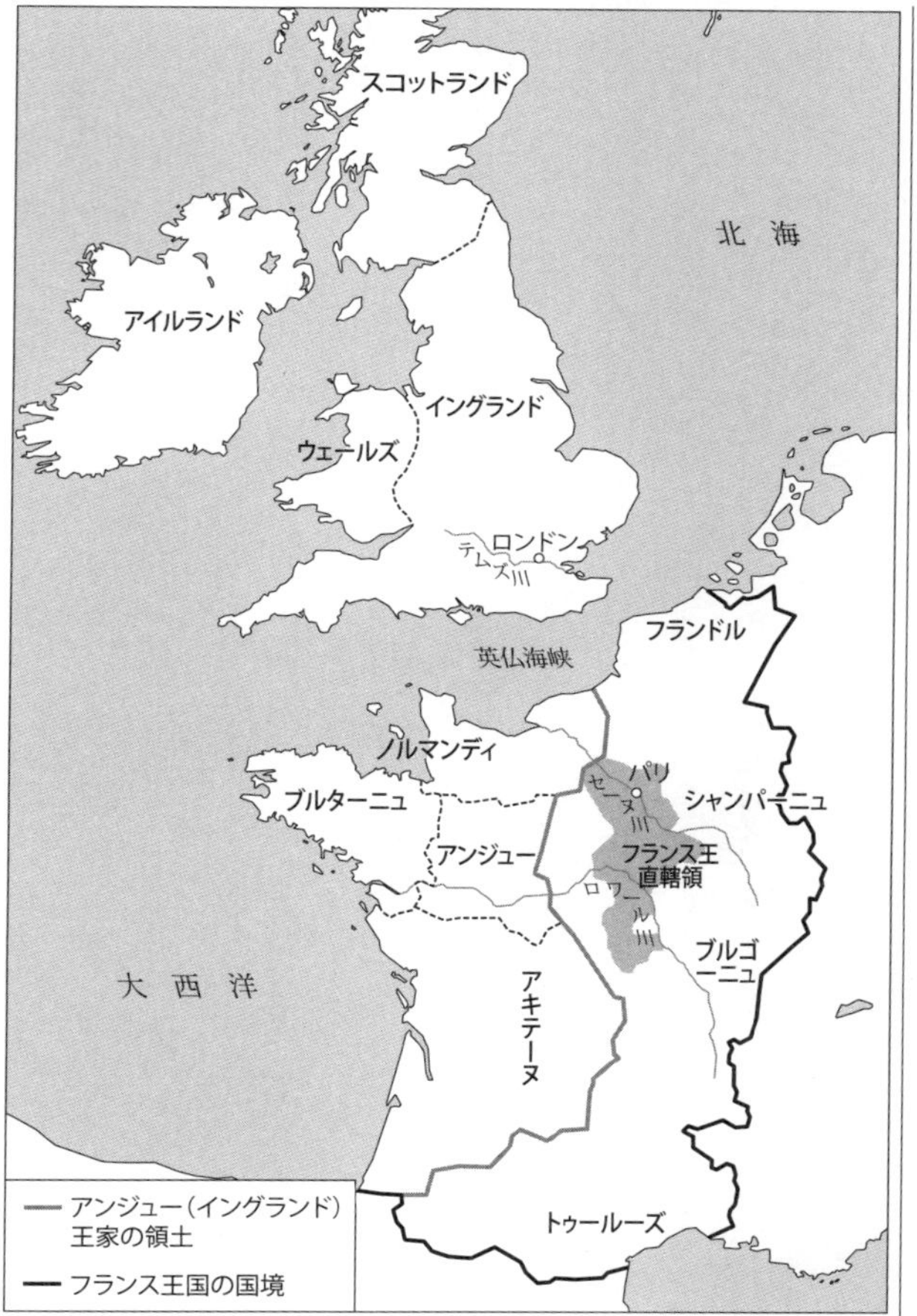

12世紀後半のイギリスとフランス
(ヨーロッパ中世史研究会編『西洋中世史料集』より)

でもそれを体現していたことが良く分かる。身分の低い者でも実力に応じて重用し、利用できるなら聖職者であるテンプル騎士ですら活用して、強力な王権とそれを支える人々を作り上げていったのである。さらに使えるものは何でも使うという点では、ノルマンディー地方独自の司法・会計管理機構であるエシキエを吸収してそのまま活用したりアンジュー地方のセネシャルの地位を存続させるなど、敵の持つものであっても有益なシステムであれば臆さず吸収し自らのものとする現実主義者であった。

おわりに――天下分け目の決戦

一二一四年のブーヴィーヌの戦いは、フィリップ二世がその徹底した現実主義に基く戦略により作り上げてきた成果が結集したものであった。対外戦略としては、微妙な距離感である教皇インノケンティウス三世や、ジョン王と同盟する神聖ローマ皇帝オットー四世の対立皇帝としてのみ価値を見出すフリードリヒ二世と同盟を結び、更にはイングランド王国に反感を持つスコットランドやアイルランドを味方に引き込み、北欧の強国デンマークとの関係のために幽閉していた王妃と復縁までしてみせた。国内では信用できる味方として王の騎士たちや都市の民兵たちを集結させ、大諸侯であるブルゴーニュ公などもよく従わせた。

そもそも、この決戦の舞台づくり自体が王によって巧みに利用されたものであった。フィリップ二世は、本来はジョン王に対する致命的な一撃としてイングランド本島への上陸侵攻を企てていた。それを教皇によって封じられたのだが、この企てがむしろ対フランス同盟としてジョン王やオットー四世、そしてフランドル伯などが危機感を募らせ、彼らがフランスに攻め込む切っ掛けとなったとも言える。つまりこの戦いはフィリップ二世が自分で煽《あお》ったものであるにもかかわらず、後に王は年代記作家ギョーム・ル・ブルトンによってこの戦いをフランス防衛のための王国統合の象徴として喧伝させたのである。

こうして英独の脅威を取り除き、フランス東北部の反抗勢力も制圧することで、カペー王家は安定した王権の基盤を手に入れ、真の王家として次代の王たちに継承させることに成功したのである。これはフィリップ二世がカペー家父祖歴代の方策を継承しつつも現実的な対応を適切に躊躇《ちゅうちょ》なく実行していくことで手に入れた、彼自身による揺るぎない業績であろう。

⊙参考文献

アシル・リュシェール（木村尚三郎監訳）『フランス中世の社会―フィリップ＝オーギュストの時代』（東京書籍、一九九〇年）

ジョルジュ・デュビー（松村剛訳）『ブーヴィーヌの戦い―中世フランスの事件と伝説』（平凡社、一九九二年）

渡辺節夫『フランスの中世社会―王と貴族たちの軌跡』（吉川弘文館、二〇〇六年）

Jim Bradbury, *The Capetians: Kings of France 987-1328*, London and New York, 2007

1214–70年
カペー朝第9代フランス国王。第6回・7回十字軍を主導。敬虔にして人望が厚く、西欧に広くフランス国王の権威を確立した。「聖王」。

ルイ九世

…Louis IX…

狂信的信仰者か、それとも理性の人か

林 亮

ルイ九世は、カペー朝(九八七―一三二八年)第九代となるフランス王(在位一二二六―七〇年)。父ルイ八世(一一八七―一二二六年)の長子(厳密には先に数人の子が生まれているが何れも夭折《ようせつ》しているため、即位時には子どものうちで最年長であった)。即位時は十二歳で成人前だったため、母后ブランシュ・ド・カスティーユ(一一八八―一二五二年)が三四年の成人まで摂政《せっしょう》を務めた。即位当初から二〇年ほどの間に、母后の摂政に異論を唱える封建諸侯の度重なる反抗を平定し、王国内における王の権威を確立した。この諸侯の反抗の背後には、カペー家代々の宿敵プランタジネット朝のイングランド国王ヘンリ(ヘンリー)三世(一二〇七―七二年)がおり、ヘンリ三世は諸侯の反乱に度々介入してきたが、迅速な対応により何れも退けた。

当初よりキリスト教徒としての情熱はあつく、ラテン帝国のボードゥワン二世が手放したキリストのいばらの冠を購入し、この聖遺物をおさめるためパリの王宮に自らのための礼拝堂としてサント・シャペルを建設した。また、ヘンリ三世との戦いの間に熱病に罹《かか》り(一二四二年)、その際、快癒《かいゆ》

のあかつきには十字軍への参加を誓い、実際に王の最初の十字軍(一二四八—五四年)をおこした。国王軍は当時のイスラーム教勢力の中心地エジプトに侵攻したが、戦争のさ中に成立したマムルーク朝軍に大敗し、王を含め多くが捕虜となり(一二五〇年)、失敗に終わった。身代金を支払って釈放され、パレスティナのイェルサレム王国に留まったのち、五四年に帰国した。

帰国後は、敬虔《けいけん》なカトリック教徒としてのさらに強固な意志のもと、公平さや平和、そして正義を旨とし王国を統治した。長い治世の間、フランス国内は安定し中世フランス王国の全盛期を生んだ。学問や芸術文化の振興に心をくだき、パリにソルボンヌ学寮(のちのパリ大学神学部)を創設(一二五四年)、パリにはロジャー・ベーコンやトマス・アクィナスといった高名な学者が集まった。公正な統治のために様々な行政改革を推進し、のちのパリ高等法院や会計院といった高度な中央集権的行政機構の原型を生み出し、上訴制を恒常化させることにより、地方の裁判も王のもとに集まるように整備、王国の貨幣を改めて金貨・銀貨の基準を設けて(エキュ金貨・グロ銀貨)、経済の安定と発展を実現した。対外的にも、ヘンリ三世との間にパリ条約を結び(一二五八年）、かつてのプランタジネット家の大陸所領が正式にフランス王家に帰属することとなり、代わりにギュイエンヌ地方などをフランス王の家臣として与えることで、両家の長年にわたる対立にひとつの区切りをつけた。同様に、この年には、コルベイユ条約によりアラゴン王国との懸案事項であった南仏ピレネー山ろくの国境線が確定した。その他にもヨーロッパのキリスト教世界の平和のため、フランス国内の諸侯の紛争はもとより、イングランドや神聖ローマ帝国における争いの仲裁役も積極的にこなし、調停者としての名声を高めた。

治世の終わり、多くの反対意見を顧みず二回目の十字軍をおこし(一二七〇年)、北アフリカのチュニスに上陸したところで病没した。その死ののち、孫にあたる二代後のフィリップ四世(一二六八―一三一四年)の働きかけにより、一二九七年に教皇ボニファティウス八世によって列聖され、以後「聖ルイ」と呼ばれフランス王国の象徴となった。

聖王の輪郭

その死後、聖王とまで呼ばれ敬意を集めたルイ九世はどのような人物であったか。外見上はブロンドの髪で背は高かったが痩せていて、華奢《きゃしゃ》ともいえる身体つきであった。性格については、例えば、側近であったシャンパーニュ地方出身の貴族ジャン・ド・ジョワンヴィルが王の伝記のなかで数多く残している。曰く、王の話ぶりは穏やかで人の悪口は決して言わない。他人の発言については、自分が罪になったり被害を受けるのでなければ否定や反論しないようにしていた、なぜならひどい言葉によって争いが生じ多くの人が死ぬこともあるのだから。また、世の見識ある人たちから、華美に過ぎると言われたり、若者から質素過ぎると言われないよう、身にまとう衣服や戦装束を決めるべきとも考えていた。多くの貴族がそうであるような、食べ物の選り好みや贅沢は全くせず、食事係が用意したものを黙って口にした。ぶどう酒を水で割って飲む慣習。ジョワンヴィルが医師に勧められたからと言ってぶどう酒を生のままで飲むのに対し、「医師は間違っている、若いうちから水で割るくせをつけなければ、痛風や胃病にかかり健康ではいられないだろうし、年老いても割らずに飲めば酩酊《めいてい》してしまう。ひとかどの者としてそれはあまりに見苦しいことだ」といって諌めた。

こうした穏やかで抑揚《よくよう》の利いた、円熟した人格者としての描写は、王に対し心からの忠義の念を持つ人物の描写であるので、ある程度割り引いて受け取るとしても、その人柄は確かに尊敬に値するものであろう。

ただ、これらの描写の多くは、王が壮年を迎えてかなり年を重ねた後の印象についてである。王にも当然、未熟な若者の時代があり、さらに遡れば幼少期において父母や教師たちの教えを受けて、徐々に成長していったはずである(事実、若いころの王は美食家で豪奢を好んだとも言われる)。そうした彼の経歴において、特に影響の大きかったと考えられるのが、母親を代表とした家族環境と、教師たちの指導である。

まず、特に重要なのが、母后ブランシュ・ド・カスティーユである。彼女による息子への教育は、宗教的情熱に深く根差すものであった。母は王に神を信じ愛するよう教え、幼少ながらもすべての時課の祈りを執り行い、祝祭日の説教を聞かせた。そして「息子が死に値する大罪を犯すくらいなら死なせた方がましだ」と言い聞かせていた。また母は王の弟たちも等しく愛情深く育てた。その結果築かれた兄弟同士の良好な関係性も、母ブランシュの篤い教育の賜物と言えよう。

そして、母后の手配した教師たちにより、王はラテン語を介し当時の高い水準の教養を身に着けていた。当時の写本の挿絵にも、移動中の馬上でも聖書を読みふける王の姿が描かれている。王は成長した後も、周囲の人々に過去の賢人の名句や聖書の引用などの言い回しを用いて語り掛け、道理を説いており、彼の広い知識と教養の程が見て取れる。

こうして深い教養をもって信仰心に篤い人間へと育っていた王であるが、彼のキリスト教信仰への熱意は、中世史家ジャック・ル・ゴフをして「とりつかれるように関与した信心行為」と言わしめるほどであった。ひとつは托鉢《たくはつ》修道士の説教の大ファンであること、ついで聖遺物コレクター、また度を越した施しの習慣、そして情熱的な教会堂の建築者。そもそも、王は率先して断食《だんじき》や鞭打《むちう》ち苦行を行い、日常に組み込んでいた。こうした信仰心を発露する機会において王はたびたび節度を忘れた篤信家となった。ル・ゴフによれば、王に欠けていたのは「ただ修道士の衣服のみ」なのだという。

少年王と母后の奮闘

前項のとおり、母后ブランシュは王やその兄弟たちの人格形成に多大な影響を及ぼしたのであるが、この強き母は家庭内のみならず、弱冠十二歳で即位せざるを得なかった息子の摂政として王国の政治の矢面に立って、王が成人するまで懸命に彼を守ったのである。結果として王は国内諸侯の反抗を抑えて忠誠を勝ち取り、英王ヘンリ三世の介入をも退けることに成功したのであるが、その成果の半ば以上は母后摂政の奮闘あってのことであり、一歩間違えれば王が成人する前に諸侯の介入によって王の権力は弱められ、そしてその背後で策謀を巡らすヘンリ三世によってせっかく広がった王領が奪われてしまっていたかもしれないのである。

少年王に対する策謀は、既に彼の即位に伴う戴冠式《たいかんしき》において暗示されていた。母后と先王時代からの王家に忠実な側近たちによる顧問団の手によりランスで聖別の儀を行い戴冠したのであるが、その戴冠式の場には先王の異母兄弟で自らの手に権力が転がり込んでくることを期待していたフィリップ・ユルペルを初め、力を増す王家に不満を抱く大諸侯たちが軒並み欠席していた。実際に彼らによって翌年春にも最初の反抗同盟が結成されることとなる。彼らの言い分としては、本来は伝統的に王の周囲で彼を補佐し助言をする義務を負う(すなわち王の政治に介入する権利を持つ)のは我々譜代の諸侯であるのに、王母は幼い王を囲い込み自らの専横の道具としている、というものであった。

これに対し母后摂政たちは王権に忠実な都市勢力や教会勢力を味方に付け対抗する構えであり、まずは反抗同盟の有力な一角であるシャンパーニュ伯ティボー四世を恭順させ、同盟を切り崩していく。

それでも反抗諸侯の不満はおさまらず、ついには少年王を力ずくで奪い取ろうという、いわば誘拐未遂事件まで発生した。パリの南のモンレリ郊外にいた母后と王の一行は、この陰謀を察知したものの身動きが取れなくなってしまった。この時はパリに救援を求め、駆け付けた民兵や民衆たちに守られて何とか王宮に帰り着くことができたのである。

母后は、こうした困難を乗り越え成人した王にフランス王国を委ね、その後も王の第一の助言者として常にそばに控えていた。そして王が十字軍への参加を表明した折には強く息子を非難したと言うが、王の出立の後は再び摂政として留守をまもり、彼の帰国を待たず亡くなった。王は聖地で母の訃報《ふほう》を知り、大変嘆き悲しんだという。

このように、ブランシュはアリエノール・ダキテーヌというアンジュー帝国の生みの親にして中世最大の女傑の血を引く、強く優れた女性であったと言えるが、まさにその強烈な個性ゆえに、その息子ルイ九世は母親の影響下から長く逃れ得ず、〝コンプレックス〟とまで言われてしまうのも、致し方ないのかもしれない。当時の人々の目にも、王が母親に対し過大な愛情を抱いていたと映っていたようである。

なお、王母ブランシュのもう一つの側面は、愛する息子の妻との間の嫁姑関係にも見て取れる。息子夫婦の寝室のそばにわざわざ自分の居室を用意する嫌がらせや、不満をぶつける妻と母の間に挟まれて困り果てるルイ王、といったエピソードはどの時代にも共通する家族の姿であり、そこに王の人間味が垣間見える。

聖王の十字軍

確かに聖王の十字軍は一二四八年からの一度目も七〇年の二度目のものも、明確な成果を上げておらず失敗に終わっており、王の狂信的宗教心の暴走とも評価される。特に王の最後の十字軍については、その動機や目的地の設定など不明な点が多く、これに合理的正当性を持たせるのは難しい。

そもそも十字軍というのは非常にお金のかかる事業であり、国王自身が出陣する国を挙げての遠征となれば、その費用は莫大なものとなる。事実、聖王は借金を重ねてやっとのことで費用を捻出している。王は国内の都市や教会から半ば強引に資金を借り受けて賄《まかな》った。こうした負担はたとえ経済的伸長の著しかった都市にとっても、大きな重圧となっていった。

イスラーム勢力に対する軍事遠征としても、その経緯は暗澹《あんたん》たるものであった。まともな交戦すら叶わなかった二度目はもとより、エジプトを攻撃した一度目の遠征についても、沿岸部の都市ダミエッタを攻め落とし内陸部への攻略の拠点を築くところまではよかったものの、その後首都カイロを目指す途上のマンスーラという都市でフランス騎士軍は不適切な市街戦に突入し、王弟ロベール・ダルトワを失った。さらに陣中に疫病が蔓延《まんえん》し(赤痢《せきり》であったと言われる)、聖王自身も罹患《りかん》してしまう。こうして軍として全く体を成さなくなった挙句に、王をはじめとして多くの十字軍士がエジプト軍の捕虜となってしまったのである。

このように、戦略的に見てもろくな遠征とは言えないのだが、とはいえ一度目の十字軍についても二度目と同じように全てが道理に合わない無駄な遠征と一括《ひとくく》りにするのは暴論と言えよう。関連して、聖王の十字軍の目的地がイェルサレムから外れた事は、批判に値しない。少なくとも一度目の十字軍がエジプトを目指したのは合理性のある選択であり、そもそも十字軍というのは必ずしもイェルサレムを目指すものではない。結果的にイェルサレムを獲得した初期の十字軍から〝逸脱した〟後期の不純な十字軍、という批判は不当であろう。

また、結果から見たら無謀な試みであったかもしれないが、王は決して暴挙として場当たり的に十字軍を起こしたのではなく、出立にあたっては非常に念入りに準備を行っていた。信頼する母后と顧問団により再び摂政府を立て、地方の問題の芽を摘むため予め大々的な調査を行い地方の国王代官による不正をただした。また、諸国の君侯の参加は叶わなかったが、遠征中のフランスへの不可侵を取り付け安全を確保。そして何より、確実に聖地に向けて出立できるよう、南仏は地中海沿岸、エーギュモルトに新たに軍港を建設するという念の入れようであった。こうした準備活動によって整備された国内行政は、王の帰国後、さらなる行政改革を進展させるための地ならしとなった。

さらに特筆すべきは、聖地で留まり帰国するまでの間、聖王がイェルサレム王国で行った様々な活動である。王は、拠点都市の城壁の修理やテンプル騎士団などの修道騎士団の立て直し、周辺諸国との折衝など聖地国家のために尽力した。当時パレスティナ沿岸部のアッカ(アッコン)などの都市に辛うじて残存していたイェルサレム王国は、王国内で意見の統一もできず、この危機的状況を打開する統率者に欠いていた。そこに現れたのが聖王であり、彼の助力があってこそ、聖地国家はあと半世紀延命できたと言えよう。

キリスト教徒としての正義

最初の項で述べた王の生活ぶりは、主に十字軍からの帰還後の王の厳格な生活態度の一端である。王は食事の折には貧者にも施しを与え、司祭を連れて食後に感謝の祈りを唱えさせた。癒しを与える神聖なる王の役割を自覚し、ハンセン病患者への手当てを恐れなかった。初めて赴く町々では、どこでもフランシスコ会などの托鉢修道士のもとを訪ね、彼らの祈禱《きとう》を求めた。子供たちには、自らが母親にそうされたようにキリストの教えを深く学ばせた。過去の偉大な帝王の行いや、逆に淫蕩《いんとう》、強奪、貪欲のために国を滅ぼした悪人について語るのは「主の怒りを買わぬよう心に留めておくため」であり、祈りの文言を覚え込ませて一日の時課の祈りの文句を面前で唱えさせた。

王が敬虔なキリスト教信者として強い信念をもっていたことは疑う余地のないことである。それが十字軍の苦渋に満ちた試練を経てさらに高められ、彼の個人としての振る舞いのみならず、王国統治全般にわたり、その信条に基づき政策判断を下すという次元にまで到達していた。

(王が)フランスの地に戻ったら、民には正義をもってあたり神の慈しみをしっかりとつなぎ留め、神にフランス王国をとりあげられることのないように心せよ。

これは王が十字軍から帰還し南仏の港に降り立ったとき、フランシスコ会の徳の高い修道士が王に述べた苦言である。王はいたく感銘を受けたようであり、これを自らの決意として帰国後の統治に取り掛かることとなったのでる。

王による信仰に即した施政のなかには、多くの修道院に対する寄進や援助が含まれる。これによりパリ近郊には修道院が林立するほど数多く建設され、パリは修道士に取り囲まれた。王による修道士への厚遇は、「王は神に仕えようとして僧衣をまとう人々すべてを愛し、王のもとへきて生きる糧を得ぬものは皆無であった」と言われるほどであったという。そのため、王は〝托鉢修道士の王〟

と揶揄《やゆ》されることにすらなった。

また、キリスト教徒の為政者として重要な徳目である、貧者や弱者に対する保護においては、「王は毎日、貧しい僧、貧しい治療院や病人たち……、身を持ち崩した女、貧しい寡婦《かふ》、老齢や病のために働けない者など、数えきれない人々にかなりの額の施しを気前よく行い、何の施しも与えなかった日のことをひどく悔やんで気落ちしていた」ほどであった。その他にも盲人のための施設や、娼婦を収容するための「神の娘の家」とよばれる施設をパリ近郊に作った。多額の施しに対する側近からの苦言に対しては「現世の贅沢や空虚な名声のためでなく、神のみ心にかなう施しのために金を使う方がよい」と話した。

このように、托鉢修道士への偏重が見られるとはいえ、キリスト教徒としてはまさに信仰の鑑といえるであろうが、それはキリスト教から逸脱する他者に対しての、苛烈なまでの不寛容との表裏一体でもあった。そうした厳しさは、特に王国内に暮らすユダヤ教徒に対して強く表れることになった。一二四〇年、王はユダヤ教徒との討論においてその教えがキリストの教えを冒涜《ぼうとく》していると見做《みな》し、彼からユダヤ教の聖典であるタルムードを押収し、さらには二年後にパリで荷馬車何台分ものタルムードの写本を火にかけている。タルムードを焚書《ふんしょ》にする行為はほかに例を見ないことであった。また、ユダヤ人の高利貸しから担保を押収し、返却する持ち主がいない場合は十字軍のための費用として徴収した。高利貸しへの厳しい態度は十字軍からの帰還後の王令のなかにも残っている。彼はユダヤ人に対し自らの労働か高利でない仕事をせよと命じているのである。

本当に優れた学者でもなければ、彼ら（ユダヤ教徒）と議論などしてはいけない。世俗の人間は、キリストの教えがけなされるのを耳にしたら、剣以外でこれを擁護すべきでなく、相手の腹の真ん中を深く差し込んでやるべきなのだ。

ジョワンヴィルによれば王はこのように述べ、ユダヤ教という自らと異なる他者との対話を拒み、相手を抹殺することに全くの躊躇《ちゅうちょ》を見せなかった。ここに見えるルイ九世は、十字軍の苦難の中で敵であるイスラーム教徒とも交渉を恐れなかった態度や、次項で述べるように理知的でバランス感覚に優れた判断力を見せる姿勢とも全く異なる、聖王のまたひとつの側面であろう。

聖王の王国

公平な裁きを下す判官王としての聖王のイメージは、フランス人のなかに深く記憶されている。有名なものに、ヴァンセンヌの樫《かし》の木の法廷の逸話がある。王は離宮の森の木にもたれ、陳情や嘆願に来た人々を周囲に座らせて一人ひとり、取り次ぎも介さず直接話を聞き、対立する双方からよくよく意見を聴取した上で説いて聞かせるように判断を下したという。臣民に寄り添い人々の訴えを無下《むげ》にしない温かみのあるエピソードと言えよう。ジョワンヴィルなどもそうした証言を多く残しているが、一般に思われるように、ろくに話も聞かず恣意的な判断をする地方領主と違って王は人々の話を聞いて公正に〝直接〟裁いてくれる、というのは正確ではなく、王は意見を述べることはあっても安易に自分で判決を下すのではなく、法律の専門家である裁判官の判決に委ねる場合も多かった。また決して従来からの裁判権を握っている領主貴族の意見も無視せず、非常に注意深く、バランスを取った判断を下しているのである。一方で、自らの判断で決断しなければならないときには、周りに流されずに決定を下す力も持っていた(時には無慈悲な裁きにより批判を浴びることすらあった)。

またそうした注意深さは、聖俗の間を取り持つ場面でも見て取れる。ある時、フランスの大司教や司教といった高位聖職者の多くが王のもとへ陳情に来た。聖職者たちは、教会から破門された者たちの免罪のために強制的に財産を差しおさえるよう、王の代官たちに命じて欲しいと求めた。王は明確な過ちが証明されるならばそうしよう、と答えた。それはつまり教会側の一方的な破門宣告に追従しないという意味であった。王はさらにブルターニュ伯の例として、伯領の司教に破門宣告されたブルターニュ伯に対し教皇が最終的に伯の正しさを認めた件を引き合いに出して、聖職者側が破門宣告された者に不当な被害を与えている可能性すら示唆し、俗世の人が悪くないのに無理やり免罪を得させる(財産を押収する)ことは「神にも正義にも背く」行いであると言い、聖職者たちを引き下がらせた。このように、決して盲目的な信仰のもと教会に追従するのではなく、道理にもとづいて判断を下していた。

こうした深慮は外交政策の側面にも表れている。一二五八年にヘンリ三世との間に結ばれたパリ条約ではアキテーヌの南部、ギュイエンヌ地方についてルイ九世が自らの宗主権のもととはいえヘンリ三世の領主権を認めたことになり、これはイングランド王家に対する過剰な譲歩であるとフランス国内、特に側近たちから根強い反対を受けていた。それに対して王は、自分と英王の互いの妻は姉妹(どちらもプロヴァンス伯の娘)であり、自分たちの子供はいとこ同士になるのだから将来の両者の和平のためなのであり、ヘンリ三世がこれによって初めてルイ九世に臣従礼を行いフランス王の権威を認めるのだから名誉なことなのだと、この条約の目的が単純な領地奪取にあるのではないことを説いて聞かせた。そこには直近の利益ではなく、将来的な平和と協調を志向する王の広い視野が読み取れる。

このように、聖王に対する最大の称賛である正義の王、平和の王、といった呼び名は彼の優れた政策的感性によってもたらされたものであることが分かる。しかし、彼がその統治の後半の円熟期にこうした名声を博していく一方で、足元ではその統治の限界が見え始めてきていたのも事実である。王による司法行政の諸改革は、確かに王権を地方へ貫徹させるためには必要なことであったが、それは同時に地方の従来の有力者層、すなわち貴族たちの権力を奪う事であり、広範な反発を招いたし、また王の役人たちが全て王と同じく善良であるはずもなく、彼らの専横は常に問題となった。また、王による托鉢修道士の重用は、当然ながらそれ以外の有力者の猛烈な批判を受けることとなった。反対者のなかには司教などの在俗聖職者も含まれる。彼らが本来受けるべき王からの寵愛をかすめ取られたからである。

そして、王の政策の実現や、特に十字軍の費用の捻出に対する都市や農村の疲弊は重大であった。王の治世の後半、十三世紀の後半には社会全体の景気上昇も頭打ちとなり、発展の見込めないなかで重くなる一方の税負担は、広範な社会不安を呼び込むこととなった。

このように、聖王による諸政策は、まさにその理想の高さゆえに多くの問題も引き起こし、そして社会にはそれに耐え得る力は既に残っていなかったのである。

おわりに

一二一四年、ブーヴィーヌでときのフランス王フィリップ二世は、神聖ローマ皇帝(ドイツ王)オットー四世に勝利した。この輝かしい勝利の年に誕生した王孫ルイ、後の九世、すなわち聖王は生まれながらに栄光を約束された絶対的存在かのようにも見える。事実、聖王の治世、フランス王国は中世において最盛期を迎える。

しかし、聖王はその治世の当初から何の問題もなく王位についたのではない。しかも、平和の王として、ヨーロッパに融和と協調をもたらした彼が、十字軍をはじめイングランドなどと熾烈《しれつ》な戦いを繰り広げて来た事も事実である。ましてや、キリスト教の徳を体現したかのように言われるとはいえ、ただ一つの誤謬《ごびゅう》なくその治世を全うしたわけでは決してないのである。特に、ユダヤ教徒に対する彼の姿勢は決して理性的とは言えない。

そして、彼をキリスト教への深い帰依のゆえに、あるいは母親への過度の依存や過剰な宗教教育の影響として、狂信的信仰者として王国を恣意的に振り回したという評価もある。しかし、それは彼の信仰心について極端に誇張して、曲解した一面的評価に過ぎない。彼が深い信仰心を抱き、現代から見たら極端な宗教的行為に熱中していたように見えるのは事実であるが、それは中世の人間、特に誠実で真面目な人間であればそれほど極端な振る舞いというわけではない。むしろ彼は分別をわきまえ、非常にバランス感覚に長けており、己や周囲を客観的に見て決断を下すことのできる理知的な人格を持っていたと言うべきだろう。聖王と呼ばれるこのフランス王は、完全無欠の聖人君子なのではなく、多くの困難や挫折を経験し、少しずつ成長していき、悩みながら自らの決断で生き抜いたひとりの人間なのである。

⊙参考文献
ジャック・ル・ゴフ（岡崎敦・森本英夫・堀田郷弘訳）『聖王ルイ』（新評論、二〇〇一年）
アラン・サン＝ドニ（福本直之訳）『聖王ルイの世紀』（白水社、二〇〇四年）
ジャン・ド・ジョワンヴィル（伊藤敏樹訳）『聖王ルイ――西欧十字軍とモンゴル帝国』（筑摩書房、二〇〇六年）

ユダヤ人迫害を黙認・推進した
カール四世
…Karl IV…

藤井真生

1316–78年
神聖ローマ皇帝兼チェコ王。1356年に『金印勅書』を制定、プラハに中欧初の大学を設立した。

神聖ローマ皇帝カール四世（在位一三四六―七八年）の名は、何よりもまず、皇帝選出権を七人の選定侯（選帝侯とも）に承認した一三五六年の『金印勅書《ちょくしょ》』（全三一条）とともに記憶されているだろう（図1）。ここにおいて、「神聖ローマ帝国が空位になる場合、……マインツ大司教は同僚選定侯たちの判定を、第一にトリーア大司教に……、第二に……ケルン大司教に、第三に……チェコ王に、第四にライン宮中伯に、第五にザクセン大公に、第六にブランデンブルク辺境伯に尋ねる」ことが定められた。この勅書は皇帝の選出手続き以外にも、選定侯が領邦においてもつさまざまな権利を認めている。これにより、彼らライン流域の三聖界諸侯および東方の大領邦を中心とする四人の世俗諸侯は、各種国王大権（貨幣鋳造権、関税徴収権、鉱山採掘権、ユダヤ人保護権など）を有し、その領内では完全なる裁判権を行使できることになった。これは帝国内に独自の国家の存立を認めたに等しく、以降の神聖ローマ帝国（＝ドイツ）が分権的な政治体制を確立させる契機となった、という評価が与えられている。フランスやイングランドにおける中央集権化の進展との対比を念頭においたこの評価は、ドイツ統一が喫緊《きっきん》の課題であった十九世紀以降の歴史学においては、必ずしもポジティヴなものではなかった。分権制を承認してしまった点に、統一の遅れの遠因を見出したためである。ただし、教科書によっては、近年の研究成果を反映して、「分裂が決定的になった」のではなく、「ゆるやかな連邦体制へと向かった」というニュアンスへの修正も目に付く。なお、黄金製の皇帝印章が付されたこの勅書の効力は、一八〇六年に神聖ローマ帝国が解体されるまで続いている。

カール四世の生涯

カールは、一三一〇年にチェコの新たな支配者となったルクセンブルク家の国王ヨハン（在位一三一〇—四六年）と、前王朝プシェミスル家の血を引く母エリシュカの間に、一三一六年に生まれた（チェコはチェコ語に準じた表記。日本ではラテン語・英語のボヘミア、ドイツ語のベーメンも用いられている）。

代々ルクセンブルク伯を輩出してきたこの家門は、帝国北西部に数多ある諸侯のうちのひとつであり、格別な影響力をもつ侯であったとは言い難い。しかし、十四世紀初頭、ハプスブルク家の皇帝が続くことを嫌う諸侯の支持を得たハインリヒは、一族ではじめて皇帝に選出されることになる。皇帝ハインリヒ七世（在位一三〇八—一三年）である。この選出の

図1　金印（『金印勅書』）
（ドレスデン、ザクセン州立資料館蔵。アフロ提供）

図2　7選定侯（『バルドウィン写本』より。アフロ提供）

背景には、トリーア大司教である実弟バルドウィン（在位一三〇七—五四年）の奔走があった——資料集などでよくみかける七人の選定侯が並んで座っている図像は、このバルドウィンが兄の皇帝選出からローマでの戴冠《たいかん》、イタリア諸都市との戦闘、そして皇帝の客死までを描かせた豪華彩飾写本『バルドウィン写本』が出典となっている（図2）。この時、バルドウィンに協力してハインリヒ選出に一役買ったマインツ大司教ペーターは、かつてエリシュカの父ヴァーツラフ二世（在位一二八三—一三〇五年）の顧問を務めており、その人脈によってプシェミスル家とルクセンブルク家を結びつけた。こうしてルクセンブルク家は帝国有数の大領邦を治めることになり、有力諸侯の仲間入りを果たす。

　ルクセンブルクは、地図を開いてみれば一目瞭然だが、現在も独仏に挟まれた小邦である（地図1）。中世のルクセンブルク伯家は、政治的には神聖ローマ帝国に属していたが、文化的にはむしろフランスに近しかったといえる。そのことは、ハインリヒの娘マリーがカペー家最後のフランス王シャルル四世（在位一三二二—二八年）に嫁ぎ、ヨハンの娘ボンヌがヴァロワ家ジャン二世（在位一三五〇—六四年）の王妃となっていることからもうかがい知ること

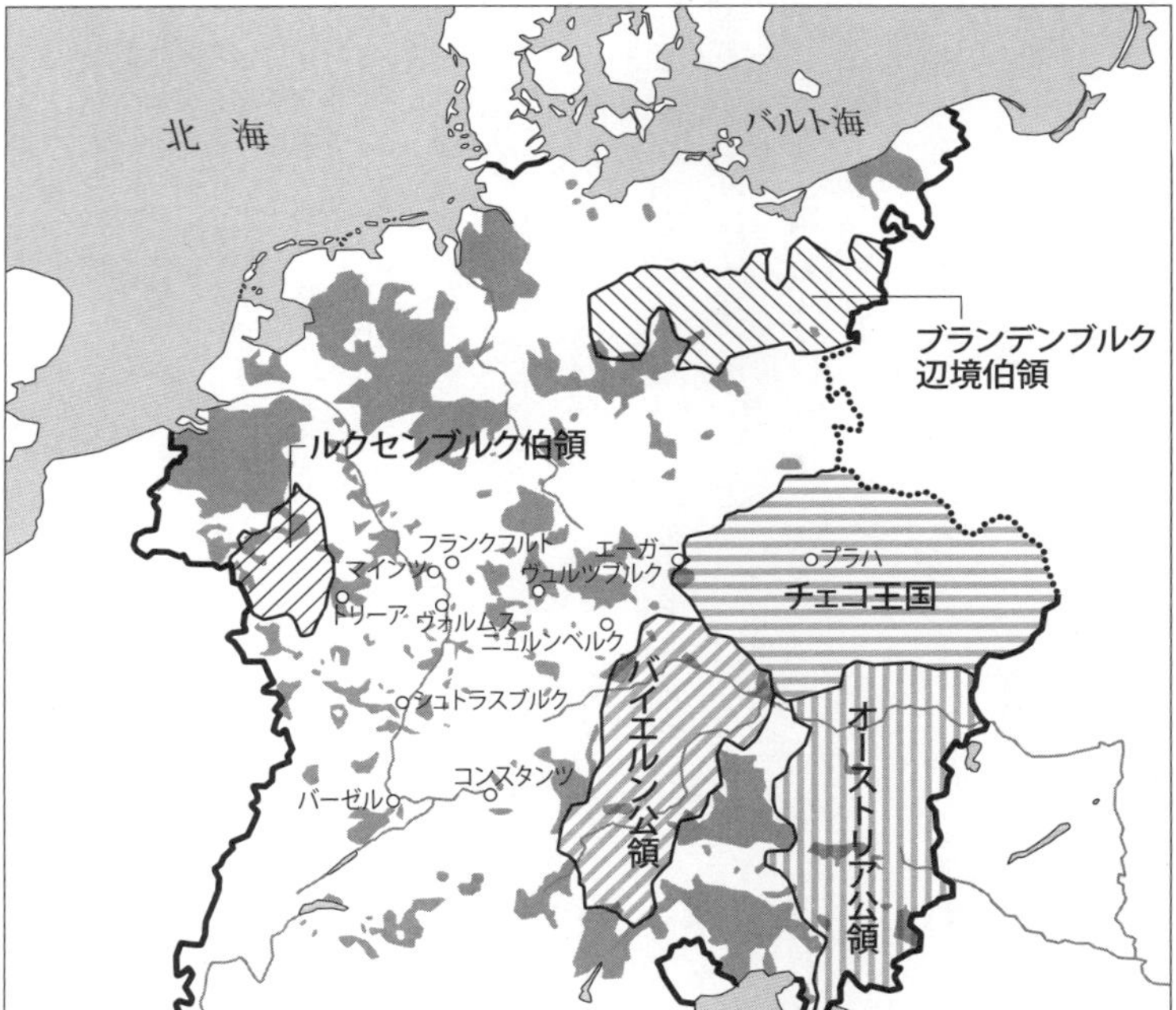

※現在のチェコ共和国は西部チェコ(ボヘミア)、東部モラヴィア、北東部シレジアの三地域からなる。「チェコ王国」はこの西部地域を指すが、事実上一体的にあつかうことができ、本稿でも王国の付かない「チェコ」は全体を意味して用いている。

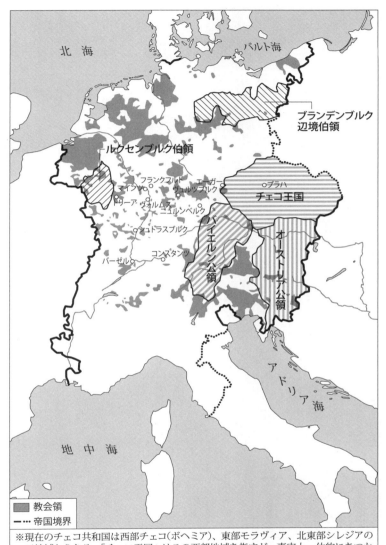

地図1　14世紀の神聖ローマ帝国(J. Fajt, *Karel IV.,* Praha, 2016, p. 20.より)

ができよう。カール自身も幼少時に叔母マリーのいるパリ王宮で養育され、初代ヴァロワ家王フィリップ六世（在位一三二八—五〇年）の異母妹ブランシュと結婚するなど、親フランス的な雰囲気のなかで成長した。そもそも、カールの初名はヴァーツラフといい、チェコ伝統の名前を与えられていたのだが、シャルル四世は「（カールに）堅信礼を施させ、……（カールの名を）国王と同じ名、すなわちシャルル（ドイツ語でカール、チェコ語ではカレル）と改め」（括弧内は筆者による補足、以下も同じ）たのである。また、この当時、家庭教師をつとめたフェカン修道院長ピエール・ロジェとの出会いは、後述のように、カールが国際政治の舞台で政策を実現するための素地をつくった。

一三三一年、青年期にさしかかったばかりのカールは、父ヨハンの命を受けて、三年間北イタリアに駐留した。この間に彼は、パリで覚えたフランス語、ピエールに学んだラテン語に続き、イタリア語を身につけた。カールは外国語習得能力に秀でており、初期ルネサンスの桂冠詩人ペトラルカなどと直に文通できるほどであった。のちにチェコへ帰国すると、完全に忘れていたチェコ語を再習得し、続いてドイツ語もマスターした。彼は自伝において、

チェコの言葉を私はすっかり忘れ去っていた。だがすぐに再びそれを習い、すべての他のチェコ人と同じように、この言葉を話し、理解することができるようになった。神の恩寵《おんちょう》によって私は、チェコの言葉のみならず、フランス語、イタリア語、ドイツ語及びラテン語をも話し・書き・読むことを習ったので、これらの言葉のどれをも、流暢《りゅうちょう》に書き・読み・話し・理解することができた。

と述べている。これらの素養のうえに、カールは『自伝』、『聖ヴァーツラフ伝』等をラテン語で執筆したのである。君主がラテン語で何かを書き著すということは、中世には稀有《けう》な出来事であった。

一方、父ヨハンは北イタリアとルクセンブルク、そしてチェコの描くトライアングルの中を転戦しながら、国際政治の主役となる機会をうかがっていた。また、彼は騎士道へ傾倒するあまり英仏

❖年表1　カール4世の生涯

年	ルクセンブルク家およびチェコ王国関連	帝国関連
1306	チェコ王家プシェミスル朝が男系断絶	
1308		ルクセンブルク家ハインリヒ7世が皇帝に即位
1310	皇帝ハインリヒ7世の息子ヨハンがチェコ王に即位	
1313		ヴィッテルスバッハ家ルートヴィヒ4世が皇帝に即位
1316	ヨハンの長子ヴァーツラフ誕生	
1323	ヴァーツラフがパリに送られ、カールと改名	皇帝ルートヴィヒ4世と教皇ヨハネス22世の対立開始
1328		皇帝と教皇の争いが激化し、対立教皇がたてられる
1331	カールは父の代理として北イタリアに駐留	
1334	カールがチェコに帰国	
1338		「レンス判告」の宣告
1346	ヨハンが戦死し、カールがチェコ王に即位	カール4世を対立王に選出
1347		ルートヴィヒ4世が死去し、カール4世が単独王に
1348	カールがプラハ新市街を創設、ユダヤ人を招聘	ドイツでもペスト流行
1349		ユダヤ人迫害の本格化
1355	カールが「カールの法典」を編纂	
1356	カールが「ユダヤ人法」を追認	『金印勅書』の発布
1376		カール4世の長子ヴェンツェルを共治王に選出
1378		カール4世が死去
1393	ヴェンツェルがユダヤ人保護	

百年戦争へ参戦し、盲目になりながらも戦場を駆け巡っていた。最終的に、一三四六年のクレシーの戦いでヨハンは倒れ、父帝ハインリヒ七世の後を継ぐことが叶わぬまま世を去った(年表1)。

皇帝としてのカール四世

カールは父王が失明したころから、すでに摂政《せっしょう》としてチェコの統治を開始し、次代の有力諸侯として政治的な実績を積み上げていた。当時、ヴィッテルスバッハ家の皇帝ルートヴィヒ四世(在位一三一四—四七年)はローマ教皇と対立し、神学者、法学者、聖職者を広く巻き込んで皇帝権と教皇権の闘争が続けられていた。争いの中で選定侯たちは、カールの『金印勅書』に先立って自らの諸特権を承認し、彼らの選出したドイツ王——伝統的には、ローマで戴冠した者だけが皇帝と呼ばれた——が教皇の承認を得なくとも皇帝たることを宣言している(一三三八年「レンス判告」)。しかし、長引くローマとの争い、そしてルートヴィヒの対仏外交に関する舵取りのまずさに嫌気のさしたライン流域諸侯は、再度トリーア大司教バルドウィンを中心に会合をもつようになる。これをみて父ヨハンはアヴィニョンで教皇と交渉におよび、選定侯の招集とルートヴィヒ四世の廃位について合意した。その結果、「すぐさま選定侯は選出に着手し、幸福の予兆の中、モラヴィア辺境伯カールをローマ王に選出した」のである。カールは対立王としてしばらくは困難な日々を過ごしたが、翌年にルートヴィヒが亡くなったことで、晴れて単独王の地位に就くことができた。

この時、トリーア大司教と連携してカールの選出を承認した教皇クレメンス六世(在位一三四二—

五二年)は、かつてカールの教育に当たっていたピエール・ロジェの後身であった。両者は当面、緊密な関係を保ってゆくことになる。また、カールを含むルクセンブルク家とフランス王家の良好な関係はすでに述べたとおりである。とはいえ、彼はドイツ皇帝としての立場を忘れたわけではない。たとえば、一三五六年にヴァロワ家のジャン二世がイングランド軍の捕虜となり、幼少の王太子シャルルが摂政としてたつことになった。当時、カールは帝国会議を招集していたのだが、クレメンス六世の仲介により、「フランス王の長男と次男にして、皇帝の甥にあたる二人の息子」を開催地メッツへ招待して交流を温めた。カールは緊急事態に陥った甥の後見人として友好的にふるまいながら、しかし帝国諸侯の利害を考慮して、最終的にフランスと同盟を結ぶことはなかった。このあたりの行動には、カールの現実主義的な政治手腕を見て取ることができよう。

さて、『金印勅書』の発布やメッツ帝国会議での行動からは、カールは一貫して選定侯に譲歩しているようにみえる。ただし、自身が兼任するチェコ王(チェコ王としてはカレル一世)および王国住民の権利は、とくに一条を設けて擁護していることを忘れてはならない。そもそもチェコ王の選出権は、一二一二年にフリードリヒ二世(在位一二二〇—五〇年)が公布した『シチリア金印勅書』(『金印勅書』は金製の印章を付した皇帝の文書を指すため、歴史上複数存在する)によって、チェコ貴族に認められていた。すなわち、「彼ら(チェコ王国の住民、事実上はチェコ貴族)の下で選出された国王」は、いっさい皇帝や帝国の干渉を受けずに承認されることになっていた。したがって、選定侯の立場を規定して彼らの権力と権威を確立することは、その一員であるチェコ王の地位の増強をも意味し、なおかつその王位の世襲化に成功しつつあったルクセンブルク家の権益強化にも直結していたのである。この後、カールはブランデンブルク辺境伯オットー五世(在位一三六五—七三年)に娘を嫁がせて相続協定を結び、選定侯位をもうひとつ手中に収めている。この辺境伯位は、当初は長子ヴェンツェル(チェコ王としてはヴァーツラフ四世)に、その後は次子ジギスムントに襲名させた(家系図)。

このようにみてくると、カールの帝国政策は、選定侯に譲歩して特権を認めたために皇帝としての求心力を失い、帝国の分権化を招いたなどという単純な評価を下せるものではないことがわかるだろう。彼の帝国政治の最終的な到達点は一三七六年にある。カールの息子ヴェンツェル(在位一三七八—一四一九年)が、わずか十五歳でドイツ王に選出されたのである。皇帝存命中の後継者即位は、ホーエンシュタウフェン朝のフリードリヒ二世・コンラート四世(在位一二三七—五四年)父子以来のことであった。ここに約一世紀半ぶりにドイツ王位を世襲する王朝が復活したことは、カールの卓抜した政治的手腕を物語るものとして評価できよう(図3)。

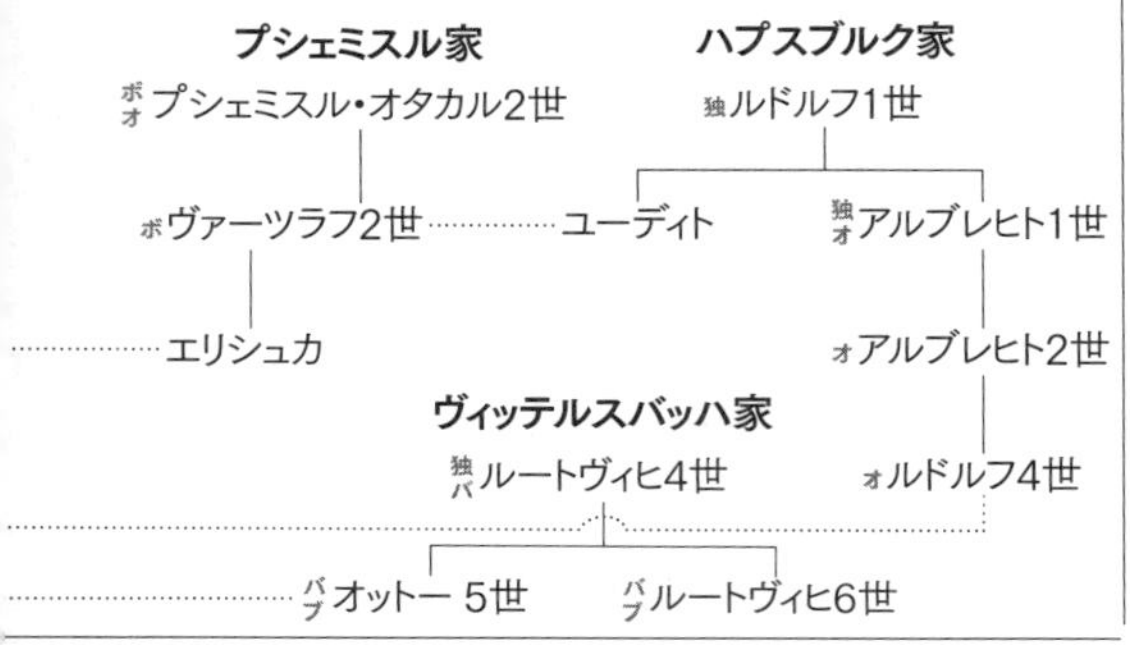

ユダヤ人迫害への対応

以上のように、カールは人文主義的な教養に恵まれた稀代《きたい》の

❖カール4世家系図

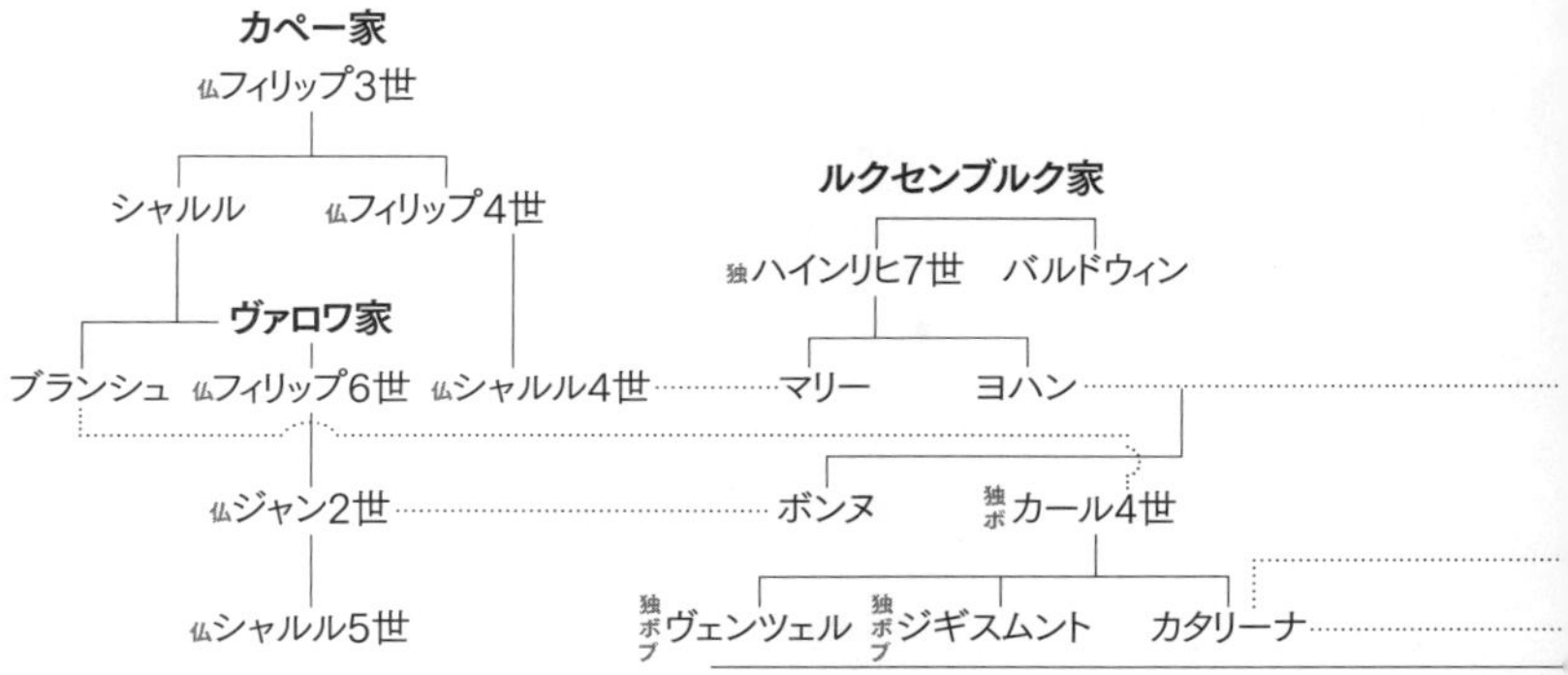

*凡例

—— 血縁関係(異母兄弟を含む)

…… 婚姻関係(再婚を含む)

ボ…チェコ王
独…神聖ローマ皇帝
仏…フランス王
オ…オーストリア公
バ…バイエルン公
ブ…ブランデンブルク辺境伯

皇帝というだけではなく、冷徹な政治家としての顔も持ち合わせていた。ここからは、後者の側面を掘り起こしてゆく。その際に手がかりとするのは、中世のドイツでおこったユダヤ人迫害である。一連の出来事への対応に、現実主義者カールの政策・態度の使い分けが見てとれるのである。

カールが新皇帝に選出された翌年、全欧を震撼《しんかん》させる現象が進行していた。ペストの大流行である。このときの病原菌は中央アジアから黒海経由で一三四七年に北イタリアへ上陸し、ま

図3　カール4世胸像
(プラハ・聖ヴィート大聖堂。アフロ提供)

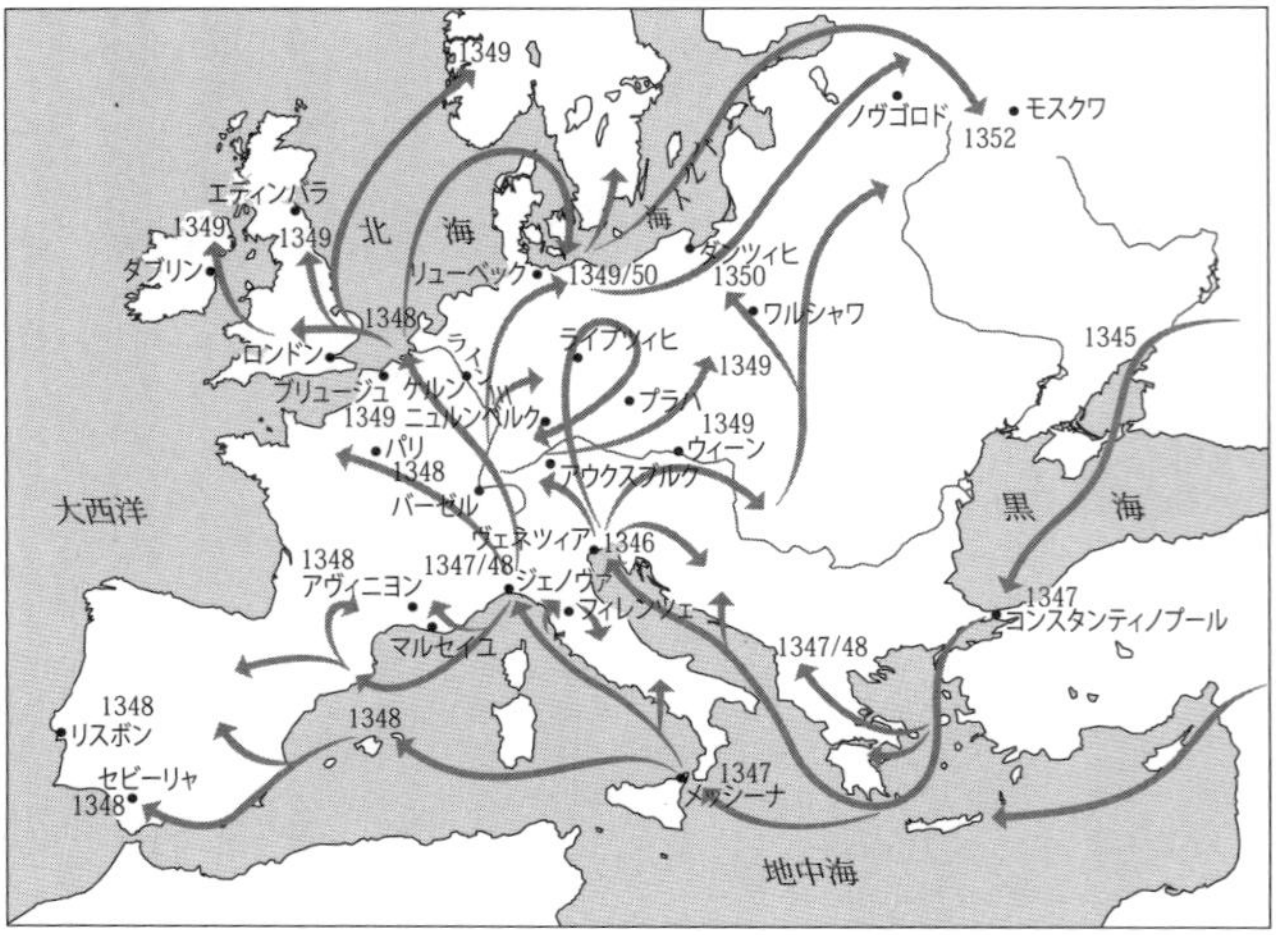

地図2　ペストの伝播(F. ザイプト、永野藤夫・井本晌二・今田理枝訳『図説中世の光と影――一つの完結した世界の歴史〔下〕』原書房、1996年、443頁より)

たたくまにヨーロッパ中へ広がっていった。その勢いは衰えることを知らず、一三四八年にオーストリアからバイエルンへ、さらにライン川流域や北ドイツへと被災地は拡大してゆく(地図2)。この間、年代記作者の誇張はあるとしても、帝国の各都市では数千人規模の死者が数えられている。多いところでは人口の三分の一から二分の一が消滅したという。

こうした社会的恐慌状態を背景に、各地でユダヤ人が「井戸へ毒物を投げ込んだ」という噂が人口に膾炙《かいしゃ》してゆく。そしてついに一三四八年の十一月に、南ドイツのシュトゥットガルトで迫害が始まる。明けて一三四九年の一月四日、コンスタンツでユダヤ人が逮捕され、三月三日に二軒の家に閉じ込められて焚殺《ふんさつ》された。一月十六日にはバーゼルで、その一週間後にはフライブルクで、そして月末にはヴォルムスでもユダヤ人が集団で焼死させられている(図4)。最後の事件では四〇〇人の住民が殺されたという。翌二月十四日にはシュトラスブルクで、四月二〇日頃にヴュルツブルクで、七月十一日にはエアフルトで、七月二四日にはフランクフルトで、八月二三日にはマインツで、さらに十二月五日には『金印勅書』発布の地であるニュルンベルクでも、大量のユダヤ人が殺害された(地図3)。留意しなければならないのは、こうしたユダヤ人虐殺はたいていがペスト流行に先行していた点である。とくにヴュルツブルクとニュルンベルクではペストの発症が確認されていない。にもかかわらず、かくも多くの

図4　ユダヤ人の焚殺
(ハルトマン・シェーデル『ニュルンベルク年代記』より。アフロ提供)

地図3　帝国都市
(成瀬治・山田欣吾・木村靖二編『世界歴史体系　ドイツ史1』山川出版社、1997年、348頁より)

犠牲者を出したことは、当時の感覚からすれば不可避的な死をもたらすペストの圧倒的な恐怖に怯えたドイツ社会が、ユダヤ人を犠牲にしていくばくかの安心を得ようとしたのだ、という「スケープゴート説」だけでは説明が不可能だろう。

これに対して近年の研究は、早くから帝国都市や諸侯が皇帝と折衝し、ユダヤ人保護権——事実上、ユダヤ人の生殺与奪権であり、これを梃《てこ》に彼らからの収奪が可能になる——を手に入れていた事実を明らかにしている。死の恐怖に突き動かされた民衆のパニックがユダヤ人虐殺を引き起こしたのではなく、都市指導層はそれ以前から計画的にユダヤ人財産の略取を目論んでいた、というのである。その際、カールはユダヤ人を「物件」として下賜し、彼らの迫害を黙認ないし推進したといわれる(ユダヤ人迫害の経緯については、佐々木博光氏の論考に基づき年表2にまとめた)。

カールの関与が詳細に解明されているニュルンベルクの事例を確認してゆこう。もう一度繰返しておくが、ニュルンベルクではペストの発症が確認されていない。また、迫害がおこったのは一三四九年十二月五日のことであった。しかし、カールによる特権下賜は、すでにその数か月前からはじまっていたという。六月二七日にブランデンブルク辺境伯ルートヴィヒが、「いずれ当地のユダヤ人が殺害された暁には」最良のユダヤ人家屋三軒を与えられることを約束された。次いで十月二日にはニュルンベルクの都市参事会が、市内で今後おこるユダヤ人殺害についての免責特権を授与されている。さらに翌十一月十六日には、カールは市に対してユダヤ人家屋とユダヤ人学校を撤去し、広場として教会を建立することを承認した。そして実際にユダヤ人迫害がおこったとき、カールはまったく彼らを保護しなかったのである。同じように、ユダヤ人の財産の一切を都市へ譲渡する下賜が、ヴォルムスでは一三四八年一月に、フランクフルトでは一三四九年六月になされている。いずれも迫害の発生に先行しており、とりわけ前者は一年も前のことであった。ではなぜカールの対応はかくの如きものになったのだろうか。

　ユダヤ人に対する支配は、従来、君主に属する大権とみなされてきた。ユダヤ人は「王庫の下僕」とされ、君主の財政状況が厳しくなるたびに恣意的に財産を没収されてきた。ユダヤ人を君主の財産と見なす態度は西ゴートやフランクの時代からみられるというが、この言い回し自体は十三世紀前半に登場する。実際、これ以降の歴代皇帝は、ユダヤ人保護と引き換えに財政「支援」を強制してき

❖年表2　ユダヤ人迫害

1347.1	イタリアで流行開始
1348.3	フランスで流行開始
1348.春	オーストリアに伝染
1348.夏	南ドイツへ拡大
1348.11	アウクスブルク：ユダヤ人を襲撃、殺害
1348.12	コルマール：ユダヤ人を焚殺
1349.1.4	コンスタンツ：ユダヤ人を二軒の木造の家に閉じ込める
1349.1.16	バーゼル：ユダヤ人を木造の家に閉じ込めて焚殺
1349.1.23	フライブルク：ユダヤ人を木造の家に閉じ込めて焚殺
1349.1月末	ヴォルムス：ユダヤ人とその財産を王が都市に譲渡する契約
1349.2.14	シュトラスブルク：ユダヤ人を殺害
1349.3.3	コンスタンツ：閉じ込めていたユダヤ人を焚殺
1349.3	ヴォルムス：ユダヤ人を焚殺
	アウクスブルク：ユダヤ人を襲撃
1340.4.20	ヴュルツブルク：ユダヤ人を殺害
1349.6	フリートベルク：ユダヤ人を殺害
1349.7.11	エアフルト：ユダヤ人を殺害
1349.7.24	フランクフルト：ユダヤ人を殺害
1349.8.23	マインツ：ユダヤ人を殺害
1349.8	ケルン：ユダヤ人を襲撃、殺害
1349.9.21	チューリッヒ：ユダヤ人を焚殺
1349.9	コンスタンツ：生き残ってたユダヤ人を焚殺
1349.12.5	ニュルンベルク：ユダヤ人を殺害

た。ユダヤ人の経済力が優れていたことは確かで、十三世紀の帝国都市から徴収される税の十二%はユダヤ人が供出していたというデータもある。

しかし、十四世紀に入ると、しだいにこの特権は帝国諸侯の手に移ってゆく。事実、先述のように、カールも『金印勅書』(第九条)において選定侯にユダヤ人保護権(ユダヤ人からの徴収権)を承認している。それ以外にも、帝国都市や諸侯に借金の一時的な担保としてユダヤ人を抵当に入れることはよくみられた。カールの対立王であったルートヴィヒ四世も、一三四三年にはニュルンベルクのユダヤ人に対して、彼らが国王財産であり、皇帝がその身体と財産を自由にできることを宣言している。その意味では、カールも従来の皇帝のユダヤ人政策を踏襲しているかのようにみえる。だが、皇帝によるユダヤ人下賜の件数が従前の君主と比べて突出しているのも事実である。

既述のように、カールの治世は、現皇帝ルートヴィヒ四世への対抗馬としてスタートしたのであり、一三四七年十月にルートヴィヒが亡くなった後も、帝国内には親ルートヴィヒ派が根強く存在した。ニュルンベルクはヴィッテスバッハ家ルートヴィヒの本拠地バイエルン公領に近く、カール選出時にはルートヴィッヒ支持の姿勢を明確にしていた。したがって、この都市への特権下賜は懐柔策の一環とみなせる。なお、六月にユダヤ人家屋の授与を約束されたブランデンブルク辺境伯ルートヴィヒは、カールと争った前皇帝ルートヴィヒ四世の息子にあたり、その二日前にカールとの間に和解が成立したばかりであった。フランクフルトも同じく親ヴィッテルスバッハの都市であったことに加えて、同市民はカールに一万五二〇〇ポンドを貸し付けていた。カールは何とかしてその財源を捻出しなければならなかったのである。ユダヤ人の下げ渡しがその解決策だったことに疑いの余地はない。

ただし、カールが君主としての権威を打ち立てるために、また自己の利益を引き出すために、一方的にユダヤ人を引き渡し、彼らの迫害を引き起こしたわけではない。ニュルンベルクの都市参事会も、カールに使節を派遣して下賜を請願していたことが明らかにされているからである。ユダヤ人保護権を入手した都市は、彼らへの多額の債務を帳消しにするために、免責特権をも与えられた上でユダヤ人を襲った。一方、都市外の領主が保護権を得た場合には、市内のユダヤ人から徴収された税が市外へと流出する危険が生じるために、これもまた都市をユダヤ人襲撃へと突き動かしたのである。

もちろん、ペスト流行前後のユダヤ人迫害は、民衆による暴動という側面が皆無であったわけではない。結局のところ、ユダヤ人は君主や諸侯、都市住民による利害調整弁であり、カールもその構造に積極的に参与したというのが妥当な理解ではないだろうか。

チェコにおけるユダヤ人の保護

ここまでは皇帝としてのカールの対応をみてきた。それでは、ルクセンブルク家の新たな本国となったチェコではどのような状況だったのだろうか。

同じようにチェコでもユダヤ人は君主の財産とみなされており、「ユダヤ人は君主の持ち物」という中世ヨーロッパでおなじみの考え方を確認できる。たとえば、一〇九六年に十字軍熱に冒された民衆がユダヤ人を襲撃した際、彼らの一部はポーランドやハンガリーへ逃亡した。これを聞いたブジェチスラフ二世（在位一〇九二―一一〇〇年）は激怒し、彼らを捕らえさせてすべての財産を没収したという。ユダヤ人は何ももたずにチェコへやって来たのだから、彼らが現在手にしているものはすべて君主の財産である、というのがブジェチスラフの理屈であった。

次の展開がみられるのは十三世紀前半のことである。一二一五年に開かれたラテラノ公会議は、聖体拝領、利子の位置づけ、正統と異端の峻別《しゅんべつ》など、さまざまな問題を決議した会議として知られるが、その中でユダヤ人のあつかいについても取り決められている。この影響を受けて、東中欧の国々では次々と「ユダヤ人法」が発布されてゆく。その先鞭《せんべん》をつけたのは、一二四四年にオーストリアでフリードリヒ二世（在位一二三〇―四六年）が発布したユダヤ人に関する特許状であった。この後、近隣諸国と同様に、チェコではプシェミスル・オタカル二世（在位一二五三―七八年）が一二五四年にユダヤ人を保護する旨を明記した証書を発給している。このユダヤ人法は一二五四年に発布されてから十四年後にも再度発布されている。さらに、その治世末期および彼の息子ヴァーツラフ二世時代にも、このユダヤ人法は繰り返し承認されており、この間にプシェミスル朝からルクセンブルク朝へと王家の交代があったが、チェコにおけるユダヤ人の位置づけに関してはこの法が一貫して効力を持っていたといえよう。

十三世紀以降、この特権は――帝国で皇帝から諸侯の手に渡ったのと同様に――しだいに有力貴族の手に譲渡されはじめる。しかし、ユダヤ人のもつ経済的意義を十分に承知していたカールは、チェコ王に即位する前のモラヴィア辺境伯時代——父ヨハンの代理として、事実上、チェコ国政を担っていた——から、積極的にユダヤ人を招致する姿勢をみせている。一三四八年にプラハに新市街を創設したさいにも、「ユダヤ人共同体の壊れやすい立場を考慮して、新市街に定住するためにやってくる場合には、余の特別な保護のもとに、個々のユダヤ人を男女ともすべて受け入れる。その息子も娘も、そしてこの時点で所有しており、また将来に正当な手段で手にするすべての財産も同様である。王国の個々の裁判官、とくにプラハ市の裁判官、現職の者も将来その地位に就く者もすべてに対して、あらゆる恐れと困難、不正からユダヤ人を守り、保護するように命じ」ている。

こうした国王としてユダヤ人を保護下におくカールの基本姿勢は、一三五五年にチェコ領邦議会へ提出された「カールの法典Majestas Calorina」と呼ばれる法典にも見て取ることができる。

一一四条:すべてのユダヤ人は、貴族の所領に居住している場合でも、税の徴収の観点から、王庫の完全なる法に属する。何者かが突発的に大いなる無分別をおこし、逆のことをおこなった場合、あるいはこれらの税の徴収の観点から、ユダヤ人が上述の王庫に拘束されていることを否定した場合、王の威厳に対して反抗した者として処罰される。

一一五条:借金のために、誰かユダヤ人がある世襲所領を獲得した場合、それを売却したり私有化したりすることは、特別な王の許可がないかぎり、認められない。王国の法にしたがって、証明された慣習にしたがって、これらの所領が、王の決定により、王庫に属することに疑問の余地はない。

このように、たとえ貴族の所領に居住しているユダヤ人であっても、国王に対して納税することが明記されている。この法典自体は貴族の反対もあって法的効力をもつにはいたらなかったが、翌一三五六年にカールはプシェミスル・オタカル二世のユダヤ人法を承認し、さらには彼の息子ヴェンツェルも一三九三年にユダヤ人に特許状を与えており、ユダヤ人保護の姿勢は維持していた。

実は、チェコではペストが猛威を振るうことがほとんどなかった。むろん、先に述べた通り、ペスト流行とユダヤ人迫害は直接的な因果関係にはない。したがって、ペスト流行に先立って、あるいは他都市の襲撃の噂を聞いて、チェコでもユダヤ人迫害がおこる可能性は十二分にあった。しかし、この時期、プラハを筆頭とするチェコの諸都市ではユダヤ人迫害の報告は確認できない。唯一の例外がヘプ(ドイツ語名エーガー)だが、この都市は十三世紀末に帝国からチェコ王国に割譲されたばかりであり、少々異なる政治的伝統を有していた。よって、チェコ王としてのカールは国王の保護義務を十全に果たしていたと評価されてよい。

中世君主の像

カールは、帝国の敵対する勢力と協調するためにユダヤ人迫害に加担した。一方で、政策的課題としてその必要性のないチェコではユダヤ人を保護している。また、選定侯に譲歩しつつも、ルクセンブルク家の利益は確保している。非常に冷静に、現実主義的な政策を選択できる君主であるといえよう。だが、ここではもう一歩だけ話を前にすすめてから小稿を閉じることにしよう。

近年、美術史の分野では、城館の壁画や教会の祭壇画などに描かれた君主像の研究が盛んにおこなわれている。カールにしても、プラハ聖ヴィート大聖堂の壁画や彫像、帝国宝物庫として建設されたカルルシュテイン（ドイツ語名カールシュタイン）城の壁画群など、多くの皇帝像が分析の対象として取り上げられている。

図5　神に祈るカール4世
（『プラハ大司教ヤン・オチコ・ズ・ヴラシミの奉献画』より。アフロ提供）

これらの研究の成果として、カールが対立国王としての基盤の不安定さを払拭するために、帝国伝統の聖人――帝国初代の皇帝で列聖もされているカール大帝等――に守護される姿や、教皇と（画面上の）同一レベルに並び立つ姿を積極的に制作させたこと、支配階層にそれを閲覧する機会を与えて自身の権威をプロパガンダしようとしたことなどが指摘されている。一方では、キリストの前に跪《ひざまず》き、祝福を受ける姿を描かせるなど、宗教的な敬虔《けいけん》さと謙譲の姿勢も打ち出している（図5）。また、民衆に対しては、自らの聖遺物コレクションを年に一回公開し、この催しに参加した者には特別な贖宥《しょくゆう》を教皇から得た。カールは聖人伝を自ら著し、説教師を招聘《しょうへい》するなど、単に政治的思惑からのアピールとしてだけでは片づけられない、彼なりの篤実《とくじつ》な信仰心をもっていたことは事実である。

こうした理解は彼の政策一般にも敷衍《ふえん》できるのではないだろうか。神を畏れ、民を憐れむ図像イメージの流布は、後世の歴史家の目には、自身の利害のためとあらば冷徹にユダヤ人を下げ渡す政治家としての顔を糊塗《こと》するためのものとして映るかもしれない。しかし、歴史上の人物の評価とはそれほど浅薄なものではない。中世ヨーロッパにおける偉大な君主としてカールの治世は、清濁併せ呑む複雑で奥行のある人間性と事績のゆえに記憶されているものと考えられるのである。

⦿参考文献

池谷文夫「ドイツ王国の国制変化」（成瀬治・山田欣吾・木村靖二編『世界歴史体系　ドイツ史一』、山川出版社、一九九七年）

池谷文夫『ドイツ中世後期の政治と政治思想』（刀水書房、二〇〇〇年）

小松進「神聖ローマ帝国カール四世の自叙伝――翻訳と註解（一）～（六）」（『筑波学院大学紀要』七～十二号、二〇一二～二〇一七年）

F・ザイブト（永野藤夫・井本晌二・今田理枝訳）『図説中世の光と影（下）』（原書房、一九九六年）

佐々木博光「黒死病とユダヤ人迫害」（『大阪府立大学紀要〔人文・社会科学〕』第五二巻、二〇〇四年）

佐々木博光「十四世紀中葉のユダヤ人迫害」（『西洋史学』第二一三号、二〇〇四年）

薩摩秀登『プラハの異端者たち』（現代書館、一九九八年）

薩摩秀登『物語チェコの歴史』（「中公新書」、二〇〇六年）

鈴本達哉『ルクセンブルク家の皇帝たち』（近代文芸社、一九九七年）
田口正樹「中世後期ドイツ国王裁判権の活動としての確認行為（一）〜（三）」（『北大法学論集』六七巻五号〜六八巻一号、二〇一七年）
藤井真生「カレル四世時代のプラハにおける宮廷集会の開催と権力表象」（服部良久編『中・近世ヨーロッパにおけるコミュニケーションと紛争・秩序〔科学研究費成果報告集〕』、二〇一一年）
藤井真生「史料紹介――『ドイツ人についての良き教えの書』」（『人文論集〔静岡大学〕』六五巻二号、二〇一四年）
K・ベルクドルト（宮原啓子・渡邊芳子訳）『ヨーロッパの黒死病』（国文社、一九九七年）
ヨーロッパ中世史研究会編『西洋中世資料集』（東京大学出版会、二〇〇〇年）
横川大輔「十四世紀後半における『金印勅書』（一三五六年）の認識――カール四世の治世（一三七八年まで）を中心に」（『北大法学論集』六三巻二号、二〇一二年）
歴史学研究会編『世界史資料集五　ヨーロッパ世界の成立と膨張』（岩波書店、二〇〇七年）
J. Fajt, *Karel IV., císař z Boží milosti*, Praha, 2006
M. Margue, M. Pauly, W. Schmid, *Der Weg zur Kaiserkrone*, Trier, 2009
I. Rosario, *Art and Propaganda: Charles IV of Bohemia, 1346-1378*, Woodbridge, 2001
F. Seibt, *Karl IV.: Ein Kiaser in Europa 1347-1378*, München, 1978

1451−1504年
カスティーリャ女王。アラゴン王と結婚、両王が即位してスペイン王国が成立。レコンキスタ運動を完成させ、コロンブスのアメリカ到達などを支援する。

転換期を生きたカスティーリャ女王
イサベル一世
…Isabel I…

関 哲行

イサベル一世の父ファン二世は、アラゴン王家出身のマリア・デ・アラゴンを最初の王妃とし、マリアとの間に後のカスティーリャ王エンリケ四世をもうけている。王妃マリア没後、ファン二世は、ポルトガル王家出身のイサベル・デ・ポルトガルと再婚した。ファン二世とこのイサベル・デ・ポルトガルの長女が、一四五一年に生まれた母親と同名のイサベル、即ちカスティーリャ女王イサベル一世である。

スペイン「絶対王政」の成立

色白で金髪のイサベルは、精神障害のある王妃イサベル・デ・ポルトガルとクエンカ司教の下で育てられ、敬虔《けいけん》で気丈な王女へと成長した。文法、修辞学、歴史を学び、美術、音楽を嗜《たしな》み、ヴェルギリウスやアリストテレス、プルタルコスなどの古典とトマス・アクィナスにも親しんだ。二六歳離れた異母兄エンリケ四世が即位すると、イサベルは一時期、宮廷から遠ざけられ、平穏な日常生活を送ることができた。しかし集権化政策と寵臣《ちょうしん》政治を進めるエンリケ四世への有力貴族の反乱が、状況を一変させる。イサベルの実弟アルフォンソを擁立《ようりつ》した反乱派貴族は、エンリケ四世の退位を求めて蜂起するが、オルメードの戦いで敗れ、アルフォンソも急逝《きゅうせい》する。反乱派貴族はイサベルに期待をよせ、イサベルとの関係を強化する。

有力貴族の反乱と並行して、エンリケ四世の王位継承問題が表面化した。女性の王位継承権が担保されていたカスティーリャ王国にあって、エンリケ四世の王位継承者と目されたのは、エンリケ四世の娘フアナと異腹の妹イサベルであった。しかしフアナについてはエンリケ四世の正嫡《せいちゃく》ではなく、エンリケ四世の寵臣《ちょうしん》ベルトラン・デ・ラ・クエバと王妃との不義の子との風評が拡大していた。フアナが寵臣の名前をとって、フアナ・ラ・ベルトラネハと綽名《あだな》された所以である。こうした中で一四六八年、エンリケ四世は国内秩序の安定を優先させ、イサベル派とロス・トロス・デ・ギサンド協定を結び、イサベルの王位継承を認知した。イサベルがエンリケ四世の同意なく、同じトラスタマラ家に属するアラゴン連合王国の王太子フェルナンド(後のアラゴン王フェルナンド二世)と結婚すると、エンリケ四世は前掲協定違反として、イサベルの王位継承権を否認した。

一四七四年にエンリケ四世が没し、イサベルがイサベル一世として即位すると、ポルトガル王アフォンソ五世の下に嫁していたフアナ・ラ・ベルトラネハとの間に、王位継承戦争が勃発する。イサベル軍の主力を担ったのは、アラゴン連合王国の王太子フェルナンドであり、ポルトガル軍を中心に、反イサベル派のカスティーリャ貴族を含むフアナ派とトロの戦いで激突した。アラゴン軍とポルトガル軍を巻き込んだ国際戦争ともいうべき、トロの戦いに勝利したイサベル一世は、カスティーリャ王国の王位継承を確実なものとした。

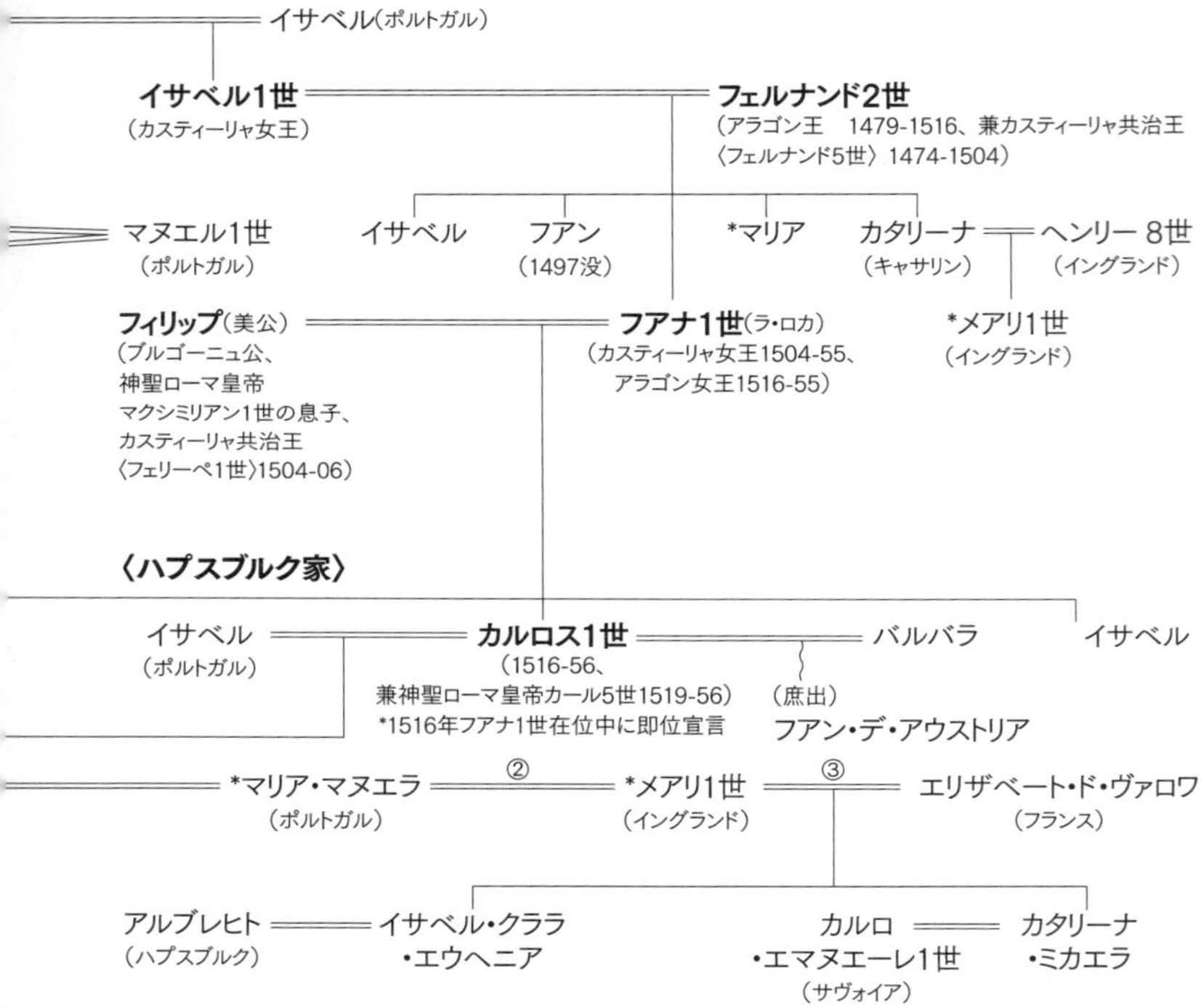

王位継承戦争を乗り切ったイサベル一世は、王権の強化と統治機構の抜本的な変革に着手した。下級貴族や有力市民の出身で、大学において法学を学んだ文官(レトラード)を国王顧問会議《こもんかいぎ》の主軸に据え、最高行政機関である国王顧問会議の官僚化を推進したばかりではない。王国全体に国王代官(コレヒドール)を配置し、王権主導の全国的治安維持機構であるサンタ・エルマンダーを創設した。控訴審裁判所の高等法院をスペイン中部のバリャドリードと南部のグラナダに固定する一方で、フアナ派の有力貴族が割拠するエストレマ

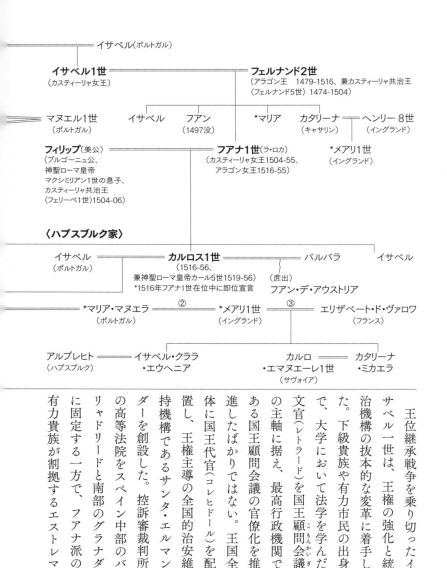

❖スペイン王国系図…（関哲行他編『世界歴史大系　スペイン史1』山川出版社、2008年より）

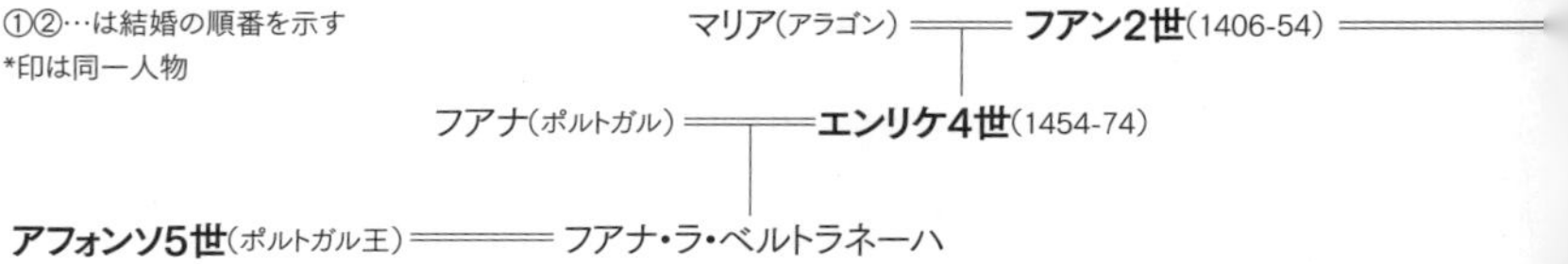

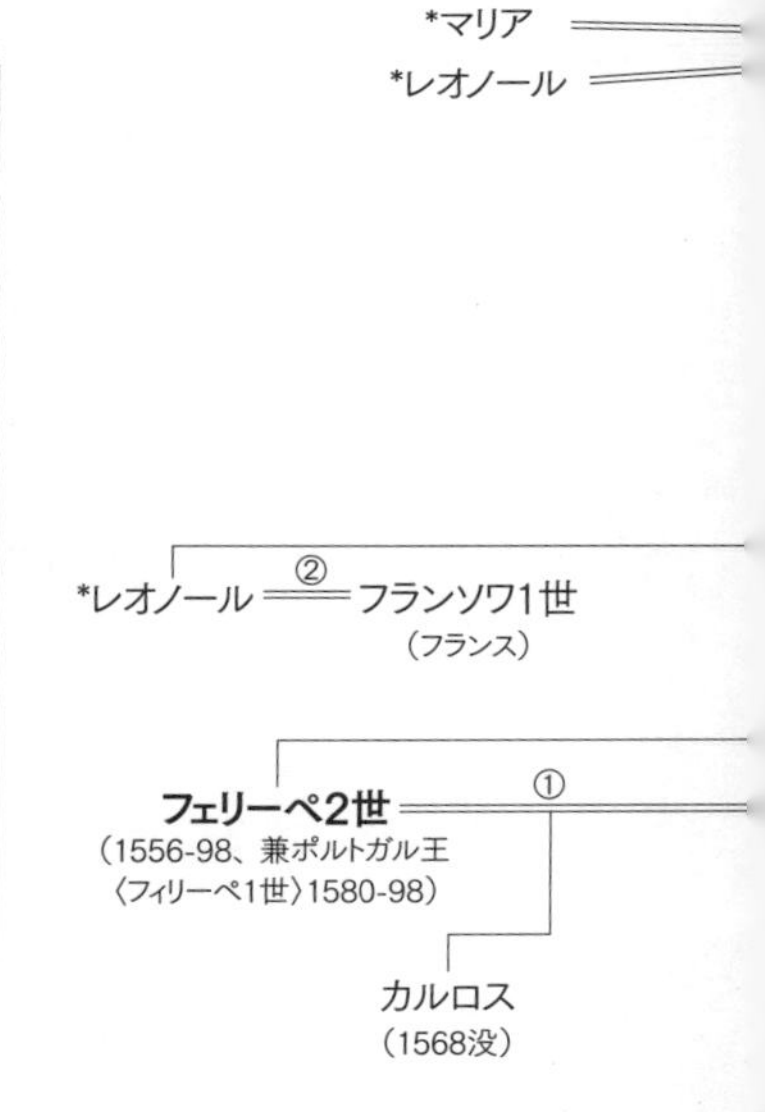

ドゥーラ地方やアンダルシーア地方などに行幸《ぎょうこう》し、有力貴族を臣従させた。統治機構の改革と並行して、教会や修道院に対する王権の統制も強めた。イサベル一世がフランシスコ会厳修派を支持したのも、こうした教会・修道院改革の一環であった。長年にわたる教会への貢献を理由に、カスティーリャ女王イサベル一世とアラゴン王フェルナンド二世が、教皇アレクサンデル六世から称号を下賜され、カトリック両王と称されるのは、後述するグラナダ攻略、ユダヤ人追放令公布後の一四九六年のことである。

カトリック両王期のスペインは、言語やエスニシティ、宗教を異にする多様な住民から構成される、典型的なモザイク国家であった。こうしたモザイク国家を統合するには、カトリックによる宗教的統合が不可欠であった。一四九二年のユダヤ人追放令と一五〇二年のムデハル（キリスト教徒支配下のムスリム）追放令は、これを代表するものである。改宗か追放かの二者択一を迫られたユダヤ人とムデハルの多くは、コンベルソ（改宗ユダヤ人）やモリスコ（改宗ムスリム）――「新キリスト教徒」と総称された——としてスペインに残留したが、事実上の強制改宗であったことから、偽装改宗者が続出した。

カトリック両王の外交政策の基軸となったのは、婚姻外交とフランス——ナポリ問題をめぐり、度々フェルナンド二世と干戈《かんか》を交えた——の国際的孤立であった。イサベル一世の王位継承戦争で、関係が悪化していたポルトガルに対しては、カトリック両王の長女イサベルをポルトガル王マヌエル一世と結婚させ、関係改善を図った。次女フアナは、ブルゴーニュ問題をめぐりフランス王権と敵対する、ハプスブルク家の神聖ローマ皇帝マクシミリアン一世の息子フィリップ美公に嫁がせた。同時に王太子フアンをハプスブルク家のマルガリータ・デ・アウストリアと結婚させ、トラスタマラ家とハプスブルク家の二重婚姻により同盟関係の強化を図った。四女カタリーナについては、イングランド王太子アーサー——急逝後は弟のヘンリー八世——に嫁がせ、フランス包囲網を完成させた。

このようにしてスペイン「絶対王政」の基盤を確立したイサベル一世であったが、家庭的には恵まれなかった。王太子フアンは一四九七年に急逝し、翌年には長女イサベルも二八歳の若さで早世した。次女フアナは精神疾患を患い、カスティーリャ王位を狙う、野心的なフィリップ美公とフェルナンド二世との関係もぎくしゃくしていた。そればかりではない。一歳年下のフェルナンド二世には、複数の愛人と私生児がいた。フランシスコ会第三会員(在俗会員)であった敬虔な女王とはいえ、子供たちの不幸に次々と襲われ、晩年のイサベル一世は、心休まる時がなかったに違いない。これらのストレスがイサベル一世の身体を蝕《むしば》み、一五〇四年十一月、イサベル一世は、スペイン中部の都市メディーナ・デル・カンポの王宮で五三年の生涯を閉じた。イサベル一世の遺骸は、遺言によりアルハンブラ宮殿内の聖フランシスコ修道院に埋葬され、次いでグラナダ教会に隣接する王室礼拝堂に移葬された。現在イサベル一世は、夫のフェルナンド二世や次女のファナなどとともに、王室礼拝堂に眠っている。

異端審問所とユダヤ人追放

異端審問所開設とユダヤ人追放の起点となったのは、封建制の危機の時代にあたる一三九一年に、スペイン南部の主要都市セビーリャで勃発した大規模な反ユダヤ運動である。キリスト教徒民衆を主体とし、セビーリャで始まった反ユダヤ運動は、数か月の間にコルドバ、トレード、バレンシア、バルセローナなどの主要都市に飛び火し、全国規模でのユダヤ人虐殺とシナゴーグ(ユダヤ教会)破壊を誘発した。主要都市のユダヤ人共同体は壊滅的な打撃を受け、ユダヤ人民衆を中心に多数のユダヤ人が改宗を強制され、コンベルソとなった。

コンベルソ社会の大多数を占めたコンベルソ民衆は、強制改宗者が多かった。しかし教会や王権は組織的なコンベルソ同化策をとらず、コンベルソ民衆は放置されたままであった。彼らは改宗後もユダヤ人と同一地区に居住し、ユダヤ人と緊密な家族関係を維持しながら、従来と同様の手工業や小売商業に従事した。そのためコンベルソ民衆の中には、ユダヤ教の宗教儀礼を実践し続ける者が続出し、キリスト教徒民衆のコンベルソへの不信感を増幅させた。十五世紀半ばには、スペイン中部の主要都市トレードでスペイン最初の「判決法規」が制定され、コンベルソの都市官職保有が禁止された。それが提起したのは、都市支配層の一翼を担ったコンベルソが、「真のキリスト教徒」なのか偽装改宗者(マラーノ、フダイサンテ)なのかという問題であった。現代的意味での「血」ではないにしても、「判決法規」により、ユダヤ人の血統や家系に連なる者は、キリスト教徒を支配する都市官職の保有を禁じられたのである。

イサベル一世即位前後の不安定な政治・社会状況を背景に、一四六〇〜七〇年代前半、反ユダヤ運動はスペイン全域で再燃した。これに危機感を募らせたカトリック両王は、ユダヤ人共同体の自治権の一部を停止し、コンベルソの同化が最も遅れていた、スペイン南部アンダルシーア地方からのユダヤ人追放を命じた。同時にカトリック両王は、ローマ教皇シクストゥス四世から新たな異端審問所の設立認可を取りつけ、一四八〇年セビーリャに、最初の地方異端審問所を開設した。コンベルソのドミニコ会士トマス・デ・トルケマーダが、カトリック両王の推挙により、初代の異端審問長官に任命されるとともに、王権直属の異端審問会議が創設された。カトリック両王によって設立された、この新たな異端審問所は、ローマ教皇の普遍的権威によりながらも、実質的に王権の利害と緊密に結びついた国王行政機構の一部であり、異端根絶を名目に王権の地方への浸透をはかる権力装置でもあった。

しかしこれらの施策によっても、偽装改宗者を根絶できず、コンベルソ問題の抜本的解決には至らなかった。そこでカトリック両王は、一四九二年三月、異端審問所や側近の有力コンベルソの意向に沿って、ユダヤ人追放令を発した。ユダヤ人に四か月以内の改宗か追放かの二者択一を迫ったユダヤ人追放令の目的は、ユダヤ人の改宗とコンベルソの「真の改宗」を促すことにあった。ユダヤ人追放と後述するムデハル追放による宗教的統合は、モザイク国家スペインの政治・社会統合に不可欠の手段であり、スペイン「絶対王政」の大前提であった。

十五世紀後半のスペインのユダヤ人人口は、二五万とも三〇万ともいわれる。追放令により多数のユダヤ人が新たに改宗する一方で、七万〜十万人のユダヤ人が信仰を守ってスペインを離れた。改宗を拒否したユダヤ人は、奇跡とメシア到来を期待しながら、「第二の出エジプト」を実践したのである。スペインのユダヤ人はポルトガル、オスマン帝国、北アフリカなど様々な地域に向かったが、特に多くのユダヤ人を受け入れたのは、ポルトガルとオスマン帝国であった。

グラナダ戦争とムデハル追放

ナスル朝グラナダ王国は、イベリア半島に残った最後のムスリム国家である。このグラナダ王国攻略は、歴代のカスティーリャ、アラゴン王権の悲願であり、カトリック両王も王位継承戦争を乗り切った後の一四八二年、グラナダ戦争に着手した。大砲を含む大量の物的・人的資源を動員したカトリック両王は、ナスル朝の王位継承争いを利用して、マラガ、アルメリーアなどの主要都市を奪取した。その上で、最後のグラナダ王ボアブディルと降伏協定を交わし、翌一四九二年一月、遂に首都グラナダに入城した。ここに八〇〇年近くにわたった、レコンキスタ(再征服)運動が終焉《しゅうえん》したのである。

グラナダ攻略後、二〇万人以上のムスリムが、ムデハルとしてカスティーリャ王国に編入された。ムデハルの多くは、信仰の自由や自治権を認められて、グラナダ市内のアルバイシン地区や北東部のアルプハーラス地方に集住した。これらのムデハルの改宗活動を当初、担ったのが、コンベルソの初代グラナダ大司教タラベーラであった。しかしタラベーラの「平和的手段」による改宗活動は、十分な成果を上げることができず、イサベル一世の聴罪司祭でトレード大司教のシスネーロスが改宗活動の実権を掌握する。シスネーロスは、ムデハルに信仰の自由や自治権を認めた一四九一年の降伏協定を無視し、多くのムデハルの強制改宗、コーランの焼却やモスクのカトリック教会への改変といった強圧的な改宗政策を断行した。

こうした中で一五〇一年、アルバイシン地区とアルプハーラス地方でムデハル反乱が勃発する。第一次アルプハーラス反乱である。モザイク国家の宗教的統合を重視するカトリック両王は、ムデハル反乱を降伏協定違反とみなし、一五〇二年、ムデハル追放令を発して、ムデハルに対しても追放か改宗かの二者択一を迫った。しかしこのムデハル追放令は、カスティーリャ王国以上に多くのムデハル人口を抱え、ムデハル隷属農民を所領経営に不可欠としたアラゴン連合王国では、見送られた。一五〇二年のムデハル追放令は、カスティーリャ王国だけの措置であったが、それでも多数のムデハルが改宗を強制され、モリスコとなったのである。

「新キリスト教徒」としてのモリスコは、言語、習俗、ムスリム名、食文化を含む「イスラーム文化」全般の放棄を求められた。とりわけ重視されたのは、言語と習俗であり、支配言語であるスペイン語の習得、アラビア語やイスラーム的習俗の放棄、カトリックの宗教儀礼への参加を強要された。しかし「イスラーム文化」の根絶は容易ではなく、「旧キリスト教徒」——四世代以上を遡って異教徒の「血」の混じっていないキリスト教徒——のモリスコへの差別と偏見の温床となった。農村在住で住民の大多数がモリスコ農民から構成されるモリスコ村落では、スペイン語の使用強制にもかかわらず、アラビア語やムスリム名が使用され続け、改宗後も自分と家族の洗礼名を知らないモリスコが少なくなかったのである。習俗についていえば、改宗後もモリスコは豚肉を忌避《きひ》し、伝統的手法で屠殺《とさつ》された食肉のみを摂取したばかりではない。安息日(金曜日)の清浄儀礼、可能であればラマダーン月の断食《だんじき》や割礼《かつれい》すら強行した。葬儀に際しては、死者の顔をメッカの方向に向け、横臥させた上で、旧モスクを転用した教区教会の墓地などに埋葬した。安産祈願や病気、事故から身を守るため、コーランの一節を記した紙片を護符として持ち歩くのも、日常的光景であった。モリスコが異端審問所に訴追された主要因が、ここにある。

◉主要参考文献
高橋博幸・加藤隆浩編『スペインの女性群像』(行路社、二〇〇三年)
関哲行『スペインのユダヤ人』(山川出版社、二〇一〇年)
関哲行・立石博高・中塚次郎編『世界歴史体系　スペイン史 一』(山川出版社、二〇〇八年)
神崎忠明編『断絶と新生』(慶応義塾大学出版会、二〇一六年)
E.San Miguel Pérez, *Isabel I de Castilla 1474-1504*, Editorial la Olmeda, Palencia, 1998
F.Vizcaíno Casas, *Las mujeres del Rey Católico*, Editorial Planeta, Barcelona, 1999.

1451?−1506年
ジェノヴァ生まれの航海者。1492年スペイン女王イサベル1世の援助を得てバハマ諸島サン－サルバドル島に到達。以後3回にわたり中米や南米北部を探検。

イェルサレム解放を夢見た航海者

コロンブス

…Columbus…

関 哲行

クリストファー・コロンブス(イタリア語でクリストフォロ・コロンボ、スペイン語でクリストフォロ・コロン。コロンブスはコロンボやコロンのラテン語表記)は、一四五一年にイタリア北部の主要都市ジェノヴァの零細毛織物商人ドメニコ・コロンボの家に生まれた。居酒屋を兼ねた父ドメニコの家業を手伝う一方で、早くから海上交易に関心を示し、二〇代前半にはジェノヴァの有力商人チェントゥリオーネ家の持ち船に乗りこみ、乳香の産地として名高い東地中海のキオス島への航海に参加している。一四七六年、コロンブスは、西ヨーロッパへ向かうジェノヴァ船団に加わったが、途上で海賊船の襲撃を受け、ポルトガルの首都リスボンへの定住を余儀なくされた。当時のリスボンはインド航路開発の最先端都市、西アフリカ・大西洋交易の中心都市で、同市内のジェノヴァ人街ではコロンブスの弟バルトロメウが、海図制作工房を営んでいた。

中世末期のジェノヴァ商人はヴェネツィアとの競合に敗れ、オスマン帝国の西進を前に東地中海貿易から排除されつつあった。こうした状況下にジェノヴァ商人は、西地中海や大西洋への進出を本格化させ、セビーリャやリスボンに大きなジェノヴァ人街を樹立して、カナリア諸島や西アフリカとの砂糖貿易や奴隷貿易にも参与していた。西地中海と大西洋に跨るジェノヴァ人の商業ネットワーク構築の背景であり、リスボンも、こうしたジェノヴァ人ネットワークの一端を担っていた。

第一回航海とアメリカ「発見」

ポルトガル時代のコロンブスは、ジェノヴァの有力商人ディ・ネグロ家の代理商として、マデイラ諸島で砂糖の買い付けに従事し、イタリア系のマデイラ総督バルトロメウ・ペレストレーロの娘フェリパと結婚した。この結婚を機にコロンブスとポルトガル支配層との関係が強化され、インド航路開発を主導するエンリケ航海王子やポルトガル宮廷との接点も増加した。黒人奴隷貿易の拠点として、ギニア湾に建設されたポルトガル商館サン・ジョルジェ・ダ・ミナやアイスランドにも足を踏み入れ、西大西洋海域全般についての経験知を蓄積したばかりではない。航海者として必要なラテン語やスペイン語を学び、海図制作や高度な航海技術も習得したのである。コロンブスがトスカネリの「地球球体説」を確信し、「西回りアジア・ルート案」の着想を得るのも、このポルトガル時代であった。

一四八三年コロンブスは、「西回りアジア・ルート案」をポルトガル王ジョアン二世に具申するが、ポルトガルのアフリカ西岸探検が進み、喜望峰到達が確実視される中で、コロンブスの提案は却下された。そこでコロンブスは一四八五年、ポルトガルのフランシスコ会の推薦状を携えて、スペイン南部アンダルシーア地方の海港都市パロスのラ・ラビダ修道院——フランシスコ会厳修派（オブセルバンテ）に属した——を訪ねた。同修道院でコロンブスは、カスティーリャ女王イサベル一世の聴罪司祭《ちょうざいしさい》でもあった修道士フアン・ペレス・デ・マルチェーナなどの知己を得、彼らを介して海運業を営む地元の名士ピンソン兄弟を紹介される。同時に、イサベル一世に航海計画案を上申する機会を与えられたのであった。コロンブスと同様にフランシスコ会の第三会員（在俗会員）であったイサベル一世は、コロンブスの航海計画案に強い関心を示し、アビラ司教（後のグラナダ大司教）タラベーラを座長とする諮問《しもん》委員会に計画案の妥当性を検討させた。諮問委員会は当時の科学的常識に反したコロンブスの航海計画案を却下するが、敬虔《けいけん》なイサベル一世は諮問委員会に再審議を命じ、グラナダ陥落直後の一四九二年四月、コロンブスとイサベル一世との間でサンタ・フェ協定が締結された。サンタ・フェ協定によ

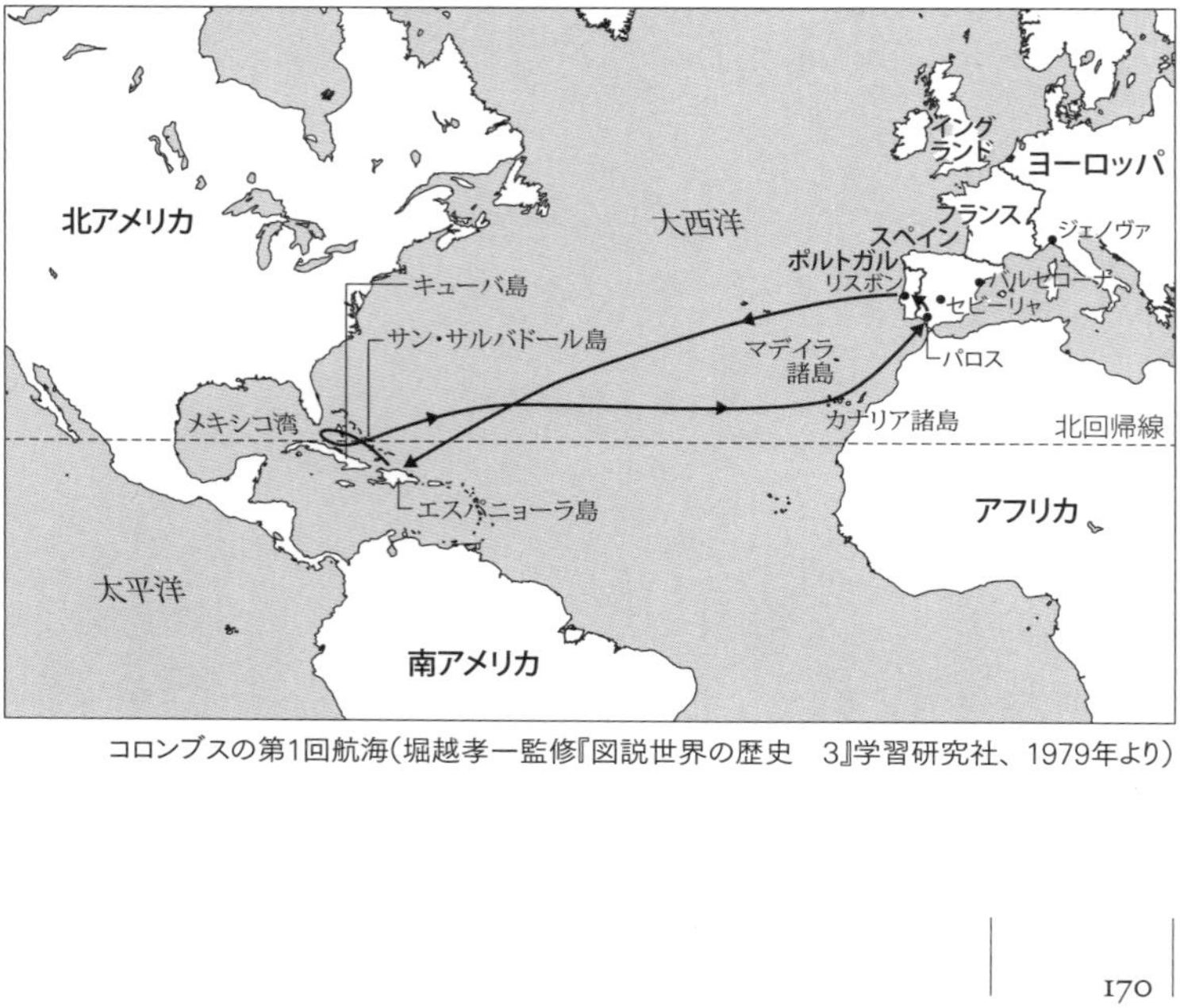

コロンブスの第1回航海（堀越孝一監修『図説世界の歴史　3』学習研究社、1979年より）

りコロンブスは、インディアス総督、副王ならびに総督に任じられ、それに付随する戦利品や利益の十分の一の権利などを保障されたのである。

資金計画の面では、アラゴン連合王国の財務官ルイス・デ・サンタンヘルと帰化ジェノヴァ商人フランチェスコ・ピネッリが、カトリック両王への融資の形をとって資金の大半を拠出し、一部はコロンブスがジェノヴァ商人などからの借り入れによって賄《まかな》った。乗組員の補充にあたっては、地元の名士ピンソン兄弟の果たした役割が大きい。その上で、第一回航海が行われた。コロンブスとピンソン兄弟など約九〇名が乗り組んだ三隻の帆船が、一四九二年八月三日パロス港を出港し、カナリア諸島経由で同年十月一二日、西インド諸島のサン・サルバドール島に到着した。アメリカ「発見」である。

第一回航海に使用されたのは、サンタ・マリア号、ニーニャ号、ピンタ号の三隻の帆船である。コロンブスが乗り組んだ旗艦サンタ・マリア号は、一八〇〜二〇〇トンと推定される三本マストのナオ船で、メイン・マストとフォア・マストに横帆、ミズン・マストに縦帆を装着した。ニーニャ号とピンタ号は、六〇トンないし八〇トンと推定される三〜四本マストのカラベラ船で、船首楼をもたず船足が早い点に特色があった。逆風下でも航行可能な横帆と縦帆を装着し、船尾固定舵を装備したナオ船とカラベラ船は、中世末期のイベリア半島で開発された、外洋航行に不可欠の新型帆船であった。航海技術面では、中世末期以来アストロラーベや四分儀、コンパス、砂時計、ポルトラーノ海図の導入が進み、天文航法も行われていた。船の位置と方角の測定が容易になったのみならず、ポルトガル人やスペイン人のカボ・ヴェルデ、アゾレス、マデイラ、カナリア諸島航行に伴い、西南大西洋海域の海流や風向に関する経験知も蓄積されていた。カトリック両王(カスティーリャ女王イサベル一世とアラゴン王フェルナンド二世)による同君連合国家の形成は、地中海と大西洋におけるハードとソフト両面での航海技術の統合を促し、コロンブスのアメリカ「発見」を支えたのである。

その後の航海

一四九二年十月一二日にサン・サルバドール島に到達したコロンブスは、金と香辛料を求めて西インド諸島を調査したが、その途上でサンタ・マリア号が座礁し、三九名のスペイン人をエスパニョーラ島(現在ハイチ、ドミニカ共和国に両属)のナビダー居留地に残留させざるをえなかった。翌年三月、コロンブスの乗り組んだニーニャ号は、僅かばかりの金とインディオを伴ってパロス港に帰還した。第一回航海の成果を踏まえて編成された第二回航海には、多くのスペイン人が参加した。一四九三年九月コロンブスは、十七隻の船団を組織し、一五〇〇人を乗船させてスペイン南端のカディス港を出港した。西インド諸島到着後コロンブスは、エスパニョーラ島にイサベラ市を建設するとともに、インディオへの強制労働の導入、反逆したインディオの奴隷化とスペインでの売却を強行した。アメリカ植民地における奴隷制やエンコミエンダ制の起点が、ここにある。次いでコロンブスは、一四九八年と一五〇二年に第三回および第四回航海を実施するが、金と香辛料を獲得することができず、また植民地統治にも失敗して、一五〇四年、失意のうちにスペインに帰還した。「新大陸」を「発見」したと自覚することなしに、コロンブスがフランシスコ会第三会員の衣服をまとって、スペイン中部の主要都市バリャドリードで没したのは、一五〇六年五月のことであった。

終末論とエンコミエンダ制

中世末から近世のジェノヴァ商人であったコロンブスは、金と香辛料に最後まで執着し、極限まで利潤(現世的利益)を追求する一方で、十字軍思想やメシア思想、終末論への強いこだわりをみせた。フランシスコ会厳修派との緊密な関係も、ここに起因している。フランシスコ会厳修派を介し、フィオレのヨアキムの影響を受けたコロンブスは、世界の終末を強く意識しており、『預言の書』の中で、それを一五五五年後の一六五六年と算定した。世界の終末とその後に到来する「神の王国」実現のためには、イェルサレムを解放し、全世界に神の言葉を宣べ伝える必要があった。こうしたメシア的使命を果たすのはカトリック両王に他ならず、一四九二年のグラナダ攻略とユダヤ人追放、多くのユダヤ人とムスリム(イスラーム教徒)の改宗は、神による人類救済の第一歩を画するものであった。ここに終末論とメシア思想、十字軍思想が連関し、アメリカ「発見」も同一の宗教的文脈の中に位置づけられる。

コロンブスによればアメリカ「発見」は、聖書に啓示された神の意図の実現であり、『ヨハネ黙示録』にいう「新たな天と地の発見」を意味した。事実、一四九三年の書簡でコロンブスは、「キリストを担う者」すなわちインディアス伝道者と自ら署名しているし、第一回および第三回航海で発見した島をサン・サルバドール(聖なる救世主)、トリニダード(三位一体)と命名、またトリニダード島対岸に注ぐオリノコ川上流に、「地上の楽園」の存在をみた。

コロンブスの名クリストファー(クリストフォロ)が、「キリストを担う者(クリスト・フェレンス)」に由来する点も、注目してよい。貴金属を豊富に産出し、多数のインディオの居住する「新たな天と地」への福音伝道こそ、自らに課せられた最大の使命であるとコロンブスは確信していたのである。改宗によりインディオは偶像崇拝から解き放され、キリストの体である教会に一体化する。彼らは全世界のキリスト教徒とともにイェルサレム十字軍に参加し、イェルサレムをムスリムの手から解放して、「神の王国」の実現に寄与するであろう。

終末の到来が予示される中で、まずなされるべきは未信徒インディオの改宗と教化である。他方、エスパニョーラ島に入植したスペイン人植民者の生活基盤を確立するには、農業や鉱山業などの生産活動にインディオを動員する必要があった。かくしてインディオの改宗・教化と使役を一体化させたエンコミエンダ制――スペイン人入植者がインディオの改宗・教化の代償として、身分や功績に応じ一定数のインディオを一定期間使役する権利を有する制度――が、コロンブスの後任総督オバンドの下で一五〇三年、エスパニョーラ島に導入されることになる。しかしエンコミエンダ制は、エスパニョーラ島のインディオに壊滅的な打撃を与えた。インディオの擁護者として知られるドミニコ会士ラス・カサスによれば、十六世紀初頭のエスパニョーラ島では「……彼らスペイン人の過酷なる暴虐行為によって、この島のインディオたちの多くは、その半生つまり一代の半分も過ぎないうちにどんどん死んでゆき、やがては全滅しようとしている……」。コロンブスが「発見」したエスパニョーラ島のインディオは、エンコミエンダ制により食料を収奪され、過酷な強制労働に駆り出された。それが後述する疫病の蔓延《まんえん》と相まって、多くのインディオが死滅する原因となったのである。

病原菌、動植物の移動と奴隷制

コロンブスの第二回探検以降、本格化するアメリカの征服と植民は、ヒトだけでなく病原菌や動植物の広範な移動を引き起こした。スペイン人征服者や植民者が定住するにともない、アメリカ植民地にはヒトや家畜を媒体として、天然痘や麻疹《はしか》、ペスト、コレラ、ジフテリアなどが持ち込まれた。古くからヒトの移動があり、病原菌の「三角地帯」を構成したヨーロッパ、アジア、アフリカの住民と異なり、これらの多くへの免疫を持たなかったインディオは、征服後の精神的衝撃とエンコミエンダでの過酷な労働を背景に、多数の犠牲者を出した。特に多くの犠牲を強いたのは天然痘であり、メキシコの中部と南部では一五四八年のインディオ人口三五〇〜六三〇万人が、一六二五年には七三万人に激減し、九〇パーセント以上の死亡率を記録した。インディオ人口の激減は、定額の賃金を支払った上での強制労働システムであるミタ制の導入など、植民地支配形態の変更をもたらしたばかりではない。代替労働力として多数の黒人奴隷が輸入され、サトウキビ・プランテーションでの農業労働や鉱山労働、家内労働などに使役されたのである。

スペイン人植民者とともにアメリカ植民地に伝えられた動植物としては、牛や馬、豚、羊などの家畜、サトウキビやブドウなどの商品作物、家畜の飼育に不可欠なシロツメクサやアザミをはじめとする雑草がある。これらの動植物は植民地の開発にともなってアメリカ各地に移入され、アメリカ植民地の生態系を破壊するとともに、一部の在来種を絶滅させた。「雑草のコンキスタドール」と称されたシロツメクサとアザミはその好例であり、在来種雑草の「植民地化」に中心的役割を果たした。第二回航海時にコロンブスが、エスパニョーラ島に持ち込んだサトウキビも同様である。十六世紀後半以降に本格化するサトウキビの栽培と砂糖生産が、アメリカ植民地の生態系の破壊や黒人奴隷制と密接に関連していることはいうまでもない。

イネ科の植物であるサトウキビは、ニューギニア原産とされる熱帯もしくは亜熱帯産の商品作物で、その栽培には弱酸性の土壌と地中温度二一度以上の温暖な気候、そして一五〇〇〜一八〇〇ミリの年間降水量が必要であった。十五世紀末のスペインにあって、こうした自然条件に最も適合的であったのは、一四七九年のアルカソヴァス条約でスペインへの帰属が決定したカナリア諸島である。しかもモロッコ沖合のカナリア諸島は、ポルトガルの黒人奴隷貿易ルートに近接しており、サトウキビの栽培と製糖工程に不可欠の黒人奴隷を容易に確保することができた。コロンブスがアメリカ渡航にあたり必ず寄港したカナリア諸島では、黒人奴隷を使役したサトウキビ栽培と砂糖生産が展開されており、アメリカ植民地のサトウキビ・プランテーションの「実験場」の観があった。

エスパニョーラ島では十六世紀初頭にカナリア諸島から砂糖職人と搾什機が導入され、製糖場も建設されて、一五三〇年代には西ヨーロッパ向けの本格的な砂糖生産が開始された。しかし十六世紀後半になると、ポルトガル領ブラジル北東部のバイーア州やペルナンブーコ州で、黒人奴隷を使ったより大規模な砂糖生産が開始され、エスパニョーラ島を含む西インド諸島の砂糖生産は一時、衰退した。高温多湿でサトウキビ栽培に適した土壌に恵まれたブラジル北東部では、一五七〇年代以降、黒人奴隷を使った大規模なサトウキビ栽培と砂糖生産がプランテーション形式で展開された。サトウキビ・プランテーションの基本単位となったのは、サトウキビ農場と製糖場、薪炭用の森林、農園主の邸宅、奴隷小屋、礼拝堂などを包含した砂糖農園(エンジーニョ)であり、そこでは農園主が奴隷を含む全成員に家父長的支配権を行使した。黒人奴隷の多くはサトウキビ栽培に従事する農業奴隷であったが、一部に製糖場での労働に従事する者、家内奴隷も散見される。

砂糖農園の経営には平均一〇〇人程度の黒人奴隷を必要としたが、過酷な労働を強いられた黒人奴隷の寿命は短く、新たな奴隷の補充が不可欠であった。そのためブラジルの砂糖生産の最盛期にあたる十七世紀前半には、ギニアから五〇万人もの黒人奴隷が輸入されたのである。一五五〇年から、奴隷貿易が撤廃された一八五〇年までの三〇〇年間に時間枠を拡大すると、ブラジルに輸入された黒人奴隷数は三六五万人に達する。

十七世紀後半〜十八世紀になると、サトウキビ・プランテーションの中心はブラジルから、再びイギリス、フランス、オランダ領西インド諸島に移る。ここではブラジル北東部以上に大規模な奴隷制プランテーションが、多数の黒人奴隷を使役して展開され、西ヨーロッパ市場向けに多くの砂糖が生産、輸出された。西インド諸島のサトウキビ・プランテーションは、アフリカの黒人奴隷貿易や西ヨーロッパ市場と密接に結びつきつつ、近代世界システムに従属的に組み込まれたのである。
メシア思想や終末論に傾斜したコロンブスと共に始まったアメリカの開発と植民は、インディオの強制労働に支えられたエンコミエンダ制を扶植する一方で、大西洋を越えた大規模なヒト――黒人奴隷を含む――や病原菌、動植物の移動をもたらした。「新大陸」のエスニシティ構成や生態系の変化を含む、グローバルな変容の起点となったのが、「神の王国」の実現を目指したコロンブスのアメリカ「発見」であったことは、改めて想起されねばならない。

⊙主要参考文献

関 哲行・立石博高編訳『大航海の時代―スペインと新大陸』(同文舘、一九九八年)
歴史学研究会編『「他者」との遭遇』(青木書店、一九九二年)
金七紀男『ブラジル史』(東洋書店、二〇〇九年)
染田秀藤『ラス・カサス伝―新世界征服の審問者―』(岩波書店、一九九〇年)
A・W・クロスビー(佐々木昭夫訳)『ヨーロッパ帝国主義の謎』(岩波書店、一九九八年)
増田義郎『コロンブス』(「岩波新書」、一九九二年)
D.Kadir, *Columbus and the Ends of the Earth*, University of California Press, Barkley and Los Angeles, 1992.

1485−1547年
スペイン人。1511年のキューバ島征服に参加、その後中米のアステカ王国ティノチトランに入城、アステカ人の反抗を抑えて同王国を征服した。

人文主義運動に接したコンキスタドール

エルナン・コルテス

…Hernán Cortés…

関 哲行

エルナン・コルテスはカトリック両王時代の一四八五年に、スペイン中西部、ポルトガルとの境域にあたるエストレマドゥーラ地方の中小都市メデリィンで生まれた。父親のマルティン・コルテスはサラマンカ出身の下級貴族、母親のカタリーナは、インカ帝国を征服したフランシスコ・ピサロ——エストレマドゥーラ地方の主要都市トルヒーリョ出身——の親族にあたった。非嫡出子《ひちゃくしゅつし》のピサロと異なり、下級貴族の嫡出子として乳母に育てられたが、幼少時は病弱であったといわれる。十四歳でサラマンカ大学に入学し、二年間ラテン語や法学の基礎を学んだ。しかし学業を中断してメデリィンに帰り、スペイン中部の主要都市バリャドリードで一年〜二年、書記見習いの仕事に携わった。学士号を取得できなかったとはいえ、サラマンカ大学でルネサンス期の人文主義運動や実務教育に接したことは、その後のコルテスの人生に大きな影響を与えた。

コルテスとピサロが共にエストレマドゥーラ地方の出身であることは、決して偶然ではない。牧羊業を主たる経済基盤とし、商業や手工業、都市の発展が制約されたエストレマドゥーラ地方では、下級貴族を含むあらゆる階層の人々が、地域内あるいは地域間移動を繰り返し、移動が常態と化していた。下級貴族や有力商人の子弟は、官僚、軍人、聖職者として、あるいは大学教育を受けるために頻《ひん》繁《ぱん》に移動した。サンティアゴ騎士団やアルカンタラ騎士団といった宗教騎士団による大土地所有、牧畜志向型の閉鎖的社会構造と脆弱《ぜいじゃく》な商業・手工業基盤、他地域への経済的従属とそれらを助長した党派抗争、そして貧困の拡大。こうした閉鎖的で周縁的構造のゆえに、エストレマドゥーラ地方では、下級貴族の子弟や非嫡出子の社会経済的上昇の可能性は大きく制約されていた。他方、征服間もないアメリカ植民地では、リスクをともないながらも全ての移民に、社会経済的上昇のチャンスが開かれていた。エストレマドゥーラ地方の住民にとって、アメリカ植民地は大西洋の彼方にある僻遠の地だったのではなく、社会経済的上昇のチャンスを保障した不可欠の「飛び地」に他ならなかった。

コルテスがアメリカに渡ったのは、一五〇四年、十九歳の時であり、遠戚が総督を務める西インド諸島のエスパニョーラ島に定住し、エンコミエンダを与えられた。その後、隣接するキューバ征服に参加し、新設された植民市の都市役人およびキューバ総督ベラスケスの書記官に任命された。総督ベラスケスの命を受け、兵士や武器、食料などを整えて、アステカ征服に乗り出すのは、一五一九年のことであった。コルテス軍の兵士は歩兵五五〇人、騎兵四〇騎からなり、大砲八〜九門、火縄銃八〇丁を装備し、遠征軍の費用はコルテスとベラスケスが負担した。

コンキスタドールとして一般にイメージされるのは、大学教育とは無縁で、強靭な肉体をもつ勇猛な青年だろうが、こうしたコンキスタドール像は一面的である。大学で人文主義運動に接したコルテスは、十五年にわたりインディオの言語や習俗、部族社会などを観察し、アメリカの気候風土に心身を適応させた。十五年の馴化《じゅんか》期間を経た三四歳――当時の平均寿命からみて、中高年に属する――の経験豊かな遠征軍指揮官であればこそ、コルテスは多くのスペイン人兵士たちの信頼を勝ちとることができたのである。

メキシコ湾岸にベラ・クルス市を建設し、市参事会から改めて指揮官に任命されたコルテスは、帆船を破却して退路を断つとともに、アステカ王モクテスマの圧政からの解放者として、アステカの軛《くびき》に苦しむインディオ、トラスカラと同盟した。このように一部のインディオと親交を結ぶ一方で、反抗したインディオについては、これを厳しく処断した。アステカ王モクテスマと結んだチョルラのインディオはその典型で、数千人が虐殺された。通訳としてアステカ征服を支えた改宗インディオ女性マリンチェを愛人とするのも、この時期である。コルテス軍がテスココ湖に浮かぶ、アステカ王国の首都テノチティトランに入城したのは、一五一九年末のことであった。

当初、コルテス軍はモクテスマに歓待された。アステカ人は東方の海上から到来したスペイン人を、インディオ神話が伝えるケツァルコアトル神の再来――この神話については、異論もある――とみなしたためといわれる。しかし、コルテスがモクテスマを監禁したこと、スペイン人による神殿でのインディオ虐殺などを背景に、大規模な衝突が生じた。多くのスペイン人が殺害され、コルテス軍はテノチティトランからの退却を余儀なくされた。「悲しみの夜」である。最大の危機を脱したコルテスは、トラスカラなどのインディオの支援を受けて遠征軍を再編し、大砲と火縄銃、ベルガンティン船(二本マストの小型帆船)を使って、首都テノチティトランを攻略した。テノチティトラン攻略は、人文主義の洗礼を受けたコルテスの十五年に及ぶ「新大陸」での馴化の成果であり、敵対するインディオの実態を冷徹に分析する軍人、政治家としてのコルテスの優れた力量の所産でもあった。

「悲しみの夜」(マドリード、アメリカ博物館蔵。アフロ提供)

征服と同時にメキシコ市の建設が開始され、一五二二年、コルテスはアステカ征服の功により、スペイン王カルロス一世から、ヌエバ・エスパーニャ(現在のメキシコにほぼ相当)総督に任命された。

だがスペイン王権は、ヌエバ・エスパーニャでのコルテスの権力強化、ヌエバ・エスパーニャの分離運動を危惧《きぐ》し、間もなくコルテスを総督職から解任した。反コルテス派が台頭する中で、コルテスは事態収拾のためスペインへの帰還を命じられる一方で、カルロス一世への拝謁を許される。一五二九年、コルテスは、広大な土地と集落、二万人以上のインディオを支配するデル・バーリェ・デ・オアハカ公に任じられるが、反コルテス派の暗躍や妻の死因をめぐる訴訟に直面し、ヌエバ・エスパーニャでの政治的影響力を喪失した。その後コルテスは、王命によりモルッカ諸島を含む太平洋地域——金や真珠、香辛料の産地として知られる——への出口を探る「南海」遠征に乗り出す。しかしカリフォルニア南部探検を含む、四次にわたる「南海」遠征はいずれも失敗に終わり、多額の負債を背負った。ヌエバ・エスパーニャ副王との対立を深めていたコルテスは、王権の支援を求めて再び大西洋を渡り、一五四一年、カルロス一世のアルジェ遠征に参加する。オスマン帝国の前線基地アルジェへの軍事遠征は、イスラーム軍の前に惨敗し、敗走の混乱の中で所持していた十万ドゥカードの高価なエメラルドを紛失した。

晩年、コルテスはスペインに居を定め、カルロス一世に総督への再任や恩賞を求める請願書を提出する。しかし請願は却下され、所有する貴金属を債務の返済にあてざるをえなかった。「貧窮」したとされるコルテスが、スペイン南部の主要都市セビーリャ近郊で没したのは一五四七年十二月。享年六二歳であった。コルテスもコロンブス同様、フランシスコ会との関係が深かったことから、葬儀はセビーリャの聖フランシスコ修道院で執り行われ、最終的に遺骸はメキシコ市の聖フランシスコ修道院に移葬された。

テノチティトランの虐殺

一五一九年末にコルテス軍が首都テノチティトランに入城した際、モクテスマをはじめとするインディオは、コルテス軍を派遣したスペイン王カルロス一世への臣従を誓約した。従ってコルテス軍への反乱や蜂起は、スペイン王権への反逆罪とみなされ、厳しい処断の対象となった。そればかりではない。エストレマドゥーラ地方の下級貴族家門に生まれたコルテスにとって、「新大陸」のインディオはムスリム（イスラーム教徒）と同様に、征服し改宗・教化すべき異教徒ないし未信徒であった。コルテスのみならず多数のコンキスタドールが、キリスト教を擁護する十字軍兵士として、また騎士道を準拠枠とする中世的騎士として、インディオに対処した。コンキスタドールにとってインディオは、偶像崇拝に耽《ふけ》る「野蛮な」先住民であり、テノチティトランのインディオ虐殺（一五二〇年と一五二一年）は、こうしたインディオ観と無縁ではない。

一五二〇年の「悲しみの夜」前夜の殺戮《さつりく》について、フランシスコ会士サアグンは生々しい記述を残している。

（指揮官代理のアルバラードは、祭礼のため）……神殿の中庭に集まっていたインディオたちを殺すよう命じたのである。中庭では大勢のメシーカ（アステカ）人貴族と無数の戦士、それにインディオ民衆が殺害された。……インディオの中には、首を切り落とされたものもいれば、体を真二つにされた者もいた。また腹を裂かれて倒れ、死んだ者もいれば、腸を引きずって逃げまどい、力尽きて死んだ者もいた。……中庭は流血と腸の沼と化し、物凄い悪臭を放ち、それは恐ろしい悲惨な光景であった。

スペイン人による殺戮を目の当たりにして、多くのアステカ人が武器を取って蜂起し、コルテス軍は三〇〇人にも上る多大な犠牲を払って、テノチティトランを脱出したのである。

コルテスがカルロス一世あてに起案した一五二二年の第三書簡（報告書簡）も、テノチティトラン陥落時（一五二一年）のインディオ虐殺について、詳細に記述している。それによればコルテス軍は一五二一年四月に、六万人以上の支持派インディオをともなって、テスココ湖岸に到着した。湖上の首都テノチティトランを攻略するには、ベルガンティン船が不可欠であったことから、それを建造し、服属したインディオのカヌーも調達して、テノチティトランを包囲した。その上でコルテス軍と支持派のインディオは、大砲や火縄銃の支援を得て、首都中心部への攻撃を繰り返したのである。二度目の総攻撃では、神殿や家屋を焼き払い、多数のアステカ人を殺戮したばかりか、食人の習俗をもつ一部の支持派インディオは、捕らえたアステカ人の解体すら断行した。

コルテス軍の軍事的優位を前に、さらに多数のインディオが服属を表明し、首都包囲網が一層強化された。首都の中心部に侵攻したスペイン人は、アステカ人の墓所を暴き、金を強奪する一方、コルテス軍に加わったインディオは、「殺した敵をみな切り裂き、食べるために持ち帰った」のである。こうした凄惨《せいさん》な状況を前にアステカ人もスペイン人捕虜を殺害し、神殿にその首を奉納したのであった。八月に入ると戦闘は熾烈《しれつ》を極め、一万二〇〇〇人を超えるアステカ人が虐殺された。飢餓《きが》も進行し、衰弱したアステカ人の女性や子供が、街路にあふれていた。絶望的状況に置かれた多くのアステカ人は、街路に散乱する死体を乗り越えて、首都からの脱出を試みた。アステカ人の溺死者《できししゃ》や餓《が》死者《ししゃ》は、五万人以上に達し、コルテス軍に加わったインディオが人身供犠《じんしんくぎ》の犠牲としたアステカ人も一万五〇〇〇人以上に上った。首都を略奪し破壊した後の八月十三日、最後のアステカ王クアウテモクが捕らえられ、二か月半に及ぶテノチティトラン攻略戦に終止符が打たれた。

インディオの改宗

金と権力に執着する一方で、コルテスはフランシスコ会と緊密な関係を維持し、インディオの改宗と教化に強い関心を示した。一五一九年の第一書簡(報告書簡)によれば、インディオは偶像への祈願のたびに、神殿で男女を生贄《いけにえ》としてささげ、彼らの臓器を摘出して、人身供犠を実践する「野蛮な人たち」である。しかし彼らは自らの誤りを自覚し、真の信仰に改宗できる「道理をわきまえた」先住民、要するに、「真のキリスト教徒」となる潜在的可能性を秘めた人々でもあった。こうしたインディオの改宗事業は、厳しい戒律と強い伝道意識をもち、清貧を実践する修道士によって担われねばならなかった。コルテスが特に重視したのがフランシスコ会であり、彼の要請を受けて一五二四年に「メキシコの十二使徒」とされるフランシスコ会士が、メキシコ湾岸のサン・フアン・デ・ウルアに上陸した。「メキシコの十二使徒」は「イエスの十二使徒」に倣ったもので、清貧と世界伝道を象徴している。コルテスとフランシスコ会の密接な関係は、メデリィンのフランシスコ会修道院にコルテスが礼拝堂を建立したことや、コルテスの遺骸が一五六六～一六二九年の間、テスココのフランシスコ会修道院に安置されていたことからも、裏づけられる。

十六世紀のスペイン人は、法と正義に基づく普遍帝国(スペイン帝国)の樹立を自らに課せられた神的使命と理解し、普遍帝国(スペイン帝国)を担う王権の直属下にインディオの「文明化」、即ちキリスト教化を推進した。「文明化」はインディオの古来の神々や神殿の破壊と同義であった。コルテスもこうした世界観を共有しており、現世的利益の追求と王権への奉仕、伝道への使命が分かちがたく結びついていた。コロンブスと類似の宗教的心性を、ここにみることができる。コロンブスとコルテスは、フランシスコ会を連結環として接合するのである。

インディオ改宗の上で重要な位置を占めるのは、テノチティトラン陥落の十年後にあたる一五三一年に、メキシコ市北部のテペヤクの丘で生じた聖母顕現《せいぼけんげん》の奇跡譚《きせきたん》である。伝承によれば茶褐色の聖母が、改宗した敬虔なインディオ、ファン・ディエゴの前に現れ、聖母マリアを祀った小教会の建立をフランシスコ会の司教スマラガに執り成すよう命じた。テスココ湖西岸のテペヤクの丘には、インディオの地母神トナンツィンを祀った神殿があり、各地から多数のインディオが参詣に訪れていた。フランシスコ会はこうした異教との連続性(シンクレティズムないし習合)を熟知しつつ、インディオ改宗の手段として、聖母顕現の奇跡譚を利用したものと思われる。

やがて中南米最大の聖地へと変貌するメキシコ市のグアダルーペ教会が、黒い聖母像で有名なエストレマドゥーラ地方最大の聖地グアダルーペ教会と、親近性が強いことは強調されねばならない。コルテスがエストレマドゥーラ地方出身の下級貴族であること、フランシスコ会に帰依していたことを想起すべきであろう。エストレマドゥーラ地方のグアダルーペ教会は、危難回避、病気治癒、死者の復活などに効験《こうけん》のある聖地として知られ、中世末期〜近世にかけて、カトリック両王やコロンブス、コルテス、ピサロなど多くのスペイン人が同聖地への巡礼を実践した。アメリカ植民地に入植・定住したエストレマドゥーラ人は少なくなく、彼らを介してグアダルーペの聖母信仰が「新大陸」に移植され、インディオの地母神信仰と習合したとみてよい。

⦿主要参考文献

関哲行・立石博高編訳『大航海の時代—スペインと新大陸』（同文舘、一九九八年）
歴史学研究会編『「他者」との遭遇』（青木書店、一九九二年）
染田秀藤『ラス・カサス伝—新世界征服の審問者—』（岩波書店、一九九〇年）
サアグン（篠原愛人・染田秀藤訳）『神々とのたたかい 一』（岩波書店、一九九二年）
エルナン・コルテス（伊藤昌輝訳）『コルテス報告書簡』（法政大学出版局、二〇一五年）
染田秀藤・篠原愛人監修『ラテンアメリカの歴史』（世界思想社、二〇〇五年）
R.Nebel, *Santa María Tonantzin, Virgen de Guadalupe*, Fondo de Cultura Económica, México, 1995.
J.L.Martínez, *Hernán Cortés*, Fondo de Cultura Económico, México, 1990.

1530–84年
ロシアのツァーリ。キリスト教正教の盟主として周辺諸国から領土を防衛、国内では恐怖政治をおこない、ツァーリ専制を完成させた。

権力を誇示し、解体させたロシアの絶対君主
イヴァン雷帝
…Ivan Groznyi…

三浦清美

イヴァン雷帝（一五三〇―八四年）はロシアの専制君主。モスクワ大公、全ルーシ（ロシアの古名）のツァーリ。キリスト教正教（オーソドクス）の盟主という自覚のもとに、クリミア・タタール（イスラーム）、ポーランド（カトリック）、スウェーデン（プロテスタント）の周辺諸勢力から領土を防衛し、モスクワ大公国の自律性と一体性を守った。君主の絶対権力を誇示する恐怖政治をおこない、ツァーリ専制を完成させたが、その一方で、自らの最愛の息子イヴァンをも死に至らせるという、そのけた外れの圧政は、せっかく確立した絶対的な権力をも解体させた。

十六世紀のロシア――終末論を超えて

クリストーバル・コロン（クリストファー・コロンブス）が終末論を信じ、新天地を求める困難な航海に出たことはよく知られているが、そのコロンブスがアメリカ大陸を発見した一四九二年は、ロシアの終末論にとっても重要な意味をもっていた。西暦一四九二年は、ビザンツ暦では七〇〇〇年にあたる。神の天地創造が七日間かけて行われたように、千年紀を七回重ねたこの時に世界の終末がお

とずれ、キリストが再臨すると、ロシアでは信じられていた。それは、ロシア正教会の公式見解でもあった。じっさい、ロシア正教会がつくっていたパスハリヤ(復活祭の一覧表)は、ビザンツ暦七〇〇〇年までしかなかった。

しかし、じりじりとした緊張感に苛《さいな》まれながら待っていた世界の終末は、結局、到来しなかった。折しも一四五三年には千年帝国であるビザンツが滅亡し、北方で勃興したモスクワ大公国は、世界で唯一の正教国家となっていた。

キリスト教終末論の源泉の一つである旧約聖書『ダニエル書』には、四頭の大きな獣が象徴する四帝国(そのうちの最後の一つがビザンツ帝国と捉えられた)の興亡ののち、「天下の全王国の王権、権威、支配の力は、いと高き方の聖なる民に与えられ、その国はとこしえに続き、支配者はすべて、彼らに仕え、彼らに従う」と書かれているが、ロシア

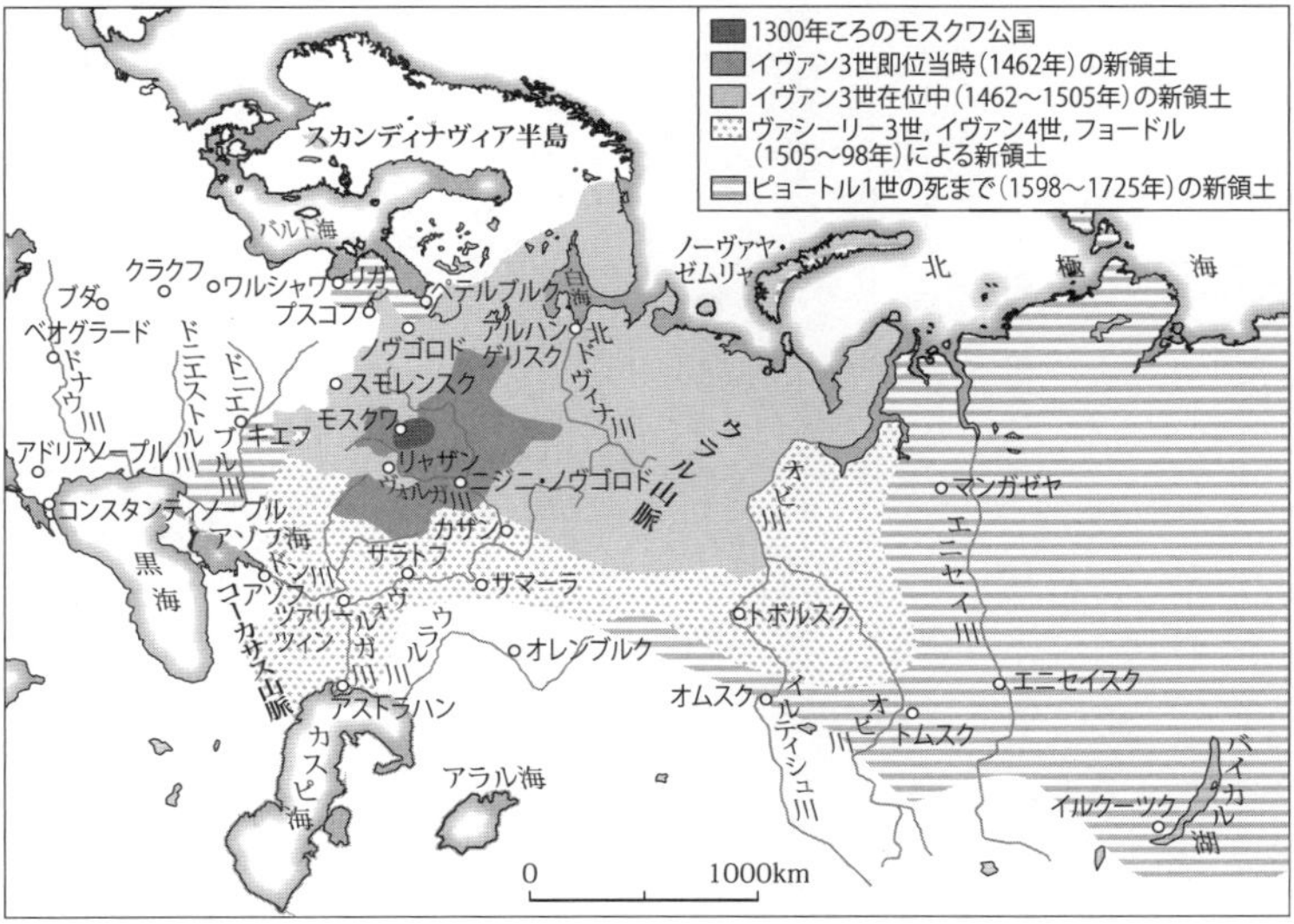

ロシアの拡大(井上浩一・栗生澤猛夫『ビザンツとスラブ』(「世界の歴史 11巻」、中央公論新社より)

文学研究者のウジャンコフによれば、この「いと高き方の聖なる民」とはロシア人にとって勃興するモスクワ大公国にほかならなかった。プスコフの修道士フィロフェイは、モスクワは第三のローマであるというテーゼを提唱した。いわく、「敬虔《けいけん》なるツァーリよ、守りを堅め、耳を傾けなさい。すべてのキリスト教帝国はそなたの帝国のなかで一つに合流しました。二つのローマは斃《たお》れ、第三のローマは立ち、第四のローマは存在しません。」

ロシアは、ローマ教皇を頂点とする西欧のキリスト教圏ではなく、それとは別個の東方正教会圏、すなわち、教会史家オボレンスキイの言うところのビザンツ共同体 Byzantine commonwealth に属していたが、皇帝＝ツァーリの概念もビザンツ帝国から継受した。ロシア中世史家のフローリャによれば、ビザンツ文明圏において、皇帝は「統治のために神自身によって選ばれた、地上世界の唯一の首長であり、全宇宙の君主としての神の立場の、地上における不完全な反映であり、彼の活動は神の活動の、地上における不完全な模倣であった。」「不完全な」という断念に健全な思想が宿っている。それを無理やり完璧に近づけようとしたとき、狂気が懐胎《かいたい》する。それこそが、イヴァン雷帝の「悪」であった。

だが、モスクワ大公国はいまだその「悪」を知らなかった。モスクワ大公国はいわば壮年期にさしかかり、ビザンツの唯一の継承者として東方正教会世界内外から注目を浴びていた。正教諸勢力の盟主としての熱気と期待があふれていたのである。

イヴァン雷帝の幼少年時代――高貴なる孤児

ロシアの国土を統一したイヴァン三世(一四四〇―一五〇五年)はイヴァン雷帝の祖父にあたる。イヴァン三世は、ビザンツ帝国最後の皇帝コンスタンティヌス十一世パレオロゴスの姪ソフィアを娶《めと》って国威を高め、ソフィアとのあいだに九人の子供をもうけた。その長男がイヴァン雷帝の父、ワシーリイ三世(一四七九―一五三三)である。つまり、イヴァン雷帝は、ビザンツ皇帝パレオロゴス家の血を引いていたわけである。

ワシーリイ三世は一五〇〇人の花嫁候補のなかからソロモニア・サブーロヴァを妻に娶ったが、四六歳になるまで子供がなかった。このため、ワシーリイ三世は長年連れ添ったソロモニアとの離婚を決意し、ソロモニアをスーズダリのポクロフ修道院に押し込めた。オーストリアの外交官ヘルベルシュタインによれば、ソロモニアは離婚を拒絶して泣きわめき、わたされた修道尼の帽子を地に投げつけ踏みにじった。取り乱したソロモニアは打擲《ちょうちゃく》されてはじめて我に返り、ようやく剃髪を受け容れたという。

ソロモニアと別れたワシーリイ三世が見初めたのが、ロシアの宿敵リトアニア出身の公女、十八歳のエレーナ・グリンスカヤである。のちの世の人々は、ワシーリイ三世のこの身勝手なふるまいに不吉な兆候を見出した。婚礼がおこなわれてから四年半、一五三〇年八月二五日に生まれた男子が、ロシアに前代未聞の災厄をもたらすイヴァン雷帝だったからである。エレーナが魔術によって懐妊したというまことしやかな噂が、いわくありげに囁《ささや》かれた。伝説によれば、赤児の誕生のとき、全土にすさまじい雷雨があったという。

この待望のお世継ぎは、しかしながら、幸福な幼少年期を送ることができなかった。三歳のとき、父のワシーリイ三世が身まかり、つづいてその五年後に母エレーナが世を去った。八歳にして孤児となったイヴァン雷帝は、門閥貴族たちの後見に委ねられたが、この寄る辺《よるべ》のない境遇が、生来人並み外れて鋭敏なイヴァン雷帝の心に、門閥貴族たちの専横の強い印象を植えつけた。

成長するにつれ、心細い境遇の憂さ晴らしからか、イヴァン少年は好んで年若い乱暴者たちを集めて乱行にふけった。若い君主は女性の美しさに無関心ではいられず、スカマロフといわれる異教の旅芸人を集めてのどんちゃん騒ぎを好んだ。イヴァン少年は、犬や猫をいじめて殺すことに快楽を覚え、しばしば怒りの発作に襲われ、意地悪く高笑いをした。生涯にわたってイヴァン雷帝は宴会好きで、ときには酒席で毒杯による処刑をもおこなったが、その片鱗はすでに若年において明らかだった。

ワシーリイ三世の死後、権力闘争が顕在化した。母エレーナの死後、最終的に姻族《いんぞく》のグリンスキイ一族が門閥貴族を抑えて権力を握ったが、国内で不正が横行したため怨嗟《えんさ》の声がグリンスキイ一族に集まった。一五四七年夏に、モスクワで暴動が勃発し、おじのユーリイ・グリンスキイが石打ちで殺された。この暴動で、母の記憶につながるグリンスキイ一族は排除され、イヴァン雷帝は死の恐怖を味わった。都市の暴徒の恐ろしさを、身をもって知ったのである。

怯えるイヴァンに、それが自らの不品行に対する神の懲罰《ちょうばつ》であると説き、神の御前での悔い改めを迫ったのが宮廷付き司祭のシリヴェストルであった。

改革とカザン戦争の成功――神の器としての自覚

暴動に先立つ一五四七年一月十六日、イヴァン雷帝は、ロシア史上ではじめて公式にツァーリとして戴冠《たいかん》した。君主の栄光を讃える荘厳きわまる戴冠式は、ロシア正教会の首長、府主教マカーリイによって主宰された。

司祭シリヴェストルは、年若いツァーリに、ツァーリの地上における神の代理人という地位は、神から与えられた神聖なものであり、秩序の維持と同時に、人々の魂の救済がその究極の責務であることを徹底して教えた。イヴァン雷帝も、以前の乱れた振る舞いをすっかりあらため、この学識ある教師の教えを忠実に守った。二〇歳代のツァーリは勉学に没頭し、聖書をはじめローマの歴史の知識など、君主にふさわしい教養を身につけた。

キリスト教受容期に、キエフ諸大公は学芸を好んだが、モンゴルの過酷な支配のなかから十四世紀初頭に勃興したモスクワの場合、統治者は学問に勤しむゆとりがなく、そのほとんどが文盲であった。イヴァン雷帝は、モスクワ大公国史上はじめての学識ある君主である。イヴァン雷帝は並はずれて博識で、表現力豊かな作家であり、のちに論敵の貴族クルプスキイと交わした書簡は、中世ロシア文学の金字塔の一つに数えられる。

イヴァン三世の時代からビザンツ流の君主概念の強い影響を受けていたとはいえ、実際のモスクワ大公国は門閥貴族の強い影響のもとにあった。モスクワ大公国のほとんどの法令は、そこに記された定型句にしたがえば、「君主が命じ、貴族が決定する」ものだった。門閥貴族は、門地制度(メスニチェストヴォ)によって自己の諸特権を守ろうとした。門地制度のもとでは、役職の任命は個人の適格性や熟練度ではなく、家柄と地位によって定められ、有力な役職は限られた範囲の有力家系に独占された。

そもそもモスクワ大公国の貴族は、ボヤーレといわれる門閥貴族とドヴォリャーネといわれる士族から成り立っていた。門閥貴族は、モスクワ大公の遠縁でかつてモスクワ大公と対等だった諸公で、自らの相続領地(ヴォッチナ)を所有していた。一方、士族は大公権に直属の軍事力として、軍事勤務にたいして一代限りの知行地(ポメスチエ)をあたえられた。

モスクワ暴動のあと、士族たちは、門閥貴族の支配がモスクワ大公国の戦士たちを零落《れいらく》させていると主張して改革を訴え、中央集権化の過程で整備されつつあった官僚機構のなかに自らの活動の場を見出した。その代表的な人物は、買収を受けつけぬ清廉な役人として高い評価を得ていた、アレクセイ・アダーシェフである。こうした動きは、門閥貴族の抑圧を受けてきたと感じているツァーリの意志に合致したが、この段階ではまだ常識の枠内に収まる穏健な改革運動にすぎない。

改革派は、ツァーリとその国家の歴史的使命は、世界全体に、唯一の正しい教えであるキリスト教正教による支配を確立することにあると考えていたので、積極的に対外戦争をおこなった。はじめに標的となったのは、不信仰の「ハガルの子孫」(ムスリム)が支配するカザン・ハーン国である。教会指導部は、いわゆるカザン戦争を「聖戦」と位置づけた。天国の傍らにあると信じられた南方のカザン地方は、士族たちにとっても魅力的な征服対象だった。一五五二年、激闘のすえ、カザン・ハーン国が、次いで、一五五六年にアストラハン・ハーン国がモスクワの軍門に下った。これらの対外戦争の成功は、イヴァン雷帝の精勤にたいする神からの褒賞《ほうしょう》であると捉えられた。

テロルの前夜——にらみ合い

東方正教の維持と発展という課題をあたえられたモスクワ大公国は、ロシア正教の宣教をめざす征服活動に乗り出すことになった。一〇〇〇年の歴史を持つビザンツ帝国の滅亡は、征服しない者は征服されることを教えていた。モスクワ大公直属の軍事力である、士族層を養う土地も必要だった。ルネサンスの技術革新によって急成長した西欧諸国と交流をもつには、西方への領土拡大が不可欠だった。南方でイスラームのクリミア・タタール、西方でカトリックのリトアニア・ポーランド、北方でプロテスタントのスウェーデンと境界を接する、ロシアの地政学的必然性に促された側面もある。征服活動の結果、三方から敵に囲まれることになったから、征服への衝動は著しい危険をともなった。

成熟するにつれ、イヴァン雷帝も自らへの自信を深め、強引にツァーリ専制をめざした。シリヴェストルとアダーシェフは、イヴァン雷帝のいら立ちを懸命に抑えようとしたが、生来の気質を変えることはできなかった。一五六〇年、イヴァン雷帝の最初の妻、アナスタシア・ザハーリナが死んだ。

アナスタシアは魔法にかけられたため、病死したという噂が流れ、疑惑の眼がシリヴェストルとアダーシェフに注がれた。これを期に、イヴァン雷帝にとってすでに邪魔者となっていた二人の実力者は追放された。

生来色欲の強かったイヴァン雷帝は、生涯に七度（一説には八度）の結婚をしたが、人々の記憶に強い印象を残したのは、最初の妻、アナスタシアである。弱小貴族の出身である皇妃アナスタシアは、民衆に人気があり、葬礼には多数の人々が集まった。年代記は次ように記している。

妻の葬儀においてイヴァン雷帝は号泣し、深い嘆きと悲しみゆえに立っているのがやっとであった。アナスタシアが亡くなると、ツァーリは凶暴になり、淫乱に走りはじめた。

カザン征服後、ロシアはバルト海に拠点を構えようと、戦争の矛先《ほこさき》をリヴォニアに向け、ポーランド・リトアニアと戦った。一五六四年の秋、ポーランド・リトアニアが北東国境でモスクワに戦いを挑むと同時に、南方で、和平を結んでいたはずのクリミア・ハーン国が協定を破って攻めこんできた。モスクワ大公国は、二方面での戦争を避けることができず、完全な機能不全に陥った。ツァーリの戦友たちは、テロルと強制により反対派を壊滅させることを進言したが、名門貴族は依然として強力な勢力を保っており、膠着《こうちゃく》状態《じょうたい》を抜けだすことができなかった。

そこで、イヴァン雷帝は思いもかけぬ行動に出た。すべての聖物と全国庫財産をもって首都を退去し、モスクワから北東におよそ一二〇キロにあるアレクサンドロフ村に引きこもってしまったのである。ツァーリが残していった遺言状には、「余は、貴族らの勝手気ままな自由ゆえに、己の父祖伝来の所有物から追い払われ、諸地方を放浪している。願わくば、神が我らをお見捨てなさらぬように」と書かれていた。モスクワの都市民は驚愕《きょうがく》し、赤の広場に押し寄せ、ツァーリの復位を迫り、裏切り者の貴族たちを処罰するように要求した。貴族会議もついに、忠良なる臣下としてツァーリに復位を説得せざるを得なくなった。

イヴァン雷帝は自己の生命の保全のために、自らの国家に宮廷と軍隊をもつ「オプリチニナ（直轄領）」を創設し、非常大権を行使すると宣言した。イヴァン雷帝は、門閥貴族に搾取されていると実感している民衆、ことに都市民と結託し、ついに無制限の権力を行使できる現実を手に入れてしまったのである。

オプリチニナによる虐殺――狂気の時代

モスクワに戻ったイヴァン雷帝は、七人の貴族を斬首したが、そのなかにはカザン戦争の英雄で、門閥貴族シュイスキイ一門に属していたゴルバーティ公とその十五歳になる息子が含まれていた。これを皮切りに、悪名高いオプリチニナによる虐殺劇がはじまった。

イヴァン雷帝は士族たちの出自、妻の家系、交友関係などを厳しく尋問し、貴族と関係をもたぬ家柄の低い士族をオプリチニキ（オプリチニナの構成員）として採用した。黒の馬具をつけた黒毛の馬にまたがり、犬の頭が描かれた粗末な荒布の黒服に、矢の入った箙《えびら》のベルトに箒《ほうき》のようなものを結びつけた恰好が、オプリチニキの制服となった。犬の頭は、敵を見れば容赦《ようしゃ》なく噛みつくことを、箒は、裏切り者を国から掃き出すことを象徴していた。

オプリチニキは修道生活を模し、早朝から長時間の祈禱をおこなった。イヴァン雷帝自らがこの疑似修道院の立案・創設者であり、修道院長であったほか、鐘撞《かねつ》き役、聖歌隊員、誦経者《ずきょうしゃ》も務めた。イヴァン雷帝は、テロルを一種の求道行為とみなしていた。神に等しいツァーリに反逆する大罪を犯す者にたいしては、処刑という罪にふさわしい処罰をあたえて、その魂を救済してやるのが慈悲だというのが、イヴァン雷帝のロジックであった。

オプリチニキによるテロルの犠牲者は数万人におよぶとされてきたが、ロシア史家スクルィンニコフは、ロシアの人口が八〇〇万から一〇〇〇万を越えなかった時代に、テロルの犠牲者は四〇〇〇人だったと推定している。ただイヴァン雷帝の治世後半、その死後は、間断なくつづく対外戦争、飢餓、疫病のために数十万の人々が命を落としたので、のちに「大荒廃時代」と呼ばれることになる。イヴァン雷帝が死んだ一五八三年には、モスクワの人口はイヴァン雷帝即位時の四分の一になった。

テロルの犠牲者の数もさることながら、イヴァン雷帝に特徴的だったのは、処刑のやり方の残虐性、死に瀕する者の恐怖を舌なめずりして楽しむような倒錯性《とうさくせい》である。

イヴァン雷帝の侍医の通訳、アルベルト・シュリフティングは、オプリチニキの拷問《ごうもん》部屋での取り調べについて次のように記している。

専制君主は犠牲者が拷問される様子を、目の前で観察するのを好んだ。しばしば血が飛び散って君主にかかることがあったが、まったく不快な様子を見せず、興奮して「おう！　おう！」と叫んで歓喜した。周囲の隊員たちも「おう！おう！」と唱和したが、もし一人でも同調しない者がいるのを見ると、囚人に同情しているのではないかと疑い、なぜそのような悲しい顔をしているのかと咎め、即刻切り刻ませてしまう。

処刑を一幕の劇のように演出したこともある。謀反の疑いをかけられた主馬頭フョードロフ＝チェリャドニンを処刑したときのことである。ツァーリはクレムリン宮殿の接見の間に貴族会議議員と首都士族を招集し、罪人を連れてくるように命じた。ツァーリは主馬頭にツァーリの衣装を身に着けさせ、王座に就くように命じた。イヴァン雷帝は跪《ひざまず》いて、不幸な囚人にたいして、次のように、皮肉に満ちたはなむけの辞を述べた。「汝《なんじ》は余の玉座を得んと望んだ。見よ、今こそ、汝、大公よ、あれほど望んでいた君主の座を十分に、味わい楽しむがよい！」。そのあと打ち合わせの合図とともにオプリチニキが主馬頭を殺害し、宮殿から引きずり出して、堆肥《たいひ》のうえに放り投げた。

虐殺の極めつけは、モスクワ大公国第二の町、ノヴゴロドの虐殺である。一五七〇年一月、イヴァン雷帝は、ノヴゴロドにポーランド・リトアニアへの裏切りの嫌疑をかけ、一万五〇〇〇のオプリチニキを引き連れて大規模な懲罰をおこなった。同時代人の主張するところでは、二万人あるいは六万人が死亡したと言われる。無名のノヴゴロド人は、酷寒のなか、オプリチニキが手足を縛った女子供をヴォルホフ川に抛《ほう》りこみ、さらに船を乗り回しながら、浮かび上がった者を斧《おの》と熊狩り用の槍で突いて溺れさせた、と報告している。

こうした虐殺は、イヴァン雷帝の心を蝕んでいった。報復の恐怖がたえまなくイヴァン雷帝を苛み、最終的には、アナスタシア・ザハーリナとの間にもうけた実の息子の皇太子イヴァン・イヴァノヴィチにも謀反の疑いをかけた。ツァーリと息子の最後の衝突は、アレクサンドロフ村で起こった。あるとき皇帝は、嫁のエレーナ皇太子妃が暖房のよくきいた部屋の長椅子に部屋着一枚でいるのを見つけた。エレーナは身重だったが、ツァーリは容赦せず嫁を打擲《ちょうちゃく》した。恐怖と打擲が原因で皇妃は流産した。皇太子イヴァンは妻を守ろうとして、父の両手を抑えたが、そこをツァーリに錫杖《しゃくじょう》で殴られた。この打撲が皇太子イヴァンの命を奪った。息子の不慮の死に、父は悲嘆のあまりほとんど理性を失いかけた。イヴァン雷帝はその二年後に病死するが、この悲しみから立ち直ることはなかった。

「王冠を被った革命家」といわれたのはのちのピョートル大帝であるが、イヴァン雷帝もまた、門閥貴族支配の打破とツァーリ専制の確立を目指した冷酷無比な「革命家」であった。人間は神になれるかという稀有壮大《けうそうだい》な実験は、しかしながら、壮絶な失敗に終わった。だが、ロシア人はなお、神の代理人たるツァーリによる統治という夢を捨てることができなかった。自らがロシア人であるかぎり、自らが人間を愛する神の御手にあることは喜ばしく、また、そうあるべきことだったからである。大荒廃時代、リューリク朝の断絶、動乱(スムータ)という亡国の危機を経て、ロシア民衆は一六一三年にロマノフ家によるツァーリ専制をふたたび選択することになる。

⦿参考文献

R・G・スクルィンニコフ(栗生澤猛夫訳)『イヴァン雷帝』(成文社、一九九四年)

川又一英『イヴァン雷帝—ロシアという謎』(新潮選書、一九九九年)

Флоря Б.Н. Иван Грозный. М.: *Молодая гвардия*, 2009.

1583−1634年
三十年戦争の時代の戦争企業家。神聖ローマ帝国傭兵隊長としてデンマーク戦争などで活躍した。

掠奪型の戦争から脱するきっかけをつくった
ヴァレンシュタイン
…Wallenstein…

後藤秀和

成り上がりの戦争企業家

アルブレヒト・ヴェンツェル・オイゼビウス・フォン・ヴァルトシュタイン、通称ヴァレンシュタインとよばれる三十年戦争期の傭兵隊長は、一五八三年、ベーメン(ボヘミア、現在のチェコの一部)の小貴族の子として生まれる。はじめはプロテスタントだったが、一六〇六年にカトリックに改宗、裕福な寡婦《かふ》との結婚によって得た資産を用いて金融業を営み、増やした所領で手工業を発展させ、同時代随一の規模の傭兵《ようへい》を組織。ハプスブルク家の皇帝フェルディナント二世に自前の資金で集めた五万の兵力の提供を申し出て、皇帝軍司令官の地位を得る。

デンマーク戦争(一六二五—二九年)で活躍するも、占領先での苛烈な軍税徴収や、地方小領主から帝国諸侯への成り上がりがカトリック側の諸侯の中に不満を生み、司令官を解任され、与えられたメクレンブルク公位をも奪われる。

故郷ベーメンに引退したヴァレンシュタインだったが、スウェーデンのグスタフ・アドルフ参戦でカトリック側が苦境に陥り、請われて皇帝軍司令官の地位に復帰。グスタフ・アドルフを戦死させるなど一定の活躍はするが、皇帝の意向を無視して各方面と勝手に和平交渉を行ったことが皇帝の不興を買い、またベーメン王位への野心をも疑われた。そして一六三四年二月、皇帝の指示により、エーガーにて暗殺される。その最期についてはドイツ文学の巨人シラーによって詩悲劇に仕立てられている。

強烈な野心、他人を信用しない性格、占星術への傾倒。同時代の有名画家の誰も彼を描かず、現存する肖像画の多くは好感の持てない無表情さをもって彼を特徴付けようとしている。部下の手で暗殺された最期など、悪人の生涯の典型とも言えよう。しかしヨーロッパ社会を大きくとらえた場合、彼が果たした役割も見えてくる。

諸侯と宗派対立

まずはヴァレンシュタインが戦ったドイツ三十年戦争について、少し時代をさかのぼってみておこう。ルターのローマ教皇に対する公開質問のかたちで始まった宗教改革は、それまでのヨーロッパ社会を規定していた政治・宗教上の普遍的権威に対する不満を噴出させた。封建的な諸義務に苦しむ農民や鉱山労働者は領主に対して、歩兵に対する騎兵の戦術的価値低下に苦しむ騎士は諸侯すなわち領邦(=神聖ローマ帝国内部の政治単位)君主に対して、領邦君主は領邦の自立の邪魔《じゃま》になる「普遍」すなわちローマ・カトリック教会と、その守護者を自認する神聖ローマ皇帝に対して自己の立場を強化しようと戦う。

一五五五年、アウクスブルク宗教平和令によって領邦君主の選択した宗派が領邦の宗派となることが定まった。つまりこれらの闘争のうち領邦君主のみ有利な結果を手に入れた。だが、宗教上の主権を手に入れた諸侯の間の宗派対立は激化する。カトリックのバイエルン公マクシミリアン一世がルター派の帝国都市のひとつをカトリック化し併合すると、一六〇八年、プファルツ選帝侯を中心にプロテスタント諸侯の軍事「同盟《ウニオーン》」が結成され、翌一六〇九年にはバイエルン公を盟主とする「連盟《リーガ》」がこれに対峙する構図となった。

その頃、ハプスブルク家では内紛が生じていた。皇帝ルドルフ二世とその弟マティアスの対立である。ルドルフはハンガリー王、ベーメン王も兼ねていたが、マティアスは一六〇八年、この二つの王位を兄から奪取せんとする。この時、ルドルフがベーメンのプロテスタント諸身分を味方につけようと彼らにプロテスタント礼拝を保証する「特許状」を与えた。しかしルドルフは退位させられ、皇帝位を継いだマティアスは宗派入り乱れるベーメンの紛争を治めることができなかった。子のないマティアスは一六一七年に従兄弟のフェルディナントにハプスブルク家世襲領の支配とベーメンの統治を任せる。

三十年戦争の第一ラウンド——ベーメン・プファルツ戦争（一六一八〜二三年）

イエズス会の教育を受けカトリックの信仰篤いフェルディナントはプロテスタントが王領地に

教会を建設しようとするのを弾圧した。これに対しプロテスタント諸身分は「特許状」を理由に老皇帝マティアスに上訴するも受け入れられず、皇帝の代官を窓から投げ落とした（プラハ窓外放擲《ほうてき》事件）。フェルディナントはベーメンの制圧を企図する。宗派対立が本格的な武力衝突に至ったのである。翌一六一九年マティアスが死去、プロテスタント諸選帝侯の足並みが揃わなかったこともあり、フェルディナントが皇帝に選出されるも、ベーメンの諸身分はベーメン王として「同盟」のプファルツ選帝侯フリードリヒ五世を選出した。カトリック「連盟」はフェルディナントを支援、「連盟」の将軍ティリーの活躍もあってベーメンを制圧、プロテスタント「同盟」は解散した。

この時、最初の結婚で得た婚資をもとに造幣への投機などを行い蓄財していたヴァレンシュタインは、メーレン（モラヴィア、現在のチェコの一部）軍の金庫をも奪い、フェルディナント二世に資金を貸し付け、ベーメン反乱の制圧に貢献した。そして処刑されたプロテスタント領主の領地を買い集める。一六二三年にはウィーンの有力貴族ハラッハ家の女性と再婚してフェルディナントの宮廷に地歩を築いた。

第二ラウンド――デンマーク戦争（一六二五～二九年）

勢いに乗る「連盟」はプロテスタントの本拠であるドイツ北部に侵攻。バイエルン公を中心とするカトリック諸侯の活躍のみによってプロテスタント勢が駆逐されるのは皇帝フェルディナントにとって面白くない。カトリックも大事だが、皇帝の権威も重要なのだ。しかし軍をかき集めるための費用を負担できないためにここまで「連盟」に頼らざるを得なかった。そこにベーメンの四分の一の面積を所有し、五万の兵に装備まで準備したヴァレンシュタインが現れる。皇帝はヴァレンシュタインの私兵を「皇帝軍」とすることで、カトリック側として戦いに参加し、皇帝権の拡大という利益を得ようと考えた。一方のヴァレンシュタインは兵力提供の見返りに、先行投資を回収すべく軍の進む先での軍税徴収の権利を認めさせる。

さて、プロテスタントの牙城である北ドイツが侵食されるのを見てルター派のデンマーク王(神聖ローマの帝国諸侯としてはホルシュタイン公)クリスティアン四世が参戦する。ヴァレンシュタインの皇帝軍は一六二六年、デッサウの戦いでマンスフェルト率いるプロテスタント勢を破り、「連盟」軍のティリーも一六二八年ルッターの戦いでデンマーク軍に大勝する。皇帝はヴァレンシュタインにサガン公、メクレンブルク公の位と「大洋とバルト海の将軍」の称号を与えた。デンマークは退場し、プロテスタント諸侯は黙らされ、皇帝権はアウクスブルクの和議以来極大となった。

第三ラウンド――スウェーデン戦争(一六三〇～三五年)

この優位に驕るフェルディナント二世は一六二九年春、「復旧勅令」を発する。カルヴァン派を認めず、プロテスタントの教会領購入の権利を否定し、以前の教会の土地に関する法的決定を皇帝の意思によって変更しうる、というものだ。そしてヴァレンシュタインの軍を使ってそれまでに世俗化されていた教会領域の再カトリック化を強引に進める。これはヴァレンシュタインにとっては戦闘終了後の軍税徴収の機会が与えられたことを意味する。帝国諸侯、帝国都市などの諸身分は宗派を問わず、この皇帝の増長に反発する。

フェルディナント二世は息子の皇帝選出を確実にしようと、一六三〇年に選帝侯会議を招集するが、ハプスブルク家のために「復旧勅令」が利用されているという選帝侯らの批判、ヴァレンシュタインの軍税徴収が苛烈すぎること、彼の軍にプロテスタントが多く含まれていることなどへの苦情が噴出し、目的を達成できない。そこでフェルディナントは諸侯のヴァレンシュタイン罷免要求を受け入れることで「復旧勅令」執行の道を

ヴェストファーレン条約(1648年)以後の神聖ローマ帝国
(成瀬治他編『世界歴史大系　ドイツ史1』山川出版社、1997年より)

確保することを選んだ。ヴァレンシュタインの軍が制御不能の存在になりつつあることも恐れていた。スウェーデン王グスタフ二世アドルフが三万の兵を連れてポメルン(ポメラニア、現在のポーランド北西部からドイツ北東部)に上陸するという、カトリック勢にとっての危機の中、ヴァレンシュタインは解任されベーメンに引退、ティリーが皇帝軍司令官の座を引き継ぐ。

反皇帝の勢力糾合に苦労していたプロテスタント側だが、スウェーデンがフランスから軍事援助金を受け取り、ライプツィヒ近くのブライテンフェルトで大勝すると、ザクセン選帝侯もベーメンのプラハを攻略、スウェーデン王は一気にバイエルンまで攻め込む。一六三二年四月、レヒの戦いで傷を得た皇帝軍司令官ティリーはまもなく没し、窮したフェルディナント二世はヴァレンシュタインに戦線復帰を求める。

四万の兵を(自ら集めたのではなく)皇帝から「与えられた」ヴァレンシュタインはまずベーメンからザクセン軍を追い出し、つづいてバイエルン公救出のためニュルンベルクに入る。そこでスウェーデン軍としばらく対峙した後にこれを退却させる。しかし追撃せず、ザクセンへ移動。逆に追ってきたスウェーデン軍と一六三二年十一月十六日、リュッツェンで激突する。戦に勝ったのはスウェーデン軍だったが、グスタフ・アドルフは戦死し、以後積極的な行動が不可能になる。

一方のヴァレンシュタインは余勢を駆って追撃するでもなく、ウィーン宮廷の意向も容れずに各方面と勝手な和平交渉を始める。「自分の」軍ではなかったことが、大胆な用兵を不可能にしたとも考えられる。彼は将校に対し(皇帝ではなく)自分に向かって忠誠宣誓させる。バイエルンへの進軍命令に従わずベーメンに兵を留めるヴァレンシュタインへの皇帝の疑念は頂点に達する。そして一六三四年二月二五日、ベーメンのエーガーにて暗殺された。司令官の座を引き継いだのは太子フェルディナント、後の皇帝フェルディナント三世である。軍は本来の意味で「皇帝の」軍となって活力を取り戻し、カトリック国フランスがプロテスタント側で戦線に参入する第四ラウンドが始まるまでは戦況を優位にすすめる。ここまで皇帝軍が強くなったきっかけを作ったのはヴァレンシュタインだった。このことを考えるために、当時のヨーロッパ社会に目を向けることからはじめてみよう。

アルプス山脈以北の農業生産の仕組み

かつての氷河が表土を削りとってしまったため、ドイツの土壌は硬く重い。それゆえ地味に乏しい。小麦やライ麦など、人間の主たるカロリー源になるような穀物は連作不可能である。収穫後は時間をかけて土地を休ませなければならないのだ。耕地を二つに分け、毎年片方だけを耕作に使い、他方を休ませる二圃制《にほせい》が行われていた。どれだけ広い土地があったとしても、これでは多くの人口を養うことはできない。

しかし水車の広範囲での利用に始まる十一～十三世紀の農業革命がこの状況を変化させる。水車はまず冶金術の発展をもたらした。その成果として森林開墾のための斧や、深耕を可能にする重量有輪犂《ゆうりんすき》など鉄製農具が開発された。

重い農具を人間の力のみで運用することは不可能である。力の強い動物、できればウシよりもウマがいい。そのウマを殖やすために土地の利用法を変える。すなわち、耕地を三分割し、ひとつめの耕地には主穀(小麦またはライ麦)を、二つめの耕地にはカラスムギなどの飼料用作物を栽培し、三つめの耕地だけを休ませることにした。翌年になるとひとつめの耕地は一度耕してからカラスムギを植え、二つめの耕地は休ませて二度耕し、休ませた三つめの土地は満を持して主穀栽培に使用する。いわゆる三年輪作である。

二圃制に比べて三年輪作では人間の食べる穀物を栽培する面積が土地全体の五〇%から三三%に減少しているが、実際には生産量が増大した。それはなぜだろうか。まず飼料作物の増産によってより多くの家畜を保持することが可能になった。次に多数の家畜によって重量有輪犂を使用することができるようになった。さらに家畜が増えたために、家畜から出る有機肥料も増えた。これらの相互作用によって、単位面積あたりの穀物収穫量が増大することになったのである。

土地利用の効率性をさらに上げるため、村落全体で区画整理が行われる。重い有輪犂の敵は耕地の端での方向転換である。その回数を減らすため、それぞれの村人が持つ土地の面積を変えずに形を短冊状の畝にして並べ、その上を幅広の有輪犂で一気に耕すのだ。こうした耕地整理をともなう村落規模での三年輪作を三圃制《さんぽせい》と呼ぶ。

三圃制の効果は絶大で、この時代のヨーロッパは外に向かうエネルギーを得た。人口が増え、定期市や都市での交換と消費が拡大し、聖地への巡礼が流行し(十字軍もこの文脈で理解できる)、東方植民が行われた。ヨーロッパ農業における鉄製農具とウマの重要性がわかるだろう。

このような農業の基本構造は十九世紀に飼料作物が外部から調達されるようになり、さらに二〇世紀にトラクターがウマにとってかわるまで維持される。このような家畜に依存した農業社会において三十年戦争は戦われたのである。

傭兵の出自と戦場における掠奪

さて、家畜飼育、飼料作物栽培、穀物栽培がセットになったヨーロッパの農業はその性格上、分割相続を不可能なものとしていた。狭い土地、少ない飼料作物で養えるウマの頭数では深耕のための犂を使えなくなるからだ。よって農村では単独相続か再婚による農地継承が中心となる。相続候補になれなかった多くの人々は、若いときには奉公人として他人の家を転々とし、成人後は小屋を借りて小作を行う住み込み人などになった。

都市でも状況は似たようなものである。商人組合(ギルド)や手工業者の同職組合(ツンフト)はひとつの都市における親方数を制限していた。長い期間修業しても、親方の座に空きがなければ自分の店を持つことは出来ない。そのチャンスを探して都市から都市へと遍歴する職人が増える。不作による食糧価格の高騰が生じると彼らは一気に困窮する。

傭兵になること、それは彼らのような人々にとっていざという時の魅力的な出稼《でかせ》ぎ手段だった。いや、出稼ぎという語は正しくない。故郷での人口圧に耐えかね、生きるために傭兵となった彼らに、帰ることのできる場所はないからだ。契約期間が終わればすぐに食い詰めてしまう。だから次の戦を求めて、給料を支払い、掠奪を認めてくれる雇い先を探し続けるしかない。

とはいえ、掠奪はなにも傭兵の専売特許ではない。同時代の従軍者は多かれ少なかれ掠奪を行っていたし、それは当然のことと考えられていた。例えばカトリック「連盟《リーガ》」の司令官ティリーは「自分の軍隊の入場を拒否した都市が、ヴァレンシュタインに市門を開いているのを見て驚い」ている。彼の軍で行われた正規の食糧探索は「掠奪と女を求めての蛮行とごちゃまぜにな」っており、都市や農村が忠誠を根拠に求めた安全保障に対してティリーがそれを約束しても、守ることができなかった。彼の兵士たちは「村に火を放ち、連れ去ることのできない牛を虐殺した」のである(ウェッジウッド『ドイツ三十年戦争史』)。

ヴァレンシュタインの軍は、程度の問題ではあるが、これよりはいくらかましだった。彼は占領した都市に貨幣による税を課した。その額はティリーよりも重かったが、それは兵士への供給を増やすことで直接的な掠奪の機会が減らせるという考えに基づいていた。そもそも彼が他の傭兵隊長より多くの兵を集めて運用できたのには理由がある。彼は出身地ベーメンで所領を買い集め、それらを十分に発展させていた。農業や手工業の振興に注力し、食糧の備蓄とマスケット銃などの武器、装備品の生産を行っていたのである。いざという時に自前である程度の食糧と武器を供給できること、これが彼の強みだった。そして彼の高い経営能力は同時代の投資家の信用も勝ち得た。プラハの高利貸しがヴァレンシュタインに融資した。彼は調達にかかった費用を融資によってまかない、占領先に課した軍税で返済することができたのである。戦闘終了や契約打ち切りによる傭兵の「失業」も他の傭兵隊長の下ほどには心配しなくて良い。膨れ上がった軍勢は、行軍先の領邦君主に雇い主ヴァレンシュタインへの軍税支払いを強制する圧力になっていたのだ。

過渡期の軍隊のかたち

十七世紀、ヨーロッパの経済の中心はアムステルダムだった。そこでは確実な給与の支払いによる忠誠確保を基礎に、歩兵、砲兵、工兵への徹底的な訓練を施すマウリッツの軍制改革が進行していた。しかしそれは大西洋やアジアからの富が集積するオランダでこそ可能な、一種の例外現象であった。スペインからの独立を可能にしたマウリッツの軍制改革を受け入れる土壌はまだ他の地域にはない。

ドイツの戦場では軍の司令官、あるいは雇い主である君主が予め兵士に装備や食料を配分する能力を持たなかったため、兵の行軍先での略奪を手段とする現地調達が基本であった。穀物や衣服は無論のこと、馬や飼料作物も略奪の重要な目的である。傭兵を雇う君主は傭兵隊長に賃金だけでなくそうした略奪の権利を認めざるを得なかったのである。もちろん物資供給は酒保商人(食糧や生活物資を供給する自営の従軍商人)も行っていたのだが、兵士の商人への支払い能力は雇い主の兵士への給与支払い能力に依存する。戦に勝って戦利品を掠奪できれば支払いは滞らない。酒保商人は信仰や忠誠などとは無関係に、商売になる陣営、すなわち勝って掠奪を実行している陣営に簡単に鞍替えした。

軍が掠奪による現地調達を基礎に動いていること。これを農民の側から捉えた場合、どういうことになるだろうか。軍事衝突の際にたとえ命が助かったとしても、掠奪を受ければ上述の三圃制を維持する手段を喪失し、翌年以降の収穫が得られなくなってしまう。三十年戦争期にドイツの人口が激減したのは、戦死によるものではない。このような掠奪や、行軍にともなう人および家畜の伝染病の流行の結果、村落共同体が維持できなくなってのことなのだ。

ヴァレンシュタインはこのような傭兵による戦争のやり方に変革をもたらした。所領経営と金融業者からの融資によって当時の水準をはるかに上回る大軍を養う。数の力で行軍先の領主領民に圧力を加え、兵による無秩序な略奪にかえて、各地の君主から軍税を徴収する。圧倒的な暴力におびえながらとは言え、また負担の規模がこれまでと同じかそれ以上だとしても、領民にとっては継続的な農業生産に不可欠な種籾や牛馬、農具などが自分の手に残る可能性が(わずかながら)生まれる方がましだった。

主権国家間の戦争

一方、軍税徴収のターゲットにされた領邦の君主にとっては事情が異なる。

宗派間の戦争は自らの宗派の正しさを信じ、相手を殲滅《せんめつ》したり、相手の勢力を徹底的に削いでしまったりすることをいとわない。しかし三十年戦争の過程の中で戦争の本質は宗派対立ではなく主権国家間の勢力争いとなった。カトリック側が優勢になった時点で、カトリック側のバイエルンなどが皇帝権の強大化を恐れてヴァレンシュタインの罷免を求めたのも、皇帝権の拡大によって自領邦での主権がそこなわれるのを恐れたからである。

そして主権国家間の戦争は獲得した領土への考え方をも変える。自陣営が勝ったとして、得られた領土からの税収が期待できなければ意味がない。生産の手段を略奪する傭兵の戦争は目的に合わなくなってきたのである。「智将務食於敵」すなわち「智将はできるだけ敵の食糧を奪うようにする」(『孫子』作戦編)というのは近代の戦争には当てはまらない。

三十年戦争終結以後、君主の主権を脅かすことのない軍隊の形が必要とされ、さらなる軍制改革が進められることになる。戦が終わって隊を離れた兵が掠奪に走らないよう、恒久的に給与が支給され住処が与えられる。常備軍である。しかしそれは軍事費を著しく増大させる。よってそれを支える財政の新たな仕組みも考案しなければならなくなる。それに成功したのは十八世紀のイギリスであった。

「財政＝軍事国家」の成功

イギリスは戦争遂行のための厖大《ぼうだい》な軍事費を予算に組み込み、国債を発行して資金を調達し、税収による債務履行を議会が保証する安定した仕組みを作り出すことに成功した。

十八世紀のイギリスは自由貿易拡大を国是《こくぜ》とし、地租のような直接税ではなく間接税を歳入の柱とする。輸入された茶や砂糖の消費が国内で拡大すればするほど、税収もまた増える仕組みを作り出したことにより、議会は政府が発行する国債に信用を与えることが出来るようになる。イギリスの覇権はこのような財政と軍事の結びつきによって現出したと言えよう。

ヴァレンシュタインの最期と皇帝軍の進化

三十年戦争期のドイツ諸領邦にはそのようなシステムは存在していなかった。強大な常備軍を創出し、維持するための財政の仕組みが整っていなかった。軍需産業と戦場を完全に分離し、機能的な輸送網によって接続する「兵站《へいたん》(ロジスティクス)」は三十年戦争の戦場のどこにも存在しなかった。が、ヴァレンシュタインの所領経営と軍税徴収システムは兵站と軍事費調達の仕組みへの不完全ながら重要な一歩だった。

ティリーの死後、司令官に復帰したヴァレンシュタインの手に渡された皇帝軍はもはや、彼の私兵ではなくなっていた。皇帝がハプスブルク家の世襲領において軍税を徴収し、その資金で兵を養う「皇帝の」軍になっていたのだ。暗殺が簡単に成功した理由はここにある。占領先ではなく自領で徴収された軍税によって、司令官個人ではなく司令官が所属する国家のために戦う軍。軍税徴収の仕組みを作り出したヴァレンシュタインが歴史の舞台から退場した時、皇帝の軍はもう一歩、近代軍に接近していた。自らが生み出した制度の成長によってヴァレンシュタインは葬られたのである。

イナゴのように全てを奪う傭兵の戦争。その非情な現実を変えるきっかけを作った人物としてヴァレンシュタインの名を記憶しても良いだろう。

⊙参考文献

シラー（濱川祥枝訳）『ヴァレンシュタイン』（岩波書店、二〇〇三年）
C・ヴェロニカ・ウェッジウッド（瀬原義生訳）『ドイツ三十年戦争史』（刀水書房、二〇〇三年）
ラインハルト・バウマン（菊池良生訳）『ドイツ傭兵の文化史―中世末期のサブカルチャー／非国家組織の生態誌』（新評論、二〇〇二年）
神寶秀夫「領邦国家体制」（若尾祐司・井上茂子編著『近代ドイツの歴史』ミネルヴァ書房、二〇〇五年、三～二六頁）
成瀬治ほか編『世界歴史大系　ドイツ史一　先史―一六四八年』（山川出版社、一九九七年）
マイケル・ハワード（奥村房夫・奥村大作訳）『改訂版ヨーロッパ史における戦争』（中央公論新社、二〇一〇年）
菊池良生『傭兵の二千年史』（「講談社現代新書」、二〇〇二年）
ルイス・フロイス（岡田章雄訳）『ヨーロッパ文化と日本文化』（岩波書店、一九九一年）
ヴェルナー・レーゼナー（藤田幸一郎訳）『農民のヨーロッパ』（平凡社、一九九五年）
金谷治訳注『新訂孫子』（「岩波文庫」、二〇〇〇年）
エーリヒ・ツェルナー（リンツビヒラ裕美訳）『オーストリア史』（彩流社、二〇〇〇年）
玉木俊明『近代ヨーロッパの形成―商人と国家の近代世界システム』（創元社、二〇一二年）
鈴木直志『ヨーロッパの傭兵』（山川出版社、二〇〇三年）

1599–1658年
17世紀のイギリスの軍事・政治的指導者。ピューリタン革命で絶対王政を打倒した。また宗教的寛容の発展に貢献した。

神の名のもとに虐殺・略奪を正当化
クロムウェル
…Cromwell…

馬渕 彰

オリヴァ・クロムウェルは、一五九九年、イングランド東部のハンティンドンのジェントリの家に生まれ、ピューリタン的信仰を母親から受け継いだ。ケンブリッジ大学シドニー・サセックス・カレッジとロンドンの法学院リンカーンズ・インに学んだ後、一六二八年に初めて下院議員にえらばれ、その後も一六四〇年の短期議会と長期議会で議員に選出された。

一六四〇年代に始まる「ピューリタン革命」では、王権神授説をとるステュアート朝チャールズ一世の絶対王政の廃止と、イングランドでの共和政の樹立に、彼は議会派の軍隊を指揮して著しく貢献した。クロムウェルは、自ら「ニューモデル軍」を率いてイングランドやウェールズ、アイルランド、スコットランド各地の反対勢力を制圧し、革命体制を守った。一六五三年、この新体制内で議会と軍隊との対立が高まると、彼は議会を解散に追い込み、終身の護国卿《ごこくきょう》に就任し、軍事独裁によって革命体制の維持に努めた。新体制の行方に苦慮していた最中の一六五八年、彼は志半ばで病気により死去した。クロムウェルの遺体は、ウェストミンスター寺院に埋葬された。

一六六〇年の王政復古でステュアート王朝が復活すると、クロムウェルは「国王弑逆者《しぎゃく》」とみなされ、極悪な犯罪者として彼の遺骸は墓からタイバーン刑場に運ばれ、柱に吊るされた。十八世紀においても同様に、彼は偽善者として嫌悪される歴史上の人物として語られ続けた。だが、十九世紀に入ると、絶対王政を倒した国制改革者としての良い評価が彼に与えられ始めた。その後も、独裁者としての側面が限定的なものに過ぎなかったとされて彼の負の側面が小さく扱われるようになっていき、愛国者としてイギリスの内乱後の混乱を治め、立憲政治や宗教的寛容の発展に大いに貢献した偉大な人物との評価さえも現れ始める。さらには、凋落《ちょうらく》していたイギリスの国際的な政治的地位や経済力が再びヨーロッパの主要国のレベルまで高められたことも、クロムウェルの功績や偉業として論じられるようになった。このように、彼への評価は、これまでにマイナスからプラスへと大きく変容してきており、今日でも人によって彼のイメージは大きく異なっている。

シドニー・サセックス・カレッジのチャペル(筆者撮影)

「クロムウェルの首」

ケンブリッジ大学のシドニー・サセックス・カレッジには、「クロムウェルの首」が埋められている。一年という短い間ではあったが、クロムウェルは学生としてこのカレッジに在籍した。今日、カレッジの正門をくぐり、その右手にあるカレッジ・チャペルに行くと、ドアの横の壁に一つのプレートがある。そのプレートには、「一九六〇年三月二五日、この場所の近くに、オリヴァ・クロムウェルの頭部が埋葬された」と記されている。埋葬場所は正確にではなく、あえて「この場所の近く」とあいまいに書かれている。「クロムウェルの首」が盗まれるのを防ぐためという理由もあるだろうが、他にも理由があると言われる。クロムウェルに憎しみや恨みに近い嫌《けん》悪《お》感《かん》を抱く人々は、今も昔も少なくない。そのことを配慮した結果なのかもしれない。

クロムウェルに対する評価は、歴史学者の間でも、またイギリスやアイルランドの一般の人々の間でもさまざまであり、英雄としての賞賛から、悪漢としての酷評まで、幅広く分かれている。イギリスに滞在していたある日本人の英文学者は、国教会の礼拝に出席し、その礼拝後にクロムウェルの功績をうっかり語ったところ、その教会の教会員から厳しく叱られ

シドニー・サセックス・カレッジのチャペルの入り口の扉と、「クロムウェルの首」について記されたプレート。（筆者撮影）

たという。今日でもある人々にとって、クロムウェルは国王を弑逆した謀叛人《むほんにん》にすぎない。イギリスの英雄ではなく、それとは正反対のイメージで記憶されるべき人物なのだ。

クロムウェルが人々の心に残した傷跡は、非常に深い。議会側の指導者として専制的な絶対王政を廃し、複雑な国際情勢のもとで国益を護り、プロテスタント国家をカトリック勢力の攻撃から死守し、輝かしい歴史の一頁を綴った一偉人としてだけではなく、なぜ、いつまでも悪人としても語り継がれているのか。その理由の一端を、クロムウェルの軍隊がアイルランド侵攻で繰り広げた、虐殺と略奪の実態に見ることができる。

シドニー・サセックス・カレッジのチャペルの入り口にあるプレート。この近くにクロムウェルの頭部が埋葬されたことが記してある。

ピューリタン革命とクロムウェルの台頭

クロムウェルが軍隊の司令官となったのは、「ピューリタン革命」と呼ばれる歴史の流れの中であった。十七世紀半ばのイングランドでは、絶対王政の君主を支持する王党(宮廷)派と地方有力者ジェントリたちに支えられた議会(地方)派の間で、利害の衝突が激しくなり、国内が二分される事態が生じた。この対立には、キリスト教に関する見解の相違も強く作用していた。王党派は、国教会制度を重視していた。国教会は、十六世紀の宗教改革時にヘンリ八世により始められた、イングランド国王を長とする、一種の民族的国定教会である。主教制度を用い、国内すべての教会を国王の中央集権的指導下におこうとした。他方、議会派の多くは、十六世紀の宗教改革指導者カルヴァンの唱えた改革路線を、イングランドで徹底させようとした。彼らは一般的に「ピューリタン(清教徒)」と呼ばれ、福音への個人的信仰に基づく信徒の共同体を重視し、カトリックや国家に歪められ腐敗した教会とは異なる、清い教会(「ピュアな」信仰共同体)の形成を目指した。「ピューリタン革命」は、ピューリタンの議会派が王党派を倒し、国家の指導権を握っていく歴史である。クロムウェルは、議会派のピューリタンの軍事指導者として頭角を現した。

「ピューリタン革命」当初、クロムウェルは政治的にも軍事的にも名をはせていなかった。一六四二年からの第一次内戦でクロムウェルの率いる部隊が活躍したことで、彼は軍事的指導者として注目され始めた。彼の部隊は後に「鉄騎隊《てっきたい》」と呼ばれ、その部隊編成では社会的身分ではなく、キリスト教信仰による結束が重視された。彼の軍隊は、戦いへの参加を「神からの使命」と信じる兵士で構成された、「聖なる軍隊」であった。一六四三年十月のウィンスビーの戦いや一六四四年七月のマーストン・ムーアの戦いで、クロムウェルの部隊は大活躍し、議会派に勝利をもたらした。

だが、議会軍は、軍全体としては大きな弱点を持っていたため、国王軍に対する最終的な勝利をおさめられずにいた。各地の連合部隊から成っていた議会軍は、武器の不足や兵士の戦闘経験不足、議会派上層部の一部が国王との決戦を回避するといった問題の他に、各地の連合部隊がその地の境界線を越えて戦おうとしない問題に悩まされていた。これらの解決のために、一六四五年二月、議会は条例によって議会軍を再編し、総司令官のもとで国内全土にて軍事行動の可能な新しいタイプの軍隊、「ニューモデル軍」を創設した。イギリスでの「国民の軍隊」・「近代的軍隊」の誕生である。議会派は、このニューモデル軍により、一六四五年六月のネイズビーの戦いで国王軍に大勝利をおさめ、戦局をかえることに成功した。この戦いではクロムウェルは副司令官として戦い、彼の鉄騎隊がこの戦いの勝敗を決したと言われる。

内乱終結後、軍隊の維持に莫大な経費がかかったため、議会は軍隊の解散を考えた。この動きに反対し、給与未払いのままだった兵士たちが反乱を起こした。これに国王チャールズ一世とスコットランドとが結託する動きや、王党派などの反乱も加わり、一六四八年三月、イングランドは第二次内乱に陥った。クロムウェルらは、一六四八年十二月に軍事クーデタ(プライド・パージ)を起こし、国王との和解の選択肢を捨てきれない長老派議員を議会から追放した。また、彼はニューモデル軍を率い、イングランド各地だけでなく、ウェールズやスコットランドでも反革命勢力を駆逐《くちく》し、第二次内乱を鎮圧した。

一六四九年一月、チャールズ一世は処刑され、五月にはイングランド共和国樹立が宣言された。その直後、クロムウェルは、総司令官としてアイルランドとスコットランドの反革命勢力の掃討作戦を開始した。一六五三年四月にはイングランドの議会(ランプ議会)を解散させ、同年十二月に彼は護国卿に就任した。護国卿政権は、彼の背後にある軍隊に支えられた独裁であり、クロムウェルは実質的には「王冠のない王」となった。このようにクロムウェルの台頭は、「ピューリタン革命」の歴史の流れに掉《さお》さし、彼の卓越した軍事的才能と彼の指揮下の強力な軍隊によってもたらされた。

アイルランド侵攻

一六四九年一月に国王チャールズ一世が処刑され、同年五月に共和政がイングランドで宣言されると、クロムウェルはこの新体制の維持・推進のために、イングランドの政策に不服従なアイルランドの反革命勢力の掃討を決意した。彼にとってアイルランドは、反革命勢力の拠点だけでなく、堕落した人々が信奉する、神の御心から外れた異端であるローマ・カトリックの拠点でもあった。クロムウェルは、議会軍であるニューモデル軍を率いて、アイルランドを制圧し、その地を神の御心に基づく真のキリスト教世界に正すことこそ、自分が神から与えられた使命だと解した。

一六四九年七月十日、クロムウェルはアイルランド侵攻のために、ロンドンを出発した。まず向かったのは、イングランド南西部の港湾都市ブリストルである。そこで約一か月を過ごした後、彼は八月十三日に一万二〇〇〇人の軍勢を率いて、アイルランドに向けブリストル港を出た。アイルランドにてクロムウェルの軍隊を迎え撃つのは、オーモンド侯が率いる国王軍だった。オーモンドの軍隊は、約二万人近くで構成されていたが、その構成員は決してアイルランド人ローマ・カトリック教徒一色ではなかった。一六四八年五月に国王支持を表明したアイルランド南部のイングランド国教会主義者も加わっており、さらに、アイルランドに古くから住んでいたイングランド人カトリック教徒や、国王処刑の知らせに激怒した長老派など、イングランドの議会に反感を抱く多様な人々によってオーモンドの軍団は構成されていた。オーモンド軍は、クロムウェルのブリストル出港前、アイルランド東部のダンダルクからドロヘダに至る地域を議会軍の支配下から奪い取るなど、高い戦闘能力を示していた。一六四九年には、ダブリンをも包囲する勢いを見せた。

クロムウェルはブリストルを発つ前、オーモンドの軍隊に対して劣勢となっていたアイルランドの議会軍を助けるために、三個連隊を派遣していた。これが功を奏し、議会軍はオーモンド率いる国王軍を急襲し、敗走させた。議会軍のこの戦闘の成果により、八月十四日、クロムウェルはダブリンに難なく上陸できた。他方、オーモンドの軍隊は議会軍に敗れ撤退し、ボイン川河口のドロヘダに兵を集結させ、クロムウェル率いるニューモデル軍の攻撃に対して徹底抗戦する構えを整え始めた。

ドロヘダ攻略の惨劇

ドロヘダ攻略のためにダブリンから北上してきたクロムウェルは、九月三日にドロヘダ近郊に到着した。彼は、九月十日、ドロヘダの守備隊に降伏を呼びかけた後、議会軍に攻撃を命じた。ドロヘダ城の城壁に突破口を開くために、まず議会軍は城壁めがけて砲撃を開始した。議会軍は突破口を開くことに成功したものの、壁に開いた穴が狭すぎたため、なかなか壁の向こう側に兵士を送り込めなかった。ドロヘダの守備隊の守りは固く、議会軍は城壁を突破するまでに二度も撤退を余《よ》儀《ぎ》なくされた。激しい攻防戦となったが、クロムウェルの軍隊が容赦なく攻撃を繰り返したことで、議会軍は市内突入に成功した。ニューモデル軍が突入するやいなや、ドロヘダ市内は修羅場《しゅらば》と化した。

❖クロムウェル関連の年表

年号	出来事
1599	オリヴァ・クロムウェルの誕生
1616	ケンブリッジ大学シドニー・サセックス・カレッジに入学
1628	下院議員に当選(ハンティンドン選出)
1640	短期議会・長期議会のそれぞれで下院議員に当選(ケンブリッジ選出)
1641	アルスターでアイルランド反乱の勃発(10月)
1642	第一次内乱の勃発(8月)
1643	ウィンスビーの戦いの勃発(10月)
1644	マーストン・ムアの戦いの勃発(7月)
1645	「ニューモデル軍」の創設(2月)、ネイズビーの戦いの勃発(6月)
1646	第一次内乱の終結(5月)
1648	第二次内乱の勃発(3月)、軍事クーデター(プライド・パージ)で長老派議員の追放(12月)
1649	チャールズ一世の処刑(1月)、共和国樹立の宣言(5月)、アイルランド侵攻の開始(8月)、ドロヘダの攻略(9月)、ウェクスフォードの攻略(10月)
1650	スコットランド侵攻の開始(7月)
1652	第一次英蘭戦争の開始
1653	残部議会(ランプ議会)の解散(4月)、護国卿に就任(12月)
1654	スペインとの戦争の開始
1655	対スペインでフランスとの条約締結
1658	クロムウェルの死去(9月)
1960	シドニー・サセックス・カレッジに「クロムウェルの首」の埋葬

侵入した議会軍の圧倒的強さに、国王軍の兵士たちはたちまち士気を失った。議会軍に包囲されたドロヘダの守備隊は、助命嘆願が議会軍に認められたため、降伏を決意した。しかし、ニューモデル軍によって国王軍兵士たちに与えられた助命の約束は、すぐに破られた。議会軍はただちに将校や兵士たちを処刑し、それに続いて老若男女の一般市民の殺戮《さつりく》に取りかかった。議会軍の攻撃に抗してドロヘダの国王軍とともに戦っていたアーサー・アーストン卿は、降伏後、クロムウェルの兵士によって彼がつけていた木製の義足を外され、その義足で殴り殺された。ドロヘダ市民の多くは、迫りくる難を逃れるために市内のセント・ピーターズ教会に駆け込んだ。彼らは武器をもっ

ておらず、何の抵抗もできない人々であった。それにもかかわらず、全員が殺された。教会の尖塔《せんとう》の中には、百人ほどの人々が避難していたが、クロムウェルの命令によってその尖塔に火が放たれた。炎から逃げ出そうとした者は、槍で突き刺された。ドロヘダの女性たちは、敵であるニューモデル軍の兵士でも当然女性に対しては特別な扱いをするだろうから心配不要と思いつつも、念のために聖堂の地下室に身を隠した。しかし、彼女たちも見つかり次第、虐殺された。議会軍兵士たちは、殺害した女性たちから金銭や宝石などを奪い取った。また、議会軍に捕まえられた幼い子供たちの中には、議会軍兵士によって盾の代わりにされた、との言い伝えも残る。教会堂の屋根裏部屋や回廊に突き進む際、物陰に隠れている敵が放つ銃の弾にあたらないように使われたという。このような大量殺戮と略奪行為が、ドロヘダ市内で五日間も続いた。

クロムウェルは庶民院議長宛の書簡において、敵の兵士十人につき一人を処刑し、残りは船で西インド諸島のバルバドス島へ流刑にしたと報告している。だが、実際に何人を送ったかは明らかではない。ドロヘダ攻略で議会軍が殺害した人数については諸説あるが、捕虜のほぼ全員とカトリック聖職者などをあわせて、二万八〇〇〇人が虐殺されたと言われている。

ウェクスフォード攻略の惨劇

クロムウェルとニューモデル軍によるドロヘダでの大量殺戮の噂が周囲に広まると、アイルランド各地の都市や城砦は、クロムウェルからの降伏の呼びかけに素直に応じるようになった。ドロヘダ占拠直後の九月十三日、チャールズ一世の遺児である王太子チャールズが、アイルランドへの進出のためにフランスのコタンタン半島沖に位置するジャージー島に渡った。クロムウェルは、これを機に他の国々の軍隊もチャールズ側に立って参戦してくることを恐れた。そこで彼は、アイルランド南東端のウェクスフォードを攻略し、守備を固める決意をした。

ウェクスフォードに到着したクロムウェルは、十月三日、まずはウェクスフォード防衛司令官デビット・シンノット大佐に降伏を呼びかけた。ウェクスフォード市内には、身の安全の保障さえ約束されるならば、降伏してもよいと考える人々が少なからずいた。しかし、シンノットと彼の部下たちは、嵐になりそうな兆候が空に見られたため、悪天候によって敵側の戦意が低下し、ウェクスフォード守備隊側に好機が訪れるかもしれないとの期待を抱いていた。予想通り悪天候となり、クロムウェルの兵士たちは雨風にさらされ、実際に疲弊した。交渉を難航させた他の原因は、シンノットがクロムウェルに要求した降伏条件だった。シンノットは、降伏後もローマ・カトリック信仰がウェクスフォードで認められることを要望した。アイルランドを真の信仰の世界に正すための、神からの使命を帯びているとの宗教的信念を表明するクロムウェルには、その条件をのむのは難しかった。

交渉は、一週間も続いた。交渉中にもかかわらず、十月十日、とうとうクロムウェルは砲兵隊に砲火を命じた。ドロヘダとは異なり、ウェクスフォードの場合は突破口を開くことにすぐに成功した。翌日もクロムウェルは砲撃をつづけ、再びシンノットに降伏を呼びかけた。だが、またもやシンノットは、クロムウェルが認めないであろう降伏条件を提示した。その条件には、守備隊が銃をもったままウェクスフォードから西に約三〇キロメートル離れたニュー・ロスへ行進することの許可や、ウェクスフォード港の私掠船《しりゃくせん》乗組員と商人がこの港から出ることの許可のほか、市内のカトリック聖職者を殺害しないことの約束などが含まれていた。降伏の見込みがないと悟ったクロムウェルは交渉を打ち切り、ニューモデル軍が市内に攻め入った。ウェクスフォードを守備していた国王軍は混乱状態に陥り、兵士たちは持ち場の城壁を離れ、市内の奥深くの隠れ場や市外への逃げ道を捜し始めた。

クロムウェル軍がウェクスフォード市内に突入して市が陥落すると、ここでも大殺戮が始まった。ニューモデル軍の兵士たちは、市内の各所で彼らの意の欲するまま略奪し、虐殺した。ウェクスフォードの守備隊の兵士たちで、まだ逃げ出していなかった者は、ウェクスフォードの市場の広場に一旦退却し、迫りくるクロムウェル軍に対し徹底抗戦する構えを整えた。シンノットも含め、多くの兵士がそこで命を落とした。わずか一部の者だけが市の壁を越えたり、船に乗ったりして殺戮を免れた。しかし、他の多くの者は、市に隣接するスレーニー川を渡って逃げる際やウェクスフォードの港から逃げ出す際に溺死《できし》した。ウェクスフォードではクロムウェルの軍隊により、カトリックの聖職者全員の他、兵士や一般市民など約一五〇〇名から二〇〇〇名が殺害された。この攻略戦では、市の広場の十字架のもとに「ご加護」を求めて寄り添った二〇〇人ものウェクスフォードの女性たちも、大殺戮の餌食《えじき》になったと伝えられている。

クロムウェルの弁明

アイルランド侵攻でクロムウェルと議会軍が行った虐殺や略奪は、イングランドやウェールズでのクロムウェルの軍隊による、それまでの戦いでは見られない規模や内容のものだった。クロムウェルは、このアイルランドでの非人道的行為の正当化を試みる。

クロムウェルは、まず一六四一年にアイルランドで発生したアルスター反乱に言及する。この反乱に関しては、十五万人以上ものプロテスタントのイングランド人やスコットランド人がカトリックのアイルランド人に虐殺されたとの、誇張された報告が、イングランドに伝えられていた。その報告を口実に、クロムウェルは、一六四一年の反乱時での虐殺への当然の報いとして、彼のアイルランド侵攻での大殺戮を正当なものとみなせると考えた。

クロムウェルはさらに、アイルランドでのニューモデル軍の大殺戮を、神の摂理《せつり》であったと解釈し、その行為を神聖化した。虐殺や略奪を、神の御心《みこころ》から外れたカトリック教徒への神の審判とみなし、聖なるものとした。そもそも、「ピューリタン革命」でクロムウェルの台頭を支えた決定的なものは、クロムウェルの独特な宗教的信念や使命感だった。それらは、ピューリタン的信仰表明を重視した鉄騎隊の編制やその統制、ニューモデル軍の指揮での不屈な精神や強い意志の源泉としてすでに効果を発揮していた。時として聖書と個人的信仰に基づくキリスト教信仰というピューリタン的信念は、クロムウェルを介して、ローマ・カトリックや国教会などを信奉している人々に対する無慈悲で非人道的な扱いを正当化した。またクロムウェルは、自分自身についても、神の目的のために特別に選ばれた器《うつわ》とみなしていた。その宗教的信念や使命に逆らったり、邪魔したりする者には、「聖なる軍隊」を手にした彼によって、神の御怒りによる容赦のない死やその恐怖が与えられた。

王権神授説のステュアート朝絶対君主を継いだのは、国を導く権力を神授したとの強い信念を持つクロムウェルだった。己の良心の呵責《かしゃく》を免れさせるクロムウェルの独特な宗教的信念や使命感に基づくレトリックは、向かう所敵なしの「聖なる軍隊」の力を、命乞いをする女性や子供に対してでさえも遺憾《いかん》なく発揮させた。彼のアイルランドでの大殺戮は、「あなたの敵を愛しなさい」と説いたイエスの姿よりも、異教への妥協を一切許さない、『旧約聖書』に出てくるヨシアやギデオンやダビデといったイスラエルの士師や王の勇ましい姿を想起させる。だが神の名のもとに虐殺や略奪を正当化したクロムウェルの弁明に、一体どれくらいの人々が心の奥底から納得させられるだろうか。独特な宗教的信念のクロムウェルと彼の指揮下の議会軍が強行したアイルランド各地での虐殺や略奪は、彼の主張に同意できないアイルランドの多くの人々の心に、決して消え去ることのない憎悪の念を刻むこととなった。

揺れ続ける評価

クロムウェルによってもたらされたアイルランドの惨劇は、アイルランド侵攻時の大虐殺や略奪だけで終わらなかった。一六五二年八月の「アイルランド土地処分法」制定後、アイルランドの土地はアイルランド人から奪い去られることとなっていく。カトリック領主は、アイルランド西部への移住を強いられるなどの苦渋を味わった。

クロムウェルの評価は、彼の死後、国王への謀反や大虐殺を起こした悪人とするものから、立憲政治や議会制民主主義の発展への貢献者としての評価まで、彼の時代から今日まで大きく揺れ動いてきた。現在でも歴史家の間では、彼の評価は定まらない。評価の難しさの原因には、クロムウェルの生き方や政治的方針が一貫していなかったことにもあると言われる。アイルランド侵攻では、彼はカトリックを神の厳しい審判を受けるべき異端として扱ったが、国際上の外交戦略では、スペインとの戦争でカトリック擁護のフランスと同盟を結んでいたのは、その一例だ。今日指摘されているように、アイルランド侵攻が付随的に大西洋三角貿易の発展を促し、後のイギリスの経済的発展に貢献したとの評価も可能なのかもしれない。だが、クロムウェルとニューモデル軍の活躍が、大英帝国の貿易の発展や、立憲政治の確立、プロテスタント信仰の擁護といったことに、直接・間接的に貢献しようが、無残な殺され方をした側に少しでも立って考える勇気や想像力のある人々には、断じて赦《ゆる》してはいけない歴史上の人物や出来事であろう。アイルランドでの虐殺・略奪行為は、クロムウェルの消し難い「汚点」として残っているだけではなく、クロムウェルの思想や政策に潜んでいた非人道的な本質を鮮明に映し出すものなのかもしれない。人によっては、クロムウェルこそ、キリスト教を曲解した異端者であり、彼の行為は、良心の呵責を無視した悪行でしかない。北アイルランド紛争直前の緊張高まる一九六〇年、「クロムウェルの首」が正確な場所が明かされず、シドニー・サセックス・カレッジにひっそりと埋葬されたのも、不思議なことではないように思える。

⊙主な参考文献

小泉徹『クロムウェル――「神の摂理」を生きる』(「世界史リブレット　人」〇五三、山川出版社、二〇一五年)
清水雅夫『王冠のないイギリス王　オリバー・クロムウェル――ピューリタン革命史』(リーベル出版、二〇〇七年)
田村秀夫編著『クロムウェルとイギリス革命』(聖学院大学出版会、一九九九年)
Cusack, Mary Francis, *The Illustrated History of Ireland from 400AD-1800AD*, 1st ed. in 1868, rep. in 2001, Random House Value Publishing.

❖…アイルランド侵攻の記述は、Cusackの書に多く負っている。

1602–61年
フランス王国の宰相。幼少で即位したルイ14世を支え、フランス絶対王政の礎を築いた。

マザラン
…Mazarin…

国家の財政難を利用して莫大な富を築く

嶋中博章

ジュール・マザラン（一六〇二―六一年）は、フランス王国の宰相としてルイ十四世を補佐し、王権の強化とフランスの強国化に努めた。内政では度重なる税の増徴がフロンドの乱（一六四八～五三年）を引き起こすことになったが、高等法院や大貴族を中心とする反政府勢力を抑え、前任者リシュリュー以来の中央集権化を推し進めることに成功した。一方、外政ではオーストリア・スペインの両ハプスブルク家との戦争を有利に進め、ヨーロッパの国際政治におけるフランスの覇権の確立に大きく貢献した。一六五九年のピレネー条約では、ルイ十四世とスペイン王女マリー＝テレーズの結婚を実現させ、のちのスペイン－ブルボン家成立のきっかけを作った。こうしたマザランによる内外両面にわたる地固めののち、太陽王ルイ十四世の「絶対王政」が築かれることになる。

異例の出世

フランス王権のためになした奮闘努力にもかかわらず、同時代人の間でのマザランの評判は芳しいものではなかった。その要因として、彼が生粋《きっすい》のフランス人ではなかったこと、そして「外国人」でありながら急速な出世を果たしたことが挙げられる。実際マザランはイタリアの生まれで、もともとの名はジュリオ・マザリーニ（ないしマッツァリーノ）といい、ローマ教皇に仕える外交官だった。一六三四年に臨時教皇大使としてフランスに赴任し、翌年からは教皇特使代理としてフランス政府との交渉にあたっていた。このときの働きぶりが、当時ルイ十三世の宰相《さいしょう》を務めていたリシュリュー枢機卿《すうききょう》の目にとまり、彼に請われて一六三九年以降、フランス王に仕えることとなったのである。その後の展開は早かった。フランス王に仕えて二年経った一六四一年には、念願だった枢機卿の地位を手に入れる。その翌年、リシュリューが亡くなると、ルイ十三世は故人の助言に従い、マザランを新たな宰相に据える。さらにその一年後、今度はリシュリューの後を追うようにルイ十三世が亡くなるが、その際、王は摂政《せっしょう》となる王妃アンヌ・ドートリッシュにマザランを重用するよう遺言した。そして王妃も王の遺言を守り、引き続きマザランを宰相の座にとどめ信頼を寄せた。こうしてマザランは、一六六一年三月の死まで約十八年にわたりフランス王国を導いていくことになる。

「外国人」マザランが権力の中枢を担うことに不満を抱く人びとは、彼と摂政アンヌとの関係に疑いの目を向けた。二人が君臣の関係を越えて、愛人関係、あるいは夫婦関係にあるのではないかというのである。もちろん、未亡人とはいえ王妃と一介の大臣が結ばれること自体スキャンダルであるが、さらに二人の間には歴然とした身分差があった。王妃アンヌはスペイン王フェリペ三世の娘であり、実の弟は現スペイン王フェリペ四世である。一方マザランはといえば、母オルタンシア・ブファリーニこそイタリア中部ウンブリア州の貴族の出であるが、父カルロはシチリアの地主の息子に過ぎなかった。血統に重きを置くフランス貴族から見れば、マザランは平民出身の成り上がり者に過ぎず、身分をわきまえず王家の血を引く歴とした王妃と結ばれるなど、許されることではなかったのである。こうした不適切な関係の噂は、フロンドの乱に際し、反マザラン派の人びとに格好の攻撃材料を提供した。フロンドの乱の時期に飛び交った約五〇〇〇種もの文書類は、その多くが宰相マザランないしその政府を攻撃していることから(約四〇〇〇が反マザラン、反政府の内容であった)、「マザリナード」と総称される。中でもコンデ親王ルイ二世に雇われた文筆家クロード・デュボスク=モンタンドレの作品は、文章の巧みさと内容の過激さで知られる。その彼が書いた小冊子『王妃の悪魔祓《はら》い師』(一六五二年)では、マザランと王妃アンヌの関係の異様さが次のように表現されている。《王妃はマザランの野郎に取りつかれている(la Reyne est possedée [sic.]par le Mazarin)。この宮廷の小鬼はこの王女の心を操っている。悪魔たちが捕えた人びとの肉体を操るのと同断である》。「取りつく」を表すフランス語の「posséder」には「女性と肉体関係をもつ」という意味もあり、ここでも宰相と王妃の性的な関係を示唆していると考えられる。二人の実際の関係については歴史家の間でも議論されてきた。現在では、王妃も宰相も絶えず衆人環視の下におかれていた状況などから判断して、二人の間に性的な関係まではなかったとの見解が一般的のようである。ただし、愛人関係はなかったとしながらも、二人が強固な精神的紐帯《ちゅうたい》によって結ばれていたことまでは否定しない。リュシアン・ベリーは自らが編纂した『ルイ十四世事典』(二〇一五年)の中でこう語る。「おそらく二人の間に愛はあっただろう。……この関係に性的なものはなかったとしても、アンヌは彼女を喜ばせ励ます親切な言葉に包まれていた」。いずれにせよ、肉体関係云々は抜きにしても、当時のフランスには、二人の親密な間柄を不自然なものと感じ、マザランの異例ともいえる立身出世に違和感を抱く人びとが数多くいたのである。

前代未聞の資産

もうひとつマザランに対する疑念は、彼が築いた財産にも向けられた。公金を横領して不正に蓄財していると日に陰にささやかれたのである。亡くなる一カ月前の一六六一年二月、死期を悟ったマザランは、こうした悪口を知ってか知らずか、誰も予想しなかった行動に出る。自分の財産は王の気前の良さのおかげだとして、そのすべての返還を王に申し出たのである。ただし、王がその申し出を拒否するのを見越していたようで、それよりも前から相続人の選定作業を行っていたらしい。実際ルイ十四世が財産の遺贈を断ると、マザランは直ちに遺産相続の手続きを進めた。マザランは聖職者で子どもがないため、相続人に指定されたのは姪のオルタンス・マンシーニとその夫アルマン・ド・ラ・ポルトだった。このときマザランは財産目録の作成を一切禁じたため、彼がどれほどの財産を所有していたのかは結局、謎のまま残されることとなった。同時に、公金横領の疑いも晴らされることなく、マザランの暗黒伝説のひとつとして語り継がれることにもなったのである。

❖表1　マザラン、リシュリュー、フーケの財産

（単位：リーヴル）

項目	マザラン	リシュリュー	フーケ
土地	5,248,700	5,000,000	3,043,476
家屋	1,495,000	1,500,000	705,000
官職	2,278,000	2,600,000	781,000
王に付随する諸権利	2,617,657	3,500,000	2,530,609
個人的債権	9,902,253	1,140,000	6,019,000
現金	8,704,794	4,080,000	1,480,914
美術品・宝石等	4,424,102	1,720,000	304,551
証券類	301,599	2,000,000	665,000
書籍・写本	22,486	?	?
合計	34,994,591	22,400,000	15,531,550

（阿河「近世期フランスの王権と貴族」102頁より。
Dessert,《La fortune de Mazarin》p.205、id.,《L'affaire Fouquet》p.258をもとに作成）

マザランの資産については、現在もその全容が解明されたわけではない。それでも、ダニエル・デセールらの研究によって、そのおおよその姿が判明してきた。そこには驚きの結果が含まれている。まず、現在明らかにされている資産の総額は約三五〇〇万リーヴルである。これに未解明の分を含めれば約四〇〇〇万リーヴルになると推計される。これはマザランが亡くなった一六六一年当時の国家予算の半分近くに相当する金額で、アンシアン・レジーム期の個人が残した資産としては最高額である。一方、負債が少ないのも特徴で、一四二万一〇〇〇リーヴルと見積もられている。

マザランの資産規模の大きさは、他の大臣や大貴族と比較しても突出している。例えば、マザランの前任者リシュリューが残した財産は二二四〇万リーヴル（負債は六五〇万リーヴル）、王族筆頭コンデ親王アンリ二世（先述のコンデ親王ルイ二世の父）が一六四六年に残した遺産が一七八〇万リーヴル（負債は一三三万七〇〇〇リーヴル）、そしてマザラン亡き後、一時はその後継者と目されたニコラ・フーケが一五五〇万リーヴル（負

債もほぼ同額の一五五〇万リーヴル)であった。マザランについて特記すべきは、資産が形成された期間の短さである。マザランはフロンドの乱の時期に二度の亡命を経験し、その際すべての財産を失っている。つまり、マザランのこの莫大な資産は、二度目の亡命から戻った一六五三年二月から亡くなる一六六一年三月までのわずか八年間で形成されたのである。

次いで資産の内訳についても見てみたい(表1を参照)。他の大貴族同様、マザランも広大な土地と多くの邸宅を所有している。土地については、王から下賜《かし》されたアルザスの領地(フェレット伯領やベルフォール伯領など)や、大貴族から買い取ったヌヴェール公領やマイエンヌ公領などの大所領が中核を成す。邸宅に関しては、パリだけでマザラン宮(現在の国立図書館旧館)をはじめ七つの邸を構え、判明している限りではローマにも一軒所有していた。官職については、当時、大臣職も含めその多くが売官制の対象であり、いわば個人資産と認識されていた。官職はその保有者に定収入をもたらしたが、聖職者でもあったマザランは二〇を超える修道院も所有し、そこから多額の聖職禄を得ていた。その総額は宰相や国務評定官など宮廷官職からもたらされる収入よりもはるかに多かった(表2参照)。さらにマザランの場合、宰相や国務会議評定官など中央での役職に加えて、アルザス地方総督、ブリサック総督、フィリップブール総督、ブルアージュ総督、そしてオレロン島およびレ島の要塞総督など辺境地域の要職を数多く保有していることが注目される。こうした東部国境地域や、大西洋沿岸部・島嶼部《とうしょぶ》は国土防衛上の拠点でもあり、マザランが意図して戦略的に重要な地方を統制しようとしていたことを窺わせる。王に付随する諸権利とは、本来であれば間接税の名目で

❖表2　マザランの官職収入(1661年)

官職	収入(単位:リーヴル)
主席大臣(宰相)	20,000
枢機卿	18,000
国務会議評定官	6,000
特別年金	100,000
国王教育長官	60,000
ヴァンセンヌ隊長	8,000
聖職禄	572,600

注…これらは官職収入の一部にすぎない。
総督職等の収入については不明である。
(阿河「近世期フランスの王権と貴族」104頁をもとに作成)

王が徴収すべきさまざまな税を指す。具体的には物品間接税(aide)や入市税(octroi)、さらには王領収入などが含まれる(なお、ここでいう「王領」とは、国王直轄領の他、鉱山支配権や貨幣鋳造権など国王大権に基づく諸権利を指す)。財政難に際して王権はしばしばこれらの諸税の徴収権を個人に譲渡したのだった。

これら土地、家屋、官職、そして国王付随の諸権利は、伝統的にリシュリューをはじめとする他の大臣や大貴族にとっても資産の重要な部分を占めており、額は多いがマザランの財産だけの特徴ではない。マザランの財産を特徴づけているのは、何といっても個人的債権、現金、美術品・宝石等の割合がきわめて高いことである。これら三項目を合わせた額は、資産全体の六五パーセント以上を占める。個人的債権で注目したいのは、スウェーデン、ポーランド、イギリスなど諸外国の王妃や、シュヴルーズ公夫人、グラモン公、ギーズ公など国内の大貴族への貸付で、その総額は二七二万六〇〇〇リーヴルにのぼる。マザランは彼ら有力者たちに恩を売ることで、外交や国内政治を有利に進めようとしていたと考えられる。個人的債権でもうひとつ注目されるのが、一一〇万リーヴルの国家ないし王への貸付である。具体的には、王が所有する船舶の艤装《ぎそう》や、マザラン自身が総督を務めるオレロン島やレ島の防衛に必要な資金を前貸ししたのだった。現金、美術品・宝石については、またしても亡命せざるをえない状況が来ることを恐れたマザランが、逃亡用の資金としてため込んだとされる。それほどまでにフロンドの乱での経験は、マザランに心理的な深い爪痕《つめあと》を残したともいえる。マザランが所有した宝石でとくに有名なのは、王に遺贈した十八個のダイヤモンドで、「十八人のマザラン」(les dix-huit Mazarins)とも称される。その中のひとつ「サンシ」(Sancy)と名のついた石は、かつてブルゴーニュ公シャルルが所有していた名宝で、五三カラット以上の大きさがあり、それだけで六〇万リーヴルの値がついた(ちなみに、現在「サンシ」はルーヴル美術館に所蔵されている)。とはいえ、マザランがたんに逃走資金としてのみこれらの宝飾品や美術品を所有していたのではないことは、ブリエンヌ伯が伝えるマザラン晩年のエピソードから窺うことができる。

……ある日、私が彼の宮殿の小アパルトマンを散歩していると……大病から回復したばかりの憔悴《しょうすい》しきった人物のように、彼が部屋履《ば》きを引きずって歩く音が聞こえてきた。私は綴《つづ》れ織りの裏に隠れた。……彼は非常に衰弱していたので一歩一歩立ち止まり、あっちを眺め、こっちを眺め、目に飛び込んできた作品に視線を投げかけ、心の底からこう言った。「これらすべてと別れなければいけないとは！……これらの作品を手に入れるのにどれほど苦労したことか！　未練なく手放せようか。あの世ではもう見ることができないというのに」。私はこれらの言葉をはっきり耳にしたのだ。

資産形成のからくり

問題はマザランがなぜ八年という短期間のうちにこれほどまでの財産を築くことができたのか、そしてそれは果たして批判者たちが言うように、公金を横領しての不当な資産形成であったのかである。マザランが死の直前に、自分の財産は王の気前のよさによるとして全財産の返還を申し出たことはすでに述べた。しかし、そもそも当時のルイ十四世は莫大な負債に苦しんでおり、気前よく与えたくても、そのような財政的余裕はなかった。実際、マザランの財産で王から下賜されたものは、アルザスの領地と王妃付きの官職の他を除けばほとんど何もなかった。マザランが瞬く間に財産を築くことができたのは、あるひとりの人物の働きが大きい。その人物とは、のちに財務総監としてルイ十四世の親政を支えることになる、ジャン＝バティスト・コルベールである。

コルベールがマザランに仕えるようになったのは、フロンド真っ只中の一六五〇年から一六五一年の頃とされる。マザランがドイツに亡命する前後の時期にあたり、内戦の混乱の中で財産を維持ないし再建するために有能な財産管理人を探していた。一方のコルベールは陸軍卿ル・テリエの私設事務官を務めていたが、宰相に忠実な陸軍卿の推薦を受けてマザランのために働くこととなったのである。コルベールが新しい主人のために指南したのは、宰相の地位を最大限活用して利益を上げる方法だった。もう少し露骨でない言い方をすれば、国王への奉仕と宰相個人の利益を結びつける手段である。とくに王に付随する権利の譲渡は、マザランに大きな利益をもたらした。さらに、税の徴収には請負制度が採られており、請負契約を希望する財政家たち、いわゆるフィナンシエ(financiers)から多額の賄賂《わいろ》を受け取ることができた。あるいは官職の斡旋《あっせん》も同じように大事な現金収入の手段となった。売官制の下において、官職購入希望者が支障なく事を運ぶために仲介者となり得る有力者に袖の下を渡すことは、当時広く認められた慣行であった。実際、一六六〇年にパリ高等法院検事職の相続を仲介したとき、コルベールはマザランに三〇万リーヴルを得ることができると報告している。こうして得た莫大な現金は、マザラン自身が「金融業者」として振る舞う際の元手ともなった。彼が多額の個人債権を有していたことは先に確認した通りである。中でも王への前貸しは、国家に尽くしているように見せながら、その実、多大な利益を宰相個人にもたらすことを可能にした。とくにマザランが力を入れたのが海洋事業で、船舶の艤装《ぎそう》にはことのほか熱心に取り組んだ。財政難に悩む王に代わって船を艤装し、商船や私掠船として活動させて利益を得ていたのである。マザランがブルアージュ、オレロン島、レ島など大西洋に面した都市や島々の総督を務めていたのは、沿岸防衛の戦略的必要性もあったであろうが、それと同じくらい、あるいはそれ以上に、こうした海洋事業での

美術品陳列室のマザラン(ロベール・ナントゥイユ、1659年)
(Ranum, *Paris in the Age of Absolutism*, p. 281. より)

利益獲得を意図してのことだった可能性も否定できない。

こうして見てくると、マザランの資産形成は、暗黒伝説が言うように公金の横領とまではいえないにしても、国家の財政危機を最大限利用して成し遂げられたことだけは間違いない。徴税請負にせよ、官職売買にせよ、国家財政が健全であれば行う必要はなかった。もちろん、国庫が涸渇《こかつ》してさえいなければ、王が大臣から前借する必要もなかった。マザランの資産の多くは、国家ないし国王が財政難に陥っていたからこそ手に入れられたものであった。このような手段で財を成したのは、マザランだけに限ったことではない。前任者のリシュリューも、マザランの懐刀コルベールも、同じような手を使って懐《ふところ》を肥やした。ただマザランは他の誰よりも大々的に、半ば独占的にそれを行うことに成功したのである。マザランが遺産の相続にあたって遺産目録の作成を禁じたのは、そうした資産形成のからくりが明かされることを嫌ったためと考えられる。D・デセールはこのからくりにアンシアン・レジーム期のフランスが抱えるアポリアがあると指摘する。「絶対王政のいかなる改革もたちまち失敗する運命にある。なぜなら、有益な変革を遂行すべき人びとが、変革にいかなる利益も見出さないばかりか、そうした変革の妨げとなるからである」。フランス王権の強化に努めたマザランであったが、同時に、王権をその内側からもっとも蝕《むしば》んでいたのもまた彼であった。結局、このような体制はルイ十四世の親政開始以降も大幅な改善はなされず、受益者の顔ぶれだけを変えながら、大革命まで持ち越されることになる。

⦿参考文献
阿河雄二郎「十七世紀フランスの国家財政の構造—財政危機とフィナンシェ—」（中村賢二郎編『国家—理念と制度—』京都大学人文科学研究所、一九八九年、三七九—四一頁）
阿河雄二郎「近世期フランスの王権と貴族—政治史と社会史の接合の試み—」（『社会経済史学』第五九巻一号、一九九三年、八八—一一六頁）
クリスチアン・ジュオー（嶋中博章・野呂康訳）『マザリナード　言葉のフロンド』（水声社、二〇一二年）
Katia Béguin, *Les princes de Condé*, Seyssel, Champ Vallon, 1999.
Lucien Bély (dir.), *Dictionnaire Louis XIV*, Paris, Robert Laffon, 2015.
Francois Bluche, *Dictionnaire du Grand Siécle*, Paris, Fayard, 1990.
Daniel Dessert, 《La fortune de Mazarin》, dans *La France de la Monarchie absolue 1610-1715*, Introduction et bibliographie commentée de Jöel Cornette, Paris, Seuil, 1997, pp. 203-213.
Id., 《L'affaire Fouquet》, dans *La France de la Monarchie absolue 1610-1715*, pp. 243-258.
Claude Dubosc-Montandré, *L'exorciste de la reyne*, s.l., 1652.
Pierre Goubert, *Mazarin*, Paris, Fayard, 1990.
Orest Ranum, *Paris in the Age of Absolutism*, Pennsylvania State University Press, 2002.
Andre Zyberg, 《L'ascension de Colbert》, dans *La France de la Monarchie absolue 1610-1715*, pp. 259-276.

1672–1725年
ロシアのロマノフ家第4代ツァーリ。西欧モデルの近代化を強力に押し進め、ロシアを大国の地位に押し上げた立役者。

道を踏み外した放蕩者、伝統の破壊者

ピョートル大帝

…Pyotr…

黛 秋津

ピョートルに対する二つの評価

ロマノフ朝の三〇〇年にわたる長い歴史の中で「大帝(Velikiy)」の称号を持つ皇帝はピョートル一世とエカチェリーナ二世のみである。しかも、両者のうち「大帝」の称号をつけて呼ばれることが多いのは圧倒的にピョートル一世の方であろう。この事実は、彼がロシア史において傑出《けっしゅつ》した皇帝であったことを示していると言える。実際、彼が西欧モデルの近代化を推し進め、「遅れた」ロシアを、西欧諸国も一目置くような大国の地位に押し上げたことに異議を唱える者はほとんどいない。このような「強力な改革者」としてのピョートル一世の評価はすでに確固としたものとなっており、我が国においてもそうしたイメージが定着していると思われる。

しかしながら、彼に対してはもう一つ別の見方が存在することも忘れてはならない。それは「伝統の破壊者」という評価である。もちろんいかなる状況においても、改革を行うとはすなわち、新しいものを取り入れ伝統的なものを捨て去ることにほかならないが、ピョートルの場合、彼の改革

があまりに性急で上から強引に進められたことが問題だった。そのため同時代はもちろんのこと彼の死後であっても、保守的な人々にとってピョートルは、正しい道を踏み外し、麗しきロシアの伝統や価値観を破壊する者と映ったのである。このような否定的な評価もまた、彼の行った改革の一つの側面を表していると言えるだろう。そこで以下、こうした「伝統の破壊者」としての側面に光を当てながら、ピョートル一世の治世と彼の改革を見てゆくことにしたい。

少年時代における西欧との出会いとあこがれ

ピョートル一世は、一六七二年に皇帝アレクセイ・ミハイロヴィチの子として生まれた。一六七六年の父親アレクセイの死後、ピョートルの兄フョードルがフョードル三世としてその跡を継いだが、その兄も六年後に死亡し、ピョートルは一六八二年にわずか十歳で皇帝として即位することになった。この時、彼が長子でなかったにもかかわらず伝統に反して即位することになったのは、異母兄であるイヴァンが、体が弱く障害を持っていたのに対し、ピョートルは大柄で極めて健康な少年だったからである。しかしこの時、イヴァンの姉、すなわちピョートルにとって異母姉である皇女ソフィアとその勢力が、イヴァンを皇帝位につけるために常備軍である銃兵隊を扇動してピョートル支持派を襲撃させ、その結果、兄イヴァンもイヴァン五世として即位することになった。ピョートルは即位早々、共同統治者の一人という地位に甘んじることとなり、しかもソフィアが摂政として実権を握ったため、彼はクレムリンから遠ざけられ、母ナターリアやその取り巻きたちとともにモスクワ郊外のプレオブラジェンスコエ村に居住することになった。皇帝の役割を半分にされた上に宮殿から追放されるという不遇な時期を過ごすことになったピョートルであるが、この村で過ごした少年時代の経験が、彼のその後の統治に決定的な影響を及ぼすことになる。それは、比較的自由な生活と外国人との交流の中で生まれた。

世の東西を問わず、十代前半の少年にとって「戦争ごっこ」は最も熱中する遊びのうちの一つであるが、大柄で活発なピョートル少年も例外ではなく、他の貴族の子弟や近隣の村の少年たちと共に自然豊かな村の中を駆け回った。皇帝である彼が特別だったのは、そのような遊びの中とはいえ、実際に一つの連隊を編制して実物の武器を使用できたことである。この戦争ごっこの中で作られた、少年たちからなる連隊は俗に「遊戯連隊」と呼ばれ、後に本物の近衛連隊として重要な役割を果たすことになるが、彼らはそうした遊びを通じて武器の扱いや戦術などを学んでいった。その際、そうした実践的な技術を教えたのが、ロシアに来ていた西欧人たちであった。

彼の住む村の近くには外国人の居留地があり、そこにはドイツ人をはじめ、西欧各地からの移住者が集まり暮らしていた。彼らは各々の職業において比較的高い技術を持っており、ピョートルは日常的にこうした人々と接して様々な技術を学び、かつ、遠方の西欧の話に耳を傾けた。ピョートルは取り立てて勉強ができる少年ではなかったが、人一倍の好奇心を持ってあらゆる知識を吸収した。とりわけ実用的な技術、中でも、先に述べた戦術や軍事技術に加え、航海術や造船術への関心は高く、それがその後の黒海・バルト海への進出へとつながることになった。その他に、彼に大きな影響を与えたのは、古い保守的なロシア社会とは異なる、外国人居留地の自由な雰囲気であった。そうした雰囲気の中で暮らすピョートルにとって、皇帝として時折出席しなければならないクレムリンでの務めは退屈極まりないものであり、彼は村での戦争ごっこに明け暮れ、ロシアの中に例外的に存在する自由な小「西欧社会」と関わる生活を好んだ。その意味で、クレムリンからの追放は彼にとってそれほど不遇ではなかったのかもしれないが、ともかく、本来であれば、ビザンツ帝国とロシア正教の文化的精神的伝統のもと、宮殿の中で帝王学を学ぶべき彼が、「連隊」の中で村の少年らと行動をともにし、外国人との日常的なかかわりの中で青春時代を送ったことは、一国の為政者としてはかなり特殊なケースであったことは間違いない。こうした少年期の体験がその後、それまでのロシアの皇帝には見られないような型破りな彼の統治につながることになる。

伝統への嫌悪感

ピョートルが宮殿から追放されていた当時、ロシアはオスマン帝国と戦争中であった。しかし、クレムリンで権力をほしいままにしていた摂政ソフィアが行った二度のクリミア遠征がいずれも失敗に終わったことから、彼女の威信は失墜し、今度は銃兵隊がピョートル側を支持した結果、ソフィアとその一派は権力から排除された。こうして一六八九年、ピョートルはクレムリンに戻ることになったが、その後もしばらくは政治を母や貴族たちに任せて相変わらず村での軍事教練と西欧人との交流に明け暮れた。クレムリンに戻ったピョートルに対して総主教や廷臣たちが求めたものは、伝統にのっとった皇帝としての振る舞いであった。極めて保守的な彼らにとって、西欧からやってきた外国人は「異端」であり、皇帝がそのような輩と接するなど決して容認できないことだったのである。しかしピョートルはこうした「古臭い」考えに凝り固まったクレムリンの廷臣に反発し、日々外国人居留地に入り浸って乱痴気騒《らんちき》ぎを繰り返し、また相変わらず遊戯連隊での訓練に熱中するなど、これまで通りの気ままな生活を楽しむことを優先させた。少年期に自由な生活を送り、華やかな西欧の文化になじんだピョートルにとって、ロシアの伝統はすべて忌み嫌うべき対象だったのである。

しかしその数年後、母ナターリアの死去を契機にピョートルは自ら政治を行い始め、そして共同皇帝のイヴァン五世が一六九六年に死去すると、以後、嫌悪の対象であるロシアの伝統を打ち破るべく、自らの強力なイニシアティヴにより一連の改革を進めることになる。彼はまずオスマン帝国からアゾフ海北東の重要拠点アゾフ要塞を奪取し、さらに対オスマン同盟者探しと視察を兼ねて、九七年に大使節団を西欧に派遣した。彼が偽名を使ってその一員に加わり、オランダの造船所で自ら技術を学んだことは有名だが、実際は訪問先の各国とも彼が身分を隠して参加していることは承知していた。アムステルダム、ロンドン、ウィーンなどを一年余りかけてまわり、西欧諸国の実情と優れた技術を目の当たりにしたピョートルは、帰国後早速、ロシアの西欧化改革に取りかかる。彼はまず宮廷の習慣を西欧風に改めさせるべく貴族たちの長いひげを自ら切り落とし、さらに勅令によってひげを伸ばしている者に罰金を科した。当時のロシアの男性にとって、ひげは神から与えられた名誉と考えられており、西欧人のようにひげを剃ることは、正教徒から異端となるに等しいことであった。さらに服装に関して、カフタンと呼ばれる伝統的な長袖ガウンに代わって西欧風の上着や半ズボンを着ることが義務付けられた。この他にも、従来の暦を変えたり、悪魔の草として正教会が禁じていたタバコの喫煙を普及させたりと、ピョートルは従来の伝統を次々と変えていった。このような皇帝による西欧の模倣の押し付けに対して民衆は戸惑い、皇帝が反キリスト者であるとか、あるいは「本物の皇帝は旅の途中で死亡し、現在の皇帝は偽物である」というような、動乱時代の偽ドミトリーを思わせる噂さえ広まった。ピョートルは一七〇〇年にスウェーデンに対して、いわゆる「大北方戦争」を開始したが、ロシアの劣勢の中で民衆の負担が次第に増大すると、こうした皇帝と民衆の溝はさらに深まって行き、彼の死後までそれが埋まることはなかった。しかし、彼は民衆の不満を力で抑え込んだ。

力で抑え込んだのは民衆ばかりでなく、正教会も同様であった。皇帝の改革に批判的だった総主教が一七〇〇年に死亡すると、ピョートルはその後任を指名せずに代理の者を任命して総主教の座を空位のままにしておき、その後徐々に正教会への規制を強めて皇帝の権威の下に従属させていった。

抵抗する民衆と教会をこのようにして抑えたピョートルは、さらに次々と西欧モデルの改革を進めていった。

家族への冷酷な仕打ち

ピョートルの伝統への嫌悪は、自らの家族に対しても向けられた。話は前後するが、彼はプレオブラジェンスコエ村に暮らしていた時にエヴドキア・ロプーヒナという女性と結婚した。彼が十七歳の時である。この結婚は、日々戦争ごっこと乱痴気騒ぎに明け暮れるピョートルを落ち着かせるべく、母親が決めたものであった。しかし開放的で魅力的な外国人居留地の女性たちに夢中になっていたピョートルは、この信仰心篤く慎み深い花嫁に関心を示さず、この若き皇后のもとを訪れることはまれであった。それでも彼女との間に皇太子アレクセイが生まれ、跡継ぎを得たピョートルはこの息子を自らの後継者とすべく努力するが、それがのちに悲劇を生むことになる。

ピョートルの自由奔放な生活は、息子の誕生後も改まることがなく、大使節団に自ら参加し西欧を見聞して帰国すると、かの地の女性たちと比べ魅力に乏しく、何といっても極めてロシア的なエヴドキアをますます疎ましく感じるようになった。当時、外国人居留地に愛人がいたこともあり、ピョートルは何の罪もないエヴドキアを修道院送りにすることを決め、金銭も世話人も与えることなく追放した。「自由の身」となった彼はその

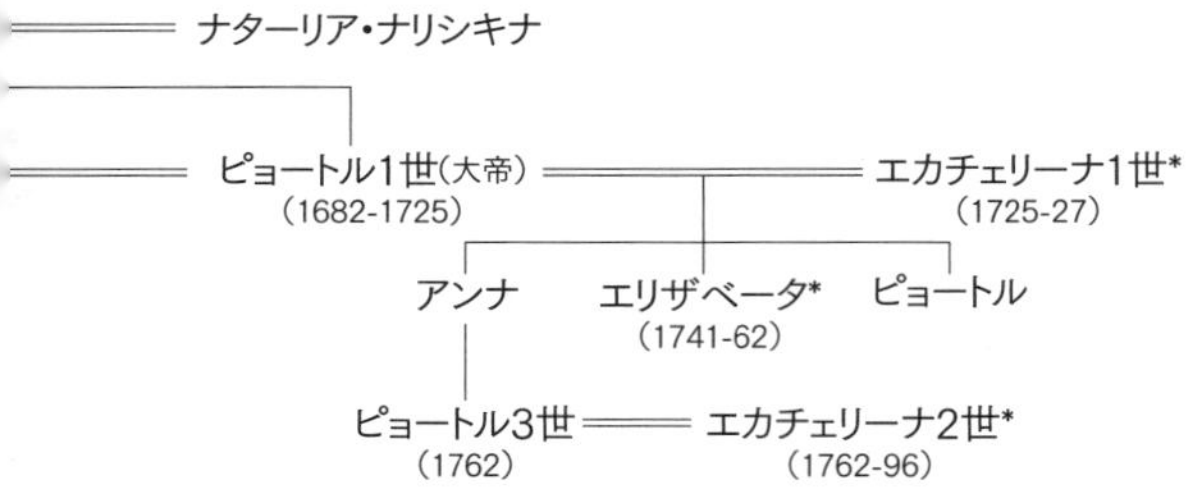

(ロマノフ朝系図2〔280頁〕に続く)

❖ロマノフ朝系図1

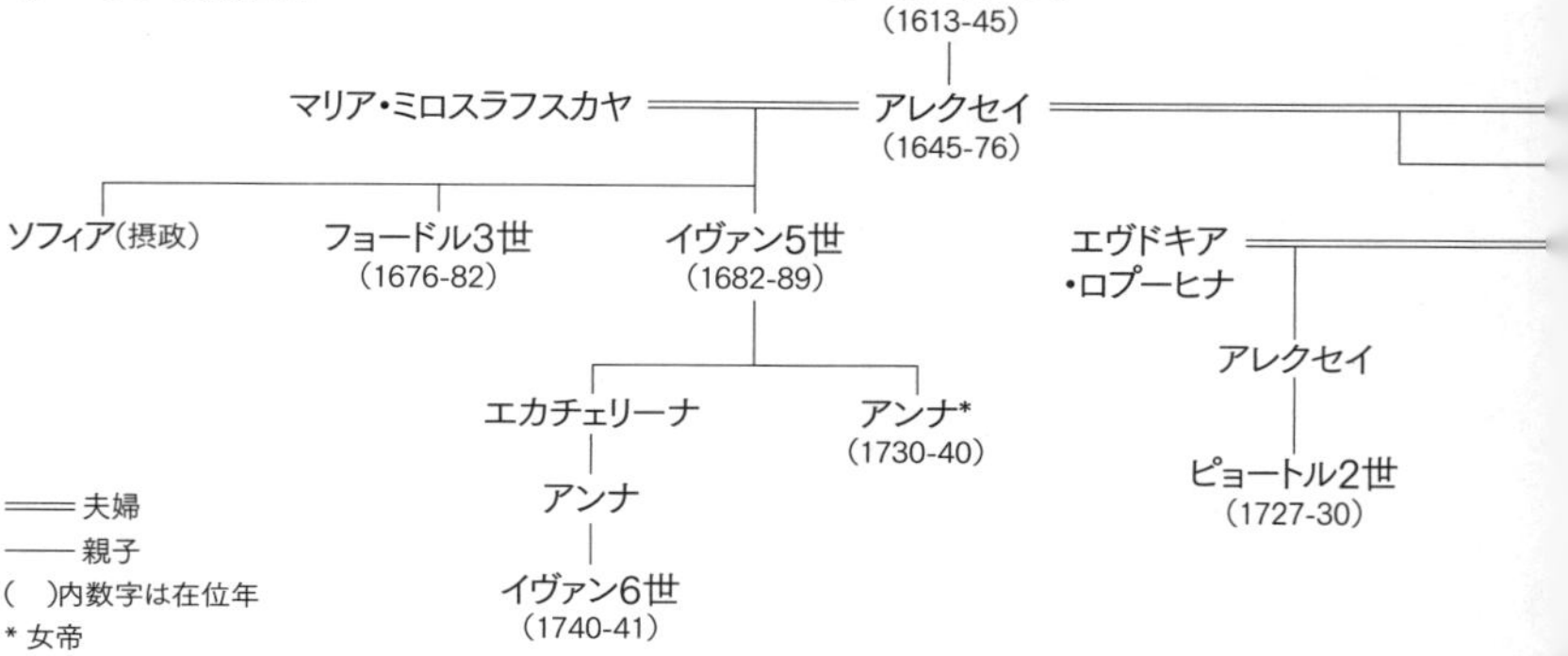

三年後、遠征の途中のスウェーデン領で見つけた家政婦マルタを連れて帰るが、正教徒に改宗してエカチェリーナとなった彼女は、ピョートルの信頼を得て後にピョートルの妻となり、彼の死後エカチェリーナ一世として即位することになる。

ピョートルは、エヴドキアを修道院に送る際、彼の唯一の息子であるアレクセイを彼女から取り上げ、自らの後継者として英才教育を施すことを決める。まず十代半ばのアレクセイを軍隊に入れて実際に戦争に参加させ、体を鍛え戦争技術を学ばせようとするが、虚弱な体質の彼は父の期待に応えられなかった。それならばせめて西欧的な知識と教養を学ばせようと、ピョートルは彼をドイツへ留学させ、さらにプロテスタントのドイツ人との結婚を強要した。しかしながら、こうした父の命令はアレクセイにとっては苦痛以外の何物でもなかった。八歳まで敬《けい》虔《けん》な正教徒である母の下で育った彼は、神への信仰に心の平安を見出すような、信心深く、かつ、体の弱い青年であり、ピョートルが求める心身ともに健康で西欧的教養と強力な指導力を持つ将来の指導者としての素質は持っていなかった。それでもピョートルはこの息子を、彼の考えるロシア皇帝としてふさわしい大人に育てようと努力したが、あらゆる面で自分と対照的な父に対するアレクセイの控えめな反発は日増しに高まっていった。

転機は一七一五年に訪れた。ピョートルの妻エカチェリーナが男の子を出産し、アレクセイ以外の皇位継承者が生まれたのである。父と同じくピョートルと名付けられたこの皇子の誕生により、唯一の後継者ではなくなったアレクセイの命運はほぼ決まった。ピョートルは、優柔不断な息子アレクセイに対し、改心し皇帝となるべく精進するか、それとも修道院で隠遁《いんとん》生活を送るかの選択を迫り、これに対してアレクセイは返答を引き延ばした挙句、愛人とともにウィーンへ逃亡した。これに激怒したピョートルは、追っ手をハプスブルク帝国へ差し向けてアレクセイを連れ戻し、その結果アレクセイは皇位継承権を正式に放棄させられ、さらにこの逃亡に関わった者たちの名を告白させられた。息子の告白に基づき、関係者には拷問《ごうもん》による取り調べが行われ、死刑を含む厳しい刑が科せられた。取り調べを受けた者の中には修道院にいるアレクセイの母エヴドキアも含まれ、息子の逃亡には関わっていなかったものの、愛人の存在が明らかとなったため、ピョートルはその愛人を串刺し刑にし、さらに彼女をより遠方の修道院に送った。そして、父の言う通り告白をしたにもかかわらず、アレクセイには新たに父に対する謀反の容疑がかけられた。父の目の前で拷問にかけられたアレクセイは自白をして容疑を認め、彼には死刑の判決が下された。死刑執行か、あるいは減刑や恩赦《おんしゃ》か、ピョートルの判断を世間が見守る中、拷問で衰弱したアレクセイは死亡した。享年二八であった。

しかしこのアレクセイの死因については当時から疑問視されており、実際には殺害されたのではないかと考えられている。その方法に関しては諸説あり、毒殺説からピョートル自らの手による処刑説まで様々であるが、ピョートルが直接手を下したかどうかはともかく、少なくとも彼がアレクセイの拷問に立ち会い、衰弱する自分の息子を助けることなく結果的に見殺しにしたことは事実であろう。にもかかわらず、一説には、息子の死の翌日に行われたポルタヴァでの戦勝の祝典をピョートルは大いに楽しんだという。これまでにも銃兵隊兵士の処刑などの機会にピョートルの残忍な一面は表れていたが、このアレクセイの事件は、ロシアを「正しい」方向へ導くべく尽力する彼に反対する者には、家族であろうとも容赦しないという、ピョートルの冷酷さを物語っている。

ピョートルの死とその後

ピョートルは一八二五年初めに死去するが、アレクセイから皇位継承権を奪い死亡させた後、すなわち彼の治世の晩年には、歯車が空回りし始める。無論、この時期にもピョートルの成功がなかったわけではない。一七二一年にようやくスウェーデンとの大北方戦争に決着がつき、ロシアは長年の念願であったバルト海への進出を果たした。周知のとおり、以後、その功績によりピョートルは「大帝」の称号を名乗ることになるが、こうした輝かしい勝利の一方で、思いがけない事態も起こった。それは、幼い息子ピョートルがわずか四歳でこの世を去り、彼の息子が誰もいなくなってしまったのである。かつて、十六世紀のイヴァン四世は、息子を杖で殴り死亡させ、その後幼い皇子ドミトリーも死亡したことにより、キエフ・ルーシから続いたリューリク朝が断絶することになったが、その時と同じく、アレクセイを死に追いやったことで、結果的にピョートルは皇位継承者を失うことになったのであった。正確に言えば、全ての皇位継承候補者を失ったわけではなく、死亡したアレクセイの息子、すなわち皇帝の孫にあたるピョートル・アレクセーヴィチがいたが、改革に後ろ向きだった「罪人」の息子を皇帝が後継者とするはずもなく、候補からは外れていた。

ここに歴史は繰り返されたが、ピョートルはイヴァン四世とは異なり、直ちに対応策を取った。彼は、万が一直系の男子が不在になる場合を考え、一七二二年に新しい帝位継承法を定めたのである。それは、皇族男子を皇位継承者とする従来の原則を改め、皇帝が生前に後継者を事前に指名する制度であった。その一方で、彼は新たに皇子を得るべく努力し、若い愛人が彼の子を身ごもるがその後流産し、結局この新たな帝位継承法が重要な意味を持つことになった。

一七二四年十一月、ピョートルがペテルブルク近郊を移動中、遭難した船から兵士を助け出そうと冷たい海へ自ら入って救助を行ったことをきっかけに、彼は病に倒れ、翌二五年はじめ、五二年間の生涯を閉じた。ピョートルの死を聞いた民衆は安堵《あんど》し、かつてのような時代がまた訪れることを期待した。結局最後まで、ピョートルが行ったことは民衆には理解不能なままであった。

しかし時代の歯車はすでに動き出していた。彼は自らの後継者を指名することなく死亡したことから、次の皇帝位をめぐって混乱が起こることも考えられたが、ピョートルを支えたグループが自らの権益を維持するために皇后エカチェリーナを支持し、ピョートルによって日陰に追いやられて巻き返しを図る名門貴族層を抑え込んだ。前述の帝位継承法では、特に後継者を男子と規定していなかったため、そうしたことが可能だったのである。こうして彼の妻エカチェリーナがエカチェリーナ一世として即位し、その後もこの法令が撤廃される十八世紀末までに、合計四名の女帝がロシアに登場することになる。

ピョートル一世は、青年期の体験から西欧モデルの改革がロシアを強力な国家にする唯一の道であるとの頑《かたくな》な信念を持ち、その類まれな強靭《きょうじん》な肉体と強い意志により、あらゆる障害を乗り越えて信ずる道を突き進んだ。彼の行った改革の成果は、その後のロシアの歴史が証明している通りであるが、その背後には、これまで述べたような、自分の妻や息子にも容赦しない冷酷さと、保守的な貴族や聖職者たちはいうまでもなく、民衆全てを敵に回すこともいとわず、極端なまでに古いものを捨て去ろうとする狂信性があったことも忘れてはならない。しかし、そうした表も裏も含めて、ピョートル一世は「大帝」の称号にふさわしい、ロシア史における最も傑出した皇帝の一人なのである。

⊙参考文献

アンリ・トロワイヤ(工藤庸子訳)『大帝ピョートル』(「中公文庫」、一九八七年)

土肥恒之『ピョートル大帝とその時代—サンクト・ペテルブルグ誕生』(「中公新書」、一九九二年)

土肥恒之『ピョートル大帝—西欧に憑かれたツァーリ』(「世界史リブレット 人」、山川出版社、二〇一三年)

1717−80年
国母と尊称される複合王政ハプスブルク君主国の君主。プロイセンに対抗しフランスと同盟するなど敏腕をふるう。

マリア・テレジア

虚像か、慈愛に満ちた国母

…Maria Theresia…

後藤秀和

一七一七年、神聖ローマ皇帝カール六世の娘として生まれたハプスブルク家のマリア・テレジアは一七四〇年、父が必死の思いで残した国事詔書(プラグマーティッシェ・ザンクツィオーン)に基づき、父の領土を継承したが、プロイセンやフランスの干渉を受け、これらと開戦する。一七四八年に終わったこのオーストリア継承戦争で、彼女はシレジア(シュレージエン、現在のポーランド西部)を失いつつもオーストリア大公位の継承に成功した。

カウニッツをはじめとする開明的な人材を登用して軍政・国政改革を進めつつ、夫フランツ・シュテファンとの間に十六人の子をもうけて、ハプスブルク家の継承に安定をもたらした。プロイセンに対抗するため一七五六年には宿敵であったフランスのブルボン家と同盟を結ぶ(「外交革命」)といった思い切りの良さを発揮するが、フリードリヒ大王からシレジアを奪い返すことには成功しなかった(七年戦争、一七五六―六三年)。

夫を亡くした一七六五年からは啓蒙君主として名高い子のヨーゼフ二世との共同統治期に入る。一七七〇年には娘マリ・アントワネットをフランスのブルボン家に嫁がせ、ブルボン家との同盟を強化した。

王朝断絶の危機を乗り越え、ハプスブルク君主国に栄光をもたらした「慈愛に満ちた強い国母」マリア・テレジアは、夫と子どもたちに囲まれ家族仲睦《なかむつ》まじく過ごす多くの肖像画とともに、今なお多くの人々に敬愛されている。

マリア・テレジア誕生前のハプスブルク家領——諸領邦の集合体

一六八三年のウィーン包囲失敗以後、プリンツ・オイゲンの活躍もあり、一六九九年のカルロヴィッツ条約でハプスブルク家はオーストリアの世襲領《せしゅうりょう》に加え、ハンガリー、トランシルヴァニア、スラヴォニア(現在のクロアティア東部)、クロアティアの大半を所領とすることに成功していた。しかし近世ヨーロッパにおいてひとりの君主が治める領土が、近代的な意味での統一的な領域国家、すなわち国境の中にひとつの議会、ひとつの法、ひとつの税制を備えた国家だったなどと考えることはできない。そもそも聖界領邦と呼ばれる世襲君主を認めない司教領や大司教領の存在が領土の一円化を妨げていた。ハプスブルク家領といっても、性質を異にする諸領邦が同一人物を君主として認めているに過ぎなかった。

プラグマーティッシェ・ザンクツィオーン

そのような状態であるから、君主の死は、それぞれの領邦と君主の関係の結び直しのきっかけとなり、また多くの継承戦争の原因となる可能性をはらんでいた。それゆえ歴代の君主は支配領域の分割を回避することに心を砕いたのである。しかし十八世紀、立て続けに危機が訪れた。

まずは十六世紀に分岐したスペイン系のハプスブルク家が断絶し、スペイン継承戦争(一七一〇—十四年)が勃発する。ブルボン家による継承がフランスのさらなる強大化につながると恐れた列強はこれに反発。その情勢を受けて一七〇三年オーストリア系ハプスブルク家、神聖ローマ皇帝レオポルト一世の次男カールがブルボン家出身フィリップ(ルイ十四世の孫)への対立国王に推され、反フランスの大戦争となった。事態が大きく動いたのは一七一一年。レオポルトの長男ヨーゼフは父の死去を受けて皇帝に選出されていた(一七〇五年)が、嫡子《ちゃくし》を残さずに死去し、カールがハプスブルク家領の唯一の相続者となった。神聖ローマ皇帝カール六世(在位一七一一—四〇年)である。

彼も兄と同様に世継ぎに恵まれなかった。そもそも相続問題から生じた大戦争である。よってすでにスペイン継承戦争のさなか、次の危機に備えてハプスブルク家領における相続順位に関する協定(男系長子相続の原則と男系断絶の際の女系相続)が定められていた。彼は相続にともなう諸問題を予期していたのだろう。その回避のため一七一三年、「全家領の不分割・不分離」と「女系相続の場合の自己の家系の他の兄弟の家系に対する優先」を内容とし、各領邦の自立性や特権を再確認する国事詔書(プラグマーティッシェ・ザンクツィオーン)を発した。数年間の努力によってハプスブルク家の世襲諸領邦の諸身分議会にこれを承認させることには成功したが、諸外国からの承認取り付けは難航する。最後まで残っていたフランスからの承認を得たのはようやく一七三八年、領土的な犠牲を払ってのことだった。

女帝？　複合国制における女性君主

プラグマーティッシェ・ザンクツィオーンを定めた三年後に生まれた待望の男子は乳児の段階で死亡し、翌一七一七年に誕生したのは女児だった。後にカールの相続人となったマリア・テレジア（一七一七—八〇年、在位一七四〇—八〇年）その人である。彼女は「女帝」と称されることが多い。確かに全家領に対する政治的権能は保持していたが、「帝」という称号となると、いささか事実と異なる。

ここにマリア・テレジアの晩年に発布された、とある法令の最初のページがある。大きめの字体でページの八割ほどを埋めているのは法令の中身ではなく、命令者であるマリア・テレジアの肩書きだ。

朕マリア・テレジア、神聖ローマ皇帝の未亡人、ハンガリー、ボヘミア、ダルマティア、クロアティア、スラヴォニア、ガリツィア、ロドメリアの女王、オーストリア大公、ブルグント、シュタイアー、ケルンテン、クライン公、

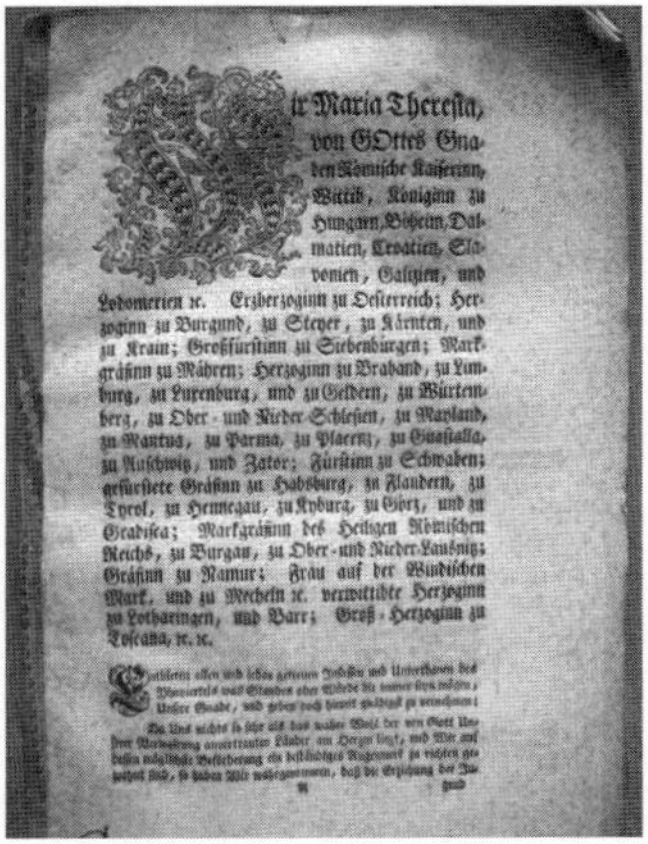

ir Maria Theresia, von GOttes Gnaden Römische Kaiserinn, Wittib, Königinn zu Hungarn, Böheim, Dalmatien, Croatien, Slavonien, Galizien, und Lodomerien ꝛc. Erzherzoginn zu Oesterreich; Herzoginn zu Burgund, zu Steyer, zu Kärnten, und zu Krain; Großfürstinn zu Siebenbürgen; Markgräfinn zu Mähren; Herzoginn zu Braband, zu Limburg, zu Luxenburg, und zu Geldern, zu Würtenberg, zu Ober- und Nieder-Schlesien, zu Mayland, zu Mantua, zu Parma, zu Placenz, zu Guastalla, zu Auschwitz, und Zator; Fürstinn zu Schwaben; gefürstete Gräfinn zu Habsburg, zu Flandern, zu Tyrol, zu Hennegau, zu Kyburg, zu Görz, und zu Gradisca; Markgräfinn des Heiligen Römischen Reichs, zu Burgau, zu Ober- und Nieder-Lausnitz; Gräfinn zu Namur; Frau auf der Windischen Mark, und zu Mecheln ꝛc. verwittibte Herzoginn zu Lothringen, und Barr; Groß-Herzoginn zu Toscana, ꝛc. ꝛc.

1780年2月28日、イン地方学校令
この年の11月に逝去するマリア・テレジアが名乗っていた長い肩書き。ひとりの君主が不可分一体のひとつの国土を治めているといった国家観からはほど遠い、「臣民との関係を異にするさまざまな領邦のそれぞれの君主」としてのマリア・テレジア。（筆者撮影）

ズィーベンビュルゲン大侯、モラヴィア辺境伯、ブラバント、リンブルク、ルクセンブルク、ゲルデルン、ヴュルテンベルク、上・下シレジア、ミラノ、マントヴァ、パルマ、ピアチェンツァ、グアスタッラ、アウシュヴィッツ、ザトル公、シュヴァーベン侯、侯爵位に格上げされたハプスブルク、フランドル、ティロール、ヘネガウ、キーブルク、ゲルツ、グラディスカ伯、神聖ローマ帝国のブルガウ、上・下ラウスニッツ辺境伯、ナミュール伯、ヴィンディッシュ辺境伯およびメヘレンなどの女主人、ロートリンゲン、バル公およびトスカーナ大公の未亡人等々

彼女の生きた時代、「ハプスブルク帝国」という名称の国家は存在しなかった。あったのは来歴や住人を異にするが、ハプスブルク家出身者を君主に戴《いただ》くさまざまな領邦の集まりである。「ハプスブルク家出身者を君主とする国々」では呼びにくいため、我々はこれに「ハプスブルク君主国」という通称を与えている。

では帝国は存在しなかったのか。あるにはあった。神聖ローマ帝国である。範囲こそ現在のドイツだけでなくオーストリア、スイス、イタリア北部、オランダ、ベルギー、チェコと広いものの、古代ローマ帝国と比較すればあまりに分権的、さしあたり限定的な権限しかもたない連邦政府のようなものである。帝国の長たる皇帝は、有力な領邦君主すなわち聖俗の選帝侯《せんていこう》たちの選挙によって選ばれる。マリア・テレジアの父カールは皇帝に選ばれたが、彼女自身は選ばれてはいない。父の

死後、皇帝に選出されたのはバイエルン公カール・アルブレヒトである。マリア・テレジアの従姉妹を配偶者としていた彼は、ハプスブルク家世襲領への野心を持ち、最後まで国事詔書の承認を拒否し、自らの継承権を主張した。彼はプロイセンのシレジア占領を見て、フランスなどと結びチェコに侵攻、一七四二年二月にフランクフルトで皇帝に選出された(カール七世、在位一七四二―四五年)。一四三八年以降で初めて、ハプスブルク家出身者以外の皇帝が誕生したことになる。

ともかくマリア・テレジアは一度も皇帝の座についたことはなかった。神聖ローマ皇帝となったのは彼女の夫、ロートリンゲン公のフランツ・シュテファンである。といってもロートリンゲンの地は一七三八年、国事詔書承認の代償としてフランスに割譲《かつじょう》済《ず》みで、代わりに北イタリアのトスカーナ大公国を与えられていたのだが。「神聖ローマ皇帝の未亡人」「トスカーナ大公の未亡人」という肩書きはこのことを示している。

ところで、一地方の法令の冒頭においてさえ、すでに支配権を失っている地(パルマやロートリンゲン)を含め関わりのある全ての領邦名を挙げて肩書きを列記するというこの慣習は、なにも彼女だけのものではない。ヨーロッパ近世国家の特徴は「複合王政」である。全ての肩書きを名乗ることで君主は、自身が支配するそれぞれの領邦を別個のものとして扱い、各領邦の慣習や諸身分との約束を尊重することを示しているのである。そうしなければ統治できなかった。「絶対主義」は君主の目指す理想としては存在したかもしれないが、統治の事実としては存在しなかった。一人の君主が広い領土にひとつの法による支配を貫徹させる軍事的財政的基盤はこの時代にはまだない。

ハンガリー女王として

ハプスブルク家が世襲してきた領土のうち、問題はハンガリーであった。神聖ローマ帝国の「外」にあり、オスマン帝国との戦いの最前線でもあったハンガリーは十六世紀初頭までヤゲヴォ家が支配していた。ハプスブルク家のマリアとの婚姻後、モハーチの戦い(一五二六年)でヤゲヴォ家のラヨシュが戦没する。相続協定を元にハプスブルク家のフェルディナントが王位を求め西側部分を領有、在地勢力やオスマン帝国との長い戦いを経た十七世紀末、カルロヴィッツ条約によってハプスブルク家がハンガリー全土を支配下に置くこととなった。未だ最前線であり、この地に課せられた多大な軍事負担は反乱を招きもした。ハンガリーはハプスブルク家を歓迎してなどいなかった。

マリア・テレジアはそのハンガリー王位をも継承した。オスマン帝国は未だ警戒すべき相手であり、軍をここに駐留させ続けた。そうした事情もあり、一七四〇年のプロイセンによるシレジア占領が成ったのである。翌一七四一年四月のモルヴィッツの戦いでの惜敗《せきはい》、さらにバイエルンとフランスの侵攻という窮地《きゅうち》のただ中にあったマリア・テレジアはどうしたか。ハンガリーの諸身分議会に赤子のヨーゼフを抱いて登場し彼らの助力を求めたのである。それに応えたハンガリー貴族は彼女に忠誠を誓い、なんと軍隊と軍資金の提供を申し出た。後顧《こうこ》の憂いだったハンガリーを協力者へとかえ、圧倒的な不利を覆《くつがえ》した感動の場面が上記のものを含め多くの絵画に描かれている(図1)。

しかし実情はどうであったか。

そもそもハンガリーがハプスブルクの協力者へと変わったのはマリア・テレジアひとりの力によ

るものではない。父カール六世はハプスブルクの支配に反抗した貴族に大赦《たいしゃ》を与え、ドイツ系植民者によるハンガリー人抑圧を禁止した。そしてハンガリー貴族の農奴《のうど》に対する自由処分やハンガリー国政への参与などに関わる特権の維持を条件に国事詔書の承認を得た。ハンガリーとの関係修復、親ハプスブルク勢力の形成に尽力していた父の働きは無視できない。

また、赤子を抱いた女王の登場によって事態が一気に展開した、というわけでもない。プレスブルクにてハンガリー王冠を戴いてから三ヶ月間粘り強く交渉し、ハンガリー国制の遵守《じゅんしゅ》を約束し、貴族の特権の再確認をすることでようやく協力を得たのだ。しかも貴族達の要求を承認する決定が出された節目である九月十一日の議会において彼女は、赤子のヨーゼフを抱いてなどいなかっ

図1　赤子を抱いてハンガリー議会で
忠誠宣誓を受けるマリア・テレジア（作者不詳）
（オーストリア国立図書館図像Archivより。
Maria Theresia, römisch-deutsche Kaiserin
Beschreibung: Maria Theresia mit ihrem
Sohn Joseph auf dem Pressburger Reichstag
am 11. September 1741. Gelöbnis des
ungarischen Adels zur Unterstützung der
Königin im Österreichischen Erbfolgekrieg.
Kupferstich ohne Künstlervermerk）

た。彼はそのときまだウィーンにいたのである。ねつ造でも構わない。幼子を抱きハンガリー貴族の忠誠を受ける図像が発するだろうイメージの強さを計算し、持続力のある統合の道具として躊《ちゅう》躇《ちょ》なく用いたのだ。

ハンガリー貴族との攻防はその後も続く。七年戦争後、シレジア喪失の確定によってさらなる軍事行財政改革を決意したマリア・テレジアは、軍の徴用に耐えうる基礎体力を農民につけさせようと、貴族による賦役《ふえき》(領主である貴族の直営地のために農民が行う決められた日数のただ働き)の制限や農民保有地の保護などの改革を行った。しかし広大な直営地を経営するボヘミアやハンガリーの貴族層はこれに抵抗し、他の地域ほど改革が浸透しない。そこで彼女は頻発《ひんぱつ》する農民一揆を巧みに利用して、啓蒙官僚ブランの「農民の生存権は領主への義務に優先される」という主張を梃子《てこ》に、賦役制限政策をハンガリーにも広げていった。農奴の悲惨な生活の改善を啓蒙主義的に追求する、などという意図が彼女にあったわけではない。決定的な対立は巧妙に避けつつ、しかし一揆も啓蒙の主張も使えるものは何でも使い、農民の生産力をハンガリー貴族ではなくハプスブルク君主国のものとすること。それが彼女の目的だった。

啓蒙の時代と現実主義

理性を重視し、迷信を嫌い、宗教的寛容を旨とする有名無名の知識人が活躍した十八世紀にあっても、マリア・テレジアはカトリック信仰を固く守っていた。彼女は教会の権威や身分制そのものにまで「悟性・理性」による批判の矢を向ける「啓蒙Aufklärung」という言葉を嫌っていた。社会契約などによってではなく、神の恩寵《おんちょう》によって君主の座にあるのだ、そのように考えていた。この点で啓蒙の理想を掲げ、現実を無視してでもその理想の実現に邁進《まいしん》した息子ヨーゼフ二世とは異なり、彼女は自らの理想と現実との折り合いをつける手腕に優れていた。

十八世紀はすでに読み、書き、論じる教養ある人々がかたち作る公論あるいは公共圏を無視した政治が行えなくなった時代である。自らの思想信条に合わずとも、有能であれば道具として啓蒙の知識人を使いつくすのが彼女のやり方だった。治世前期の内政改革を担ったハウクヴィッツ、外交革命を実現させ、治世後期を支えた宰相カウニッツらがその代表である。「外交革命」を支える一連の政略結婚もカウニッツの意向を汲んだ策である。

自己演出のプロフェッショナル

彼女の生きた十八世紀は新たなコミュニケーションの時代でもある。多くの人々がサロンや公益協会、フリーメイソンなど、身分・地縁・職能をこえた新しいタイプの結社に集まり、政治や経済を議論し、イメージを消費し、共有し、発信するようになった。「啓蒙」

図2　Martin van Meytens作「家族図」（https://commons.wikimedia.org/wiki/File:Maria_Theresia_Familie.jpg?uselang=ja#filehistory）

を嫌ってはいても、そうした社会の変化に敏感に対応し、それを戦略的に利用することにためらいがないのがマリア・テレジアだった。

公論に対する図像を使ったイメージ戦略は、マリア・テレジアのもっとも得意とするところだ。啓蒙知識人の市民的価値観に沿うよう、質素な生活の様子や幼いモーツァルトとの親密なやりとり、仲睦まじい家族の団らんなどを絵画として描かせた。

多産な国母とその娘たち

とりわけよく知られているのが多くの子どもたちに囲まれたマリア・テレジアの「家族図」であろう(図2)。そこには威厳に満ちた君主というよりは家族を大切にする親しみやすい母のイメージがある。しかし君主国継承への挑戦を受けることから始まった彼女の人生において、子どもは何よりも君主国安定のための最大の道具として使われた事実を忘れるわけにはいかない。

彼女は一七三七年から一七五六年の二〇年間に五男十一女をもうけた。乳幼児死亡率の高い時代であり、長女マリア・エリーザベト、三女マリア・カロリーナ、次男カール・ヨーゼフ、七女マリア・カロリーナ、八女ヨハンナ・ガブリエレ、九女マリア・ヨーゼファは成人することなく死去した。

成人した男子のうち末っ子マクシミリアン・フランツは聖職者(ケルン大司教)となった。長男ヨーゼフは最初の結婚でパルマ公の娘、フランス王ルイ十五世の孫と結ばれる。三男レオポルトの相手はマリア・ルドヴィカ、ナポリとシチリアの支配者で後にスペイン王となるカルロスの娘。四男フェルディナントの配偶者はモデナ公女。イタリアに偏《かたよ》っているのは、オーストリア継承戦争の結果結ばれたアーヘンの和約によってスペイン・ブルボン家に奪われたイタリアへの影響力を、特にブルボン家との関係強化によって回復しようという意図があったからだろう。

娘の嫁ぎ先にもこのことは明らかである。十一女マリア・アントーニアがフランス王ルイ十六世に嫁いだ(マリ・アントワネット)ことは有名だが、六女マリア・アマーリアはフランス王ルイ十五世の孫であるパルマ公フェルディナンド、十女マリア・カロリーナはスペイン王カルロス三世の子、ナポリ王フェルディナンドと、どちらもスペイン系ブルボン家に輿入《こしい》れした。

なかでも特筆すべきなのは六女マリア・アマーリアの結婚とその後である。彼女には七年戦争時にオーストリア軍で活躍した軍人の息子であるカール・アウグスト・フォン・プファルツ・ツヴァイブリュッケンという恋人がいたのだが、マリア・テレジアはこの仲を引き裂き、娘を北イタリアへと送り出したのだ。相手のパルマ公フェルディナンドは兄ヨーゼフ二世の配偶者の実弟、つまりスペイン・ブルボン家とハプスブルク・ロートリンゲン家の二重結婚である。マリア・アマーリアの夫は粗暴《そぼう》かつ無能だったが、母は娘に忍従を強いた。反発したマリア・アマーリアは母の息のかかった目付役のローゼンベルク伯を追い出し、パルマ国政を牛耳《ぎゅうじ》った。このブルボン家との関係強化の役割を果たさなくなった娘を、母は勘当《かんどう》した。役に立たない道具は捨てるのみ。嫁に出した娘たちへの命令書然とした手紙の嵐とは対照的に、虚弱体質で生涯独身を貫き修道院に入った次女と五女へのことさらに冷淡な扱いも、子どもを外交の道具と割り切る彼女の態度を物語っている。

プラグマティスムス（実用主義）こそが彼女の核をなしていた、とは言い過ぎだろうか。

⊙参考文献

江村洋『マリア・テレジアとその時代』（東京書籍、一九九二年）
成瀬治他『世界歴史大系　ドイツ史二』（山川出版社、一九九六年）
エクハルト・マホフスキー（倉田稔監修、松本利香訳）『革命家皇帝ヨーゼフ二世―ハプスブルク帝国の啓蒙君主一七四一―一七九〇』（藤原書店、二〇一一年）
稲野強『マリア・テレジアとヨーゼフ二世』（「世界史リブレット人」五六、山川出版社、二〇一四年）
岩崎周一『ハプスブルク帝国』（「講談社現代新書」、二〇一七年）

1729–96年
プロイセン出身。ロシアのピョートル3世と結婚したのち、自ら権力を握る。ポーランド・クリミアへの領土拡大を果たした、啓蒙専制君主。

肉親の犠牲をもいとわない権力への執着

エカチェリーナ二世

…Ekaterina II…

黛 秋津

ロシア史上最も有名な女帝の華やかな表の顔と冷酷な裏の顔

ロシア帝国史において、十八世紀は「女帝の時代」と呼ばれている。この一世紀の間に四人の女性が皇帝としてロシアに君臨し、一七二五年のピョートル一世の死から十八世紀末まで、ほとんどの期間を女帝が統治していた。その十八世紀の四人の女帝の中でも最も有名な人物がエカチェリーナ二世であると言えるだろう。彼女は一七六二年から九六年までの三〇年余りにわたって帝国を治め、ロシア史に大きな足跡を残した。ロマノフ王朝三〇〇年の歴史において「大帝」の称号を持つ者は、ピョートル一世と彼女しかいないことからも、その傑出《けっしゅつ》ぶりがうかがえる。

エカチェリーナ二世については、西方や南方への領土の拡大を実現したほか、地方行政制度をはじめとする統治体制を整備し、また、教育および文化芸術面での様々な振興策を実施するなど、優れた「啓蒙専制君主」として広く知られているが、その一方でしばしば批判されるのが、彼女の奔放な私生活である。最後のポーランド国王スタニスワフ・ポニャトフスキ、優れた軍人でありエカチェリーナ即位のきっかけとなったクーデタで活躍したグレゴリー・オルロフ、クリミア問題をはじめとする帝国統治に重要な役割を果たしたグリゴリー・ポチョムキンなどの有名な人物を含む、エカチェリーナの男性遍歴《へんれき》については周知の事実である。生涯で最低でも十数人、あるいはそれ以上ともいわれる愛人の数に対しては、あまりに度を越していて悪徳や背徳の域にある、という見方もできるかもしれない。もっとも、ロシアに限らず皇帝が複数の愛人を持つのは全く珍しいことではないため、女性であることを理由にそうした愛人の数が殊更《ことさら》批判されるべきではない、という考え方もあり得る。

このような彼女の統治の成果と意義、あるいは彼女の私生活に関しては、これまでに日本語を含む多くの文献の中で紹介されているため、ここでは扱わない。本章で注目するのは、帝位に対する執着、そして通常の家族であれば最も信頼すべき夫や息子に対する冷酷なまなざしと行動という、エカチェリーナ二世の負の面である。以下、エカチェリーナの夫ピョートル三世、および二人の間に生まれたとされる息子パーヴェルとの関係に注目しながら、彼女の生涯を振り返ってみたい。

ロシアへ来るまでの生い立ちとピョートルとの結婚

よく知られているように、エカチェリーナはロシア人ではない。彼女は一七二九年、バルト海に面する町シュテッティン(現ポーランド領シュチェチン)で生まれ、ゾフィー・アウグスタ・フレデリーケと名付けられた。彼女の父親は、神聖ローマ帝国を構成する一つの小さな領邦アンハルト゠ドルンブルク公国の公で、プロイセン王国の軍人でもあるクリスティアン・アウグスト公、母親はデンマーク王室の流れをくむホルシュタイン（ホルステン）–ゴットルプ家出身のヨハンナであった。父は、公国の支配者といっても経済的に恵まれない一貴族にすぎず、職業軍人としても目立った活躍はなかった。両親はゾフィーに家庭教師をつけて貴族としての素養を身につけさせ、来るべき結婚に備えた。当時のヨーロッパの貴族にとって結婚の持つ意味は大きく、とりわけアウグスト公のような並みの一貴族にとっては、娘の嫁ぎ先は家の盛衰を左右する重要な問題であった。

ゾフィーが適齢期に差しかかる頃、ロシアで大きな政変が発生した。一七四一年、その前年に生後わずか二か月で即位したイヴァン六世が在位一年余りで帝位から降ろされ、代わってピョートル一世の娘エリザベータが即位したのである。この政変はゾフィーの運命を大きく変えることとなった。なぜロシアの政変がドイツの一貴族の娘にかかわるのかというと、エリザベータは若かりし頃、ホルシュタイン–ゴットルプ家のカール・アウグスト、すなわちゾフィーの母ヨハンナの兄と婚約しており、アウグストの死亡により結婚には至らなかったが、もし結婚していればエリザベータはヨハンナの義姉となるはずであったのである。こうした事情によりロシアのロマノフ家とホルシュタイン–ゴットルプ家はつながりを持っており、当時このような国を超えたヨーロッパ内の貴族間のつながりは珍しいことではなかった。ヨハンナはエリザベータの即位を好機ととらえ、早速彼女に接近した。

エリザベータは未婚で子供がいなかったため、自らの帝位継承者として姉アンナの一人息子であるペーターに白羽の矢を立てた。実は彼女の姉アンナもホルシュタイン=ゴットルプ家に嫁ぎ、ペーターを生んで間もなく病死していたのであった。すなわち、エリザベータの甥にあたるペーターはピョートル一世の孫であり、ピョートルの血を受け継ぐ唯一の男子だったのである。そしてエリザベータとヨハンナの近い関係により、ロシアに行った後に改宗してピョートルと名乗るようになったペーターの花嫁候補として、ゾフィーは母ヨハンナと共にペテルブルクに招かれることになった。ゾフィー十四歳の時であった。

一七四四年、ゾフィーは結婚に当たりルター派の信仰を棄ててロシア正教に改宗し、エカチェリーナとなった。そして改宗の翌日、ピョートルとエカチェリーナの婚約が成立し、翌四五年夏、二人の結婚式が盛大に執り行われた。こうしてドイツの一貴族に生まれた少女ゾフィーは、母方の家系とロマノフ家との縁から、ロシア帝国の大公女エカチェリーナとなったのである。

しかし、夫ピョートルとの関係は最初からうまくいかなかった。十六歳のピョートルは年齢の割には心身ともに幼く、およそ分別のある青年とは言えなかった。単身ロシアにやってきてまわりに味方がいなかったエカチェリーナが、ロシアになじむことの重要性を認識して、積極的にロシア語やロシアの習慣を学ぼうとしたのに対し、ピョートルは次期ロシア皇帝となるべき人物であるにもかかわらず、生まれ故郷のドイツの習慣を最良のものとしてロシアの慣習を見下し、さらにプロイセンのフリードリヒ二世に対する尊敬の念を隠さなかった。特に問題だったのは、自分の妻にほとんど興味を示さなかったことである。それが世継ぎを求めるエリザベータによる干渉を激しいものにし、エカチェリーナは厳しい監視の下、問題ある夫と冷たい新婚生活を送ることになった。そうした生活はその後十五年以上にもおよび、エカチェリーナは周囲から隔離され、不遇な時代を送った。このような中で、彼女にとって何よりもつらかったと想像されるのが、息子との離別である。エカチェリーナは一七五四年に息子パーヴェルを出産した。その父親は夫のピョートルではなく、その世話役の一人であるセルゲイ・サルティコフではないかとも言われているが、その待望の息子が生まれると、エリザベータはすぐに彼女から取り上げ、自らの手で養育することを決めた。エカチェリーナは世継ぎを作る道具としか見なされず、息子を自ら育てることはもちろんのこと、会うことさえほとんど許されなかった。そうした特殊な養育環境が、その後の母子の関係を難しいものにしたことは疑う余地がない。

このように、異国から一人ロシアにやって来た少女ゾフィー改めエカチェリーナは、厳しい監視の下、愛情の通わない夫との生活を余儀《よぎ》なくされた。世継ぎを生んだことにより、将来の皇帝の母親としてその立場はやや強化されたが、ロシアの民衆から見ればやはり外国人であることに変わりなかった。このような状況下で彼女は次第に、宮廷内で生き抜くためには自らが権力を握らなくてはならないと考えるようになっていった。

夫ピョートルの排除とエカチェリーナの即位

一七六二年はじめにエリザベータが逝去《せいきょ》すると、エカチェリーナの夫ピョートルがピョートル三世として即位した。通常であれば、夫の即位により妻の地位も皇后として確固たるものになるはずであるが、彼女の場合はそうはならなかった。何故なら、ピョートルにはしばらく前から愛人のエリザベータ・ヴォロンツォヴァがおり、彼はいずれエカチェリーナを修道院送りしてその愛人と結婚するつもりだったからである。こうしてエカチェリーナの立場は微妙なものになったが、ピョートルの即位後、彼女に味方する者が次第に増え始めた。というのも、新しい皇帝の政策があまりに支離滅裂《しりめつれつ》で、ロシアの国益を損なうものだったからである。彼のロシアに対する軽蔑とプロイセンに対する敬愛についてはすでに言及したが、皇帝になってからもその姿勢は変わらず、特に多くの者を憤慨させたのが、当時交戦していたプロイセンとの和平であった。ヨーロッパでは一七五六年に七年戦争が勃発し、フランスとオーストリア側で参戦したロシアはプロイセンを攻撃して、一七六一年末までにプロイセンを降伏まであと一歩のところまで追いつめていた。しかし、プロイセンのフリードリヒ二世を尊敬するピョートルは、即位後直ちにプロイセンと和平を結んでロシア軍占領地を無条件で返還し、さらには軍事援助さえもフリードリヒに提供した。こうしたロシアの国益を全くないがしろにした皇帝の勝手な行動は各方面の怒りを買い、彼に対する不満が一気に高まったのである。

正教会や近衛連隊、元老院までもがピョートルに対する不満を持つ中で、一七六二年六月末にクーデタは決行された。ニキータ・パーニンやオルロフ兄弟など、エカチェリーナを支えるグループがまず近衛連隊の支持を取り付けることに成功し、そして他の軍の司令官も次々とエカチェリー

❖ロマノフ朝系図2

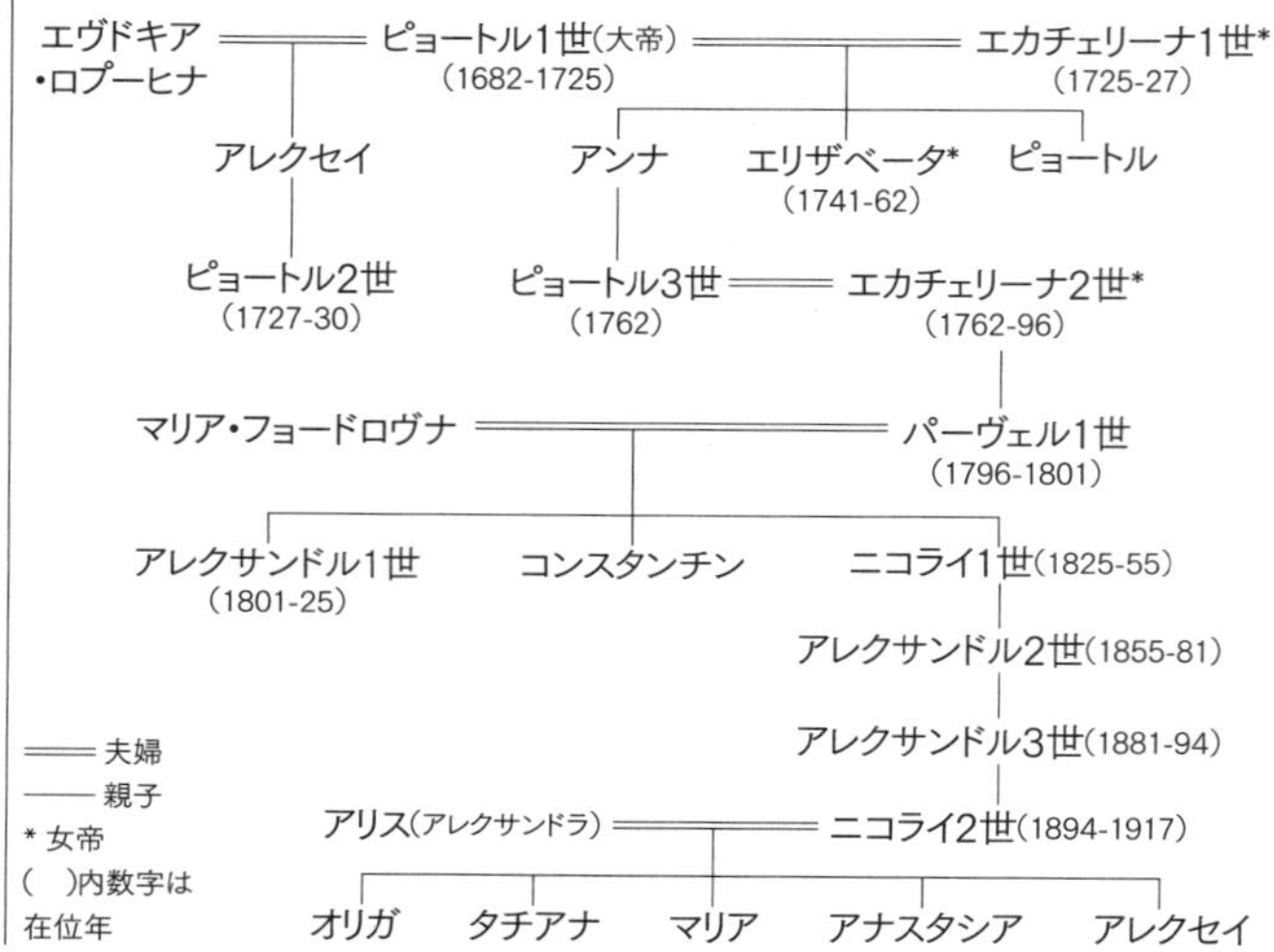

ナへの忠誠を表明した。民衆によって歓喜の中で迎えられた彼女は皇帝即位を宣言し、一方ピョートル三世は捕らえられて監禁され、その約一週間後、ピョートルの監視役であるエカチェリーナの側近のアレクセイ・オルロフによって絞殺《こうさつ》された。

この殺害に関しては、エカチェリーナの指示があったのかなかったのかが議論の的になっている。彼女の明確な殺害指示を示す証拠は残っておらず、その死が何らかの偶発的なきっかけでもたらされたものだったのか、それとも計画的なものだったのかは不明である。真実は闇の中だが、エカチェリーナにとってピョートル三世の死が望ましいものであったことに疑問の余地はない。たとえ彼女の具体的な指示がなかったとしても、アレクセイ・オルロフが彼女の意図を忖度《そんたく》して殺害した可能性は十分考えられる。

ピョートル三世の排除に賛成していた勢力の中には、エカチェリーナの息子である幼少のパーヴェルを皇帝とし、エカチェリーナが摂政《せっしょう》として当面統治に当たる体制を求める者もあった。何故なら、外国生まれでロシア人ではなくロマノフ家の血が流れていないエカチェリーナには、誰もが認めるような皇帝としての正統性はないからである。クーデタの中心人物の一人であったニキータ・パーニンも元々そうした考え方の持ち主であった。しかしエカチェリーナは正統性の問題を承知の上でそうした考えを退け、自ら皇帝として権力を握るやり方を選択した。それはおそらく、皇帝でさえもクーデタでその座を追われ哀れな末路をたどることがある中で、摂政の地位はさらに危ういと彼女が考えていたからに違いない。実際、十七世紀末にピョートル一世とイヴァン五世の摂政であったソフィアが銃兵隊によりあっけなくその地位から引きずり降ろされ、また直近では、イヴァン六世とその摂政である母アンナ・レオポルトヴナが、エリザベータによるクーデタにより排除されていた。エカチェリーナはこれらの事例を十分に承知していたはずである。

　こうして、ピョートル三世に対する周囲の不満の裏返しとして、エカチェリーナは多くの者たちに歓迎されて皇帝位に就いた。しかしながら、「ロマノフ家の血筋」という正統性を持たない皇帝であるという事実はその後も彼女に付きまとうことになった。

　即位から二年後の一七六四年、幽閉中のイヴァン六世を救出して皇帝として担ぎ出そうとする青年将校の試みが発覚し、この機会にイヴァンは看守によって殺害された。実際、パーニンは有事の際、彼を殺害するよう看守に命じていた。これについては、おそらくエカチェリーナが直接命令したのではなく、パーニン独自の判断と思われる。イヴァン殺害の許可は、エリザベータ帝によっても出されており、イヴァン殺害に対する非難を全面的にエカチェリーナに向けることは適当ではないかもしれない。しかし結果として、彼女は短い期間のうちに夫ピョートル三世とイヴァン六世の二人の「正統な」皇帝を亡き者にし、当面自らの地位を脅かすような人物を完全に排除することに成功したのであった。

息子パーヴェルへの冷遇とエカチェリーナ死後の反動

エカチェリーナは即位後すぐに、自らの後継者としてまだ八歳の息子パーヴェルを指名した。パーヴェルを出産後すぐにエリザベータに奪われたエカチェリーナは、ここでようやく息子を取り戻すことができたわけであるが、親子離れ離れの八年間は、母子双方にとって長すぎる時間であった。エカチェリーナはこれまでの時間を取り返すべく、母親として息子との関係を深めようとしたが、パーヴェルは彼の「父親」の死のこと、そしてその死に母親が関わったかもしれないことなどを知り、次第にエカチェリーナへの不信感を募らせていった。それと同時に、亡くなったピョートル三世を敬愛し、「父」と同様にプロイセン式軍隊の訓練に熱中し、プロイセンのフリードリヒ二世へと傾倒してゆく。

こうした親子の行き違いを解消し、パーヴェルを「分別ある」大人に成長させようとエカチェリーナは彼を結婚させることにした。一七七三年、パーヴェル十九歳の時、最初の妻ナターリアを迎えるが、彼女はその後三年足らずで死亡し、その後二番目の妻として、彼が尊敬するプロイセン王フリードリヒ二世の遠い親戚にあたるヴュルテンベルク家のゾフィーを迎える。彼女はロシア正教に改宗してマリア・フョードロヴナと改名し、そして結婚の翌年長男のアレクサンドル(後のアレクサンドル一世)を、その二年後には次男のコンスタンチンを出産した。

エカチェリーナは世継ぎの誕生を大いに喜んだが、彼女は過去に自分が受けた心の痛みを忘れ、エリザベータ帝と同じ仕打ちをマリアに対して行った。すなわち、出産後間もなく息子をマリアから取り上げ、自らの手で育てたのである。その背景には、自分に不審の念を抱くパーヴェルに対するいら立ちもあったはずであるが、何よりも自分が指名した後継者は、実際はともかく理屈の上ではロマノフ家の血を受け継ぎ、皇帝としての正統性を有しているという事実であった。それは、エカチェリーナに反対する勢力が彼のまわりに集結する可能性を秘めていた。それ故エカチェリーナは息子をある意味でライバル視し、同じく皇帝としての正統性を持つ孫を自らの思うように育てようとしたのであった。

パーヴェルはエカチェリーナの正式な後継者であるにもかかわらず政治の場からほとんど排除され、帝王学を学ぶ機会は全くと言っていいほどなかった。その頃マリア・テレジアが息子のヨーゼフ二世と共同統治を行っていたハプスブルク帝国のケースとは対照的である。パーヴェルは、女帝から与えられた帝都郊外のガッチナの宮殿で、ピョートル三世と同様、自ら所有する小規模なプロイセン式の軍隊をひたすら訓練する日々を過ごし、彼の精神は次第に病んでいった。このようなパーヴェルを見て、エカチェリーナは晩年、自らの手で育てた彼の息子アレクサンドルに後継者を変更することを考えていたと言われている。しかし、それを実行に移さないまま、一七九六年十一月、エカチェリーナはその生涯を閉じた。

パーヴェルの母親に対する憎しみがどれほどのものであったかは、パーヴェル一世として即位した後の彼の政策にはっきりと表れている。彼は皇帝として戴冠《たいかん》すると同時に新たな皇位継承法を公布し、現皇帝が後継者を指名する、ピョートル一世が定めた皇位継承法を廃した。この新しい法により、皇帝位はロマノフ家の男系男子によって相続されることが定められ、以後ロシア帝国において女帝が現れることはなくなった。これを含め、彼は母エカチェリーナの政策をことごとくひっくり返したためロシア政治は混乱に陥り、それがその後のクーデタによる彼の殺害につながることになったが、こうしたパーヴェルの行動から、彼が母エカチェリーナに対して抱いていた強い憎悪の念をうかがい知ることができる。

おわりに

これまで見てきたように、エカチェリーナ二世は夫ピョートル三世を帝位から引きずり下ろして、おそらくその殺害にも間接的に何らかの関与をし、さらに即位後は長男パーヴェルに政治的権限を分け与えず、死ぬまで権力を独占し続けた。これらの一連の事実からは、自らの権力奪取とその保持のため、自分の夫と息子を排除し犠牲にしたという彼女の冷酷な面が浮かび上がってくる。しかしながら、最後に一言エカチェリーナを擁護《ようご》するならば、彼女はそうまでして権力にしがみつかなければ、自分の身の安全を確信できなかったのではないだろうか。大公女という立場にあったとはいえ、ロマノフ家と血がつながっておらず、異国から一人ロシアにやって来て権謀術数《けんぼうじゅっすう》渦巻く宮廷に放り込まれた外国人の彼女は、自らの身の安全を保障するにはどうすればよいのかを絶えず考えざるを得なかったに違いない。皇后や摂政などという中途半端な立場がいかに危ういものであるかは、それ以前のロシアの歴史が証明しており、彼女にとっては、夫や息子を排除し犠牲にしてでも絶対的な権力を握る以外、自分の安全を守る確かな方法はなかったのである。そうした彼女の置かれた厳しい状況が、これまで見たような一連の冷酷な行動を生み出したと言えるのかもしれない。

⊙参考文献

H・カレール・ダンコース（志賀亮一訳）『エカテリーナ二世――十八世紀、近代ロシアの大成者（上・下巻）』（藤原書店、二〇〇四年）
小野理子『女帝のロシア』（「岩波新書」、二〇〇四年）
田中良英『エカチェリーナ二世とその時代』（「ユーラシア・ブックレット」東洋書店、二〇〇九年）
ロバート・K・マッシー（北代美和子訳）『エカチェリーナ大帝――ある女の肖像（上・下巻）』（白水社、二〇一四年）

1758–94年
フランス革命期の政治家。国民議会の議員となるが、急進的なジャコバン派に属し、後に恐怖政治を主導した。

迷い、悩み、苦しんだ男
ロベスピエール
…Robespierre…

山中 聡

ロベスピエールは、しばしば「恐怖政治」（一七九三年九月から翌年七月末まで）の指導者として語られる。恐怖政治とは、裏切り者を処刑し、それがもたらす恐怖によって、フランス革命の敵対者を沈黙させる政治手法である。この恐怖政治が絶頂期にあった期間、全国から反革命容疑者がパリに集められ、毎日数十名が断頭台にのぼった。裏切りとは無関係な者も含まれていたろう。革命期の十年間に流された血は、計量のしようがないほど膨大であり、それとの比較で言えば、恐怖政治の犠牲者の数自体は限定的である。だが、同時期のパリが住民にとって「流血と絶望に満ちた首都」であったことは間違いない。ロベスピエールを含めたジャコバン派は、一七九四年七月二七日に起こった「テルミドール九日のクーデタ」で失脚するが、以降、彼はこの恐怖政治をもたらした独裁者として、非難され続ける。

ロベスピエールに対するネガティヴなイメージは、現在に至るまで根強く残っている。革命勃発から二〇〇年を経た一九八九年、フランスで行われた世論調査で、彼は最も否定的な評価を受けた。

スターリンやポル・ポト、ヒトラーのような人物と並置されることも少なくない。そして「テロリズム」は、もはや二一世紀の世界を考える上で不可欠の概念になってしまったが、この用語は、前段で述べた恐怖政治＝テロルに、その淵源を持つのである。こうした状況が、ロベスピエールの評価を好意的なものに変えることはないだろう。

本書のタイトルは「悪の歴史」であるが、無実の人はもちろん、たとえ有罪の者でも、ろくに裁判もせずにその命を奪うことは、今日的な意味で「悪」である。過去の出来事とはいえ、恐怖政治は、高い確率でこうした「悪」に該当するだろう。しかしながらロベスピエールが、そのような「悪」を好み、主体的に指導した「恐怖の支配者」であったかどうかについては、疑問の余地がある。また、いかなる悪人にせよ、生まれた時から、そうした素養を持っていたわけではない。一方でロベスピエールは革命期において「清廉の人」と呼ばれ、広範な支持を受けることもあった。正反対の評価を併せ持つロベスピエールとは、どのような人物なのだろうか。その生涯を通して考えてみたい。

少年期から弁護士時代まで

マクシミリアン・ロベスピエールは、一七五八年五月六日、フランス北部アルトワ州の州都アラスに生まれた。父親は弁護士のフランソワで、母親はビール醸造業者の娘ジャクリーヌ。彼女はフランソワとの間に五人の子供をもうけた。長男がマクシミリアンで、長女はシャルロット、次女はアンリエット、次男がオギュスタンである。ロベスピエール家は比較的裕福な家系であったが、一七六四年、一家を不幸が襲った。五人目の子供が出産の間に亡くなり、続いて母ジャクリーヌが死去したのである。妹シャルロットは、一八三〇年代に集成された回想録の中で、乱暴ではあるが陽気なマクシミリアンが、母親の死によって生真面目で勤勉な少年に変わったと語っている。これをきっかけに父フランソワは家を離れ、後に失踪《しっそう》した。子どもたちは散り散りとなって親戚に育てられた。冷淡な父親に対する憎悪が、ロベスピエールが国父たる国王ルイ十六世の処刑に賛成することに影響を及ぼしたとの意見もある。けれども、こうした推測には、史料的裏付けがない。父がいなくとも、親戚が愛情込めて彼を育て上げたことを示唆する史料は存在するし、兄妹が励まし合って、苦難を乗り越えた可能性も否定できないからである。実際、一七八〇年に妹アンリエットが死去した際、ロベスピエールは悲しみに満ちた詩を書いた。シャルロット、オギュスタンとの関係も、終生良好であった。彼が家族愛に満ちた人生を歩んだことは、十分に推測され得るのである。

頭脳明晰《めいせき》なロベスピエール少年は一七六九年、十一歳のとき、奨学金を得てパリの名門コレージュ、ルイ＝ル＝グラン学院に入学する。ここでも優等生として通り、一七七五年には、ランスでの戴冠式《たいかんしき》を終えてパリに立ち寄ったルイ十六世とマリー・アントワネットに対し、在校生を代表して賛辞を捧げた。同校を優秀な成績で卒業すると、一七八一年八月にパリ高等法院に登録し、弁護士としての活動を開始した。同年アラスに帰郷し、アルトワ州上級評定院付きの弁護士として登録された。有能ぶりは音に聞こえ、避雷針事件裁判では、一気に知名度を上げている。

一七八二年三月には司教座裁判所の司法官にも指名されているが、その職務を遂行する中で、ロベスピエールはある殺人者に死刑判決を出すことになった。判決後、彼はひどく動揺していたという。たとえ法律に基づく決定であっても、そしてどのような悪人であっても、その命を国家が奪うことには戸惑いを隠せなかったのだろう。一方でロベスピエールは一七八〇年代後半、複数の女性に求愛していたようだが、結局は独身をとおした。先に述べたとおり、父親が蒸発したからといって、彼が家庭に対して否定的な感情を抱いたと断じることはできない。しかし結果として、自らの家庭を作らなかった点は注目される。恐怖政治を主導したジャコバン派には、独身者が少なくなかったからである。家庭を持たない者は、自分以外の命、あるいは自分の命さえも気に掛ける必要がなく、思想を急進化させやすい。そうした理由で、ジャコバン独裁が崩壊して恐怖政治が終わった後、国会議員になるには、結婚の経験が必要とされたのである。

ロベスピエールは様々な裁判に取り組む中で、個別の事件を、社会や制度全体にまつわる問題として捉え始めた。そうした折、一七八八年八月、未曽有の財政難に直面した国家を救うため、百数十年ぶりに全国三部会が開催されることになった。知らせがアラスに届くと、ロベスピエールは第三身分(平民)代表に立候補し、身分制度の上位に位置する特権層を激しく攻撃した。農村地帯から代表を送り出すよう主張し、都市労働者層の利害の代弁者にもなった。要は貧しき者の側に立ったのである。そのため周囲のエリート層からは孤立するが、ロベスピエールは、彼が「人民」と呼ぶ者から賛美と期待を受けるようになり、選挙に勝利する。一連の行動は、正義感や使命感から生まれたものであろう。もっとも、自らの主張に自信を抱いていたとはいえ、それを暴力によって実現することは、少なくともこの時点では考えていなかったと思われる。

革命勃発から王権停止まで

ところが、事態は彼の態度を変化させた。一七八九年五月五日、全国三部会が開会したが、身分別の採決か、それとも人数での採決かを巡り、議事は混乱する。しびれを切らした第三身分代表は、「国民議会」の創設に乗り出す。ロベスピエールも同調した。第三身分代表と特権身分代表の対立は激化し、とうとう一七八九年七月十四日、パリ民衆がバスティーユ監獄《かんごく》を襲撃した。監獄の責任者やパリ市長が惨殺されたが、ロベスピエールは「長年苦しんできた人民の大義の前では仕方がない。二人は殺されて当然」と切って捨てた。その後、七月末の「大恐怖」、八月四日における封建的特権の撤廃、八月二六日の人権宣言、十月におけるヴェルサイユ行進と、革命が加速度的に進行していく中、「虐《しいた》げられし人民の側に立つ」という彼の姿勢は、より明確になっていく。

一七九〇年も、ロベスピエールは議会で特権の廃止を主張し続ける。その提案は頻繁《ひんぱん》に議論をまきおこした。反面、九一年五月には死刑廃止を提案するなど、若き日の苦悩を想起させる態度も示している。見過ごせないのは、このころ、仕事の重圧と心労が重なった結果、ロベスピエールが体調不良を頻繁に訴えた点である。おそらくその胸の内には、本人のみが知る、様々な悩みがうごめいていたことだろう。

王政を維持するべく、多くの者が革命を軟着陸させようとする中、一七九一年六月下旬、大事件が起きた。ルイ十六世とその家族が国外逃亡を図り、オーストリア領ベルギーとの国境付近で捕縛《ほばく》されたのである。事件は国王に対する国民の信頼を失墜させた。ロベスピエールは王の退位を要求する。その後、王妃の実家であるオーストリアとの戦争が迫る中、彼は立法議会における主戦論に反対した。この戦争に大義や実利があるのかどうか、疑問を呈したのである。開戦に酔いしれたパリ民衆と対立してまでも、ロベスピエールは異を唱えた。それでも戦争は始まり、一七九二年四月以降、フランスは連戦連敗する。祖国の危機が現実味を帯びる状況のもと、同年八月十日の革命で、ついに王権は停止された。ロベスピエールはすぐさま革命への支援を表明したが、テュイルリ宮殿を警護するスイス衛兵は、民衆に殺された。彼はこのときの暴力を擁護する態度に努めている。だが翌月には世に言う「九月虐殺」が続き、パリの各監獄で囚人およそ一二〇〇人が一方的に死刑を宣告され、無残に殺された。ロベスピエールは、さすがに虐殺への嫌悪感を隠さなかった。民衆暴力の正統性を巡る議論は、常に革命の中心であった。革命勃発時ならいざしらず、法治国家のシステムが整いつつある中、果たして蜂起や暴力が必要なのか。彼は苦悩したと思われる。

国王処刑から恐怖政治到来まで

王権停止からひと月を過ぎたころ、新たな議会、国民公会が召集された。再び議員となったロベスピエールは国王の処刑に賛成した。執行猶予のない死刑であり、パリ選出議員の中で最初に投票したことから、固い決意が込められていたろう。もっとも、ルイが一七九三年一月にこの世を去った後、ロベスピエールは「これが最後の処刑であってほしい」との意見も表明した。ところが事態は、こうした感傷に浸ることを、彼に許さない。国王処刑を受け、同年二月にはイギリス・オランダとの戦争が始まり、三月にはスペインとの戦争も起こった。三月における革命裁判所（反革命容疑者を裁く）の再設置、四月における公安委員会（立法府内におかれた強力な行政機関）の設立、五月末から六月はじめのジロンド派議員追放と、「単一にして不可分の共和国」として、危機を乗り切るための方策が繰り出される。ロベスピエールが反対した形跡はない。むしろ積極的な姿勢さえ表明した。重罪人に対する処刑の必要性も認識したようである。しかし、彼は再び体調を崩した。六月十二日には、精神と肉体の疲弊のため、職を辞するとまで語っている。

なお、この頃のロベスピエールは、共和国に貢献する有徳な市民を育成する目的で、公教育の改革にも乗り出している。それは子供たちを強制的に寮に収容し、両親から隔離して厳格な知育・体育、何より思想教育を施すものであった。これは法制化されずに終わるが、一七九三年七月末、ロベスピエールはついに公安委員会のメンバーになった。委員会の仕事量は驚愕《きょうがく》の一言であった。「殺人的」なスケジュールをこなしつつ、彼は、裏切り者は、死をもって罰すべきとの主張を展開していく。

そして一七九三年九月初頭、とうとう前述の「恐怖政治」が議会で支持された。その後は反革命容疑者法が採択され、パリの民衆が政府にしかける暴力を制御する措置もとられた。かつてロベスピエールが全面的に擁護した「報道の自由」も制限された。十月十日における「革命政府」の宣言をもって、ジャコバン派の領導する戦時独裁体制が完成する。革命裁判所による容疑者の処刑も増加した。だが、一連の政策がスピード感をもって推進された九月下旬、ロベスピエールは、またもや体調を崩している。

ところで、一七九三年の秋から翌年の春は、かつての友との決別の時期でもあった。少年時代の学友であったデムランが、ロベスピエールの奉じる革命政府、その指導の下に行われる裏切り者への粛清《しゅくせい》・処刑に対して、異議を表明したのである。友人ダントンも同じ立場を採った。両名は、もはやフランスの危機は去ったと考えたが、ロベスピエールは違った。彼にとって、危機は終局からはほど遠い状態であった。後の時代から見れば、この点に関しては、ロベスピエールの状況認識が正しい。実際、国内では大規模な反乱が起き、国境周辺ではフランス軍が手痛い敗北を喫していたからである。「寛容派」と呼ばれた二人との対立は激化し、やがてロベスピエールは両名の粛清を決意する。ダントンとデムランは一七九四年四月五日、六日に処刑された。けれどもロベスピエールは友人との対立で精神、肉体共に激しく疲労し、以降、体調が回復することはなかった。

「恐怖の支配者」か、「清廉の人」か

友人二人を粛清した後、ロベスピエールとその仲間たちの権力は絶頂期に向かう。およそ二週間の病気療養から明けた一七九四年五月七日、彼は有名な「最高存在の崇拝」に関する演説を行った。「最高存在」とは、神の別称であるが、これまでの発言が示すとおり、ロベスピエールは人民の本性

は「善」であると信じていた。一方で人民は「悪」の誘惑に弱く、陰謀に駆《か》られやすい存在でもあった。そこでロベスピエールは、神への信仰によって彼らの徳を高め、祖国への献身に駆り立てることを思いついたのである。反革命的なカトリックの神にかわる、新たな革命宗教を布教するための祭典は、各地で成功をおさめた。

しかしながら、演説から祭典挙行までの期間、ロベスピエール自身にとっては衝撃的な事件が起こっている。一七九四年五月二三日と二四日の二日にわたって、彼は暗殺の対象となった。事件は未遂に終わったが、一週間後には公の場で身体の疲弊を告白している。この事件が彼の言動を変えたと主張する意見は多い。それを端的に示すのは、「最高存在の祭典」の挙行(六月八日)から二日後に制定された「プレリアル二二日の法」である。強行採決によって成立した同法は、反革命容疑者の定義をいかようにも定め、弁護人や証人なしで裁判を行い、有罪であれば、裁判所が死刑判決のみを出すというものであった。誰もがふとしたことで「人民の敵」となり、殺される可能性が生じた。同法の制定から一週間後、ロベスピエール暗殺未遂の関係者とされた者約六〇名が、「親殺し」を意味する赤い服を着せられて処刑された。以降、パリでは毎日数十名が「コンスタント」に、「効率的」に処刑されていく。この件にロベスピエールは関与していたのか。彼は六月十八日以降、公の場からほとんど姿を消し、六月二九日から七月二六日までは、病気療養のため公安委員会を欠席している。表舞台に出ていない以上、「プレリアル二二日の法」による処刑数の激増に関して、直接の責任があるわけではない。ただし自宅にて、容疑者の逮捕命令を出していたことは事実である。この頃のロベスピエールは、自分なりに「正常」な判断が出来ていたのだろうか。

他方、フランス軍は勝利を重ねており、一七九四年六月二六日におけるフリュルスの勝利は、ついに祖国を対外的な危機から解放した。ではなぜ、公安委員会は革命政府を終わらせないのか。人々の疑問は募っていく。どうしてこの状況で死刑は増えていくのか。誰も明確には答えない。極度の疲労とストレスを押し切って、七月二六日に国民公会で披露されたロベスピエールの演説は、およそ二時間にも及んだが、概要は、祖国を危機に陥れる陰謀が、議会や公安・保安委員会の中に入り込んでいる、というものであった。彼はもはや意見の相違と、反革命との区別がつかなくなっていた。安全を確証された者は誰一人としていない。ロベスピエールと対立する者は、生き残るためには結束するしかなかった。

そして「その日」がやってくる。一七九四年七月二七日、革命暦では第二年テルミドール九日、ロベスピエールは国民公会で反対派に発言を封じられ、翌日未明に逮捕。誰かに撃たれたのか、それとも自殺に失敗したのか、顎《あご》に大怪我を負ったまま、その日の夜、断頭台に登ったのである。

ここまで読み進めた読者の方々は、ロベスピエールに対して、どのような印象を持たれただろうか。本章で繰り返し指摘したように、ロベスピエールは、重大な事件や決断の後に、必ずといってよいほど体調を崩している。それは等身大の彼が、理想と現実、守るべき大義と自らの心情の間で、迷い、悩み、苦しんだことを物語るのではないだろうか。もちろん、ロベスピエールが恐怖政治と全くの無関係であったとは、決して言えない。だが恐怖政治を現出させたフランス革命は、彼一人の力ではどうにもできないほどに、巨大な存在であった。「革命」と「反革命」、「人民」対「貴族」、「愛する祖国」と「邪悪な外国」、革命はその進展と平行して、このように善悪二元論的な見方を人々に強いていった。ロベスピエールもまた、革命が抱えるそうした宿痾《しゅくあ》にとりつかれてしまったのかもしれない。だとすれば、何度も起こった体調の悪化は、自らの中に入り込む革命の宿痾に対する拒絶反応であったのではないか。そして拒絶をもたらしたものは、「清廉の人」と評された彼自身の、愛や優しさではなかっただろうか。ロベスピエールの生涯や行動を、今日的な意味での「悪」の範疇《はんちゅう》に組み込むべきかどうかについては、もう少し時間をかけて、検証していく必要があるように思われる。

⊙参考文献

J・M・トムソン（樋口謹一訳）『ロベスピエールとフランス革命』（「岩波新書」、一九五五年）

マルク・ブゥロワゾオ（遅塚忠躬訳）『ロベスピエール』（「白水社文庫クセジュ」、一九五八年）

ピエール・ノラ編（谷川稔監訳）『記憶の場―フランス国民意識の文化＝社会史（一、二、三巻）』（岩波書店、二〇〇二年―二〇〇三年）

山﨑耕一・松浦義弘編『フランス革命史の現在』（山川出版社、二〇一三年）

竹中幸史『図説　フランス革命史』（河出書房新社、二〇一三年）

ピーター・マクフィー（高橋暁生訳）『ロベスピエール』（白水社、二〇一七年）

1773−1859年
オーストリアの外相・宰相。ウィーン会議を主催し、ナポレオン戦争後の国際秩序を築くが、1848年革命で失脚した。

コルシカ人に皇帝の娘を売った外国人

メッテルニヒ

…Metternich…

高草木邦人

クレメンス・メッテルニヒという人物から連想する言葉は「会議は踊る、されど会議は進まず」といった言葉ではないだろうか。この言葉は、一八一四年から一八一五年に、オーストリアの首都ウィーンで開催された国際会議の様子を揶揄《やゆ》したものである。この会議は、ナポレオン・ボナパルトが一八一三年十月のライプツィヒの戦い(諸国民戦争)で敗北し、その戦後処理のために、ヨーロッパ各国の首脳がウィーンに集まったものであった。そのため、名目的には、フランス革命以前の政治体制や国際秩序の回復が唱えられた。たとえば、敗戦国フランスの外務大臣タレーランが主張する正統主義に基づき、フランスではブルボン王朝が復活した。ただし、領土問題については、大国(イギリス、オーストリア、プロイセン、ロシアなど)の意向が優先された。かつて存在した神聖ローマ帝国は復活されず、プロイセンは東西に領土を拡大し、ロシア皇帝はポーランド国王を兼任した。

旧来の体制の回復を目指しながらも、大国間の利害調整、いわゆる勢力均衡《きんこう》により、会議の主導権を握ったのが、オーストリア帝国外相メッテルニヒであった。彼はウィーン会議で確認された正統主義と勢力均衡を基軸に、フランス革命からナポレオン戦争の中で育まれたナショナリズムや自由主義に対する警戒態勢を構築した。この国際秩序をウィーン体制と呼ぶ。この体制においては、大国の利害に抵触《ていしょく》する動きはもちろん、ヨーロッパ各地域で叢生《そうせい》するナショナリズム・自由主義の運動が弾圧された。たとえば、ドイツの学生たちによるブルシェンシャフト運動、イタリアの秘密結社カルボナリ、スペインの立憲革命、そしてロシアの青年士官によるデカブリストなどは、メッテルニヒやウィーン体制の擁護者たちにより弾圧された。しかし、このような反動的な体制は次第に動揺しはじめ、メッテルニヒが恐れた革命により瓦解《がかい》する。一八四八年に起こったフランス二月革命はヨーロッパ各地に波及し、オーストリアにおいても三月革命が起こると、メッテルニヒは失脚し、イギリスに亡命した。こうして、保守反動的なウィーン体制は崩壊したのであった。

以上の記述は、高等学校の教科書に基づくが、そこで描かれるメッテルニヒは保守反動の政治家であろう。しかし、意外に思われるかもしれないが、このようなメッテルニヒのイメージは古い。すでに二〇世紀半ばから、メッテルニヒを「勢力均衡の構想にもとづいて見事な成果をあげたすぐれた政治家」と再評価する動きもある。もちろん、この評価をめぐり論争もあるのだが、本論では、メッテルニヒが保守反動の政治家か否かの話ではなく、高校の教科書では、ほとんど言及されることのないメッテルニヒの一面を描いていく。取り上げる時代はウィーン会議以前、注目するエピソードはナポレオンとの関係である。オーストリア皇女とナポレオンとの結婚を推し進めたのは、メッテルニヒであったと言及する高校の教科書もあるが、本論では、その経緯を掘り下げていく。

名門ハプスブルク家の苦悩と受難

さて、メッテルニヒの話の前に、彼が仕えることになるハプスブルク家と神聖ローマ帝国について、少々説明を加えておこう。まず、神聖ローマ帝国は、九六二年のオットー大帝の戴冠《たいかん》により誕生した国だが、その長い歴史において様々な点で変化し続けた国でもあった。たとえば、その領域は、基本的には、ドイツ語圏の世界を中心に形成されていたが、現在のドイツやオーストリアだけでなく、チェコ、ベネルクス、北部イタリアなども含まれていた。しかし、フランスとの戦争、イタリア諸国の離反、スイスやオランダの独立などにより、その領域は縮小していった。また、帝国の頂点に立つ神聖ローマ皇帝の性格さえも変化した。特に、三十年戦争の講和条約として結ばれた一六四八年のウェストファリア条約が大きな変化をもたらした。この条約により、神聖ローマ帝国内の大小様々な領邦が事実上の内政権と外交権を保持し、皇帝権力は非常に制限されることになった。ちなみに、メッテルニヒが生まれた頃、神聖ローマ帝国には三〇〇以上の領邦があり、一種の国家連合体となっていたのである。しかし、それでも、神聖ローマ皇帝の位は伝統格式あるものとして一定の権威を持ち続けていた。

この皇帝位を十五世紀から、事実上独占していたのがハプスブルク家であった。しかし、ハプ

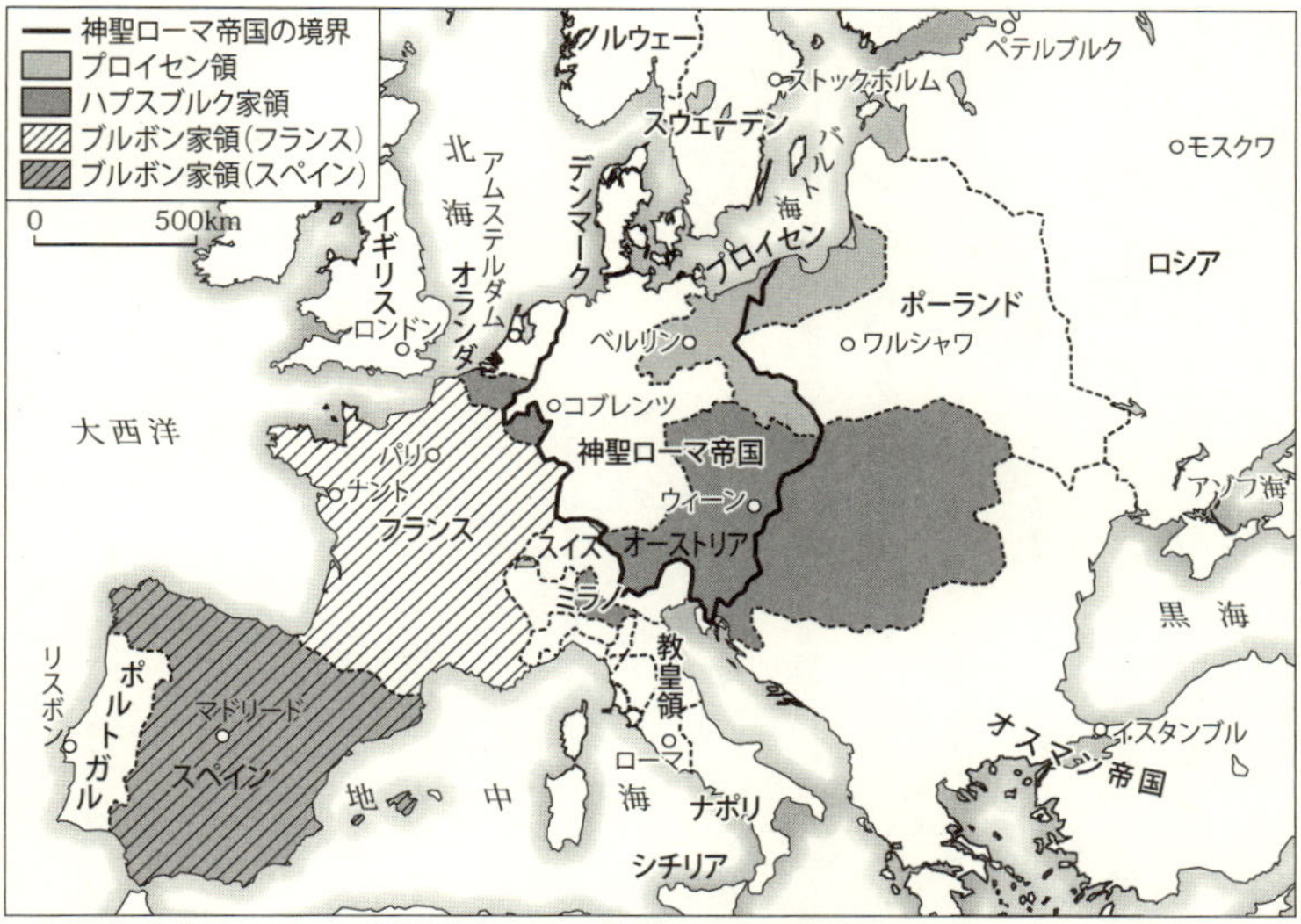

フランス革命前のヨーロッパ(『世界史アトラス』集英社、2001年などより)

スブルク家の当主が皇帝であることから、神聖ローマ帝国を自由に統治していたわけではない。先述したとおり、帝国は独立性の高い領邦の集合体であり、ハプスブルク家はそのうちの、家領であったオーストリアの統治に留まっていた。ただし、この「オーストリア」というものが少々厄介《やっかい》である。ハプスブルク家が統治していたオーストリアとは、狭義では帝国内のオーストリア大公国を指すが、広義ではハプスブルク家が領有していた諸地域・諸国家の総体を意味する。これは、ボヘミア(ベーメン、現在のチェコの一部)のように、神聖ローマ帝国内にあるものもあれば、ハンガリーやクロアチアなどのように帝国外にあるものもあった。それゆえに、広義の意味でのオーストリアとは、神聖ローマ帝国の領域からはみ出ているのである。いずれにせよ、メッテルニヒが生まれた頃、ハプスブルク家は十五世紀から続く伝統格式ある神聖ローマ皇帝の称号をもち、さらに、ヨーロッパの各地域に領土をもつ、ヨーロッパの名門中の名門の家柄であった(なお、以後、「オーストリア」という言葉を広義で使用する)。

この名門ハプスブルク家に致命的な打撃を加えたのが、フランス革命とナポレオンであった。当初は、フランス革命に対して静観をしていたハプスブルク家であったが、一七九一年六月に発生したフランス国王と王妃の国外逃亡未遂事件(ヴァレンヌ逃亡事件)以降、関与せざるを得なくなる。というのも、当時のフランス王妃マリ・アントワネットがハプスブルク家出身であったからである。そのため、同年八月にオーストリアはプロイセンと共同でピルニッツ宣言を発するが、これに過剰に反応したフランス革命政府は宣戦布告で襲いかかってきた。緒戦においてはフランス軍を撃破していたオーストリアとプロイセンだが、一七九二年九月のヴァルミーの戦いでフランス軍が勝利してからは形勢が逆転していく。それればかりか、それ以降、フランスは防衛戦争ではなく、その侵略性を強めていくのであった。一方、オーストリアは度重なる敗戦の中で、その領土を奪われていくことになった。イタリア方面から侵入してくるフランス軍を抑え切れず、一七九七年十月のカンポ・フォルミオ条約の締結により、オーストリアはネーデルランドやロンバルディアなどを失った。また、一八〇五年のアウステルリッツの戦いで敗北したオーストリアは、同年十二月、プレスブルクの条約によって、フランスとその同盟諸国に、ヴェネツィア、イストリア、チロル、コンスタンツなどを割譲した。

オーストリアが失ったものは領土だけではない。その権威にも大きな一撃が加えられた。ナポレオンは神聖ローマ帝国内の南西諸邦にライン同盟を結成させ、この同盟の帝国からの分離を画策した。そして、ライン同盟の神聖ローマ帝国からの脱退により、帝国は事実上機能不全となり、当時の神聖ローマ皇帝かつハプスブルク家当主のフランツ二世は一八〇六年八月に神聖ローマ皇帝からの退位を宣言した。これにより、八〇〇年以上続いた神聖ローマ帝国は滅亡した。これ以降、フランツ二世はかねてより称していた「オーストリア皇帝」の称号のみを使用していく。伝統格式ある称号を失ったオーストリアに苦難はさらに続く。兵制改革・内政改革を実施して、またナショナリズムを高める中で、一八〇九年にオーストリアは再度ナポレオンに挑戦した。しかし、ヴァグラムの戦いで大敗し、同年十月のシェーンブルンの和約により、オーストリアはトリエステ、ダルマチア、ザルツブルク、チロル、ガリツィアの一部などを割譲し、さらに軍備制限も課されることになった。このような危機的状況において、オーストリアの外務大臣に就任したのが、メッテルニヒであった。

「強奪者」ナポレオンとの対決

さて、時間を少し巻き戻し、メッテルニヒの話に戻ろう。メッテルニヒは、生粋《きっすい》の「オーストリア人」ではなかった。彼は、一七七九年五月十五日、神聖ローマ帝国西部の都市コブレンツに生まれた。メッテルニヒ家は選帝侯《せんていこう》を輩出《はいしゅつ》したこともあるライン地方の名門貴族であった。ハプスブルク家との関係はメッテルニヒの父親の代からはじまる。メッテルニヒの父親はハプスブルク家との親密な関係を築き、オーストリアの外交官として登用され、トリーア、ケルン、マインツなどライン地方の選帝侯宮廷における全権公使、またオーストリア領ネーデルラント総督府駐在全権公使などを歴任していった。出生地と父親の職場の関係上、メッテルニヒは少年・青年期を神聖ローマ帝国東部のウィーンではなく、その西部のライン地方で過ごした。彼がウィーンを初めて訪れたのも二一歳の頃であった。当初は、外交官になることを嫌っていたと自らの回想録で語っているメッテルニヒだが、結局は、父親と同じ道を歩むことになる。一八〇一年、つまり、二九歳の時に、メッテルニヒはオーストリア公使としてザクセンの首都ドレスデンに赴任した。そして、一八〇三年にベルリン駐在公使、一八〇六年に駐仏オーストリア大使に任命され、着実に、外交官としてのキャリアを積んでいった。

すでに言及したように、この頃、オーストリアはアウステルリッツの戦いの敗戦で領土を失い、さらにライン同盟によりその権威も脅かされた。このような状況の中で、駐仏大使として、メッテルニヒはフランスの動向を探り、オーストリアの優位な外交状況を生み出すために、勇んでパリに乗り込んだ。しかし、ナポレオンに出鼻をくじかれる。メッテルニヒは、「神聖ローマ皇帝かつオーストリア皇帝」という署名が記された信任状をもって謁見《えっけん》を求めたが、ナポレオンはこれを拒否した。ナポレオンは一八〇四年にフランス皇帝に即位し、さらにライン同盟を結成させることで、伝統ある神聖ローマ帝国とその皇帝の存在を事実上否定していた。ナポレオンはヨーロッパの「古い」国際秩序を破壊し、自らが主導する「新しい」国際秩序の構築を目指していた。「神聖ローマ皇帝かつオーストリア皇帝」の駐仏大使という肩書は、このナポレオンの意図に反するものであったのである。メッテルニヒは屈辱に耐えながらも、「オーストリア皇帝」の駐仏大使という肩書で謁見を求めざるを得なかった。奇しくも、その数日後に、神聖ローマ皇帝フランツ二世は退位宣言を行ったのである（なお、神聖ローマ皇帝の肩書を失ったフランツ二世は、これ以降は、オーストリア皇帝フランツ一世と呼び名を変える）。

ナポレオンとの謁見を果たし、パリの社交界にも受けいれられたメッテルニヒは着実にフランスの国内情報を集めていた。フランスの宮廷や皇族内の不和、迫りくるフランスとプロイセンとの戦争、ナポレオンによるオスマン帝国解体案、フランスとロシアとの軋轢《あつれき》など、様々な筋から集められた情報をメッテルニヒはオーストリア外相シュタディオンに逐次報告していた。この駐仏公使時代の最も大きな出来事が、スペイン問題であった。この問題は、ナポレオンがスペイン王家の内紛に干渉したことに端を発していた。彼は王位にあったブルボン家を追放し、自らの兄を即位させた。この措置に対して、スペインではナポレオンに対する反乱が発生した。メッテルニヒはこのスペイン問題に危機感を覚えた。つまり、ナポレオンがオーストリアのハプスブルク家にも同様のことを行うのではないかと。しかし、他方でスペインの反乱の鎮圧にてこずるナポレオンを観察することで、メッテルニヒは、ナポレオンに対抗するためには、国民的な戦いが必要であると考えるようになる。おりしも、オーストリアでは、外相シュタディオンのもとで、対仏復讐《ふくしゅう》戦の準備がなされていた。

駐仏大使のメッテルニヒは、ナポレオンがフランスにおいて支持を失いつつあること、ロシアはオーストリアを攻撃する意図はないこと、そしてナポレオンが動かせる軍隊の数は限られていることなどを本国に報告した。この情報に基づき、オーストリアは動き出す。プロイセンには反仏戦線を誘い、ロシアには中立を確約し、そしてイギリスとは密約を交わした。スペインの例に倣って、国民世論への愛国的なキャンペーンも展開した。かねてより、皇弟カールによる軍制改革により整えられたオーストリア軍はフランス式の最新戦法も取り入れ、ふたたびナポレオンに挑戦したのであった。その成果は一八〇九年五月のアスペルンの戦いで発揮された。この戦いで、フランス軍はオーストリア軍に敗れ、ナポレオンにとって初めての大規模な敗北となった。しかしながら、再度軍備を整えたナポレオンは同年七月のヴァグラムの戦いで会心の勝利を得た。大敗北を喫したオーストリアは戦争の継続が困難となり、フランスとの和睦《わぼく》を検討せざるを得なくなった。

婚姻によるフランスとの同盟

ここにおいて、メッテルニヒの外交方針は大きく変化する。彼はフランスとの同盟を模索し始めるのであった。この動きは、ヴァグラムの戦いの直後の八月十八日に、フランス外務大臣との間で行われたアンテンブルク会談においてみられた。メッテルニヒはハプスブルク家とオーストリアの存続を第一の目的としてこの会談に臨んだ。この目的の実現のために、メッテルニヒはフランツ一世に、オーストリアがフランスの第一の同盟国になるべきだと進言した。さらに、メッテルニヒはナポレオンの大陸政策に協力していくことも主張した。しかし、オーストリア首脳部では、この案に対する反発が強かった。軍関係者の中では、「強奪者ナポレオン」とそのような奴隷根性《どれいこんじょう》的《てき》な和解を結ぶならば、むしろ玉砕《ぎょくさい》を覚悟でもう一度軍事行動を起こそうと主張する者もいた。また、フランツ一世も慎重になり、結局、このアンテンブルクの会談は失敗に終わった。その後、一八〇九年十月に結ばれたシェーンブルン条約では、フランツ一世の退位は免れたものの、先にも述べたように、大幅な領土割譲や軍備制限などが取り決められた。

しかし、敗戦で疲弊したオーストリアにとって、今後、フランスとどのような関係を構築するかは喫緊《きっきん》の問題であった。その中で、シュタディオンの後任として外務大臣に就任したメッテルニヒは親仏路線を明確に打ち出していくのであった。その最たるものが、ナポレオンの再婚問題であった。ナポレオンにはジョセフィーヌという妻がいたが、二人の間には子がいなかった。ボナパルト王朝の存続のために、次第に後継者を欲し始めたナポレオンは離婚に踏み切ったのであった。当初、再婚相手の本命とされたのが、ロシア皇帝の妹であった。ナポレオンは一八〇七年にティルジットの和約においてロシアとの同盟関係を構築していたが、彼はこの仏露同盟を姻戚《いんせき》関係により強化することを考えていたのである。しかし、ロシア側から煮え切れない返答の中で、メッテルニヒは好機をとらえた。彼は、ナポレオンの再婚の候補として、オーストリア皇帝フランツ一世の娘、マリー・ルイーズを押したのであった。メッテルニヒは皇帝を説得し、またフランス国内のタレーランなど親墺派の支持、そしてパリに滞在していた妻からの情報を得ながら、この結婚政策を推進した。結婚の申し出に対してロシアが事実上拒否していることを知ったナポレオンは、マリー・ルイーズとの結婚を決意した。婚礼は一八一〇年四月にルーブル宮でとり行われ、フランス皇帝ナポレオンはオーストリア皇帝フランツ一世の義理の息子となったのであった。

メッテルニヒは姻戚関係により、オーストリアに過酷であったシェーンブルン条約を修正することを狙った。そのために、彼は皇女のフランスへの輿入《こしい》れと同時に、フランスに赴いた。外務大臣という責任ある立場にもかかわらず、メッテルニヒはパリに六か月という長期にわたり滞在し、ナポレオンとの交渉を求めた。しかし、その成果は芳しくなかった。確かに、軍備制限については是正があったものの、一番の狙いであったオーストリアにとって海への出口となるダルマチア地方の返還についても何ら得るものがなかった。

また、オーストリア国内では、メッテルニヒに対する不満や反発が高まっていた。オーストリアでは、フランスに対する度重なる敗北から対仏復讐論が根強く、またヨーロッパの伝統を破壊した「成り上がりのナポレオン」を毛嫌いする風潮があった。それゆえに、メッテルニヒの親仏政策は、彼の元上司であった対仏強硬論者のシュタディオンといった政治家だけでなく、皇弟カールや皇妃マリア・ルドヴィカとなど皇室からも反対されていた。そして、メッテルニヒが生粋の「オーストリア人」でなく、ライン地方の生まれであったことから、メッテルニヒの政敵たちは彼を「コルシカ人に皇帝の娘を売った外国人」と揶揄していた。しかし、メッテルニヒが外務大臣の任を解かれず、その政策を展開できたのも、ひとえに皇帝フランツ一世の信頼によっていた。ある歴史家は、周りが敵ばかりにもかかわらず、君主と臣下の信頼関係により、その立場を維持できたメッテルニヒはリシュリューやビスマルクと似ていたと評している。いずれにせよ、一八一一年三月に、マリー・ルイーズは男子を出産した。ナポレオンは待望の後継者を獲得し、フランツ一世は次期フランス皇帝を約束された孫を得たのであった。これにより、オーストリアとフランスとの関係はより密接になった。

ナポレオンの没落と墺仏関係の瓦解

ナポレオンとの結びつきにより、ハプスブルク家の権威と権力を回復・維持する。これがメッテルニヒの構想であった。しかし、その方向性は早々に翳《かげ》りを見せ始めた。それがナポレオンの一八一二年のロシア遠征の失敗であった。ティルジットの和約に基づいた仏露同盟は一八一一年前後から崩れた。一八〇六年にナポレオンが発した大陸封鎖令はロシア経済に大きな打撃を与え、ロシア国内では不満が高まっていた。さらに、一八一〇年十二月のフランスによるオルデンブルク公国の併合はロシアを刺激した。この公国の君主がロシア皇帝の親族であったためである。ロシアは報復措置として、フランス商品に対する関税の引き上げなどを行った。以降、両国は戦争を意識した政策を展開し、一八一二年六月に、ナポレオン率いる大陸軍(フランス軍及びその同盟軍)はロシア領に侵攻した。しかし、このロシア遠征はナポレオンにとって致命的な打撃となった。焦土《しょうど》作戦を繰り返し奥地に逃げ込むロシア軍をナポレオンは攻めきれず、遠征は失敗に終わった。さらに、この遠征でナポレオンは多くの有能な将兵を失った。一方、ロシア軍は進撃を開始し、一八一三年春には、プロイセンがロシアと同盟を結び、フランスに宣戦布告してきた。ナポレオンは守勢に立たされたのであった。

ナポレオンの勝利を予想していたメッテルニヒだが、ナポレオンの撤退の報を聞くにおよんで、新たな状況に自らの政策を即座に微調整する。彼はフランスとの距離を注意深く取りつつ、ロシアとプロイセンの陣営に性急につくことを避けたのである。むしろ、メッテルニヒは、オーストリアが交戦国の間に入り、講和交渉を取り持つ役割を担うべきだと考えていた。というのも、メッテルニヒには、和平交渉の中で主導権を握りながら、オーストリアに有利な国際状況を築くという思惑があったからである。そして、この戦争の結果、ロシアが強大化することを恐れたメッテルニヒは対露政策のためにも、フランスにおいてボナパルト・ハプスブルク家の王朝を維持する必要もあった。しかし、メッテルニヒの努力にもかかわらず、仏露間の仲裁交渉は進展しなかった。また、メッテルニヒの親仏政策にオーストリア国内では不満の声も高まっていた。ロシアと同盟を結び、対仏戦争に参加すべきという声も少なくなかった。それればかりか、メッテルニヒの暗殺計画も露見《ろけん》する状況であった。

メッテルニヒがフランスとロシアに提示した和平条件に対して、両陣営ともに受諾の意を示さなかったが、両陣営は戦備のために休戦を望み、一八一三年六月四日から七月二〇日までの休戦協定が結ばれた。メッテルニヒはこの休戦期間を利用して、再度の講和締結を模索した。六月十八日から十九日にオポチュノにおいて、メッテルニヒはロシア皇帝と会談を行った。ロシア皇帝はメッテルニヒのフランス寄りの立場に疑念を抱いていたが、この会談は何とか妥結に至った。会談では、講和の条件として、ライン同盟の解散、プロイセンとオーストリアへの領土返還、ワルシャワ大公国の解体などが定められた。もしこの条件にナポレオンが同意しなければ、オーストリアは露普同盟に参加することも取り決められた。ただし、この講和条件で重要なポイントはナポレオンとその息子(つまり、オーストリア皇帝の孫)から王座を奪う規定がないことである。つまり、ナポレオンのフランス統治は前提とされていたのであった。

このオポチュノ会談での成果を引っ提げて、メッテルニヒはナポレオンが陣を構えていたドレスデンに赴いた。六月二五日の午後には、ドレスデンに到着したメッテルニヒだが、ナポレオンの反応は鈍かった。軍の視察で外出していたナポレオンは会談をすぐに行わなかったのである。翌日の午後からメッテルニヒとナポレオンの二人きりで行われた会談は九時間にも及んだが、結局、ナポレオンは上記の講和条約を受諾しなかった。なお、この時の会談については、後年、メッテルニヒがその回想録で詳しく述べている。その中で以下のようなナポレオンの発言が記されている。

私が名誉を失えばよいのか?とんでもない。私は散り際は心得ているつもりだ。だがひと握りの領土も譲り渡しはしない。生まれながらにして玉座にあったそなたの君主たちなら、二〇回打ち負かされても、いつも自分の都に帰っていくことができよう。だが私にはそれができないのだ。なぜなら私は一介《いっかい》の成りあがりの兵士だからだ。私が力をもたなくなり、したがって畏敬される

＝こともなくなる日には、私の支配は終わるのだ。

もちろん、この会談が二人だけであったため、このナポレオンの発言がどこまで真実であるか、或いはメッテルニヒの創作かは当人たちしかわからないことである。しかし、墺仏の姻戚関係により新たなヨーロッパの国際関係を築こうとしたメッテルニヒがこれを書き記したことは非常に皮肉ともいえる。

和平に関する結果を得られなかったメッテルニヒがドレスデンを去る直前、ナポレオンから再度の会談の申し出があった。この会談では、フランスはオーストリアの武装中立を認めること、和平交渉は七月十日にプラハで開催すること、そして八月十日まで休戦を延長することなどが取り決められた。この協定案を持ち帰ったメッテルニヒにロシア皇帝は激怒した。この協定案により休戦協定が勝手に三週間延長され、これまでの墺・普・露間の交渉が台無しになったからである。不信感を露わにするロシア皇帝に対して、メッテルニヒはあれこれと言い訳をするが、心の奥底では、彼はまだ和平は可能であると考えていた。しかし、取り交わされた約束は守られなかった。交渉のためのフランス外交官は会談の期日に遅れ、また全権委任状を持っていなかった。これはプラハ会談の事実上の失敗を意味した。メッテルニヒは八月八日にフランスに最後通牒《つうちょう》を出すが、休戦協定が切れる八月十日を過ぎても何の返答がなかった。それゆえ、八月十二日、メッテルニヒは、ついにナポレオンのフランスに宣戦布告したのであった。

⦿参考文献

松嶌明男『図説 ナポレオン―政治と戦争 フランスの独裁者が描いた軌跡』(河出書房新社、二〇一六年)
メッテルニヒ(安斎和雄監訳)『メッテルニヒの回想録』(恒文社、一九九四年)
Palmer, Alan. *Metternich: Councillor of Europe*, London, 1972.
上垣豊『ナポレオン―英雄か独裁者か』(山川出版社、二〇一三年)

1783–1830年
スペインの植民地だった南アメリカ北部諸国の独立運動を主導した政治家。

人種主義者だった南米諸国独立の指導者

シモン・ボリバル

…Simón Bolívar…

川上英

南アメリカにおけるスペインからの独立運動の指導者。一七八三年、スペイン植民地下のカラカス（ベネズエラ）の裕福な家庭に生まれ、一七九九年から一八〇七年までヨーロッパ各地を回って過ごした。一八一〇年からベネズエラにおけるスペインからの独立運動に参加し、翌年、スペイン領アメリカ最初の独立国家、ベネズエラ連邦共和国の成立を主導した。その後、共和国はスペイン軍の反撃にあって崩壊と再建を繰り返すが、ボリバルはその過程で「解放者」の称号を得た。一八一九年にはベネズエラとヌエバ・グラナダ（現コロンビア）を合わせて大コロンビア共和国を成立させ、その大コロンビアにはその後さらに現在のパナマとエクアドルが加わった。一八二四年にはペルーとアルトペルーの独立も達成し、アルトペルーは解放者ボリバルにちなんで国名を「ボリビア」とした。旧スペイン領アメリカ全体の統一を夢見たボリバルは、一八二六年、パナマで旧スペイン領諸国の国際会議を開催した。晩年は国内の不統一に悩み、一八三〇年、大コロンビア共和国大統領の職を辞して、亡命の途上、コロンビア北海岸のサンタ・マルタで病死した。

「英雄ボリバル」

日本の世界史教科書におけるラテンアメリカ史の比重はとても小さく、それは日本社会全体のラテンアメリカへの関心の低さを反映していると言えるが、そのなかでかろうじてよく知られたラテンアメリカ史上の人物が、この「ラテンアメリカ独立の英雄」、シモン・ボリバルではないだろうか。世界史の教科書に登場する人物はふつう姓のみで呼ばれるのに、彼はなぜかフルネームで呼ばれることも、もしかしたら彼の英雄としてのイメージにプラスに働いているのかもしれない（スペイン語圏では、父方の姓と母方の姓の両方を名乗り、また名も複数持つのがふつうである。シモン・ボリバルの「フルネーム」はとりわけ長く、厳密には、「シモン・ホセ・アントニオ・デ・ラ・サンティシマ・トリニダ・ボリバル・イ・パラシオスSimón José Antonio de la Santísima Trinidad Bolívar y Palacios」である）。

ボリバルが英雄として扱われるのは世界史教科書でだけのことではない。日本語で読むことのできるボリバルの評伝が少なくとも二つあるが、そこでも彼は、「ラテンアメリカ独立の父」とか「ラテンアメリカ解放者」として肯定的に描かれている（サルセド＝バスタルド、二〇〇八年。神代、二〇〇一年）。そして、そうした「英雄ボリバル」観は日本固有のものでもない。ボリバルの故郷ベネズエラでは、とりわけボリバルを英雄視する風潮が根強い。英雄としてのボリバルのイメージは、ボリバル没後のベネズエラの為政者の多くに利用されてきたが、一九九九年の大統領就任から在任中の二〇一三年に病死するまで、ラテンアメリカの反米左派政権指導者のリーダー格として世界的な注目を集めたウゴ・チャベスも、そうした「ボリバル信奉者」のひとりだった。一九八〇年代に軍人として反政府運動を主導していた時から、ボリバル生誕二〇〇年を記念してその運動を「ボリバル革命運動二〇〇」と呼んでいたチャベスは、大統領就任後の一九九九年に制定された新憲法では、国名にボリバルの名を入れて「ベネズエラ・ボリバル共和国」と改め、演説ではベネズエラの国や人々を指して、「このボリバルの国」とか「このボリバルの人民」という表現を連呼した。さらに二〇一〇年には、「ボリバルは政敵によって暗殺された」との持論を検証させるために、国立英雄墓地に眠るボリバルの遺骸を掘り起こし、その二年後のボリバル生誕記念日に、発掘調査によって再構成されたボリバルの顔の3D画像を、イエス・キリストの復活になぞらえて「ボリバルの復活」と称して発表した。

チャベスのボリバル称揚は極端な例であり、また明らかに政治的意図を大きく含んだものであったが、パブロ・ネルーダやミゲル・アンヘル・アストゥリアスといった、他のラテンアメリカ諸国のノーベル文学賞作家もボリバルを称える詩を残しており、チャベスによってしばしば引用されている。ボリバルに対する肯定的な評価は、ラテンアメリカ全域で一般の人々に受け入れられた常識なのである。

そうしたラテンアメリカにおける一般的なボリバル観の一例として、一九九〇年代後半にスペイン語圏で流行した、グアテマラ人歌手リカルド・アルホナの「もしも北が南だったなら」という歌があげられる。この歌は、もしも北と南の力関係が反対だったならアメリカ大陸はどうなるだろうかと問いながら、北(=米国)と南(=ラテンアメリカ)の双方の社会のあり方を風刺した歌である。前半で、マクドナルドやシルベスター・スタローンやドナルド・トランプ(もちろん大統領になる前の)といった、米国を象徴する名前とともに米国社会の状況が風刺的に歌われたあとで、後半は、では北が南だったなら、と問う。そうなれば、フィデル・カストロはウォール・ストリートを駆け回り、チェ・ゲバラはダブル・ミートのハンバーガーを作り、グアテマラにはディズニーランドができるだろうなどと言って、結局事態は同じか、もしくはもっとひどくなるだろうと結ばれる。そうした、北が南だったらどうなるかという例の中に、「シモン・ボリバルは秘密をばらしてしまうだろう」というくだりがあるのである。米国の象徴とも言えるウォール・ストリートやマクドナルドと結び付けられてしまうカストロやゲバラに比べれば、「秘密をばらす」ことにされるのはだいぶ手緩い印象を受けるが、むしろそのことが、一般のボリバル像がいかにそうした悪いイメージとかけ離れているかを表していると言えるのではないだろうか。

シモン・ボリバル関連地図

そして、そのような「良い」ボリバル像は、ラテンアメリカの域を超えて、世界的なものですらある。「世界で一番銅像の多い男」とも言われるほど、ボリバルの騎馬像や立像、胸像は、カラカス、ボゴタ、パナマ市、キト、リマ、ラパスといった、彼が「解放」した国々の首都は言うまでもなく、メキシコ市、ハバナ、ブエノスアイレス、サンサルバドルなどその他のラテンアメリカの都市にも、そしてさらにはロンドン、パリ、ベルリン、ウィーン、ニューヨークなど、世界中の主要都市に置かれているのである。

「独裁者ボリバル」

しかし、そのような「良い」ボリバル像は本当に正しいのだろうか。ボリバルを肯定的に描いた文が多い中で、珍しく彼を非常に批判的に描いたものがある。だいぶ時代は遡《さかのぼ》り、ボリバルの死から三〇年足らず後に書かれたものであるが、一八五八年にカール・マルクスが英語の百科事典のなかに寄稿した、「ボリバル・イ・ポンテ」という小文である。マルクスはそこでボリバルを、軍事的才能や仁徳に欠け、自己顕示と専制権力獲得に執心した政治家として、皮肉を込めて戯画的《ぎがてき》に描いている。

いくつか例を挙げれば、ボリバルは、「彼の同郷人の多くと同じように、長期にわたって努力することをひどく嫌っており、彼の独裁政権はすぐに軍人がやりたい放題の無秩序なものになった」とか、「敵よりもはるかに優れた軍勢を持っていたにもかかわらず、一八二〇年の軍事行動において見事なまでに何も成し遂げなかった」とか、「専制権力を求める彼の性癖《せいへき》をおおいに発揮《はっき》した」という具合である。

マルクスがそのようにボリバルを否定的に描いたのは、彼がその数年前に『ルイ・ボナパルトのブリュメール十八日』において同様に批判的に論じたナポレオン三世に、ボリバルを重ねて見ていたからであり、二次文献をもとに書かれたマルクスのボリバル論の具体的な記述内容には、歴史研究の史料としての価値はあまりないと言われる。しかし、「専制権力者ボリバル」という見方自体はあながち間違いではなく、強い指導者に権力を集中させることが安定的統治の理想であるという考え方は、ボリバル自身の演説や手紙の中にもうかがい見ることができる。

一八一〇年のベネズエラ共和国はすぐに瓦解《がかい》し、一八一三年八月の二度目の共和国樹立の試みも長続きしなかった。ボリバルは再びカラカスを追われ、しばらくジャマイカとハイチに滞在したのちに、一八一六年十二月にもう一度ベネズエラに侵攻して、こんどは東部のアンゴストゥラに拠点を構えた。そのアンゴストゥラで一八一九年二月に招集された議会の開会に際して行った有名な演説の中で、彼は、ベネズエラの目指す政治体制が民主的共和制であるということを何度も繰り返しつつ、以下のように述べている。

議員の皆さん、われわれは思い上がらないようにしましょう。望みは控えめにしましょう。人類がまだ成し遂げたことのないものを手に入れるというのはありえないことです。歴史上もっとも偉大で聡明な国々すらも手に入れることのできなかったものを。無限の自由、完全なる民主主義、そういったものこそ、これまで、あらゆる共和主義の希望が目指し、ぶち当たって砕け散ってしまったところの暗礁なのです。……ベネズエラという国はすでに、正当かつ簡単に得ることのできる基本的な権利は享受しています。ですから今度は、行き過ぎた望みに熱くなることは控えて、この国にはそぐわないような政府の形を生み出してしまうことのないようにしましょう。われわれにはあっていない連邦制という形は捨てましょう。［三人が交代で大統領を務める］三頭制は捨てましょう。行政権は一人の大統領に集中させて、彼が、われわれがいま直面している不都合な事態に抗して体制を維持できるように、彼に十分な権限を授けましょう。われわれが苦しんでいる戦争という事態に対して、そして、今後われわれが長きにわたって戦わなければならないであろう、外部および内部のさまざまな敵に対して。

一人の大統領に権限を集中するという点は、のちにボリバルが「解放」し、彼の名を冠して独立したボリビアの憲法にも反映されている。一八二六年にボリバルが起草したボリビア共和国憲法には、大統領は終身で、後継者となる副大統領の任命権を持つと明記されており、その実態は共和制どころか事実上の立憲君主制だった。そして、ボリバル自身、大コロンビア共和国の大統領を務めていた晩年の一八二八年から一八三〇年にかけて、副大統領フランシスコ・デ・パウラ・サンタンデルを中心とする反対勢力の拡大に直面したとき、憲法を停止して独裁体制をしいたのである。

その間、ボリバルは、インディオの貢納《こうのう》を復活させたり、高等教育においてジェレミー・ベンサムの本の使用を禁止して、ローマ・カトリック教会の教えに則った教育を徹底させるなど、植民地時代に逆戻りするかのような政策を行ったが、ボリバルを英雄視する歴史家は、それすらも、「革命を地につけるためにボリーバルが行った最後の努力」（サルセド・バスタルド、二九一頁）と評価したり、大土地所有者や軍人や聖職者たちの支援を得るためにやむなくとった措置だったと擁護《ようご》したりしている。

とはいえ、ボリバルが憲法を停止して独裁制をしいたこと自体は厳然たる事実として残っているため、それをマルクスの言うように「ボリバルの専制権力を求める性癖」によるものと解釈するにせよ、やむなき措置だったと解釈するにせよ、この晩年の独裁制の存在自体が否定されることはない。しかし、ボリバルが発布した法令や行った政策、あるいは彼が勝利した戦いなど、いわば歴史の年表に出てくるような出来事の羅列《られつ》を見ただけではうかがい知ることのできないもう一つの負の側面がボリバルにはある。それが、人種主義者としての側面である。

ジャマイカからの手紙

ボリバルが人種主義者だったというのは、一般的な英雄としてのボリバル像にはそぐわないだろう。ましてや、彼の業績の一つに「奴隷制《どれいせい》の廃止」があるのだからなおさらだ。しかし、彼が起草した法令や議会で行った演説などの文面ではなく、彼が独立運動において支援を求めたヨーロッパ人や独立運動をともに戦った盟友に宛てた書簡の文面を見てみれば、インディオや黒人に対して白人を優越とする人種観や、とりわけ当時のベネズエラの人口の半分を占めたパルドと呼ばれる黒人系の混血の人々に対する恐怖が明らかに見てとれるのである。

ボリバルの著作の中には、「ジャマイカからの手紙」と呼ばれる有名な書簡がある。これは、「第二共和国」が瓦解したあとイギリス領ジャマイカに亡命していたボリバルが、一八一五年九月に、現地のイギリス人に対して、当時のスペイン領アメリカの独立運動の現状について説明し、その後の展望を述べたものであり、八〇〇〇語に及ぶ、ちょっとした論文ほどの長さの文章である。ヌエバ・グラナダ(現在のコロンビア)とベネズエラがアメリカ大陸の「創造者」(コロンブス)にちなんで「コロンビア」という名の一つの共和国になり、スペイン領アメリカ全体は一五から一七の共和国になるだろうという構想、あるいは予測を述べた部分がとりわけよく知られている。ただ、それまでの歴史を振り返り、スペイン領アメリカにふさわしい政体は何なのか、君主制なのか共和制なのか、ということが主に論じられたこの書簡では、人種に関する議論はほとんどない(一八一五年九月六日)。

しかし、同じ時期にボリバルが現地の新聞の編集者に宛てたもっと短い手紙では、スペイン領アメリカの人種の問題が主題として扱われている。そこでボリバルは、「原住民、アフリカ人、スペイン人、混血人種」からなるスペイン領アメリカの一五〇〇万から二〇〇〇万人におよぶ住民の中で、最も規模が小さいのは白人であると認めたうえで、しかしながら、「白人こそが知的資質を備えている」のであって、それゆえに、白人は他の集団に劣らぬ地位を獲得し、道徳面でも物質面でも、他の集団にはできないと思われるような影響力を発揮《はっき》してきたのであり、そしてそのおかげで、人種ごとに数は違うにもかかわらず、全体として統一と調和が保たれるのだと言う。そして、数の上では最も多いインディオは、「あまりに穏やかな性質であり、ただ静かに独りでいられることだけを望んで」いて、「自らの部族を統率するということすらも求めず、ましてや他の部族を支配するなんてことは考えも及ばない」。よって、インディオと白人の「温和さに頼ることができる」から、「有色人種の恐怖は小さくなる」と言うのである。

この書簡の目的は、上のもう一通の書簡と同様、イギリス人を説得して独立運動に必要な援助を引き出すことだった。そのためか、ここでは「白人の優越性」がはっきりと述べられてはいるものの、「有色人種の恐怖」はさほど大きく描かれておらず、むしろ、スペイン領アメリカの奴隷は「主人に歯向かったことはなく、それどころか、多くの場合、反逆よりも平穏な隷従《れいじゅう》のほうを好んできた」と書かれている。スペイン領アメリカでは、異なる人種であっても人々は一つの兄弟愛で結ばれていて、人種が原因で争いが起きたことはなく、「圧政に対する正義の戦い」にとって本当に問題なのはヨーロッパの無関心なのだ、だから援助してくれ、というわけである(一八一五年九月二八日)。

ボリバルと黒人共和国ハイチ

しかし、このときボリバルはイギリスからの援助を得ることはできなかった。ヨーロッパから見放され、アメリカ合衆国にも相手にされなかったボリバルに救いの手を差し伸べたのは、一八〇四年にフランスから独立したばかりの黒人の共和国、ハイチだった。

一八一五年十二月にジャマイカを去ったボリバルは、ハイチに行き、大統領アレクサンドル・ペティオンと会う。「最貧国」などと言われる現在のハイチからは想像しにくいかもしれないが、アメリカ大陸ではアメリカ合衆国に次いで二番目、そしてラテンアメリカ・カリブ地域では最初の独立国家であるハイチは、少なくともこの時期は、スペイン領アメリカの独立派にとっては独立運動の「先進国」であり、ボリバルのほかにも二〇〇〇人ほどの亡命者が、ベネズエラやヌエバ・グラナダからやってきてハイチに滞在していた。ボリバルはペティオンから、解放に成功したすべての地域において奴隷制を廃止することを条件に、金銭的および軍事的援助を獲得し、ペティオンの用意した資金、船舶、武器、兵士などを伴って、一八一六年五月にハイチを出発してベネズエラ攻略へ向かった。このときは失敗してハイチに戻ったが、再びペティオンの援助を得て、同年十二月、今度はベネズエラ東部の攻略に成功し、それがその後の南アメリカ北部の広大な地域の「解放」へとつながっていくのである。

このようにボリバルの独立運動にとってハイチは非常に重要な役割を果たしたのだが、その後ボリバルは二度とハイチに戻ることはなく、ハイチの支援者との書簡でのやり取りも疎遠《そえん》になった。それどころか、ボリバルにとってハイチは、彼の怖れる有色人種の治める国として否定的な位置づけをされるようになる。一八一九年にベネズエラとヌエバ・グラナダを合わせて成立した大コロンビア共和国は、ハイチを承認していないヨーロッパ諸国による自国の承認を妨げるかもしれないという理由で、ハイチと国交を結ぶことを拒んだ。そして、ボリバルが夢見た大規模なラテンアメリカ諸国の連帯への一歩として、一八二六年にパナマで開催された汎アメリカ会議に、唯一招待されなかったのがハイチだったのである。

「パルドクラシア」への怖れ

パナマ会議のころには、ボリバルは、彼の有色人種に対する恐怖を、民主主義＝デモクラシア(democracia)をもじった「パルドクラシア」(pardocracia)という語を使ってしばしば言い表すようになっていた。パルドクラシアとは「パルド」＝褐色の人々が権力を握った状態を指し、ボリバルにとって、ハイチこそまさにその悪例だったのである。

例えば、一八二四年末、カルタヘナにおいて、「パルド」の人々の人望を集め、自らも「パルド」だった将軍ホセ・パディジャが白人支配層と対立したとき、ボリバルは副大統領サンタンデルに宛てて以下のように書いている。

法的な平等は、大衆が持っている精神にとっては十分ではないのです。彼らは、公共の場においても家の中においても、絶対的な平等があることを望みます。そうしたらその次には、パルドクラシアを望むでしょう。それを彼らが望むのは当然であり、しかも彼らはただそれだけを望むのであり、それはしまいには特権階級を根絶させるためなのです(一八二五年四月七日)。

さらに一八二六年四月には、ベネズエラでホセ・アントニオ・パエスがグラン・コロンビアから分離する反乱を起こした。パエスは白人だったが、国内の統一が保てない原因をボリバルは有色人種のせいにして、サンタンデルに次のように言っている。

われわれはアテネやローマの美しい時代とはあまりにかけ離れていて、ヨーロッパのものでわれわれと比べられるものは何もありません。そのもっとも汚らわしい起源は、われわれ自身の存在にあるのです。われわれの以前にあったすべてのものが、罪の黒いマントで包まれています。われわれは、あの狩り好きな虎たちの忌わしい合成物なのです。あの、アメリカにやって来て、自らの血を流し、犠牲者を殺してしまう前にその犠牲者たちと交雑し、そしてそのあとで、そうした結合から生まれた不純な果実に、さらにアフリカから引き抜かれてきたあの奴隷たちの果実とを交雑した、狩り好きな虎たちの。そのような肉体の混合から、そのような道徳的基礎から、どうやったら英雄たちの法や人間の原理を制定することができるでしょうか。いいでしょう。あのように理論を掲げる人たちに統治させ戦わせてみましょう。そうすればわれわれはハイチのあの立派な理想に直面するでしょう(一八二六年七月八日)。

ボリバルがどのような人種観を持っていたかは、これでもうじゅうぶん明らかだろう。ちなみに、褐色の将軍パディジャは、サンタンデル派とボリバル派の対立が強まりボリバルが独裁制をしいた一八二八年、苦慮の末にサンタンデルへの支持を表明してボリバル派に捕らえられた。その後、サンタンデル派によるボリバル暗殺未遂事件が起こり、獄中にあったため事件に直接関係あるはずのないパディジャも、その他の容疑者十三人とともに処刑されてしまった。ボリバルは、この事件の首謀者であるはずのサンタンデルには亡命を認め、また、一八二六年にベネズエラで堂々と反旗を

翻したパエスも赦していた。白人のサンタンデル、パエスと、「パルド」のパディジャとに対するそうした扱いの違いにも、ボリバルの「パルド」に対する恐怖が表れていると言えるかもしれない。

「奴隷制廃止」の実態

そのように有色人種に対する嫌悪・恐怖を露骨に表していたボリバルではあるが、彼は奴隷制を廃止した人物として知られている。では、その実態はどうだったのだろうか。ボリバルは、解放したすべての地で奴隷を解放するというペティオンとの約束を、どのように果たしたのだろうか。

ボリバルが黒人奴隷解放に着手したのは、ちょうど彼がペティオンの支援を得てハイチからベネズエラ攻略に向かった一八一六年のことである。その年の六月、最初に着いたベネズエラ東部海岸の町カルパノにおいて、カルパノとその近隣の町の住民に対して発した政令が、彼の最初の「奴隷解放宣言」として知られる。そこで彼は「奴隷の絶対的な自由」を布告するが、それには独立派の軍隊に入ることが条件となっていた。黒人奴隷の解放には、独立運動のための兵力の確保という側面が大きく作用していたのである。ちなみに、軍隊への入隊を条件にした奴隷解放令の発布は、ベネズエラにおいて、この時のボリバルが初めてではなかった。

その後、海岸沿いにさらに西方に進んだボリバルは、同年七月にオクマレでも奴隷解放を宣言した。ここでは軍隊への入隊の条件は明言せず、「これより先、ベネズエラには一つの階級しかなくなり、すべての人が市民となるだろう」と謳ったが、ここでも同様な軍事的意図があったことは否定できない。いずれにしても、この時の軍事作戦は失敗してボリバルはハイチに戻らざるを得ず、奴隷解放も実態をともなわなかった。

同年末に再びペティオンの援助を得てベネズエラ東部の攻略に成功したボリバルは、アンゴストゥラの議会でも奴隷解放を訴えるが、議会の承認は得られなかった。奴隷解放が議会によって法令として公式に認められたのは、ベネズエラとヌエバ・グラナダを合わせて大コロンビアが成立した一八二一年、その議会が置かれたククタでのことである。ただし、そこでは、奴隷の母から生まれた子の自由だけが認められた。その後もボリバルは何度かさらなる奴隷解放を促す宣言を出したが、ボリバルの生前に黒人奴隷の完全な解放が法制化されることはなかった。

つまり、解放したすべての地で奴隷解放を実現するというペティオンとの約束は、部分的にしか守られなかったわけだ。それがボリバルの不作為によるものなのか、それとも反対勢力の強さによるものだったのかは議論の余地があるだろう。ボリバルの奴隷解放への取り組みには様々な要素が作用していたと考えられる。

まず、少なくとも書簡のやり取りからはボリバルが敬意を表していたように見える、褐色ではあるが有能な指導者ペティオンとの約束は、簡単に破れるものではなかっただろう。あるいは、再び独立運動が頓挫《とんざ》した場合にペティオンから支援を得られるように約束を守るべきだという政治的打算が働いていたかもしれない。事実、ペティオンからの支援に基づいた最初の軍事行動が失敗してハイチに戻ったとき、ボリバルは、ペティオンに再び支援を求める書簡の中で、ベネズエラで奴隷解放を宣言したことに触れて、「ハイチは「新世界の」同胞たちの間で孤立した存在ではなくなるでしょう」と書いている(一八一六年九月四日)。

また、独立闘争のために黒人を兵力として利用するという面も大きかった。ボリバル自身が述べたように、数の上でマイノリティだったクリオーリョ(現地生まれの白人)のボリバルたちがスペインと戦うにあたって、人口の大部分を占める黒人、インディオ、混血の人々がスペイン側についたのではとても勝ち目がなかった。黒人を味方につけることはボリバルの独立闘争にとって死活問題だったのである。サンタンデルに宛てた手紙の中でもボリバルは、「頑丈《がんじょう》で強く、過酷な状態や苦労に慣れた」黒人奴隷は兵力として有用である上に、彼らを解放して味方につけたほうが奴隷制を維持してハイチのような奴隷反乱の危険性を温存させるよりも賢明であると述べている(一八二〇年四月十八日)。

最後にもう一つ、彼の出自も考慮に入れなければならないだろう。ボリバルは、当時のベネズエラ屈指の名家の出身だった。ボリバル家は、十六世紀末から建設されて間もないカラカスの有力者として影響力を及ぼしてきたバスク系の一家であり、ボリバルの父も、カラカス市議会の議員や市の裁判官、会計官などを歴任していた。彼は遺言で二五万八〇〇〇ペソを財産として申告し、それは現在の基準でいえば桁外れの大富豪に相当すると言われるが、そのほかにも大規模な土地を所有していた。その父はボリバルが三歳の時に亡くなり、さらに兄も一八一一年に若くして亡くなったため、次男のボリバルは家族の資産をすべて相続し、独立運動に参加し始めたときにはすでに彼自身が桁外れの大富豪になっていたのである。

そして、当時の富裕層は黒人奴隷を使用するのが当たり前であったから、当然、ボリバル家にも多くの黒人奴隷が使われていた。例えば、ボリバルが十三歳になるかならないかという年頃で初めて相続した土地には、六五人の黒人奴隷がいたと言われる。彼にとって黒人奴隷とは、ただ彼が頭の中で思い描いたベネズエラ社会の構成員ではなく、家の中で彼自身が主人として日々接していた存在だったのである。他の富裕層と同じく、ボリバルも黒人奴隷の乳母によって育てられた。イポリタというその乳母のことは独立運動に身を投じてからも気にかけ、例えば一八二五年七月にはペルーから姉に送った書簡の中で、イポリタには欲しいものをなんでも与え、「母のように」大事に扱うようにと頼んでいる。

ボリバルの黒人に対する感情は、そのように奴隷主が奴隷に対するような、好感と恐怖という相反する感情が混在したものだったのではないだろうか。ベネズエラにおける独立軍の勝利を確定的なものにした一八二一年六月のカラボボでの勝利の後、ボリバルは自らが所有する黒人奴隷のうち六人を解放した。しかし、それは勝利の喜びに酔った勢いで奴隷に対するご褒美《ほうび》のようになされたように見える。事実、その他大勢のボリバル家所有の黒人奴隷の処遇はボリバルの生前に変わることはなかった。

ボリバルが根拠も不十分なままに処刑した「パルド」の将軍パディジャに対する感情も、似たようなものだったのではないだろうか。ボリバルは、サンタンデルへの手紙でパディジャのことを「コロンビアで最も重要な男であり、私は、彼のこれまでの業績と私への忠誠から彼のことが大好きです」とまで評価していた。しかしそのあとで、「この気持ちが消えてしまわないように、神のご加護がありますように」と加えている(一八二五年十月二七日)。反抗せずに忠誠をもって働いてくれるのであれば、その能力は有用なので歓迎する。しかし、その忠誠心が偽物であれば何をされるかわからないから、怖い。パディジャとの関係の場合、まさにその恐怖心のほうが勝ったがために、ほんのわずかに独裁制への反対を表明されただけで処刑してしまったのではないだろうか。

ボリバル批判の意味

さて、ここまでひたすらボリバルの否定的な側面をばかりあげつらってきたが、最後に、そうしたボリバル批判を行うことの意義について記しておこう。

おそらく、ボリバルがそのように桁外れの大富豪だったのなら彼が人種主義者だったのも当然ではないか、と思う人は少なくないだろう。それはそのとおりである。例えばボリバルの家族のなかでも王党派の姉は彼の独立運動自体に反対しており、一八二四年以降、ベネズエラを留守にすることの多くなった彼に託されて、彼の黒人を使用して彼の地所を実際に経営していたのもその姉だった。ボリバルは、黒人奴隷を所有・使用して大農園を経営するという、当時の白人富裕層の生活スタイルを変えることはなかったが、彼の推し進めたスペイン王室からの独立や、彼の夢見た旧スペイン領アメリカ全体の連帯という考えは、その白人富裕層の基準からすればたしかに革命的だった。

人種主義者としてのボリバル像を明るみに出して論じるのは、そうした彼の持つ革命性を否定するためではなく、むしろ逆に、そうした革命児のボリバルすらも人種主義から自由でなかったということが、その後のラテンアメリカの歴史の展開を規定し、現在のラテンアメリカ社会のあり方をも規定しているからである。

ボリバルの怖れた「パルドクラシア」は現実とはならなかった。しかしそれは、ボリバルの恐れが杞憂《きゆう》だったからではなく、まさにボリバルを代表とする当時の白人支配層が、パディジャの例のように、あるいは欧米諸国によって孤立させられて「最貧国」に貶《おとし》められたハイチの例のように、「パルドクラシア」の芽を着実に摘んでいったからなのである。ボリバルに代表されるラテンアメリカの独立運動の指導者たちは、スペインに対抗するにあたってアメリカ大陸の過去の先住民文化を称揚したため、黒人に比べるとインディオに対しては好意的だったが、そのインディオに対する好感も、独立のための戦いが終わるとすぐに消えていった。すでに見たベネズエラやコンロンビアの例のように、ラテンアメリカ諸国の独立運動にはインディオや黒人や混血の人々が重要な役割を果たしたのだが、独立を達成した後の各国で実権を握ったのは白人であり、インディオや黒人や混血の人々にとって社会的上昇の機会は極めて限られていたのである。程度や細部の違いはあれど、独立後のラテンアメリカの国々ではみな、ヨーロッパのような白人主導の「白い」国が目指された。そのような「白い」国家構想においてインディオや黒人は、抹殺されるか、いなかったことにされるか、ヨーロッパからの移民の導入によって血が薄められていくべき存在となったのである。

そのような人種主義の問題は、けっして十九世紀のラテンアメリカだけの問題ではない。二一世紀の今日、「人種」で人を分けるような考えをおおっぴらに表明することはできなくなったように見える。しかし、ボリバルが盟友サンタンデルに披瀝《ひれき》した、白人が最も優れた資質を持っているという考えは、現在のラテンアメリカの支配層の人々の間に根強く残っている。そして、同様の人種主義の問題は、世界のラテンアメリカ以外の地域、もちろん日本にも、残っている。「英雄ボリバル」像を見直し、ボリバルの思想的限界を批判的に捉えることは、現代社会の、われわれ自身の直面する問題と取り組むことなのである。

⊙参考文献

ボリバルの書簡等は、ベネズエラ政府のページ「解放者アーカイブズ」より
http://www.archivodellibertador.gob.ve/

Aricó, José, *Marx and Latin America* (Leiden: Brill, 2014).

Bushnell, David, "The Last Dictatorship: Betrayal or Consummation?", *Hispanic American Historical Review* 63(1), 1983.

Bushnell, David, "The Independence of Spanish South America", in Leslie Bethell, ed., *Cambridge History of Latin America*, vol.3 (Cambridge: Cambridge University Press, 1985).

Fischer, Sibylle, "Bolívar in Haiti: Republicanism in the Revolutionary Atlantic", in Carla Calargé, et al., eds., *Haiti and the Americas* (Jackson: University Press of Mississippi, 2013).

Helg, Aline, "Simón Bolívar and the Spectre of *Pardocracia*: José Padilla in Post-Independence Cartagena", *Journal of Latin American Studies* 35, 2003.
Lynch, John, *Simón Bolívar, A Life* (New Haven: Yale University Press, 2006).
Ramos Guédez, José Marcial, "Simón Bolívar y la abolición de la esclavitud en Venezuela 1810-1830. Problemas y frustración de una causa", *Revista de Historia de América* 125, 1999.
Zeuske, Michael, *Simón Bolívar: History and Myth* (Princeton: Markus Wiener Publishers, 2013).
神代修『シモン・ボリーバル—ラテンアメリカ独立の父』（行路社、二〇〇一年）
サルセド＝バスタルド、ホセ・ルイス『シモン・ボリーバル—ラテンアメリカ解放者の人と思想』（春秋社、二〇〇八年）
高橋均・網野徹哉『ラテンアメリカ文明の興亡』（中央公論新社、一九九七年）
歴史学研究会編『世界史史料七—南北アメリカ　先住民の世界から十九世紀まで』（岩波書店、二〇〇八年）

1802–94年
1848年革命期のハンガリーの革命指導者。49年独立戦争期にかけて、蔵相・国防委員長・臨時国家元首を歴任した。

改革と革命の指導者

コシュート・ラヨシュ

…Kossuth Lajos…

姉川雄大

コシュート・ラヨシュは、十九世紀ハンガリーを代表する政治家の一人である。彼は国民の自由と進歩と独立のために、封建的で権威的なハプスブルク帝国と戦った革命指導者であり、また、その革命と独立戦争に敗北した悲劇の英雄である、とみなされてきた。

コシュートが生まれた十九世紀初頭のハンガリー王国では、貴族たちが自身の領地で市場向け農業生産にいそしみ、そこでは農民が彼らに隷属《れいぞく》するかたちで働いていた。十八世紀後半には、ハンガリー国王でもあるハプスブルク皇帝、特にマリア＝テレジアやヨーゼフ二世が、帝国の効率的で合理的な統治による国力の向上をめざし、そのために農民を解放して直接掌握《しょうあく》しようとする改革を行おうとしていた。しかし農民の身分的解放は、彼らが住む領地を持っている貴族にとっては特権の縮小につながってしまう。そこでハンガリー王国貴族たちは、自分たちこそはハンガリー国民という独自の集団単位を持つ存在であり、その外側(ハプスブルク皇帝＝ハンガリー国王であっても)から彼らの特権が侵害されるようなことはあってはならないという考え方によって、皇帝による改革に対抗した。とはいえ、ヨーゼフの改革の影響は残り、またフランス革命の影響もあって、農民の解放を含めた脱身分制を考えるような者も、貴族たち自身の中から少しずつ出現するようになってい た。コシュートはこのような時代に、地方の小貴族の家に生まれたのである。貴族と言っても、在地の中小貴族の収入は農民とほとんど変わらず、なかには土地を失って官吏やその他の職業収入だけで生きている者も珍しくなかった。実はコシュートも、そのような土地なし小貴族の家に生まれ、法律家の資格を得て弁護士として働いたのち、県の官吏となった。

コシュートがハンガリー王国議会の議員となり、政治家としての活動を開始したのは一八三二年である。一八二五年から一八四七年まで定期開催されるようになった王国議会は「改革議会」と呼ばれ、政治家コシュートは、この「改革の時代」を通じてその個性を発揮《はっき》させるようになっていく。一八三〇年代には、ハンガリー貴族たちの中に、貴族特権を廃止して農民を解放し、法的な平等を実現することについて論じる者が目立つようになってきていた。そのきっかけの一つは農民の暴動だが、改革論の方向性を決めたのは、大貴族であるセーチェニ・イシュトヴァーンによる提起である。賦役《ふえき》労働を廃止して賃労働を基礎とした経済へ改革し、より生産的な経済システムを導入して技術革新や工業化にもつなげようというのである。このためには土地の相続と所有に関する特権制を変えなければならないため、彼の提起は経済だけでなく、政治や社会全体の改革に関する議論を支えることになった。しかしセーチェニは農民の解放の実現の方法としては、領主と農民が互いに同意した場合に行うという穏健な改革手法を考えていたし、ハプスブルク宮廷や政府との関係を損なってでも改革を推し進めようとは考えていなかった。これに対して、一八四〇年前後からより急進的な改革を主張したのがコシュートであり、彼は改革派の、はじめは主として中貴族たちのリーダーとなっていった。富裕な大貴族より彼らの方が切実に、新しい効率的な経済システムを必要と考えたからである。

もちろん順風満帆《じゅんぷうまんぱん》というわけではなく、一八三七年から四〇年までは投獄されていたし、それ以後もコシュートらの急進改革派は政府の政治攻勢に対抗しながら活動しなければならなかった。また漸進的《ぜんしんてき》な穏健改革派貴族や、理想主義的な中央集権派エリートなど、改革派といっても様々な立場の違いがあった。しかしコシュートはこれらのいくつかの政治グループを糾合《きゅうごう》して政党としてまとめ、一八四七年にはその綱領である「反対派宣言」の公表に漕ぎつけることができた。この過程では、あるときにはリーダーシップをとって改革の展望を明確に示し、またあるときにはあえて表に出ずに妥協を行うなど、硬軟を巧みに使い分けて改革を前進させようとしたのである。それは「反対派宣言」を公表するまでの過程だけでなく、立憲体制、選挙による議会と議院内閣制、貴族の免税特権による公平な税負担、賦役の廃止と農民解放、宗教および法の前の平等などの自由主義改革への支持をさらに広げ、実際にいくつもの法令(「四月法」)として実現していく一八四七〜四八年の議会や、初の身分制ではない選挙による議会での政治運営でも同様だった。一八四九年の独立戦争期の指導者としては、これに加えて勤勉な実務家・行政官としての顔もみせていた。

コシュートはなぜ革命の英雄となったのか

コシュートは独立戦争に敗北した後、最初はオスマン帝国へ逃れ、その後アメリカなどを訪問の後、イギリスやイタリアに住んだ。特にニューヨーク市民の熱狂的な歓迎は、この街でそれまでになかったほどのものだった。コシュートはハンガリー王国内の改革派貴族のリーダーやハンガリー諸都市の市民のカリスマというだけでなく、国際的な規模で名声を得ていたのである。

コシュートが革命の英雄となったのは、政治家や軍人たちの指導者だったから、というだけではなかった。より重要なのは、彼が政治と公衆をつなぐ多くの回路を開き、広げたことである。そのような回路の一つは、商工業の諸団体である。コシュートは商工業に関するいくつもの協会・連盟組織にかかわり、それらの設立を提唱したり実際に主導したりすることもあった。一八三〇年代には農産物や製糖・製粉をはじめとした諸分野の商工業が発達し始めていて、これは当初は先進的な貴族たちが始めたものだが、ペシュトなどの都市には伝統的な特権都市市民以外の市民層も出現し始めていた。このような人々は、ギルドなどの特権制を廃止して投資や営業の自由が保障されるような改革を望んでおり、商工業の諸団体によってそういった改革を望む集団の存在が目に見えるものになっていた。商工業の諸協会は身分や宗派や民族的な出自《しゅつじ》にかかわりなく利害関心を共有する者が受け入れられていたため、改革派の貴族と新興市民層が同じ席で、共通の目標について話し合う場となった。さらに、実際には暗黙の身分差のようなものが作用していたものの、形の上では委員の選出の権利などにおいて、平等で開放的なルールが支配する場でもあったため、目指すべき自由主義国家を小さな社会で経験できる場でもあった。コシュートはこのような場にかかわり、またそれを拡大しようとしたのである。

もうひとつの回路はジャーナリズムである。コシュートは政治活動を開始した時点から「議会通信」や「地方自治体通信」などを発行し、メディアを通じて議会の中で議論されたことや自身の主張を広く伝えることに熱心だった。特に一八四一年に「ペシュト新聞」を創刊したことは、彼の成し遂げたことのうちでも、またハンガリーの改革と革命の一連の出来事の中でも、もっとも重要なことのひとつと考えられている。同紙の影響は急速に拡大し、講読数は創刊当初の六〇から半年で四〇〇〇になり、一八四〇年代半ばには、発行部数は五〇〇〇部ほどだったものの、おそらく十万人程度が目にする新聞となっていた。コシュートは同紙や他の新聞・雑誌を通じて、議会での議論の動向を伝え、自身の改革論を(帝国内では緩い方とはいえ検閲に配慮しながら)展開し、論敵と論争するなどした。これを無視することができず、政府や保守派もそれぞれの新聞を通じて、このような論争に加わっていくことになる。こうして新聞紙上は政治論争が行われる場となり、それは都市の読者公衆の目に触れるところで行われるものとなった。さらに、こうして政治の議論を共通の話題として持つようになった読者公衆は、カフェなどで互いに議論をするようにもなっていった。

これらの回路によって、国家の政治を自らの利害と関係のあるものと考え、それについて互いに議論し、それに向けて主張するような人々の範囲が拡大し、それまで特権身分層の世界のものでしかなかったものを、市民も共有するようになってきたのである。コシュートも積極的にかかわってきた協会組織と公論の空間は、それ自体が自由主義の実践の場であるとともに、コシュートをはじめ改革派の貴族と市民にとって、自由主義改革を推し進める武器にもなった。一八四八年三月にペシュトで革命を起こしたのは、新聞の読者でもあり王国の政治を自分たちに関係のあることだと思うような都市の市民で、その中心にいるのはペシュトの文人や青年たちだった。彼らはカフェに集って議会で起こっていること、国外とりわけパリで起こっていることなどの情報を共有し、どのように改革を要求し、それを実現させていこうかという議論を重ねていた。一八四八年に議会だけを舞台として改革を進めていくことに手詰まりを感じたコシュートは、このような青年たちに助力を求め、反政府派を支持するペシュトの人々の署名を集めるように依頼した。彼らはこれに応えつつ、コシュートの依頼の範囲をはるかに超えた行動を起こし、一八四八年三月にペシュトの革命が起きたのである。これ以後、政府や保守派が議会のコシュートたち改革派議員の前に立ちはだかると、都市の群衆が議会周辺の街路に押し寄せてコシュートらを支持するデモを行い、改革をすすめる政策の成立に力を貸すことになった。コシュートは議会と街路をつなぐ回路を開くとともに、街路の政治に助けられながら自由主義の実現をすすめていったのである。

このように、コシュートが革命の指導者となり、英雄になったのは、特権と身分の壁を取り払うような改革をすすめただけでなく、実際に政治と市民社会の間の回路を広げ、大衆に直接語りかけたからである。彼が語りかけ、熱狂を呼び起こしたのは、都市の市民たちに対してだけではない。皇帝側の軍事的攻勢に対抗して、革命を守るため、また一九四九年四月以降は独立のため武装を整える必要が生じると、そのためにコシュートは大平原の地方都市や農村に赴いて募兵した。このようなときも、農民たちはコシュートを熱狂的に迎え、呼びかけに応えて独立戦争に参加していくようになったのである。

コシュートは誰にとって悪だったか

コシュートはこのようにして革命の英雄となったが、その要因は、彼が誰にとって悪だったのかということともかかわっている。コシュートが市民たちの支持を得て、また彼らに行動を促すことができたのは、彼がハンガリー語で直接大衆に語りかけたからである。この点は、たどたどしいハンガリー語しか話せなかった政敵セーチェニとは対照的である。また「ペシュト新聞」が画期的だったのも、ドイツ語が主流だった言論世界に、ハンガリー語の言論世界を併置することになったからである。こうしてハンガリー語がコシュートを英雄にしたのだが、実は同時に彼を悪人にもしたのである。

貴族を中心としたハンガリーの伝統的なエリートは、ラテン語を行政・政治の公用語としつつ、宮廷の言語(フランス語やイタリア語)、同僚や都市民との言語(ドイツ語)の世界に住んでいて、スラヴ語やハンガリー語は使用人や農民の言語であり、彼らとの間で使用するものでしかなかった。しかし一七八四年に皇帝ヨーゼフ二世が、近代的で合理的な帝国を実現するためにふさわしい言語としてドイツ語を公用語化した際には、ハンガリー貴族はこれに大きく反発した。ハンガリー国民、つまり王国という枠組みに依拠して特権を享受していた貴族などの特権身分集団は、ヨーゼフの公用語ドイツ語化政策を、王国の独自性を尊重しない姿勢を象徴するものととらえ、これに反抗してラテン語か、そうでなければハンガリー語を公用語とすることを主張したのである。

十八世紀末から十九世紀初頭にかけての時期には、国民という枠組みについても、国民と言語の関係についても、新しい考え方が広がり始めていた。それは、例えば、ハンガリー国民の独自性を、ハンガリー語を話す人の集団という点に求めようとする考え方である。これに沿って、文筆家などの知識人や貴族を中心として、標準語整備などのハンガリー語改革と、ハンガリー語文化の普及の運動が行われるようになっていった。新興の市民層が出現し、都市社会が拡大するとともに、国民が特権身分集団だけでなく広く平民の問題でもあると考える知識人も増えていった。これにともなって、ラテン語と異なり平民的であり近代と進歩の言語であるような、またドイツ語と異なって独自の言語であるようなものとして、ハンガリー語は新しい市民的なハンガリー国民の言語にふさわしいと思われるようになっていったのである。実際には都市の言論世界を担うような者の大多数がドイツ語話者だったのだが、彼らは進歩的であり愛国的であることを示すためにハンガリー語を学び、使うようになっていった。

改革派の貴族たちも、ハンガリー王国の独自性の尊重とともに、必ずハンガリー語の権利を主張するようになっていく。この急先鋒もコシュートだった。政敵セーチェニは王国の多言語性を考慮してハンガリー語化には反対していたが、コシュートは市民的権利の拡大を成し遂げさえすれば言語問題はたいしたものではないと考えていた。コシュートたち急進改革派の努力の末、一八三〇年代から四〇年代にかけて、議会においてハンガリー語の権利の拡大が実現していき、一八四三～四四年議会の言語法でほぼ完全な公用語化が成し遂げられた。しかし、クロアチア貴族はハンガリー語化に反対して議会でのラテン語の権利を主張し、トランシルヴァニアの非ハンガリー語話者やセルビア人もそれにつづいた。十八世紀末には議会と行政機関の狭い範囲の問題でしかなかった言語問題は、一八四〇年代にはそれにおさまるものではなくなっていた。ハンガリー王国内で言語と国民を結び付けて権利の問題を語る運動は、その固有名詞が「ハンガリー」であるものに限られなくなっていたのである。にもかかわらず王国議会がハンガリー国民をハンガリー語と結び付けようとしたため、一八四八年には、従来の身分的なハンガリー国民の一員でありえたはずの者の一部が、ハンガリー語話者に独占された王国の議会や政府から離れ、別の国民としての利害を考えるようになった。

コシュートも、また彼を支持する改革派貴族も、この点に鈍感だった。そのため、一八四八年革命の際にも一八四九年の独立戦争の際にも、そのほぼ最後の時期までハンガリー語以外の言語の公用語としての権利を認めようとはせず、これを主張する集団の反発を招いた。このためハンガリーの革命と独立戦争は皇帝の軍のほかに、イェラチチ率いるクロアチア軍をはじめ、非ハンガリー諸国民の運動にも対峙しなくてはならなくなった。一八四九年七月に王国議会が諸言語の公的な使用を認める法案を採択したときには、彼らを味方につけるには手遅れになっていた。もっとも、言語だけが問題だったわけではない。革命や独立の成果をもっと享受しようとする者や、逆にそれによって損をするかもしれないと考えた者たちは、言語と国民の権利の問題であるかのような言い方で王国に対する主張や反対を繰り広げることもあった。そういう意味では、単なる手遅れではなかったとも言えよう。

ところで、コシュートを革命の英雄にしたもうひとつの要因は、農民による支持である。確かにコシュートが農民を隷属的身分から即時に、そして完全に解放しようとしていることは知られていたし、彼は農民に直接語りかけることによって革命への熱狂的な支持を集めることもできた。しかし革命によって、分与地を保有していた農民がそれを所有することができるようになっただけで、六割ほどのそれ以外の農民、つまり領主直営地の農民や分与地を持たない零細な農民などはその恩恵を受けなかった。また分与地の農民の解放についても、領主は様々な方法でこれを妨害したり遅らせたりした。コシュートの呼びかけに応えて義勇軍に加わった農民たちも、徐々に革命に失望し始めたし、農民に譲歩したくない貴族も革命をすすめることに消極的になっていった。ハンガリー語とハンガリー国民を結び付けようとすることは、零細なものを含め農民たちを平等な国民として扱わなくてはならなくなることを意味していたのだが、国民意識を強く持っていた貴族や上層市民は、実際にはそこまで考えていたわけではなかったのである。コシュートはこのような状況を解決し、農民の利益を保証して彼らをつなぎとめようと努力したが、それは思うように実現しなかった。かれらの期待を失望に変えてしまったことも、コシュートの悪の側面といえるかもしれない。

⊙参考文献

良知力編『〔共同研究〕一八四八年革命』（大月書店、一九七九年）

南塚信吾編『ドナウ・ヨーロッパ史』（山川出版社、一九九九年）

南塚信吾『図説ハンガリーの歴史』（河出書房新社、二〇一二年）

Alice Freifeld, *Nationalism and the Crowd in Liberal Hungary, 1848-1914,* Washington, D. C.: The Woodrow Wilson Center Press, 2000.

Hermann Róbert sz., *Kossuth Lajos 1802-1894: Kossuth Lajos és kortársai,* Budapest: Kossuth Kiadó, 2002.

Pieter M. Judson, *The Habsburg Empire: A New History,* Cambridge/ London: The Belknap Press of Harvard University Press, 2016.

1808–73年
フランスで帝政を復活させ(第二帝政)、産業の近代化を進め、首都パリの都市機能を回復させた政治家。

伯父の栄光を利用したポピュリスト政治家
ナポレオン三世
…Napoléon Ⅲ…

上垣 豊

ナポレオン三世の業績と評価

フランスの皇帝ナポレオン三世、すなわちルイ＝ナポレオン・ボナパルトは、皇帝ナポレオン一世(大ナポレオン)の甥であり、伯父に比べてどうしても影が薄くなりがちであり、現在のフランス国民の間でもあまり人気がある人物ではない。

第二帝政は、一八七〇年、普仏戦争でのフランス軍の敗北がきっかけになって瓦解《がかい》する。長い間、フランスではナポレオン三世の評判は良くなかった。第二帝政期に共和派は迫害を受け、亡命していた者も少なくない。さらに、普仏戦争に敗北して、アルザス・ロレーヌ地方がドイツに奪われたことも、第二帝政の不人気の大きな要因であった。

だが、数十年前から第二帝政の歴史研究が進み、その統治については、現在ではむしろ肯定的評価が主流となっている。たとえば、次のように概説書にも書いてある。

第二帝政は、政治的には両義的な性格を帯びていたが、経済的・文化的には大いなる繁栄期とみてよい。十九世紀半ばのフランスは産業革命の完成期にあたり、かつてない高度成長を記録している。ナポレオン三世の政策はこの時代の波をうまくとらえ、「産業帝政」と呼ばれる経済的繁栄をもたらした（谷川稔・渡辺和行編著『近代フランスの歴史』ミネルヴァ書房、二〇〇六年、二〇一一年）。

ほかにも、セーヌ県知事によるパリの大改造が挙げられる。パリの街は人口増によって衛生環境が急速に悪化し、機能不全に陥っていた。セーヌ県知事に任命されたオスマンによって、パリは近代的な都市としてよみがえった。現在のパリの景観を作ったのはオスマンである。外交面でも、最終的には大失敗を犯すことになるが、クリミア戦争の勝利やアジア・アフリカへの侵略と植民地建設に当時のフランス国民は歓喜し、喝采《かっさい》した。

「栄枯盛衰」と題する、
ナポレオン3世のカリカチュア
（カルナヴァレ博物館蔵、Jean Tulard[dier.], *Dictionnaire du Second Empire,* Paris, Fayard,1995.より）

読者の中にも、鹿島茂氏の評伝などを通じて、ナポレオン三世のイメージが近年大きく修正されていることをご存知の方がいるのではないかと思う。この章では、これらの先行する研究、著作を参考にしながら、ナポレオン三世の「悪」について、二つの点を中心にして検討してみることにしたい。ひとつは、伯父ナポレオン一世の栄光、ナポレオン神話を徹底的に、時には一族と対立してまでも自分のために利用したことであり、もう一つは、巧みに世論を操作し、本音を悟られないように、既成政治家を煙に巻いた点である。

一族から疎まれて、陰謀家の道に

ルイ＝ナポレオンは、一八〇八年四月二〇日、皇帝ナポレオン一世の弟ルイの三番目の子どもとして生まれた。母はナポレオンの最初の妻、ジョゼフィーヌの連れ子のオルタンス・ド・ボーアルネであった。世襲《せしゅう》政治家と呼べないこともないが、彼は最初からボナパルト家の代表として認められていたわけではない。そもそも父親とも必ずしもうまくいかなかった。

父との気まずい関係は、息子の誕生の時に始まる。兄のナポレオンの言うことを聞いて、一八〇二年一月に結婚した時、ルイは二三歳、妻のオルタンスは十八歳であった。だが、ルイはオランダ王に任ぜられ、王としての仕事に忙しく、若い妻をあまりかまわなかった。にもかかわらず、ルイは嫉妬《しっと》深かったため、社交好きで移り気なオルタンスとことあるごとに諍《あらそ》いになった。こうしてオルタンスはハーグの宮廷を離れて、パリにいることが多くなった。だから、ルイ＝ナポレオンの出生については、当時からいろんな噂が飛び交った。なにしろ、父のルイ自身が自分の子どもではないのではないかと疑ったほどであった。ナポレオン没落後、オルタンスはルイ＝ナポレオンを連れてスイスのアレネンベルクに移り住み、そこで性格の合わない夫とは離れて暮らすことになった。

ルイ―ナポレオンは青年期になるとたびたび父と衝突するようになる。一八三一年には、兄とともに武器を取ってイタリアで起こった革命運動に参加した。だが二人の行動は、ボナパルト一族によって即座に否定され、父のルイは息子たちの行動を「狂気の沙汰」と形容して、オルタンスに連れ帰るように求めた。二人が加わった蜂起軍は敗退し、退却途中で兄は麻疹《はしか》にかかって病死している。

一八三二年に、ナポレオン一世の一人息子、ライヒシュタット公が死去し、ルイ―ナポレオンの帝位継承順位が三番目に繰り上がった。自宅にポーランド、イタリア、フランスから亡命した人々を招くなど、活発に活動し始めたルイ―ナポレオンは、伯父のジョゼフにとって静穏《せいおん》な生活を乱す迷惑な存在になった。そこでジョゼフは、彼の弟のルイ、ジェロームとともに、ルイ―ナポレオンの意向を無視して、フランス国民は普通選挙で政体と君主を選ぶことができるという憲法案を公表した。これに、彼は黙っておれず、すぐさま冊子を出版して反論した。やがて彼に結婚話が持ち上がるようになった。相手の一人は夫を失ったばかりの、うら若きポルトガル女王であった。ルイ―ナポレオンは女王とともにリスボンで統治するように求められたのである。だが、ルイ―ナポレオンは、「フランスの玉座への階段を這い上がる」のを選ぶと言って、この提案を断ったのである。

一族の言うことを聞かない若者が「階段を這い上がる」ためには陰謀家になるしかほかに方法はなかった。ちょうど七月王政期(一八三〇―四八年)はナポレオン神話が高揚した時期であった。伯父の人気の高さを頼りに、ルイ−ナポレオンは一八三六年にはドイツ国境よりの都市、ストラスブールで仲間とともに蜂起を試みた。だが無残な失敗に終わり、逮捕され、アメリカに追放処分にされた。事前に何も知らされなかった父は激怒し、息子に金を支払うのを止め、息子からの書簡の開封を拒否するまでになった。ルイ−ナポレオンは一族の厄介者《やっかいもの》になり、彼の運命を最後まで心配してくれた最愛の母も、アメリカから戻ってきた息子の腕に抱かれながら、三七年十月にこの世を去ってしまう。

父の怒り、母の死も青年の野望を消すことはできなかった。一八四〇年五月一日、国王フィリップはナポレオン一世の遺骸《いがい》の返還を求める交渉をイギリスと開始すると発表した。政情不安に陥っていた七月王政は、ナポレオン人気にあやかろうとしたのである。同じ年の八月、ルイ−ナポレオンは一団を率いて英仏海峡に面したブーローニュで再び蜂起を試みた。これも前回の蜂起同様に失敗に終わり、今度はソンム県のアム監獄《かんごく》の独房に収監されることになった。アム監獄には何人もの実業家や政治家が彼に会いに訪れているが、一族の者は、二人のいとこを除いて現れることはなかった。フィレンツェにいる父は一八四五年八月に、長い間連絡しなかった息子に手紙を送り、自分の死期が近いことを知らせた。ルイ−ナポレオンは一時的な出獄を国王ルイ−フィリップに嘆願したが、その願いが聞き入れられることはなかった。

既成政治家を煙に巻くポピュリスト政治家

ルイ＝ナポレオンは一八四六年にアム監獄の脱獄に成功し、イギリスに渡った。一八四八年二月にパリで革命がおこり、七月王政が打倒され、第二共和政が樹立されると、九月の補選で鮮やかな勝利を収め、フランスに戻ってきた。だが、ルイ＝ナポレオンの議会での最初の演説はあまりぱっとしないものであった。ドイツ語のような訛《なまり》があった上に、声もしっかりしておらず、内容もありきたりで、平穏の維持と民主主義制度の発展に尽くす、と述べ、政府と議会を安心させた。それには彼なりの計略があった。威信のある人物の推薦をとりつけ、党派間の政争に入るのを避け、論争では腰を低くし、すべてのフランス人に受け入れられる候補に見えるように心がけた。議会では公教育委員会という地味な委員会への所属を選び、しかもめったに会議に出席せず、なるべく目立たないようにふるまった。チエールのような老練な政治家は彼を取るに足らない人物で、自分たちの思い通りに操ることができると思い込んでしまった。

一八四八年十二月の大統領選挙で圧勝した後も、権力にあまりこだわりを持っていないふりをして、警戒心を抱かれないように慎重にふるまった。大統領になったものの、議会に足場がなかったため、組閣にあたっては既存政治家を頼らざるをえなかったが、大臣のいうことに従い、二次的な役割に徹し、職務の遂行もわざとぞんざいにしたのである。

一八四九年五月の立法議会選挙で極左の民主社会派が躍進し、選挙結果に驚いた支配層の中に「赤の恐怖」が広がった。議会多数派は、一八五〇年五月三一日、理由をつけて有権者の三割にあたる人々から選挙権を奪う反民主的な法律を可決した。大統領ルイ＝ナポレオンは保守化する議会と距離を取り始めた。危機を回避するため、大統領にクーデタ決行を求める声が広がる一方で、大統領に不信感を抱いた議員の中からは、議会がクーデタを起こして大統領を逮捕せよという声も出てきた。ルイ＝ナポレオンによるクーデタの噂は広がったが、いつなのかは側近以外は知らなかった。クーデタが決行されたのは十二月二日であった。この日は伯父ナポレオン一世の戴冠式《たいかんしき》の記念日であり、同時にアウステルリッツの戦いの戦勝記念日であるが、不思議なことに気づかれなかった。ルイ＝ナポレオンと側近は細心の注意を払い、前日の夜もチュイルリ宮で毎月曜日に開かれる舞踏会をいつものように開催していたのである。

一八五一年十二月二日、クーデタは決行された。ルイ＝ナポレオンは普通選挙を復活させるとともに、戒厳令《かいげんれい》をしき、議会を解散し、抵抗した議員を逮捕した。クーデタに反対する蜂起がパリであったものの、小規模にとどまった。保守的な名望家、カトリック教会から労働者、農民まで、圧倒的多数の国民の支持を得ていた。ルイ＝ナポレオンは、翌年九月から十月に一か月かけて全国を巡幸《じゅんこう》した。帝政復活の布石となる一大キャンペーンであった。各地で民衆の熱い熱狂に迎えられ、自分への支持の高さを確かめた。クーデタ決行後の最初の宣言では「共和国転覆《てんぷく》」の「裏切りの計画を挫《ざ》折《せつ》させ」、「共和国を守る」のが目的であると、うたわれていた。だが、その一年後の同じ日に、帝政は復活したのである。

ナポレオン三世とボナパルティズム

ルイ＝ナポレオンは、ボナパルティズムをナポレオン個人への崇拝からナポレオン的制度の設置を目指すひとつのまとまった教義にまとめあげた。その最大の特徴は、一人の人物に集中される権力と人民主権、あるいは民衆の意思を直接結びつけたことである。ナポレオン三世は現代流に言えば、ポピュリスト政治家であった。たとえば、「民衆的政府だけがフランスで永続する可能性がある。民衆なしに行われることは民衆によって破棄される」と述べ、「権力は民衆の願望にしたがって統治する義務をつねに負う」とも書いている。

また、ナポレオン三世は農民だけでなく、左に大きくウィングを伸ばして、労働者の支持も得ようとした。ルイ＝ナポレオンは若いころから社会問題に関心を寄せ、様々な社会改革家の書物を読みふけり、後に「馬上のサン＝シモン」と言われるほど、初期社会主義の一大潮流、サン＝シモン派の影響を受けていた。彼は社会主義者を自称し続けた。彼のいう「社会主義」は曖昧《あいまい》さがともなうが、それでも、第二帝政はそれ以前の政府よりははるかに労働者寄りであった。たとえば、一八六二年、ロンドン万博への労働者代表団の派遣に資金援助を行い、代表団が帰国すると三人の代表にレジオンドヌール勲章も授けた。一八六四年五月二五日の法律によって労働者の団結権を認めている。また、一八六三年六月に任命された公教育大臣デュリュイによる初等教育推進の政策も注目される。デュリュイは教科書検定制度の廃止も行っている。ナポレオン三世は愚民化《ぐみんか》政策にはくみしなかったのである。

しかしながら王朝的原理と人民主権をどのように和解させるか、それが課題であった。若い頃に書いた本の中では、帝位継承が行われるたびごとに承認をえるため人民投票を行う可能性を検討したこともあったが、後にはその問題を避けるようになり、帝政移行を人民投票にかけた後は、一八七〇年まで人民投票制度を使わなかった。また、皮肉なことに第二帝政下では、ナポレオン神話は衰退した。クーデタで、それまでナポレオン一世を崇拝していた自由派の政治家やヴィクトル・ユゴーら文学者の信用を失っただけではない。ナポレオン三世自身があまり熱心ではなかった。伯父の大ナポレオン(ナポレオン一世)を顕彰《けんしょう》すると自分の影が薄くなるのを恐れたのではないかと言われている。

「チュイルリ宮のスフィンクス」

ナポレオン三世には「チュイルリ宮のスフィンクス」というあだ名がある。この言葉の由来は一八五五年に遡る。クリミア戦争を終結に導いたセヴァストーポリの勝利の後、ペリシエ将軍が戦利品としてスフィンクスを表した二つのモニュメントをパリに持って帰った。その一つは今でもチュイルリ宮に存在する。当時一部の大臣がこの表現を、閣議での平静を装った態度や謎めいた顔つきをさして使ったらしい。その後、一八五八年のナポレオン三世とピエモンテの首相カヴールとのプロンビエールの会議の後、イギリスの新聞が「近代のスフィンクス」という表現を使い、「チュイルリ宮のスフィンクス」という表現が英語でも用いられるようになった。プロンビエールの会談とは、フランスがピエモンテ王国によるイタリア統一戦争を支持する代わりに、ピエモンテがサヴォワとニースをフランスに割譲《かつじょう》する密約が交わされた会談である。閣議でも外交交渉でも、多くを語らず、何を言っても動じないナポレオン三世は当時の人々にスフィンクスのように謎めいた印象を与えていたのである。

陰謀《いんぼう》を企み、アム監獄で長期間独房生活を送っていたのが、こうした性格の形成に大きく与っていた。そのうえ、だいぶ改善されたとはいえ、発音に外国語なまりがまだ完全に抜けなかったことも、寡黙《かもく》になった一因である。こうした無口、無表情はしばしば誤解を生み、ナポレオン三世は何か隠し事をしているのではないか、二枚舌ではないかと非難されるもととなった。だが、第二帝政研究の第一人者、アンソーによると、たいていの場合は、それは誤りであり、権力の座についてからも、かつての敵にも敬意を払い、彼をかつて侮辱《ぶじょく》したり、あるいは手荒く扱ったりした人々にも何の恨みも抱いていなかった例はたくさんあるという。たとえば、アム監獄で彼を手荒く扱った看守のキャリアも妨害しなかった。

また、最近の研究によれば、ナポレオン三世が外務省に知らせずに外交で自らイニシアチブを発揮したのは一八五〇年代後半、しかもイタリア統一問題に限定されており、それ以外では、外交の仕方もそれまでの体制とあまり変わらなかったという。何も考えていないが、何か考えているように思わせるのが、上手であったのであろう。

だらしない女性関係

王朝の継続には、後継ぎが必要であり、そのためにはまずナポレオン三世が結婚する必要があった。ナポレオンは身長も一メートル六六センチと、伯父のナポレオン一世よりもすこし低く、短足のわりに胸は広すぎ、面長で鷲鼻《わしばな》で顔つきも沈んでおり、美男子とはとても言えなかったが、若いころから女性関係は華やかであった。アム監獄に収監されている時も、二〇歳の美しい娘を世話係として同居させている。この女性との間には二人の子どもがいる。最も有名な愛人は、ロンドンで知り合った資産家の女優ミス・ハワードである。財政的にかなり困窮していたルイ―ナポレオンの苦境を救ってくれたのがミス・ハワードであった。大統領に当選してからも、午後はよくミス・ハワードを同伴してパリ近郊の森ですごし、移動の際もミス・ハワードが付き添ったので、スキャンダルになったほどであった。

皇帝になってからも、ミス・ハワードとの関係が続いていたが、ルイ―ナポレオンが皇后に選んだのは、グラナダのモンティホー伯爵の令嬢ウージェニーであった。名門貴族の令嬢とはいえ、王家の女性ではなかったため、側近は反対したが、周囲の反対を押し切って一八五三年一月に結婚式が挙式された。皇后ウージェニーは皇后としての務めをまじめに果たし、物腰のレッスンを当時の大女優のラシェルに求めるほどであった。彼女は、夫と同様に貧しい人々の境遇に強い関心を寄せ、若い囚人の監獄での処遇の改善に心を砕き、感染の危険も厭《いと》わずコレラ患者を見舞った。また、皇后は女性の立場を擁護《ようご》した。当時は女子教育を発展させようとする公教育大臣デュリュイとそれに反対するカトリック教会が対立していた。皇后は熱心なカトリック信者であった。にもかかわらず、デュリュイを支援したのである。

皇后のこうした行動を理解するには、彼女が夫の不品行によって傷つけられた女性であったことを知らなければならない。「チュイルリ宮のスフィンクス」によって一番騙されたのは、その妻であったのかもしれない。

ナポレオン三世夫妻は結婚してから数年の間は深く愛し合っていた。支配階層では当時ほとんど行われていなかった習慣であるが、二人の間では親しい間柄で使われる二人称の「チュ(tu)」を使って互いを呼びあい、集まりがあると手を取って人前に現れた。最初の妊娠では落馬して流産したが、一八五五年夏の初め、皇后は再び妊娠した。だが、そのすぐ後にナポレオン三世がミス・ハワードと会っていたという噂が広がり、それをウージェニーが知ることになった。放蕩生活をやめない夫に、傷ついたウージェニーは何度も、時には人前でも、激しくくってかかった。皇帝はひたすら低姿勢になり、用心を重ねて怒りを招かないように気をつけたり、あるいは彼女が怒っている時は逃げたりした。一八五六年三月十六日、皇太子が誕生すると、ウージェニーはすべての愛情を息子に注ぐようになった。

ミス・ハワード以外にナポレオン三世の愛人となったのは、女優のラシェル、オーギュスト・ブロアン、画家のテオドール・シャセリオのモデルとなった、アリス・オジィ、フィレンツェ貴族のラ・カスティリオーネ夫人など数多い。さらには外務大臣の妻や自分の侍従の妻というように、自分の部下の伴侶にまで手を伸ばしている。

皇帝ナポレオン三世の健康状態は不安定であったが、飽くことを知らない女性への欲望によってさらに悪化していった。何人もの愛人と、時には同時期につきあっていたのである。こうして一八六三年秋の初め、保養地のビアリッツであまりに濃厚な一夜を過ごした後、体調が急変した。同じころから、膀胱結石《ぼうこうけっせき》にかかり、晩年は病気で苦しみ、決断力も鈍くなっていた。

スダンの敗北——捕虜となった君主

世論操作にたけていたナポレオン三世であったが、最後は好戦的な世論におされて、準備不足を知っていながら、プロイセンに宣戦布告し、墓穴を掘ることになった。

プロイセンとの戦争の直接の引き金になったのは有名なエムス電報事件である。滞在先のエムスからのプロイセン国王からの電報の内容を宰相ビスマルクが改竄《かいざん》して公表し、フランス世論をたきつけたのである。軍の準備状況が悪いのをよくわかっていたが、ナポレオン三世はパリ市民の愛国的な雰囲気を肌で感じていた。「開戦に大義名分がまったくなくても、国の意思に従うために開戦を決意しなければならないだろう」と述べ、宣戦布告した。実は地方、とくに農村部の大多数の住民は開戦には賛成でなかった。残念なことに地方の臣民の心理状態をナポレオン三世は知らなかったのである。

恐れていた通り、フランス軍は劣勢に追い込まれた。戦況を好転させるため、ナポレオン三世は軍を率いてアルデンヌ県のスダンに到着した。ところが、ドイツ軍がスダンの包囲を完成させ、そこから脱出するのはほぼ不可能になった。だが、ロシア遠征からの退却とワーテルローの戦いの際の伯父ナポレオン一世のように、軍隊を見捨てて逃げだそうともしなかった。大殺戮を避けるために、ナポレオン三世は城塞に白旗を立てさせ、プロイセン軍は白旗に気づき、使者を派遣した。プロイセン国王ヴィルヘルム一世は、ナポレオン三世がまだスダンにいたのに驚いた。

皇帝は、この降伏を一つの軍隊の降伏とするかあるいは全軍の降伏とするか、きわめて重大な決断をせまられることになった。後者の選択をすれば、王朝を救うことができたかもしれない。だが、ナポレオン三世は自らを捕虜とみなされ、自分の責任を免除することを選んだ。それは王朝の運命を決めてしまう恐れがあったが、フランスの軍事的可能性を残すものであった。ビスマルクは、戦争が継続されれば、パリに革命政権ができて徹底抗戦に突入するのではないかとおそれた。だがナポレオン三世は説得に応じなかった。自らを捕虜とみなし、今後は摂政《せっしょう》である皇后とその政府と交渉するように求めたのである。

ナポレオン三世の降伏を知って、皇后ウージェニーは思わずどなった。「ナポレオン家の者は降伏したりしないわ。彼は死んだのよ。そのことを私に隠そうとしている。なぜ彼は戦って死ななかったの……彼は自分の名誉が傷つけられるとは思わなかったの」。

ナポレオン三世の期待もむなしく、留守を預かったウージェニーではもはや収拾がつかなかった。リヨン、ボルドー、マルセイユなどですでに革命が始まっていた。そしてパリでも共和政樹立を叫ぶ群衆が、議会が開かれていたブルボン宮になだれ込んだ。ジャコバン派や社会主義者による左傾化を防ぐために状況を掌握しようと、共和派は臨時政府を樹立した。こうして九月四日に帝政はあっけなく終焉《しゅうえん》した。

ナポレオン三世のなした最後の「悪」は一族に対する「悪」であったといえよう。大ナポレオンの神話はまだ生き残るが、政治勢力としてのボナパルティズムは命脈を断たれることになった。プロイセン軍から釈放されたナポレオン三世はイギリスに亡命し、一八七三年に再発した膀胱結石で病死している。

⦿参考文献

Éric Anceau, *Napoléon III*, Paris, Tallandier, 2008, et 2012.

Yves Bruley, *La diplomatie du Sphinx : Napoléon III et sa politique internationale*, CLD, Paris, 2013.

鹿島茂『怪帝ナポレオン三世―第二帝政全史』(講談社、二〇〇四年)

窪田般彌『皇妃ウージェニー―第二帝政の栄光と没落』(白水社、一九九一年)

1809–98年
19世紀、イギリス議会の黄金時代に、自由主義・人道主義・平和主義の旗手となったキリスト教的政治家。

夜な夜な娼婦街に通ったイギリス首相
グラッドストン
…Gladstone…

馬渕 彰

グラッドストンは、イギリス首相を四度も務めた、十九世紀の大政治家である。一八〇九年、彼はスコットランドの家系である大貿易商の子としてリバプールに生まれた。イートン校で学んだあと、オックスフォード大学クライストチャーチ・カレッジに在籍し、古典と数学で優秀な成績をおさめた。ギリシア・ラテンの古典への彼の強い関心は、後の一八五八年の『ホメロスとその時代』の出版に結実した。グラッドストンは、イギリス国教会の聖職者になろうとしたが、父親に止められた。オックスフォード・ユニオンの討論会で議長として活躍した後、一八三二年、トーリー議員として政界に入る。だが、政治家となっても、国教徒としての彼のキリスト教信仰の熱意は消えず、一八三八年には『教会との関係における国家』を出版している。後に国教主義に固執しなくなるが、「キリスト教的政治家」としての使命を常に自覚して生涯を歩んだ。一八三九年、彼は、ハワーデン城の城主グリン准男爵《じゅんだんしゃく》の娘キャサリンと結婚し、晩年まで仲むつまじい夫婦生活をおくった。

彼は議員や政治家として重要な役職を次々と担っていった。保守党第一次ピール内閣の大蔵政務次官、第二次ピール内閣の商工大臣と植民大臣、ピール派アバディーン内閣の蔵相、自由党パーマストン内閣の蔵相を歴任し、一八六七年からは自由党の実質的な党首となった。その後、彼は首相として、第一次(一八六八―七四年)、第二次(一八八〇―八五年)、第三次(一八八六年)、第四次(一八九二―九四年)の計四回のグラッドストン内閣を組閣した。首相グラッドストンは、アイルランド国教廃止や秘密投票法施行、第三次選挙法改正など、国内において自由主義的改革を次々と実現した。国外問題に関しては、平和主義や反帝国主義を政策の基調とした。政党政治の時代、彼の多くの政策は、国内の労働者階級や非国教派からの絶大な支持の獲得に成功した。だが、晩年にはアイルランド問題の解決に苦闘した。第三次グラッドストン内閣時の一八八六年、彼のアイルランド自治法案は否決され、内閣崩壊と自由党分裂を引き起こし、第四次グラッドストン内閣でも同法案の成立に失敗した。数々の偉業を残す、精力に満ち溢れたグラッドストンではあったが、一八九八年、多くの人々に惜しまれながら、癌《がん》によってこの世を去った。

グラッドストンの裏の顔

ウィリアム・グラッドストンは、今日でもイギリスの偉大な政治家として語られるのが常だ。彼の政策には、もちろん当時も今日も批判の対象とされるものはある。しかし、グラッドストンの人柄や彼が実践した政治が、「悪」というキーワードと絡めて語られることは稀《まれ》だ。むしろ、「善い人」として語られることが多い。その良いイメージの一因に、「キリスト教的政治家(クリスチャン・ステイ

オックスフォード大学クライストチャーチ・カレッジの食堂に飾られているグラッドストンの肖像画（筆者撮影）

ツマン）」としての彼の生き様がある。グラッドストンは、神の愛による罪人《つみびと》の回心を強調する福音信仰を、彼自身の政治活動や社会活動と結び付け、その結び付きを公言していた。ドイツの宰相ビスマルクからすれば、政治家の通常の政治的思考や手法を逸脱している「キリスト教的政治家」グラッドストンは、まともな政治相手ではなかった。

ところが、グラッドストンの死後約三〇年たった一九二五年、グラッドストンの「善人」像を揺るがす、一大スキャンダルがわき起こった。ピーター・ライトが、グラッドストンと娼婦たちとのいかがわしい関係をほのめかす本を出版したことが、その引き金だった。ライトによれば、実際のグラッドストンは表と裏のある人間だった。公的な場という表の世界では、グラッドストンは高潔な人柄を演じ、厳格な道徳基準に基づいて人々に語るのを常としていた。しかし、私的な場である裏の世界では、あらゆる種類の女性たちを追いかけまわし、彼女たちを自分のものにすることに精を出していたという。ライトは、本の内容の信憑性《しんぴょうせい》を問われると、グラッドストンと街頭の娼婦《しょうふ》たちや元高級娼婦たちや女優たちとの男女の関係を繰り返し語り、隠し子がいるとさえ吹聴《ふいちょう》した。

すでにグラッドストン自身は死去していたため、本人がライトを名誉棄損《きそん》で訴えることは当然無理だった。そこで、グラッドストンの息子ハーバートとヘンリーは、ライトが嘘をついていると彼を激しく侮辱し、ライトの方からハーバートたちに対し不服申し立ての裁判を起こすよう仕向けた。その作戦が功を奏し、一九二七年、裁判が開かれることとなった。裁判に提示された資料や多くの証言により、この裁判ではライトの主張が間違っているとの判決がくだされ、ライトの敗訴となった。

グラッドストンの名誉は、裁判では守られた。しかし、グラッドストンの親族の手元には、この裁判への提出を躊躇《ちゅうちょ》し、最後まで提出しなかった二種類の文書が存在した。それらの文書には、人々からの誤解を招きそうな箇所があった。そのため、ハーバートたちは、父親の名誉が傷つけるのではないかと危惧《きぐ》して提出を控えたのだ。一つの文書は、「宣言書」と呼ばれているものだ。それは、自分の死後に必要となったときに開封するようにと、グラッドストンが家族に宛てて残したものだった。息子であるハワーデンの教区牧師スティーブンが、それを保管していた。「宣言書」には、妻との結婚生活を裏切るような行為は一切していないと書いてあった。もう一つは、グラッドストン本人の日記だ。裁判から数十年たち、この日記が一九六四年から刊行され始めると、グラッドストンと娼婦たちとの男女の関係を疑うスキャンダルが、再びイギリス全土に広まることとなった。

急速な工業化と都市問題

娼婦の存在は、グラッドストンが活躍した十九世紀半ばのイギリスでは、「都市問題」の一つとしてみなされていた。「産業革命」の名で知られるように、イギリス各地では十八世紀後半から工業化が進み、それにともないマンチェスターやリーズ、バーミンガムといった工業都市や商業都市が著しく成長した。かつて人口が数千人程度だった各地の都市が、何十万もの人口を抱える巨大な都市へと変貌した。ロンドンはもともと人口が多かったが、他の都市と同様、この時期に人口を急増させた。この社会変動は、国家や地方自治体によって計画されたものでもなく、統制されたものでもなかった。そのため、多方面でひずみを引き起こし、貧困や劣悪な住環境、都市特有の犯罪などの「都市問題」を生んだ。

都市問題の多くは、都市住民の貧困問題に密接に関係していた。イギリスの工業化の歴史では、負の側面として、工場などで働く賃金労働者の置かれた悲惨《ひさん》な立場が語られる。賃金労働者は、安い賃金や長時間労働などの劣悪な労働条件や、不衛生な住環境などに苦しんだ。もちろん政府は、議会を通して一連の工場法を制定するなど、それらの問題の解決に取り組んだ。また、賃金労働者たちも、自ら団結して労働組合を結成したり、選挙権獲得を求めてチャーティスト運動に参加したりして、経済的困窮状態を脱するための自助努力に立ち上がった。だが、それらの努力にもかかわらず、ロンドンや各地方都市では、貧しい人々が住むスラム街が出現した。

生活困窮者への公的扶助として、エリザベス朝時代から救貧法《きゅうひんほう》が存在しており、一八三四年には議会によって新救貧法が制定され、時世の移り変わりを意識した新たな救貧制度の運営方法がとられ始めた。救貧活動は、民間レベルでも、異なる思想やビジョンを持った多くの個人や団体によって多種多様な慈善事業として展開された。たとえば、キリスト教精神に基づいて生活困窮者の問題解決に取り組んだ、キリスト教社会主義者や救世軍《きゅうせいぐん》などによる救済活動がある。救世軍は都市問題を「社会的な罪」とみなし、その名の通り、罪と徹底的に闘うための「軍隊」を創設した。聖書や祈りといった武器しか持たない救世軍にとっては、ギャングの「金づる」(収入源)にされていた娼婦たちをギャングの手から救済することは、文字通り命がけの戦いだった。都市問題の解決に奮闘した救世軍創設者ウィリアム・ブースは、活動報告書『最暗黒の英国とその出路』を出版している。それによれば、都市問題は娼婦やギャング以外に、ホームレスや孤児、アルコール依存者、行方不明者など多岐にわたっており、さらにそれらが相互作用を起こし、問題を一層深刻にしていた。

社会問題としての娼婦

グラッドストンが政治家として頭角を現し始めた頃、娼婦の存在は首都ロンドンでは無視できない社会問題となっていた。当時のロンドンの娼婦の人数については、約八〇〇〇人とするものから十二万人とするものまである。ジャーナリストで雑誌「パンチ」創刊者ヘンリ・メーヒューは、約八万人との数を示している。

娼婦となる主な理由は、やはり貧困問題と関係していた。多くの者は、生活上の金銭的必要に迫られ、一時的に娼婦として稼ぐ道を選んだ。先に述べたように、経済的困窮者には公的扶助である救貧制度があり、困窮者やその家族には救済金が支給されていた。しかし、一八三四年の新救貧法が制定されると、救済金支給ではなく、救済施設である「救貧院」内での食事やベッドの提供といった救済方法に救貧制度の運用方法が変えられていく。各地の救貧院は、男性用・女性用・子供用にそれぞれ分かれていた。そのため、貧しい家族が救貧院の世話になると決心した場合、家族が離ればなれになることも覚悟しなければならなかった。困窮家庭の女性たちの一部は、家族が離ればなれになる道よりも、自分が娼婦となって生活費を稼ぎ、家族が一緒に暮らし続けられる道を選んだ。

❖グラッドストン関連の年表

年号	出来事
1809	ウィリアム・ユアート・グラッドストンの誕生
1827	オックスフォード大学クライストチャーチ・カレッジに入学
1832	下院議員に当選(ニューアーク選出)
1833	オックスフォード(トラクト)運動の開始
1834	第一次ピール内閣の大蔵政務次官に就任、新救貧法の制定
1838	『教会との関係における国家』の出版
1839	キャサリン・グリンと結婚
1843	第二次ピール内閣の商工大臣に就任
1845	第二次ピール内閣の植民大臣に就任
1849	娼婦街巡回の開始
1852	アバディーン内閣の蔵相に就任
1858	『ホメロスとその時代』の出版
1859	パーマストン内閣の蔵相に就任
1865	クリスチャン・ミッションの創設(1872年、救世軍に改称)
1867	自由党の指導者(「党首」)に就任
1868	第一次グラッドストン内閣の組閣
1869	アイルランド国教廃止
1872	秘密投票法の制定
1880	第二次グラッドストン内閣の組閣
1884	第三次選挙法改正の成立
1886	第三次グラッドストン内閣の組閣(1月)、娼婦救済活動中止の決意、アイルランド自治法案の否決(6月)、自由党の分裂
1890	娼婦救済活動からの引退
1892	第四次グラッドストン内閣の組閣
1898	グラッドストンの死去
1927	ピーター・ライトの訴訟による裁判開廷
1964	グラッドストンの日記の刊行開始

また、救貧制度による救済には、自分がかつて所属していた教区からのみ得られるという制約もあった。都市に移住して来て、そこでの新たな人生を築き始めた女性たちにとっては、この制約も越えがたい壁となった。娼婦となる他の理由では、先述の救世軍ブースの報告書などによれば、本人の意志ではなく、親や知人やギャングに騙《だま》されて娼婦とされたケースもある。これも、貧困問題と何らかの形で関係していたと思われる。

この娼婦の問題に的を絞った慈善事業が、多くの博愛主義者によって各地で展開された。ロンドンには、『新約聖書』に登場するマグダラのマリアに由来する名のマグダリーン・ホスピタルが一七五八年に設立されている。ここでは、開設後の約一〇〇年間で九〇〇〇人ほどの女性が保護された。その他に、メーヒューによれば、ロンドンには非行少年少女の更生施設が五〇カ所あった。そのうちの二一施設が、「堕落《だらく》した女性」のための救済と更生に従事していた。それらは、十施設が国教会によって、残りの十一施設が超教派的なキリスト教福音派によって運営されていた。『オリヴァー・ツウィスト』などで知られる文豪チャールズ・ディケンズなど、当時の著名人の多くも、娼婦の救済や更生活動に率先して協力した。その著名人の中に、グラッドストンも名を連ねていたのである。だが、一九二七年に裁判を起こしたライトによれば、グラッドストンは「裏」の顔を持ち、慈善事業を隠《かく》れ蓑《みの》にして、街頭や売春宿の娼婦たちとの肉体関係を夜な夜な楽しんでいた「偽善者」なのだ。

新たな疑惑とスキャンダル再浮上

一九二七年の裁判では、グラッドストンの名誉は守られた。しかし、一九六四年から彼の日記が刊行されると、彼と娼婦たちのスキャンダルが再び人々の注目を浴びた。とりわけ、日記に挟まれていたメモが、スキャンダルを盛り上げるのに貢献した。なぜなら、そこにはグラッドストン本人しか知らない、彼自身の秘められた性的衝動が記録されていたからだ。グラッドストンは、一八四五年にドイツの温泉街バーデン・バーデンを訪れた際、その街で彼が経験した激しい性的衝動を契機に、自分自身の性的衝動を几帳面《きちょうめん》に記録し始めたのである。

日記には、娼婦や高級娼婦の名前の他に、娼婦と会った際に彼がとった行為が記載されている。特に読者の想像力を掻《か》き立てた記載は、グラッドストンが娼婦と会った時にしばしば記した、一見何を意味するのか分からない鞭《むち》(スカージ)の形をしたマークである。グラッドストンが娼婦の救済と更生を公的な場では訴えながら、実は陰では夜な夜な街路や売春宿で娼婦を物色し、男女の関係を楽しんでいたのではないかとの疑いが、日記を読んだ一部の人々の想像力によって蘇らせられた。二重人格者「ジキルとハイド」そのもののような、「善人」を演じた偽善者グラッドストンといった、「悪質」なイメージを帯びたグラッドストン像が一人歩きを始めた。

グラッドストンの娼婦救済活動

グラッドストンが娼婦と接した初期の記録としては、オックスフォード大学への入学手続きで、彼が同市を訪れた際に出会った娼婦とのものがある。大学入学後の学生時代の記録にも、娼婦に話しかけるなどの、いくつかの彼の記録が残っている。だが、娼婦との接触が頻繁《ひんぱん》になるのは、彼が四〇歳代となる頃からだ。グラッドストンは、キリスト教信徒によって設立された宗教的慈善団体（兄弟団）に参加していた。宗教改革以前の教会の在り方を重視し、高教会派の路線にそってイギリス国教会を改革し再建しようと目指していた、「オックスフォード（トラクト）運動」の人々が、この団体には関与していた。グラッドストンたちは、「ジ・エンゲイジメント」との団体名のもと、ロンドン中心街オックスフォード・サーカス近くのマーガレット・ストリート・チャペルを拠点に活動した。活動内容は、生活困窮者のための救済活動だった。一八四九年初頭、この団体の活動が停滞し始め、グラッドストンの期待するような効果をあげられなくなると、彼は独自の活動に着手した。それが、娼婦救済活動である。グラッドストンは、娼婦救済を目的とした、娼婦たちと接触するための売春街巡回を彼の日課とした。その後、日課ではなくなるものの、グラッドストンは八〇歳になるまで、この娼婦救済活動のための売春街巡回を続けた。

娼婦救済活動は、グラッドストンが大いに力を注いだ一大事業だった。彼は存命中、およそ八万ポンド（今日の五億六〇〇〇万円ほどに相当）をこの慈善事業に費やしたと言われる。一例として、グラッドストンが、当時使用されていなかった救貧院の建物をソーホー地区で入手し、セント・バーナバス保護施設を設立したことが挙げられる。彼は、この施設をウィンザー近郊クルーアーの国教会派の救済活動と連携させながら、ロンドンの元娼婦の避難所として用いた。この施設は更生施設の役割も果たし、更生に成功した女性たちには、メイドなどの職を得てリスペクタブルな社会へ入っていく道が開かれた。

娼婦救済活動の実例

グラッドストンは、政治家として次々と重要な役職に就き、彼の政治活動はますます忙しくなっていった。それでも彼は夜な夜な売春街巡回に出かけ、救済活動を続けた。多忙な政治活動の合間を縫っての救済活動だったため、彼の活動範囲は、ロンドンのごく限られた一画にとどまった。グラッドストンは、議会の仕事を終えチャールストン・ハウス・テラスの家へ帰る際、その帰り道から遠くないピカデリーやソーホーなどの繁華街を巡回場所としていた。ロンドンには、娼婦たちの存在が知られていたシティやイースト・エンドといった、他の場所があった。しかし、彼は帰路から遠く離れたこれらの地域を、基本的には彼の巡回活動地域とみなしていなかった。

彼の救済活動の実態は、次の二つの事例から垣間見られる。グラッドストンは、一八五〇年七月二三日に社交場アーガイル・ルームズの建物のそばを巡回中、エマ・クリフトンという名の娼婦と出会う。彼は、翌日の夕方にもエマと一時間半ほど会っている。エマとの会話で更生の見込みありと感じたのか、グラッドストンは、エマを保護する場所の確保に奔走《ほんそう》する。この件に関して彼が八月にクルーアーの元救済施設監督者テナント夫人から受け取った手紙には、まだ場所を見つけられないとの報告が記されている。この頃、彼は、「少女保護・年少者娼婦予防ロンドン協会」の創立者ジェイムス・ビアード・トールボットを含む、他の救済活動諸団体の代表者たちとも話し合っている。しかし、そうこうしているうちに、エマとの連絡がとれなくなる。グラッドストンは、仕事で多忙な中、さらには妻キャサリンの兄嫁ラヴィニアの死の知らせを受けたその日の夜でさえも、エマを捜しに娼婦街へ出かけている。

エリザベス・コリンズとは、一八五一年六月に出会った。グラッドストンは、ウィンザーの施設での彼女の保護を計画するが、翌月、彼女も行方不明となってしまった。だが、彼は、エリザベスとは再会できた。その再会時に、エリザベスが結婚を考えていることを彼は知る。彼は、その後も彼女と何度も会い、一八五三年のクリスマスの時期には小包を送っている。一八五四年一月の再会では、順調に事が進んでいる彼女のことを喜んでいる。

グラッドストンは、娼婦街巡回で出会った娼婦たち以外に、高級娼婦と呼ばれる娼婦たちにも積極的にかかわり、親密な関係を築いた。高級娼婦メアリアン・サマーヘイズとは、一八五九年七月、彼が四九歳の時に出会っている。グラッドストンは画家ウィリアム・ダイスに彼女の肖像画を描くことを勧め、その絵は今日、「ジャスミンの花冠の貴婦人」という名で残っている。メアリアンは、その後デイルという人物の保護下に入り、デイル夫人と名乗るようになるが、グラッドストンは彼女の安否をその後も心配した。彼女の更生は、一八六七年までには達成されたらしい。彼が親しくした別の高級娼婦に、ローラ・シスルスウェイトがいる。彼女は、キリスト教の福音伝道者となった。文学的素養のある彼女は、終生、グラッドストンにとって知的な会話のできる良き相談相手となったと言われる。

妻キャサリンとの共同事業

グラッドストンの娼婦救済事業は、妻キャサリンの協力があって成り立っていた。彼女も、夫に劣らない行動力に満ちた慈善活動家であり、ハワーデンの屋敷を孤児や「堕落した女性」や失業した女工、見捨てられた老女たちに開放したりしている。一八六〇年代に子育てが一段落すると、キャサリンはそれまで以上に慈善活動のために全国を駆け巡った。グラッドストンは、妻の行動を把握するのに苦労したらしい。キャサリンは、夫が娼婦救済活動を始めた当初から協力していた。もちろん、それは危険をともなう娼婦街巡回ではなかった。彼女は、夫が連れて来る女性たちにスープやベッドを提供したり、メイドなど彼女たちの職や最終的な身の置き場を捜したりする役目を担った。元娼婦たちの更生という娼婦救済活動で不可欠な役割を、キャサリンは担った。

二人のそれぞれの慈善活動は、夫婦だからとの理由で結ばれていただけでなく、神からの使命という二人の宗教心によっても結びついていた。二人は、一八三九年七月の結婚式翌日に一緒に聖書を読み、これをその後も二人の習慣として継続することを誓うほど、キリスト教精神を強く共有していた。グラッドストンが娼婦の救済や更生事業への着手を決意したのは、聖職者にならなかった代償であり、またイエスのように社会から見捨てられた人々に手を差し伸べる、「キリストの模倣《もほう》」を意識してのことだったと言われる。娼婦救済を自分に神が与えた特別な使命（「天職」）のように考えていたこともあってか、彼は人々の目や噂に左右されず、娼婦街に夜な夜な躊躇せずに出かけた。またキャサリンも同様に、世間の目や噂を無視して彼に協力し続けた。ある時、売春宿のオーナーがグラッドストンの夜ごとの来訪で商売に悪影響が出ると不安になり、グラッドストンは実は客だとの噂を流した。そのような時も、二人は一緒に乗り越えた。

娼婦の心の救済と誘惑

「都市問題」と格闘した救世軍創設者ウィリアム・ブースは、救済事業を単に衣食住の提供だけでとどめるなら、それらは労力と時間の浪費に終わると警告していた。救済される人々が、神に愛されている自分自身の存在価値に気づき、そのことを喜び、人生を前向きに生きる力を宿すといった、ある種の神的要素を接ぎ木されなければ、救済したことにはならないと、ブースは説いた。ブースと親交のあるグラッドストンも、法整備などのレベルで終えるのではなく、心の変革といった個人的な心のレベルでの救済の必要を語っている。

「ヨーロッパ大陸での売春目的のイギリス少女人身売買を禁じるためのロンドン協会」のチャールズ・ヴィカーズが、一八八五年冬のグラッドストンの口述メモを残している。その中でグラッドストンは、救済活動では娼婦たちの非を責めるのではなく、イエスが一人一人の尊厳を大切にしたように、礼儀正しく丁寧に辛抱強く彼女たちに語りかけるのが大切だと説いた。ヴィカーズによれば、晩年グラッドストンは次のようにも語っていた。更生後の元娼婦たちが苦しめられたのは、自分たちの忘れがたい過去そのものではなく、「普通の人々」との暮らしにおいて彼女たちが自分自身について感じるある種の後ろめたさだと、ある時点でグラッドストンは気づいた。それ以来、彼は、「普通の人々」が彼女たちと全く違う世界の人間ではなく、むしろ弱さを持つ「同じ人間」なのだと彼女たちに分からせる心のケアが必要だと感じていた。心の革新(「魂の救済」)の次元にまで救済活動を徹底するには、どうしても胸の内を語ることのできる親密な信頼関係を築く必要がある。

文才のある高級娼婦とは、文通によって、そのような心の内に秘めた自分の本音をさらけ出せる親密な関係を築いた。グラッドストンは、一八八六年十月十六日、デイル夫人やシスルスウェイトなど高級娼婦からの手紙を、すべて焼却している。それは、手紙に書かれていることが誤解され、家族に迷惑が及ぶかもしれないと心配したからだと、グラッドストンは説明する。彼と彼女たちとの親密さの度合いも、ここに見てとれる。

そのような親密な関係には、周囲の人々からの興味本位や疑いの眼差しが必ず付きまとう。さらには、自分自身の欲望との激しい闘いも、常にともなった。彼自身の言葉通り救済活動が目的だったならば、街路や売春宿で色気を振りまき性的に挑発してくる女性たちや、艶やかな魅力を放つ高級娼婦の常軌を逸した魅力からくる強い性的誘惑に、グラッドストンは当然一人の男性として打ち勝たなければならなかった。彼は、性的衝動を抑える防衛策として、禁酒や祈り、版画販売店の窓を見ないといった方法とともに、即座の痛みという方法を有効な手段として書き記している。日記に記された鞭(スカージ)のマークは、この即座の痛みと関連していると思われる。自分の身体へ鞭を打つことは、イギリス国教会再建運動であるニューマンたちのオックスフォード運動の組織でも用いられた方法だという。彼らと交流のあったグラッドストンも、性的衝動に陥った自責の念での鞭打ちの行為を、自制に不可欠な一手段として用いたのかもしれない。もしそうならば、鞭のマークは、彼の心の弱さとその後悔の念を正直に書き留めた自省的な真摯《しんし》な姿勢のあらわれでもあるが、この救済活動ならではの性的誘惑という特殊な「重荷」と闘った証拠でもあり、彼女たちとの肉体的関係への誘惑との闘いを簡単には放棄しなかった証しとも解することができる。

娼婦救済活動からの引退

グラッドストンの娼婦救済活動は、同僚の政治家たちを不安にさせていた。娼婦街に足しげく通う彼への中傷は、政敵によって格好の攻撃材料にされるのではないかと恐れ、第二次グラッドストン内閣時の一八八二年、グランヴィルとローズベリーがグラッドストンに活動を中止するよう頼んだ。だが、耳を貸してもらえなかった。グラッドストンの私的秘書エディー・ハミルトンも、一八八二年と一八八四年に、活動の中止を求めた。悪い連中が警察を買収してグラッドストンを有罪になるよう罠《わな》を仕掛けるだろうと説いてみたが、ハミルトンも失敗した。アイルランド自治法案が用意されていた第三次グラッドストン内閣時の一八八六年、ハミルトンは、グラッドストンを監視しているスパイが娼婦救済活動を材料に陰謀を企てアイルランド自治法を失敗させるかもしれないと警告してみた。この時になって、やっとグラッドストンに聞き入れてもらえた。その時点では、まだグラッドストンは取り組み中のケースをいくつか抱えていたため、もう四年ほど娼婦救済活動を続けた後、長年続けてきた活動から身を引いた。

グラッドストンのように、都市問題で生じた社会的ひずみへの取り組みの一環として夜な夜な売春街に通い、街頭で娼婦たちに直接語りかけた首相は、彼の前にも後にもいない。果たして、グラッドストンは、「キリスト教的政治家」を演じ、政治的立場や慈善事業を隠れ蓑にして、自己の性的欲望を満たしていた悪質な「偽善者」だったのか。我々は、彼に完全に騙されたのか。繰り返し巻き起こされるスキャンダルの真相は、いまだ謎の部分を残したまま、グラッドストンや彼の日記に記された一〇〇人以上もの女性たちの胸の内に秘められている。

⊙参考文献

神川信彦『グラッドストン　政治における使命感』(吉田書店、二〇一一年)
小林章夫『イギリス名宰相物語』(「講談社現代新書」、一九九九年)
Biagini, Eugenio F., *Gladstone*, Macmillan Press, 2000.
Isba, Anne, *Gladstone and Women*, Humbledon Continuum, 2006.
❖娼婦救済活動の記述は、Isbaの書に多く負っている。
Jenkins, Roy, *Gladstone: A Biography*, Random House, 1995.

1830–1916年
ハプスブルク帝国皇帝。立憲化を進め、ハンガリーの自治を認める「ハンガリー和協」を断行して、帝国を再編した。

チェコ人に対して不誠実だったハプスブルク帝国皇帝

フランツ・ヨゼフ一世

…Franz Joseph I…

川村清夫

フランツ・ヨゼフ一世(Franz Joseph I 一八三〇—一九一六年)は、一八四八年革命期から第一次世界大戦にかけて、衰退期のハプスブルク帝国に君臨《くんりん》した君主である。衰退期とはいえ、彼の治世は六八年におよび、その間に首都ウィーンは近代都市に変貌《へんぼう》してヨーロッパの文化の中心の一つになった。彼の存在感は現代でも旧帝国領の諸国民の間で大きく、末期のハプスブルク帝国の象徴のように考えられている。彼の負の側面に関しては、エリザベート皇后、ルドルフ皇太子との家族的な確執《かくしつ》が有名であるが、ここでは彼とハプスブルク王朝の、チェコ人の民族的権利に対する不誠実性について解説する。

ハプスブルク帝国は、ユダヤ人も含めて十二の民族を支配した多民族帝国であった。フランツ・ヨゼフが即位した一八四八年にはウィーンは翌年まで革命勢力に占領されており、彼は即位式をモラヴィアのオルミュッツ(現在チェコ領オロモウツ)で挙げなければならなかった。しかし彼は治世を通じて、現地の住民であるチェコ人に対して、誠実な態度をとらなかったのである。

チェコ人にとってハプスブルク帝国による支配は、国法（領邦の伝統的諸権利）的にも、民族的にも屈辱的な体制だった。現在のチェコ共和国に相当するボヘミア、モラヴィア、シレジアの三領邦は、「聖ヴァーツラフ王冠の領邦」と呼ばれ、プラハのボヘミア国王の下で統一されていた。これら三領邦は神聖ローマ帝国に属していたが、「ボヘミア国法」は三領邦の一体性、ボヘミア議会の国王選挙権と課税協賛権と立法で国王と協力する権利など、帝国内における独立を保障して、チェコ語はドイツ語と平等に使用されていた。

ところがハンガリー王国とボヘミア王国の国王だったヤゲウォ王朝のラヨシュ二世が、一五二六年のモハーチの戦いでオスマン帝国に敗死して、嗣子《しし》がいなかったので、ハプスブルク王朝のフェルディナント一世がボヘミア国王とハンガリー国王に即位した。以後これら三領邦はハンガリー王国と共に、ハプスブルク王朝に従属させられるようになる。

十七世紀前半に起きた三十年戦争は、「ボヘミア国法」とチェコ語文化に大打撃を与えた。フス派信者のボヘミア貴族層はカトリックを国教とするハプスブルク王朝からの独立をめざして反乱を起こしたが、一六二〇年にビーラーホラの戦いでハプスブルク王朝軍に惨敗した。この敗北によって、一六二七年にハプスブルク王朝のフェルディナント二世は「改訂領邦条令」を発布、「ボヘミア国法」は骨抜きにされ、三領邦は独立を剥奪《はくだつ》されてハプスブルク王朝の世襲領《せしゅうりょう》にされ、ボヘミア議会の権利は課税協賛権だけに限られた。同時にハプスブルク当局とイエズス会はフス派を弾圧しながら、チェコ語を中等、高等教育から追放、宗教言語をラテン語、行政言語をドイツ語に代えて、大量のチェコ語書籍を焚書《ふんしょ》した。これ以後三領邦ではドイツ語が支配的言語になり、チェコ語は地方の農夫層が使う口語に落ちぶれてしまった。この時代をチェコ人は「暗黒時代」と呼んでいる。

チェコ民族主義は十八世紀末に、母語を失ったチェコ人知識人たちのチェコ語文化復興運動からはじまった。その先駆者であるヨゼフ・ドブロフスキーは、農夫層からチェコ語の語彙《ごい》を採集、用法を尋ねて、チェコ・ドイツ語辞典、チェコ語文法書を編纂した。彼の後は弟子のヨゼフ・ユングマンたちが中等教育にチェコ語を拡大させていった。チェコ民族主義の父と呼ばれるフランティシェク・パラツキーは、一八三六年から一八六七年にかけてチェコ語で民族史『ボヘミアとモラヴィアにおけるチェコ民族の歴史』を著して、チェコ民族運動を民族語文化復興運動から、ボヘミア王国の自治とチェコ人のドイツ人に対する平等を主張する、政治運動に発展させたのである。

一八〇六年に神聖ローマ帝国が終焉《しゅうえん》して、ハプスブルク帝国はオーストリア帝国に改称された。帝国は、一八四八年革命中に即位したフランツ・ヨゼフの下に、立憲化を叫ぶオーストリアの市民革命とハンガリーの独立運動を鎮圧して、新絶対主義に基づく中央集権体制を敷いた。しかし帝国は一八五九年にソルフェリノの戦いでイタリア統一をめざすピエモンテとフランス帝国に対して敗北して、国家を再編する必要に迫られた。

フランツ・ヨゼフは、十八世紀末のヨゼフ二世に基づくヨゼフ主義(君主は国家の公僕として国政に奉仕する啓蒙専制君主思想)を信奉していたが、特定の政治思想を信じなかった。よって彼には一八四八年革命の危機的経験から、帝国の存在を国内の諸民族との交渉と妥協によって保持する、政治的な柔軟性があった。ただし彼の個人的信条はラテン語のViribus Unitis（一致団結して）であり、帝国の一体性の保持が絶対条件だった。さらに彼は帝国の威光を保持する手段として外交と軍隊を重視して、政府の手の届かない彼自身の特権事項を設定していた。

フランツ・ヨゼフは諸民族の代表の意見を聞くために、一八六〇年八月二五、二六日にシェーンブルン会議を召集した。ハンガリー人のアンタル・セーチェンはオーストリア・ハンガリー二重君主国案（デュアリズム）を提案したのに対し、チェコ人のインドジフ・クラム＝マルティニッツは、ボヘミアなどハンガリー以外の諸領邦にも国法的独立を認める連邦案を主張した。しかしハンガリー王国はボヘミア王国より面積・人口から言ってもはるかに強大だったし、「ハンガリー国法」は、一六二七年に骨抜きにされた「ボヘミア国法」と違って、独立運動が鎮圧された一八四九年まで有効だったのである。

ハンガリー人のフェレンツ・デアークは一八六五年四月十六日に、ハプスブルク当局が「ハンガリー国法」の連続性を認めるのなら、ハンガリー側もハプスブルク帝国の立憲制のために自国の国法を修正すると、妥協的な態度を公表していた。同じくハンガリー人のジュラ・アンドラーシは、フランツ・ヨゼフに、ハンガリーの国法的独立を認めれば、ハンガリー人は帝国に味方すると宣伝すると同時に、チェコ人が主張する連邦案ではスラヴ諸民族が帝国を支配するだろうと、スラヴの脅威をあおっていた。

一八六六年の普墺《ふおう》戦争でハプスブルク帝国はサドワの戦いでプロイセン王国に敗れ、以後プロイセンが統一するドイツから排除されて、独自の国家再編をせざるを得なくなった。ここで十月三〇日に、プロイセンに併合されたザクセン王国の首相だったフェルディナント・フォン・ボイストがハプスブルク帝国の外相となった。ボイストは、スラヴ諸民族は親ロシアであるとの偏見《へんけん》を持っていた上、オーストリアはドイツ人国家になるべきだと考えていた。彼は一八六七年一月二五日にフランツ・ヨゼフへ上奏文を送り、プロイセンとロシアの脅威から帝国を守るため、帝国内の問題を解決する緊急性を力説して、オーストリアのドイツ人がプロイセンに寝返ることは、帝国内のスラヴ諸民族がロシアに寝返ることより重大であり、帝国はスラヴ諸民族の要求(連邦制)でなくオーストリア・ドイツ人の要求(立憲制)を認めるべきだ、そしてドイツ人とハンガリー人がスラヴの脅威に対して共同戦線を張るべきだと、主張したのである。外相であるボイストの説得によって、フランツ・ヨゼフはデュアリズムを選んだのである。

二月六日にハプスブルク政府とハンガリー議会の間で「ハンガリー和協」を制定する交渉がはじまり、翌日にボイストが帝国宰相《さいしょう》に、アンドラーシがハンガリー首相に就任した。六月八日にフランツ・ヨゼフはハンガリー国王に即位して、「ハンガリー和協法」は五月二九日にハンガリー国会で、十二月二一日にオーストリア国会で承認された。ここにフランツ・ヨゼフがオーストリア帝国皇帝とハンガリー国王を兼ねる、オーストリア・ハンガリー二重君主国が成立、デュアリズムは一九一八年に第一次世界大戦で帝国が敗戦、崩壊するまで、帝国の基盤となったのである。

「ハンガリー和協」は「ハンガリー国法」を保障して、ハンガリー王国は自治を回復した。外交・軍事・財政は帝国全体の共通事項とされたが、ハンガリー議会は対外条約・徴兵・帝国共通の予算に発言権があった。貿易・関税・間接税・貨幣・鉄道・国防に関しては、オーストリア国会とハンガリー国会が十年ごとに代議員団を編成して、更新する対等な関係を確立した。他方ボヘミア王国は「ボヘミア国法」を無視され、オーストリアの一部として、オーストリア憲法である「国家基本法」下の中央集権制に従属しなければならなくなった。パラツキーたちチェコ人は一八六八年八月二二日に、抗議のしるしとして「ボヘミア国法宣言」を発表、ハンガリー和協とオーストリアの中央集権制を無効だと主張して、オーストリア国会とボヘミア議会をボイコットした。

フランツ・ヨゼフにとって、チェコ人のオーストリア立憲制ボイコットは、国家の統一性への大きな障害であり、彼らと妥協する必要があった。彼は、一八七〇年八月にアルフレート・ポトツキ内閣がチェコ人をボヘミア議会に復帰させた後、一八七一年二月六日にカール・ジグムント・ホーエンヴァルトをオーストリア首相に任命した。ホーエンヴァルトと農商相のアルベルト・シェフレは一八七〇年八月にクラムと、パラツキーの後継者であるフランティシェク・ラディスラフ・リーゲルなどチェコ人との交渉を開始していたが、チェコ人側は「ハンガリー国法」に準ずる形の「ボヘミア国法」の回復を要求した。ここで「ハンガリー和協」に準ずる、オーストリアにおいてボヘミアに限って国法的独立性を認める「ボヘミア和協」が試みられたのであった。

「ボヘミア和協」に関するオーストリア政府とチェコ人との交渉は、六月から八月まで行われた。「ボヘミア和協」の主な内容は、ボヘミアがハンガリー和協を承認しながら、その十年ごとの更新にオーストリア国会の代議員団内のボヘミア議会の代議員を選ぶ権利と、基本法を改変する権利をボヘミア議会に与える「基本法」と、ボヘミア王国におけるチェコ人とドイツ人の平等、チェコ語とドイツ語の平等を法制化すると同時に、ボヘミア議会の選挙区と行政区の民族別に分割しながら、混住地域の少数民族学校の運営にも配慮した「民族法」から成り立っていた。そして「ボヘミア和協」の諸法案を成立させるために、フランツ・ヨゼフのボヘミア国王戴冠式にいたるまでの儀式過程を定めた「国法行動綱領」があった。「国法行動綱領」では、皇帝からボヘミア議会への第一と第二の勅《ちょく》書《しょ》があって、第一の勅書では皇帝がオーストリアにおけるボヘミアの国法的独立性を保証する見返りに、ボヘミアはハンガリー和協とオーストリア国家基本法を順守することを布告している。第二の勅書では皇帝がボヘミアの国法的独立性を再確認した上で、ボヘミア議会はオーストリア国会に代表を送ることになっていた。そして最後にフランツ・ヨゼフはボヘミア国王に戴冠して「ボヘミア国法」を順守すると宣誓、ここに「ボヘミア和協」が実現することになっていた。

「ボヘミア和協」はオーストリア政府とチェコ人との秘密協定であり、オーストリア国会とは和協締結後に承認を得ることになっていた。また帝国宰相兼外相のボイストとハンガリー首相のアンドラーシには和協交渉を行うと通知してあったが、その内容は知らせていなかった。

ボイストは、九月十二日に第一の勅書が発布されて、ボヘミアの国法的独立性の保証がデュアリズムの許容範囲を超えていると察知、和協反対に踏み切った。彼はウィーンの新聞メディアを駆《く》使《し》してオーストリア中に反和協感情を拡散させてから、再び外相の地位を利用して十月十三日にフランツ・ヨゼフに覚書を送り、ボヘミアに特別な地位を与えれば帝国の一体性が損なわれると反対を表明して、皇帝と帝国宰相、オーストリア政府とハンガリー政府が「ボヘミア和協」と第二の勅書に関して協議する御前会議《ごぜんかいぎ》を開かせることに成功した。翌日フランツ・ヨゼフはアンドラーシに御前会議への招待状を送った。元来ボヘミアをハンガリーと対等と考えていなかったアンドラーシは、「ボヘミア和協」に反対する決心を固めたのである。

御前会議は十月二〇日から二二日まで開かれた。アンドラーシはオーストリアにおけるボヘミアの国法的独立はオーストリア・ハンガリーのデュアリズムに対する侵害であると非難した。ボイストは、「ボヘミア和協」が実現した場合、オーストリアのドイツ人がハプスブルク帝国に不満をいだいて、帝国の危機をもたらすと主張した。さらにアンドラーシは二二日にフランツ・ヨゼフの面前で、ホーエンヴァルトに向かって「ボヘミア国法を大砲まで使っても実現する気か」と恫喝《どうかつ》したため、ハンガリーの機嫌を損ねたくないフランツ・ヨゼフは屈服してしまった。ホーエンヴァルトは第二の勅書からボヘミアの国法的独立性を再確認する表現を削除してチェコ人を怒らせ和協交渉は中止、「ボヘミア和協」は失敗した。もう少しで実現できた「ボヘミア和協」に挫折《ざせつ》したチェコ人は帝国に失望して、オーストリア国会ボイコットを再開した。

「ボヘミア国法」の回復が不可能になってからは、フランツ・ヨゼフは、チェコ語とドイツ語の平等化を推進することで、チェコ人と妥協しようとした。一八八〇年四月二〇日にエドゥアルト・ターフェ首相は、ボヘミア、モラヴィアの官公庁と裁判所の外務語(応対語)でチェコ語をドイツ語と平等化させる「シュトレマイール言語令」を発布して、チェコ人をオーストリア国会に復帰させた。一八九七年四月五日にカジミェシ・バデーニ首相は、ボヘミア、モラヴィアの官公庁と裁判所の内務語(内部連絡語)でもチェコ語をドイツ語と平等化しようとして、全ての官吏と裁判官に両国語の知識を義務化する「バデーニ言語令」を発布した。これが施行されれば、支配者の言語であるドイツ語を学ばされてきたチェコ人が官吏、裁判官の就職に有利になり、被支配民族の言語であるチェコ語を学んでこなかったドイツ人はボヘミア、モラヴィアの官僚制、法曹界《ほうそうかい》から排除され、ドイツ人の社会的優位が崩壊する恐れがあった。ドイツ人は「バデーニ言語令」に対し反対運動を起こし、オーストリア国会でドイツ人議員は議事進行妨害を行い、チェコ人議員と乱闘を繰り広げ、オーストリアの全土に言語令反対のデモが起こった。「バデーニ言語令」はオーストリアを政治危機におとしいれ、フランツ・ヨゼフは国内を鎮静化するため十一月三〇日にバデーニを解任、一八九九年十月十四日に「バデーニ言語令」を撤回したのである。

「ボヘミア和協」に続く「バデーニ言語令」の撤廃に、チェコ人はハプスブルク帝国への失望感を増幅させた。今度はチェコ人議員がオーストリア国会の議事進行妨害をするようになり、この状態が、一九〇〇年にエルネスト・ケルバー内閣がチェコ人を懐柔《かいじゅう》するまで続いたのである。

第一次世界大戦中のハプスブルク帝国陸軍で、チェコ人は帝国への忠誠心に乏しかった。チェコ人風刺作家ヤロスラフ・ハシェクの長編小説『兵士シュヴェイクの冒険』は、末期のハプスブルク帝国陸軍内の腐敗を面白おかしく描いている。一九一五年にはプラハ第二八連隊から多くのチェコ人兵士がロシア軍に脱走したため解散させられた。ロシア軍の捕虜《ほりょ》となったチェコ人兵士たちは、同様に捕虜になったスロヴァキア人兵士たちと一九一七年九月にロシアでチェコスロヴァキア軍団を結成して、ハプスブルク帝国、ドイツ帝国と戦った。彼らはロシア革命直後の内戦では白軍側について赤軍と戦い、一九二〇年にシベリア鉄道から日本、太平洋、アメリカ横断鉄道、大西洋を渡って、独立を果したチェコスロヴァキア共和国に帰還、新国家の陸軍の主力となった。

フランツ・ヨゼフは衰退期のハプスブルク帝国の象徴となり、ウィーンでは世紀末文化が栄えたが、帝国はドイツ人、ハンガリー人寄りの二重君主国だった。彼は帝国の一体性の保持を優先して、チェコ人の民族的権利を実現しなかった。フランツ・ヨゼフは第一次世界大戦中の一九一六年十一月二一日に八六歳で崩御《ほうぎょ》、帝国のかすがいが失われた。一九一八年十月二八日にチェコスロヴァキアが独立、二九日に帝国内の南スラヴ人が分離独立、十一月三日に帝国は連合国と休戦、十一日に最後の皇帝カール一世が国事行為の放棄を宣言して、ハプスブルク帝国は崩壊したのである。

⦿参考文献
川村清夫『オーストリア・ボヘミア和協―幻のハプスブルク帝国改造構想』（中央公論事業出版、二〇〇五年）
川村清夫『ターフェとバデーニの言語令―ハプスブルク帝国とチェコ・ドイツ民族問題』（中央公論事業出版、二〇一二年）

1841–1929年
フランス第二共和制の有力政治家。第一次世界大戦では首相として活躍した。

虎の異名をもつ剛腕政治家
クレマンソー
…Clemenceau…

上垣 豊

クレマンソーは「虎」の異名をもち、議場での演説で、あるいは筆をふるって政敵を虎のようになぎ倒した。高校の世界史教科書では、一九一九年、第一次世界大戦終結後のパリ講和会議の際に出てくるだけだが、フランス第三共和政（一八七〇―一九四〇年）を代表する政治家の一人である。一九〇六年から〇九年、一九一七年から一九二〇年の二度にわたって首相を務め、二〇世紀前半の国際政治にも大きな影響を与えている。

過激な政治家の過激な青年時代

ジョルジュ・クレマンソーは、一八四一年にフランス西部のヴァンデ県の小名望家の家に長男として生まれた。ヴァンデ県はフランス革命期に農民による大規模な反革命反乱がおこったところである。保守的な土地柄の中で、父のバンジャマンは革命を礼賛し、共和主義の信念を守り通した。ロベスピエールや、その盟友サン・ジュストなどの肖像画を自宅に掲げて子どもたちに見せていたほどであった。一八四八年に革命が起こり、共和政になったが、一八五一年十二月にナポレオンの甥ルイ＝ナポレオンがクーデタを起こし、さらに翌年に、皇帝（ナポレオン三世）となって帝政が復活した。クーデタに反対した共和派の政治家は弾圧を受け、亡命した者も多かった。ジョルジュは長じて医学部に進んだが、在学中に帝政に反対して共和派の政治活動を行ったため、七三日間監獄《かんごく》につながれている。

時代の先端をいく新思想に惹《ひ》かれたクレマンソーは、芸術の新しい潮流にも敏感であった。画壇から排除され、まだブルジョワの美術愛好家からも認められていなかった時代の、マネ、シスレーなど、後に印象派と呼ばれることになる画家と、この頃から交流している。後年にはモネと親友になっている。

失恋の痛手も加わって、第二帝政のフランスに嫌気がさし、新世界への好奇心から、クレマンソーは、一八六五年、アメリカに渡った。そして、フランスの新聞社の通信員の契約を結び、コネチカット州にある女学校でフランス語教師として採用され、その教え子の一人、メアリ・プラマーに熱烈な恋をし、求婚した。はっきりした返事がもらえずに、いったんフランスに戻ったものの、忘れられずに再び渡米し、今度はメアリと結婚し、フランスに連れて戻った。メアリとの間には三人の子どもを儲けている。ところが、一八九二年、妻が子どもの家庭教師と不倫関係にあることを知り、自分は多くの女性と関係を持っていたにもかかわらず、乱暴にもメアリを密通《みっつう》の罪で脅し、離婚に同意させ、メアリから子どもの養育権を奪ったうえで、アメリカに送り返している。

「内閣の壊し屋」

クレマンソーには「内閣の壊し屋」という異名もある。その舌鋒《ぜっぽう》鋭い演説で、一八八一年に穏健共和派のフェリー内閣、翌年にフレシネ内閣、そして一八八五年には再びフェリー内閣を退陣させている。

一八七〇年に始まった普仏戦争で第二帝政は崩壊し、第三共和政が成立、翌年にはクレマンソーは代議士に当選した。クレマンソーは、政治的には急進共和派に分類される。急進共和派は、フランス革命をまるごと、すなわち一七九三年のジャコバン派による政治も含めて擁護《ようご》した。恐怖政治のイメージが日本ではとくに強いから、大変な過激派と思ってしまうことであろう。たしかに、累《るい》進課税《しんかぜい》制度を求めるなど、当時としてはかなり革新的であったが、私有財産は擁護している。十九世紀末から二〇世紀初頭にかけて、社会主義者が議会で議席を得るようになると、急進共和派は中道左派に位置するようになる。

一八七〇年代末に、共和派が選挙で勝利を収めると、穏健派のジュール・フェリーが共和派のなかで指導的な立場についた。フランスの議会史の中で、クレマンソーとフェリーほどお互いに嫌いあった例は珍しい。一八七一年にドイツとの間でアルザス・ロレーヌ地方をドイツに割譲する講和条約が結ばれると、パリ市民は革命的な自治政府を樹立して抵抗した。これをパリ・コミューンというが、パリ・コミューンは臨時政府によって武力によって押しつぶされた。フェリーがパリ・コミューンに反対で、弾圧に手を貸したのに対して、クレマンソーは同情的であった。二人の対立はこの時から始まっている。

穏健派のフェリーは、クレマンソーの極端な主張に苛立《いらだ》ち、一八七九年五月にある友人に宛てた手紙の中で次のように書いていた。「あの軽はずみで面倒なことを起こす人物、あの辛抱《しんぼう》の足らない民衆扇動家《せんどうか》」はきっと「共和国の運命に不吉な役割を果たす」ことになるであろう。

クレマンソーもフェリーには手厳しく、後にこう評している。フェリーは「知性の点では月並み以下であり、何もすることができなかった」。現在では、フェリーは、義務、世俗、無償を柱とする初等教育改革を行い、フランス共和国の学校の基礎を作った政治家として高い評価を与えられているが、クレマンソーは改革が遅すぎると議会で容赦《ようしゃ》なく攻撃したのである。

フェリーとクレマンソーが最も対立したのは植民地問題である。フェリーがアジア、アフリカへの植民地拡大の政策を進めたのに対して、対独復讐《ふくしゅう》を優先するクレマンソーは植民地拡大を厳しく批判した。

第二帝政期にベトナムの南部地方を植民地化したフランスは、さらに一八七〇年以降、「トンキン」と呼ばれたベトナム北部への侵出をもくろんだ。だが、激しい抵抗にあってなかなかすすまず、フェリー内閣は増派と軍事予算の増額を繰り返すことになった。一八八四年には宗主国の清国との間に清仏戦争が勃発《ぼっぱつ》し、中国とベトナムの国境にあるランソンの争奪をめぐって激しく戦われた。こうしたなかで、一八八五年三月末、ランソンでフランス軍が清に大敗し、壊走《かいそう》したという噂がパリに広がり、人々は恐慌に陥り、株式市場は大きく下落した。何度も増派と軍事予算の増額を求めてきた政府を、クレマンソーは議会で国を欺《あざむ》いたと弾劾《だんがい》した。「私の前にいるのは大臣ではない、もはや大臣ではなく、被告である。……国家反逆罪を犯した被告である」。追加予算は認められず、フェリー内閣は退陣に追い込まれた。清仏戦争でフランスが最終的に勝利し、天津《テンティン》条約で中国がベトナムにたいする宗主権《そうしゅけん》を放棄したのは、その二か月後であった。

これには後日譚《ごじつたん》がある。一八八七年十二月、フェリーが大統領に立候補した。第三共和政では大統領は国民の直接選挙ではなく、上院と下院の議員によって選出された。この大統領選挙の時、街頭で「くたばれフェリー!」と叫ぶデモが起こる中、クレマンソーが策をめぐらして社会主義者なども巻き込んだ多数派工作に成功し、フェリーの大統領当選を阻止《そし》したのである。さらに、数日後、フェリーは下院の議場がおかれたブルボン宮で、フェリーを祖国の裏切り者と思い込んだ狂信的人物によって襲撃された。この襲撃事件がもとで、フェリーは一八九三年に死去した。フェリーの妻はクレマンソーのフェリー批判が、この襲撃に間接的な影響を及ぼしたと確信し、クレマンソーを許すことはなかったという。

場数を踏んだ決闘好き

決闘は犯罪であったが、十九世紀になっても、フランスでは決闘はなくならなかった。名誉を傷つけられたと思うと、手に武器を持って決闘したのである。クレマンソーも十二回ほど決闘している。決闘の立会人になった回数はもっと多い。論文や議場で、ひと言で、政敵や不用意な発言をした質問相手をやりこめた。鋭く、冷笑的な発言が相手の自尊心と名誉を傷つけてしまうことはよくあった。若いころ、父に勧められてフェンシング道場に通っていたので、武術もなかなかの腕前《うでまえ》であり、決闘を恐れることもなかった。最初の決闘は一八七一年十一月、相手は軍人であった。クレマンソーは相手の腿《もも》に一発弾丸を命中させ、決闘に勝利したが、有罪判決を受け、二週間、収監されている。

クレマンソーが戦った決闘では、ナショナリスト右翼のポール・デルレードとの決闘が有名である。それまでナショナリズムは左翼のイデオロギーであったが、十九世紀末になってナショナリズムを煽《あお》る新しいタイプの右翼が登場した。デルレードはその指導者のひとりである。一八九二年、クレマンソーらが、パナマ運河建設会社から賄賂《わいろ》を受け取ったと報道され、政界に激震が走った。同年十二月デルレードが、

クレマンソーとデルレードの決闘　右側の人物がクレマンソー
（『ル・プチ・ジュルナル』1893年1月7日号の絵入り付録の表紙、http://gallica.bnf.fr/ark:12148/bpt6k715998z.item.より）

偽文書に基づいて、クレマンソーはイギリス人とユダヤ人の味方で、腐敗した政治家だと議会で非難した。それに対してクレマンソーは即座に反論し、「デルレード氏、あなたは嘘《うそ》つきだ」と切り返した。これがきっかけで一八九二年十二月二二日、パリ近郊のサン・トゥアンの競馬場でピストルを使って互いに二五メートル離れて決闘した。この時の決闘では勝者も敗者もなかった。だがクレマンソーは、選挙区のヴァール県で「裏切り者」「売国奴《ばいこくど》」「イギリス人」と街頭で罵《ののし》られ、次の選挙で落選の憂き目を味わっている。

一八九四年には十五歳年下のポール・デシャネルという代議士と決闘をしている。まだ若かったデシャネルはクレマンソーを反愛国主義的で、イギリスに対して服従的であると攻撃した。彼は著名な「内閣の壊し屋」を攻撃して名前を売ろうとしたのである。当時、落選して浪人の身であったクレマンソーは即座に応戦し、決闘を申し込んだ。二人は七月二七日に剣を用いて決闘した。クレマンソーのフェンシングの腕前を知っていたデシャネルは、内心ではクレマンソーを挑発した自分を呪っていた。クレマンソーが前へ進むと、デシャネルは後退するばかりで一方的な展開に終始した。クレマンソーが手心を加えたので、かすり傷を負った程度で済んだが、勝敗は明白であった。

ストライキを弾圧した「ポリ公の親玉」

一九〇六年、クレマンソーは内務大臣に任命された。その年のうちに首相になったが、すでに六五歳になっていた。「虎」というあだ名がついたのは、この年の労働者のストライキ運動を軍隊を動員して弾圧したことに由来する。一九〇六〜〇七年はストライキが頻発《ひんぱつ》した。一九〇六年には一三〇九件のストがあり、四三万八五〇〇人の労働者がストライキに参加した。同じ年、クリエール炭田爆発事故の後に起こった労働争議では二万五〇〇〇人以上の兵力を動員して、七万人に上る労働者のストライキをおさえこんだ。同様にラオン-レタップの炭田でのスト(一九〇七年)では、クレマンソーが派遣した軍隊が労働者に向けて発砲し、死傷者がでた。「フランスのポリ公の親玉」(クレマンソー自身の言葉)によるこうした荒々しい弾圧に対して、組合側は「これは戦争だ!」と応酬《おうしゅう》し、「殺し屋の政府」「独裁者」「赤い怪物」と非難するポスターを数多く壁に貼りつけた。

一九〇七年、フランス南部のブドウ農民が反乱を起こし、ナルボンヌ、モンプリエなどの都市に農民が大挙しておしよせる事件が起こった。クレマンソーの命令で動員された軍隊は農民に発砲し、指導者を逮捕した。運動の一番の指導者、マルスラン・アルベールは身を隠していたが、ひそかにパリに来てクレマンソーと会見した。クレマンソーは和解の姿勢を見せ、通行免状と南フランスへの帰りの旅費としてお金をアルベールに渡した。アルベールは、その金を疑いもせずに受け取った。その後、クレマンソーは銀行券を渡したことをわざと強調して新聞記者に伝え、地元に戻ったアルベールは仲間から裏切り者扱いされた。こうしてクレマンソーはアルベールの信用を落とすことに成功したのである。

三年近く続いたクレマンソー内閣によって、組合運動の革命的な潮流は壊滅《かいめつ》させられた。ただし、急進共和派の多くはフランス労働総同盟(CGT)の解散を求めていたが、クレマンソーは断固として反対してゆずらなかった。

大統領選挙で苦渋を飲まされた「戦勝の父」

第一次世界大戦が戦われていた一九一七年十一月、クレマンソーは再び首相となった。フランスでは戦時にもかかわらず、短命内閣が続いていた。膨大《ぼうだい》な犠牲者をだしながら戦局に打開の兆しもなく、国内では生活費が高騰《こうとう》し、厭戦《えんせん》気分が広がり、ストライキが頻発していた。

短命内閣が続いたのは、「内閣の壊し屋」クレマンソーにも責任があるのだが、議会で多数派となった「徹底抗戦派」のクレマンソーが首相に任命されることになった。クレマンソーは議会から大幅な権限移譲を受け、食糧品の生産・販売を統制するなど経済活動に介入した。さらには、「早期講和派」の元首相の訴追《そつい》・投獄、元内相の国外追放など、政敵を弾圧した。フランス革命期のジャコバン派の恐怖政治を思わせる剛腕政治を行ったのである。しかし、クレマンソーは軍に対する政府の統制、すなわち文民統制も確立した。

クレマンソーは第一次世界大戦を勝利に導き、講和条約でアルザス・ロレーヌをドイツから取り戻した。一九一九年の総選挙では自らが率いた与党連合が圧勝し、クレマンソーは「戦勝の父」として人気絶頂であった。翌年一月、大統領を選ぶ時がやってきた。クレマンソーはもうすぐ七九歳になろうとしていたが、与党の中から彼を大統領にしようという声が出てきた。クレマンソーもまんざらではなく、大統領に選ばれるものと信じ込んでいた。ところが、身内から造反《ぞうはん》が出た。彼の権威主義的な性格が災いして、快く思っていない議員が急進共和派の中にも数多くいたのである。外務大臣であったブリアンも、クレマンソーが自分を評価しなかったことに恨みを抱いていた。クレマンソーは「ブリアンは外務大臣だが、この仕事は彼には向いていない(étrangères)」とからかっていたのである(フランス語で「外務」はaffaires étrangères)。議員の中にはカトリックも多く、クレマンソーをよく思っていなかった。クレマンソーは司祭が大嫌いで、教会で結婚式を挙げるのを拒否し、おまけに離婚もしていたからである。ブリアンは与党連合に加わったカトリックの代議士に、虎は「坊主嫌い」で、悔い改めない無神論者だとふいて回った。一九二〇年一月十六日、大統領選挙のために両院の与党の議員たちが集まって予備集会が開かれた。クレマンソーは対立候補に十九票差で敗れ去り、政界を引退することになる。大統領に当選したのは、かつて決闘でクレマンソーに屈辱を喫したデシャネルであった。同じ年、元妻のメアリがフランスに戻ってきたが、クレマンソーは相手にせず、彼女はやがて一人孤独に死んでいった。

クレマンソーは現在のフランス人にはあまり人気のない政治家であるが、ジスカール・デスタン、サルコジ、ジョスパン、ヴァルスといった中道右派、あるいは中道左派の大統領、首相経験者からは評価されている。おそらく、左右の両極をたくみにおさえつけ、民衆運動の弾圧を辞さない、その剛腕《ごうわん》ぶりが、その理由であろう。

だが、政治家の歴史的評価は難しい。「戦勝の父」クレマンソーは、講和会議でドイツに過酷な賠《ばい》償《しょう》を課し、それがのちにナチスの台頭を許す遠因になったと批判されることがある。この批判が正しいとすれば、クレマンソーがなした最大の悪は、ナチス台頭の原因を作ったことになるだろう。また、オーストリア－ハンガリー帝国を解体し、中央ヨーロッパの不安定化の要因を作ったことでも、しばしば非難されている。

他方、クレマンソーの反植民地主義の演説が最近では評価されている。インターネットで「クレマンソーの演説」をフランス語で検索していると、フランス国民議会のサイトにいきあたった。そこで引用されているのは、一八八五年七月三一日の演説である。その三日前に、フェリーが、経済的利害だけでなく、植民地化によって「劣等人種」も文明化の恩恵を受けることができると演説していた。これに対して、クレマンソーは、戦争によって打ち負かした人々を力ずくで「文明の恩恵」に与らせているにすぎないと喝破し、さらに次のように主張した。フェリーのテーゼは「権利に対する力の優越の宣言」に他ならない。「フランス革命以降のフランス史はこうした極めて不平等な要求に対する激しい抗議の歴史である」。ポストコロニアルの時代において、クレマンソーは、フランスの政治家に利用価値がまだあるようである。

⊙参考文献

Jean-Noël Jeanneney, *Le duel:Une passion française 1789-1914*, Paris, Seuil, 2004.

Id., *Clemenceau: Dernières nouvelles du Tigre*, Paris, CNRS, 2016.

Paul Marcus, *Jaurès & Clemenceau: Un duel de géants*, Paris, Privat, 2014.

Michel Winock, *Clemenceau*, Paris, Perrin, 2011.
http://www.archivespasdecalais.fr/Anniversaires/10-mars-1906-catastrophe-de-Courrieres アクセス 2017/05/13.
http://www.assemblee-nationale.fr/histoire/7ec.asp アクセス 2017/05/13.
森本哲郎『戦争と革命の間で――二〇世紀システムの幕開けとフランス社会主義』（法律文化社、一九九六年）

1843−1901年
アメリカの保護貿易の推進者。大統領として米西戦争を指導し、中国外交で門戸開放通牒を発した。

ウィリアム・マッキンリー
金銭が支配する時代を創り出した敏腕政治家

…William McKinley…

中野博文

第二五代アメリカ大統領（任期一八九七―一九〇一年）。一八四三年、カナダ国境に近いオハイオ州ナイルズに誕生。十八歳のとき南北戦争が勃発すると、一兵卒として北軍に志願、戦争終結時には少佐となる。除隊後に法律家となり、オハイオ州カントンで開業。一八七六年に共和党から連邦下院議員として出馬し初当選。一八八二年選挙で落選するものの、一八九〇年選挙まで議席を守る。共和党主流派の立場から保護貿易を推進し、一八九〇年に過去最高の保護関税を導入したマッキンリー関税法を誕生させる。この年、ふたたび下院議員選挙に落選するが、一八九一年、オハイオ州知事選挙に当選（任期一八九二―九六年）。一八九六年、民主党が人民党と提携して大統領選挙で必勝の態勢をつくりあげると、共和党の大統領候補として迎え撃ち歴史的大勝。大統領に就任後、一八九七年、ディングリー関税法を成立させて、歴代政権がなしえなかったもっとも高い関税障壁《しょうへき》を築く。翌年、米国内でキューバ独立に対する支援運動が高まるなか、キューバへの介入を決断して米西戦争を開始。この戦争でキューバを保護国化し、フィリピン、グアム、プエルトリコを植民地として獲得。また、ハワイの米国への併合も実現。

一八九九年、中国に対するヨーロッパ列強の侵略を懸念して主要列強に門戸開放通牒《もんこかいほうつうちょう》を発布。翌年、義和団《ぎわだん》事件に乗じて清朝中国が列強に対する戦争を起こすと、中国が列強によって分割されるのを危惧《きぐ》し、第二次門戸開放通牒を発して中国の領土的行政的保全を訴える。一九〇〇年大統領選挙で再選を果たしたが、一九〇一年、無政府主義者の放った銃弾によって死亡。

黄金の大地に刻まれた悪名

北米大陸の最高峰は、大陸の北西端、アジア大陸に臨む米国アラスカ州にある。その山の名が二〇一五年夏に突如変えられたとき、人々は驚きをもって迎えた。ある者は喜び、そしてある者は怒りを爆発させたのである。

山の名を変えたのは米国大統領オバマであった。このとき彼は、地球環境の保全が人類にとって死活的に重要であることを訴えており、気候変動の世論を盛り上げようと、アラスカを訪問するところであった。この機会にアラスカ州民が四〇年も前から強く求めていた山名変更を実現したのである。その山を先住民の呼び名にならって「デナリ」と改称すべきという意見は一九七〇年代から台頭し、アラスカ州政府は大統領と連邦議会に粘り強い働きかけをおこなっていた。それにオバマは応えたのであった。

山の名を変えるということは、それまでの山の名を捨て去ることである。「デナリ」は先住民の言葉で「偉大なもの」を意味する。一方、オバマ大統領によって捨て去られた山の名は、オバマより一一二年前に大統領を務めた男の名であった。その人物の功績を末永く記憶しようと、米国政府は山名とした。その男はウィリアム・マッキンリー。南北戦争後に生まれた不安定なアメリカ社会の状況を一変させた政治家であった。二大政党がしのぎを削るアメリカ政界にあって、彼は三六年間も続いた共和党優勢の時代を打ち立てた。毀誉褒貶《きよほうへん》あいなかばするものの、その先見性と手腕において非の打ち所のない指導者であった。

マッキンリー山がデナリ山へと名が変わったのは、オバマが民主党の大統領であったことも関係している。共和党大統領であれば共和党員の反発が怖くて踏み切れなかったであろう。オバマ大統領は民主党員であるから、選挙で共和党員の票を意識せずにすむ。しかし、そうしたオバマでさえ、マッキンリーを慕うものの反発を恐れて、大統領として最後の議会選挙が終わった時期を待ってはじめて、名称変更に踏み切った。

それほどまでにアラスカの大地にそびえるその山は、マッキンリーの記憶とともになければならなかった。オバマ政権は名を変えた理由として、この山がアラスカ先住民の聖地であること、マッキンリーという人物がアラスカを生涯一度も訪れなかったことを挙げた。しかし、この山が共和党大統領の名で呼ばれはじめたとき、そこには人々の切なる思いがあった。

先住民からは「デナリ」、米国に先だってアラスカを支配していたロシア人からは「ボルシャヤ・ゴラ」、さらには米国人の開拓者からは「デンズモア」と呼ばれていた山を、マッキンリーと名付けたのは、一八九六年、アラスカ奥地に冒険旅行をしたウィリアム・ディッキーである。彼はこの年の大統領選挙で金本位制の擁護《ようご》を叫んでいたマッキンリーの当選を心から祝い、それを記念するため新名称を呼びかけたのである。

当時のアラスカは金鉱開発を目当てに世界中から人と資金が流れ込んでいた。それは、その四〇年ほど前のカリフォルニアのゴールドラッシュの再現であった。国勢調査を見ると、一八九〇年から一九〇〇年までの間に人口は倍以上になっている。しかし、もしもマッキンリーの打倒を目指す人々が政権を握り、経済の基礎が金本位制の大本とする金塊《きんかい》でなくなってしまえば、アラスカの経済ブームは終わってしまう。ディッキー自身、黄金郷の夢を目当てにアラスカに分け入った一人であったから、何としても金本位制からの離脱は阻止《そし》しなければならなかった。そこで、北米大陸の最高峰に金本位制を支持する新大統領の名を刻むことで、黄金がアメリカ経済の永遠の基礎であることを示そうとしたのである。

アラスカに限らず十九世紀後半の米国の鉱山開発は、先住民の聖地に白人や外国人が大挙して押しかけて乱開発を繰り広げるものであった。それは先住民文化と環境を破壊する典型的なものである。一八九六年選挙に勝利したマッキンリーは金鉱探索者にとって期待の星であったが、金鉱開発がもたらす社会的傷跡に目を向ける者たちにとっては金鉱探索をけしかけている大悪人であった。マッキンリーが大統領になった選挙自体、金にものを言わせた腐敗の極みであるとの批判が渦巻いていた。人々の期待を膨《ふく》らませる一方で、蛇蝎《だかつ》のように忌み嫌われたマッキンリーとは、いったいどのような人間なのであろうか。

マッキンリーの真実——金権腐敗の権化か、時代の革新者か

今日でもマッキンリーは金権政治家の代表として語られる場合がある。それは彼の支援者である大富豪マーク・ハナとの醜悪《しゅうあく》な関係が問題にされるからである。ハナは米国のビジネスを発展させる鍵《かぎ》が有能な政治家にあると考えていた人物で、自身が見込んだ政治家を高い地位に就かせるために惜しみなく金を使うことで知られていた。

そうしたハナがもっとも買っていたのがマッキンリーである。ハナは彼をまず州知事にし、つづいて大統領の地位を与えた。一八九六年大統領選挙でハナがかき集めた金額は、マッキンリーの対立候補の十倍に昇る三五〇万ドルであった。この選挙でマッキンリーを共和党候補にするためだけでも、ハナは自身の金で一〇万ドルを出したという。一八九六年大統領選挙は、それまで米国で戦われたすべての選挙の記録を破って、最も金のかかった選挙となった。その理由はハナが大量の政治資金を集めて、マッキンリーのために使ったからである。

ハナの援助で大統領となったマッキンリーは、大統領就任後、ただちにその恩に報いる。国務長官に、自分が知事を務めていたオハイオ州の連邦上院議員ジョン・シャーマンを指名したのである。シャーマンは国務長官になるために議員を辞職したが、空席となった上院議員の任命は州知事がすることになっていた。マッキンリーは自分の後任の州知事に手を回し、ハナに上院議員職を与えたのであった。こうしてハナは選挙に出馬することなくして、連邦政界の要職を手に入れた。

こうしたハナとの親密な関係は誰しもが知るところであり、マッキンリーには「金持ちの犬」という

イメージがべっとりと貼り付く。大統領になる前からマッキンリーと財界の関係は取り沙汰されていたが、大統領選挙をきっかけに腐敗政治家の烙印《らくいん》が押されてしまったのである。新聞や雑誌には彼とハナを揶揄《やゆ》した記事があふれ、二人の関係は政治風刺漫画の絶好の素材となったのである（図1参照）。

マッキンリーと資本家との癒着《ゆちゃく》を問題にする者がある一方、彼のビジネス重視の姿勢を喜ぶ者があって、大統領在任中からマッキンリーの評価は大きく分かれていた。歴史家も彼の死後、大統領時代の世評をもとにマッキンリーの姿を描いてきたため、相対立する解釈をくだすこととなった。ただ、マッキンリーをよく知る人々のなかには、世間のイメージとはまったく異なる人物像を打ち出す者も

図1　マーク・ハナからマッキンリーが11万8千ドルをもらって言いなりになっていると揶揄した政治漫画（R. Hal Williams, *Realigning America; McKinley, Bryan, and the Remarkable Election of 1896* (Lawrence: University Press of Kansas, 2010. より）

あった。マッキンリーが大統領になることによって、米国にとってまったく新しい時代が開かれたと言うのである。

　ヘンリ・アダムズがその代表者である。彼はハーヴァード大学卒業後、ジャーナリストとして働いた人物で、下院議員秘書、外交官を務めた後、政治家の顧問《こもん》として南北戦争

後の米国社会の再建のために尽力した。そうしたアダムズはマッキンリーの大統領としての業績をきわめて早い段階で誰よりも高く評価した。

アダムズは「マッキンリー主義」という言葉で、マッキンリーが目指した新しい政治の在り方を語っている。それは、一九〇七年に発表された『ヘンリ・アダムズの教育』に記されたものである。この作品がピューリッツァー賞を受賞すると、知られざるマッキンリーの姿に世界は驚くことになった。アダムズによれば、マッキンリーは、伝統に縛られた人間には想像もつかない方策で政治問題を解決した人物で、彼の優れたマネジメント能力の下、アメリカ社会全体の利益を政府が中心となって増進させることに成功した。

マッキンリー政権で陸軍長官を務めたエリフ・ルートもまた、マッキンリーの指導者としての天稟《てんぴん》を認めた一人である。ニューヨークの敏腕《びんわん》弁護士であるルートは組織を統率する手腕で抜群の才能を示した政治家である。その彼がマッキンリーの才能には舌を巻いたのである。ルートによれば、マッキンリーは忍耐強く部下の話を聞くことによって、部下のやる気を引き出した。マッキンリーが重視したのは「結果をだす」ことで、そのやり方を彼は常に知っていたとルートは言っているが、人心掌握術《しょうあくじゅ》の見事さは上述したアダムズもまた指摘するところである。

こうした政治手腕は時代がまさに求めたものであった。彼が大統領になったのは一八九七年である。このとき、米国をはじめとする世界は一八九三年の世界恐慌《きょうこう》の痛手からいまだ立ち直れずにいた。やや長い目で見ると、一八七七年以降の欧州と米国はほぼ十年の周期で不況に襲われており、各国では国家の力で経済を安定させるべきであるという意見が日増しに強くなっていた。商工業と農業、企業家と労働者、それぞれの経済的利益を大統領の力で調和させるという考えは、二〇世紀の米国では普通になったが、それをいち早く実践したのがマッキンリーなのであった。

ちなみに、大統領が国家全体の利益を実現するために業界や働く者の意見を聞いて調整を行うようになったのは、一九〇二年のセオドア・ローズヴェルト大統領の炭鉱争議の仲裁からといわれることが多い。それはまた、革新主義とも呼ばれる二〇世紀初頭を特徴づける改革政治の手本になったともされる。しかし、経済調整を大統領が中心となっておこなうことは、ローズヴェルトの前任者であるマッキンリーの時代から、その基本的な考えはできあがっていたのである。

南北戦争で身につけた組織運営の手腕

新しい時代が求めるものを正しく見抜いて、しっかりと結果をだしていく姿は、マッキンリーが指導者として非凡な力を持っていたことを示している。そうした力を彼が身につけたのは、米国史上、最も悲惨な戦争の場であった。

米国を知らぬ者には意外かもしれないが、十九世紀の米国大統領は軍人ばかりである。初代大統領ワシントンは独立革命における全植民地軍総司令官、第七代大統領ジャクソンは一八一二年戦争の英雄、第九代のハリソン、第十二代のテイラーは武勲《ぶくん》を誇る職業軍人であった。軍人の割合は南北戦争以後に急上昇し、二〇世紀になるまで陸軍将校として南北戦争を戦っていない大統領はジョンソンとクリーヴランドだけである。

十九世紀末に大統領となるマッキンリーが戦争を体験したのは十八歳の時である。彼は米国西部オハイオ州の辺境地で鉄鋳物をつくっている家に生まれ、戦争勃発時はオハイオの隣にあるペンシルヴァニア州のアレゲーニー大学の学生であった。もっとも、大学には通わず、休学して地元で教師として働いていた。学校になじめず、父の仕事もうまくいかなかったためである。そうした彼は、米国政府に反乱を起こした勢力が サウス・キャロライナ州にあったサムター要塞《ようさい》を襲ったとの報に接すると、勇んで戦場に赴く。

マッキンリーの故郷では南北戦争の原因となった奴隷制に対する反感が強かった。ただ、それだけではなく、志願兵となることで戦争後に経済的報償が与えられ、政治家としての出世のチャンスが生まれることも大きな魅力であった。実際、彼は部隊の最底辺の階級である兵卒として軍人になるが、彼の上官は後に第十九代大統領となるラザフォード・ヘイズであった。この出会いは彼の政治家人生で大きな財産となる。マッキンリーの政治家としての第一歩は地方検事選挙への出馬であったが、この選挙での勝利はヘイズのオハイオ州知事選を支援した見返りによるところが大きかった。

軍隊時代のマッキンリーのエピソードで、彼の人となりをよく示すものを紹介しよう。米国南部メリーランド州には、一八六二年のアンティータムの戦いで彼が立てた武勲を顕彰《けんしょう》した石碑がある。この戦いは連邦の首都ワシントンに迫った南軍を北軍が撃退して勝利を収めたものである。リンカンはその戦勝に励まされて奴隷解放宣言を決意したと言われるほど、重要な戦いであった。この戦いでマッキンリーが立てた武勲とは、補給担当の軍曹《ぐんそう》として友軍に「熱いコーヒーと暖かい糧食」を配給したことであった。砲撃のなか、上官の許可を待たずに独自の判断で、戦友の胃袋を満たすため、自分の手で食べ物を運んだことが評価されたのである。

マッキンリーと大統領の椅子を争ったライバル、マシュー・クウェイも同じ時に武勲を立てて勲章を与えられているが、彼の武勲は敗走の危機に瀕《ひん》した戦線を馬上から督励して建て直すという、指揮官としてはありふれたものであった。一方、マッキンリー軍曹の功績は敵を死地で迎え撃つ英雄的行動ではない。同僚の身を案じて裏方で働く姿勢がいかにもマッキンリーらしいのである。

米国の軍隊は西洋世界のなかでも特異なもので、志願兵を基礎とした点で職業軍人を中心としたヨーロッパや日本の軍隊とは根本から異なる。第一次世界大戦以前、連邦の職業軍人は実戦では重用されたものの、兵卒に厳しすぎるという理由で志願兵部隊のなかでは疎《うと》んじられていた。まったく実戦経験がなくても、兵卒の信頼を得て将校に任命されることも、しばしばあった。マッキンリーが志願した南北戦争は、国民の五〇人に一人を戦死させるという悲惨な戦いになったが、その一つの原因は、ここにある。戦っていた双方の軍隊それぞれが職業軍人による統率を軽視したため、軍の規律が取れなくなったのである。十九世紀の米国陸軍において、軍を結束させる要は上官の命令ではなく、仲間同士の信頼関係なのであった。

今の日本でいえば大学生時代にあたる十八歳から二一歳の時期、マッキンリーはこうした軍隊で暮らして、一兵卒から少佐にまで昇進した。その昇進の秘密は勇敢に戦うことではなく、戦友が何を必要としているかを正しく把握して、必要なものを必要な分だけ素早く提供する能力にあった。この能力は、十九世紀後半に国民福祉の充実を政府が担いはじめるようになると、マッキンリーにとって大きな財産となる。民衆の要求に応えて国家資源を効率的に配分する姿勢を、彼は戦場で学んでいったのである。

運命の一八九六年選挙——ウィリアム・J・ブライアンとの対決

南北戦争後、マッキンリーは法律家の資格を得て開業した後、ただちに政治の世界に入るが、彼の名を世間に知らしめることになったのは保護貿易の主張である。

連邦議会の下院歳入委員会委員長であった一八九〇年、彼が成立させた関税法はマッキンリー法と呼ばれる。それは過去最高の関税率を定めたものであったが、同法の狙いは労働者の所得保障にあった。安い輸入品が大量に入ってくることで、労働者の給与が下がることにマッキンリーは反対したのである。上述したとおり、マッキンリーは企業寄りの姿勢を批判されたが、彼が政治で目指したのは、国民の多数を占める働く者のゆたかさなのであった。

このような開明的な考えをもっていた人物が、金権腐敗の権化と非難されたのは歴史の皮肉と言うしかない。後の時代から見れば、彼を大統領にした一八九六年選挙は、明確な政治公約を掲げていたマッキンリーの勝利が最初から約束されていたもののように思えるが、ウィリアム・J・ブライアンという人物が登場することで、微妙な状況が生まれる。

ブライアンはこのときわずか三六歳であった。法律家資格を得た後、米国のど真ん中にあって、トウモロコシの皮むき州の名でも知られるネブラスカ州で開業し、一八九一年に連邦下院議員になった後、「オマハ・ワールド・ヘラルド」紙の編集者として働いていた。

一八九六年七月、民主党の大統領候補を選ぶ民主党全国大会がはじまったとき、少壮政治家ブライアンが、マッキンリーと戦うことになるなど、想像できた者はほとんどいなかった。しかし、党の政策綱領が採択されるとき、ブライアンがしめくくり演説のために演壇に立つと、それまでの大統領候補者選びの状況が一変してしまう。彼は米国史に残る名演説をおこなって、大会参加者だけでなく米国国民全体を激情のるつぼに投げ込んだのである。興奮の渦のなか、ブライアンは民主党のみならず、米国の南部と西部で有権者の支持を集めていた人民党からも、大統領候補として推戴《すいたい》されることになる。

このときブライアンがおこなった演説は「金《きん》の十字架」演説と呼ばれる。それは国民が経済苦境に陥っているのは、金本位制が引き起こすデフレーションであることを見事なレトリックで訴えたものであった。景気回復のために必要なのは、銀貨も本位貨幣として採用して通貨量を増やすことであると、わかりやすく説明するため、ブライアンは当時の米国社会では多くの経済集団が金本位制の犠牲者になっていると指し示した。そして、そうした苦境をキリスト教の祖イエスの最期になぞらえて、「働く者の頭《こうべ》にいばらの冠を押しあててはなりません。人類を金の十字架ではりつけにしてはならないのです」と叫んだのである。

十九世紀末、英国においてもブライアンが唱えた金銀複本位制を支持する勢力はあったし、通貨量で景気をコントロールすることは二〇世紀後半以降になると各国で普通におこなわれるようになる。しかし、当時の米国では話が違った。

ブライアンが民主党候補になったことを知ると、このときの大統領クリーヴランドは当選阻止のために全力を尽くす。クリーヴランドは民主党であったが、自党から金本位制を否定する異端の政治家が大統領候補になったことに心の底から怒ったのである。現職大統領を敵にまわし、民主党内が分裂したこともあって、大統領選挙の結果はマッキンリーが七一〇万票、ブライアンは六五〇万票と、ブライアンの敗北であった。実は、南北戦争の余塵《よじん》が残る一八七六年の大統領選挙以降、有権者の過半数の支持を得た人物が大統領になったことはなかった。大統領選挙の特殊な仕組みが働いて、対立候補より少ない得票数でも大統領になれることさえあったのであるが、六〇万票の差をつけたマッキンリーの勝利はそうした異常事態を終結させるものであった。

完勝と言ってもよいこの選挙結果は、マッキンリーが採用した斬新《ざんしん》な選挙戦略の成果でもあった。ブライアンは全国を鉄道で二九〇〇キロも旅して雄弁《ゆうべん》で有権者を魅了しようとしたが、それはそれまでの多くの大統領候補と同じやり方であった。これに対して、マッキンリーは全国の支持者を自宅に招くという前代未聞の選挙戦術を取った。それは「表玄関《フロント・ポーチ》キャンペーン」と呼ばれたものであった。

鉄道に乗った共和党の州代表団がマッキンリーの住まいがあるカントンの街に着くと、歓声とともに楽隊が出迎え、華やかな祝祭の雰囲気があふれるなか、マッキンリーの自宅まで行進していく。この一団を玄関で迎えたマッキンリーは、その場で演説をおこない、その代表団の地元の経済状況を正確に分析した上で、金本位制の維持が彼らの地元の経済状況の改善にいかに貢献するかを説明した。それは、選挙の要が各州の選挙責任者であることに注目する手法であり、男女を問わず自宅でもてなすことで、もれなく自分に票が集まることを狙ったのであった。言うまでもなく、州ごと、地域ごとの特性に合わせた政策的提言は出版物でもおこなわれ、有権者はマッキンリーの政策に裏打ちされた実務手腕を知る一方で、ブライアンが大統領になれば国民経済が傷つくと不安を感じるようになったのである。

先駆者の悲劇

敗れたとはいえ、ブライアンとマッキンリーとの得票差は一割に満たない。しかも、州単位で見ると南部や西

図2　マッキンリー大統領暗殺事件(1901年)を描いた絵画
(https://mckinleymuseum.org/wp-content/uploads/2014/09/McKinley TimelineAssasination.jpg, より。
最終閲覧日2017年3月27日)

部はブライアンが大差で勝利したのであった。ブライアンは一九〇〇年、さらに一九〇八年にも民主党から大統領候補として選ばれるが、このことは彼の人気の高さを物語っている。

しかし、ブライアンはマッキンリーに、そしてマッキンリーによって生まれ変わった共和党組織に勝利することができなかった。二〇世紀の社会情勢に沿った新しい国家の在り方を見いだしていたマッキンリーによって、米国は革新主義と呼ばれる新時代に入っていたのである。

ただ、こうしたマッキンリーの手腕や時代の変化を認識できない者、あるいは受け入れられない者にとって、マッキンリーは大富豪から大金を集めて選挙に勝ち抜いた大悪人であった。要人暗殺で政治を変えようとする試みは、世紀末から米国やヨーロッパで広がっていた。一九〇〇年選挙でブライアンに前回以上の差を付けて勝利すると、マッキンリーの周囲にも、金銭から自由な世の中を目指す無政府主義者の脅威が迫るようになる。一九〇一年九月、ニューヨーク州バファローで開催された汎アメリカ博覧会で五万人の聴衆を前に、彼は演説する。その翌日、支持者の応援に応えて握手していたとき、二発の銃弾が彼の身体を襲った(図2参照)。

銃撃された八日後、マッキンリーは五八歳の若さで死去した。愛妻家としても知られた彼は、病弱な妻を残すことを無念に思いながら旅だったのであった。

⊙参考文献

R・ホーフスタッター(清水知久他訳)『改革の時代—農民神話からニューディールへ』(みすず書房、一九八八年)

中野博文『ヘンリ・アダムズとその時代　世界大戦の危機とたたかった人々の絆』（彩流社、二〇一六年）

1873−1913年
30年以上にわたったディアスの独裁を打倒したメキシコ革命の指導者。

人の良すぎた革命家
マデロ
…Madero…

川上英

メキシコ革命の指導者。一八七三年、メキシコ北部コアウイラ州の裕福な家庭に生まれる。一九〇九年、一八七六年から断続的に大統領の地位に居続けていたポルフィリオ・ディアスの大統領再選に反対する運動を開始し、翌年、不正選挙によって実際にディアスの再選が決定すると、メキシコ全土に武装蜂起《ぶそうほうき》を呼び掛けた(メキシコ革命の開始)。一九一一年、ディアス政権崩壊後に行われた選挙に勝って大統領に就任するが、一九一三年、メキシコ市で反革命勢力の武装蜂起に遭《あ》い、反乱軍に通じた国軍司令官のビクトリアノ・ウエルタのクーデタによって大統領職を追われた挙句、暗殺された。

頼りないマデロ像

メキシコ革命を始めた英雄、フランシスコ・I・マデロ(Francisco I. Madero)。その英雄像を覆《くつがえ》すことはそれほど難しくないように見える。例えば、彼の写真を見てみよう(図1)。体は大きくなく、どこか物憂《ものう》げで、頼りない感じ。フィデル・カストロやエルネスト・ゲバラのような、「男らしく」、強そうでかっこいい、ラテンアメリカの典型的とも言える英雄像を期待した人は、マデロの写真を見て幻滅してしまうかもしれない。これが、三〇年以上続いたポルフィリオ・ディアスの独裁制を倒した人物かと。実際、メキシコ革命の指導者のなかには、マデロのほかにもエミリアノ・サパタやフランシスコ・ビジャなど、そうした典型的な英雄像により合致した人物がいて、サパタやビジャは現在のメキシコ人の間でマデロよりもよほど親しまれ、人気がある。

マデロの写真の与える頼りないイメージは、彼と同時代の人々にもある程度共有されていたようである。とくに、マデロが大統領に就任した一九一一年十一月から、ビクトリアノ・ウエルタのクーデタによって暗殺される一九一三年二月までのあいだ、旧体制派の新聞紙上には、マデロの人物像をあざ笑う罵詈雑言《ばりぞうごん》が溢《あふ》れていた。例えば、一九一一年十二月二日の「エル・アウイソテ」紙に載った風刺画では、小人のように描かれたマデロが、巨大なディアスの肖像画を指して、「私がとても小さく見えてしまうからその肖像画を外さなければならん」と衛兵たちに言っている(図2)。

(上)図1　マデロ夫妻
(Ross, *Francisco I. Madero*[1955]より)

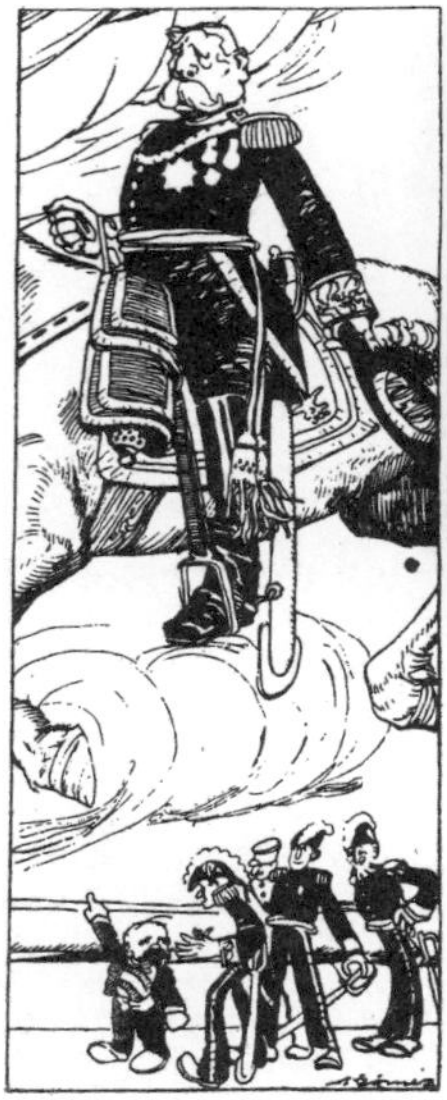

(左)図2　戯画化されたマデロ
(González Ramírez, *Fuentes para la Historia de la Revolución Mexicana* [1955]より)

マデロは、暗殺されたことによって、皮肉にも、それまで彼の改革の「生ぬるさ」に反発していた革命家たちも含めて、すべての革命家たちから「革命の殉教者《じゅんきょうしゃ》」として持ち上げられることになるのだが、にもかかわらず、彼の反対者たちによって植えつけられた否定的な人物像は、消えることなく後の時代にも受け継がれていった。

例えば、メキシコ革命小説の先駆者マリアノ・アスエラが一九一七年に発表した『親分たち』には、全国カトリック党の集会において、カトリック教会の神父を含む反マデロ派の人々が酒を飲みながらマデロ大統領を嘲笑《ちょうしょう》する様子が以下のように描かれている。

酒は飲み続けられ、無秩序、放埒《ほうらつ》、不敬虔《ふけいけん》についての話が大いになされた。そして、新聞紙上を埋めていた、道徳的にも外見的にも滑稽《こっけい》な〝ちび〟大統領に関する気の利いた風刺画についての話が。

―ああ、お国のことについてやるべきことをしていないとはいっても、マデロ氏を許してあげなければならない！　だって、お下品な霊たちのことで大忙しなのだから！

―は…は…！　なんて気の利いたことをおっしゃるんでしょう、神父様！　は…は…はは…！

皆よだれを垂らすほどに笑った。

「お下品な霊たち」とは、マデロが若いころからのめり込んでいた一種の精霊《せいれい》信仰のことを指す。

フランス留学中の一八九一年に交霊術者《こうれいじゅつしゃ》と出会い強い影響を受けた彼は、インド哲学なども学び、自らも交霊術者を自認していた。その後、ホメオパシーの知識も得て同様に影響を受け、その療法に基づいて、自らの経営する農園で病者の治療にあたったりもした。また、一九〇一年に母親がチフスにかかって重篤《じゅうとく》だったときにも彼はホメオパシーで彼女を治療したが、母親の重病は彼に大きな影響を与え、彼はその後、煙草も酒もやめ、さらに菜食主義者になったという。精霊信仰だけでなく、それらホメオパシーや菜食主義も、反対者たちのマデロ攻撃によく使われた。

アスエラの小説はマデロの死からわずか数年後に書かれたものであるが、一九七〇年のメキシコ映画「エミリアノ・サパタ」に出てくるマデロも、彼の生前の新聞紙上に描かれた滑稽な姿ほどではないにせよ、体格も良く堂々とした主人公のサパタとは対照的に、小柄でおどおどした、頼りない人物として描かれている。

そうした結果としてマデロは、現在でも、間違いなくメキシコ革命の英雄の列の中に位置付けられながらも、サパタやビジャら、より逞《たくま》しい英雄たちよりは人気の低い存在なのである。その背景には、見た目の逞しさだけでなく、大土地所有者に奪われた土地を農民へ返還するための、より急進的な農地改革を標榜《ひょうぼう》したサパタらに対して、マデロは具体的な社会改革を実現しなかったという歴史的評価もある。

では、そうした「頼りない」マデロ像はどれくらい正しいのだろうか？　たしかに彼は「ちび」で、身長は一六〇センチほどであり、体重も六〇数キロしかなかった。しかし、彼を嘲笑した反革命派や、急進的な農地改革を求めて彼と対立したサパタ派の視点から離れてマデロを見てみれば、情熱的で信義に厚く、かつ芯の強い勇敢な人物像が見えてくるだろう。

生い立ちから革命まで

マデロは、一八七三年十月三〇日、メキシコ北部コアウイラ州のパラスに生まれた。マデロ家は、当時のメキシコ全体で十本の指に入るほどの裕福な家系だった。マデロ家の膨大な富を築いたのは、フランシスコの祖父エバリストである。独裁者ディアスとほぼ同世代のエバリストは、一八八〇年にはコアウイラ州の知事に就任するが、一八八四年にはディアスの大統領再選に反対して辞職しており、ディアスにとってもマデロ家は気にかかる存在だった。

長男フランシスコの幼少期について、母は、病弱で物思いにふけりがちだったと回想している。一八八五年からコアウイラ州都サルティジョのイエズス会系の学校で一年間、さらに米国ボルティモアのキリスト教系学校で一年間学んでキリスト教教育に幻滅《げんめつ》した後、マデロは、五年間パリに留学した。前述の交霊術と出会ったのもこの時期である。ヨーロッパからアメリカ大陸に戻ってさらに八ヶ月間、カリフォルニア大学バークレー校で学び、一八九三年秋、メキシコに戻り、その後、約八年間、家族の所有する農園の一部の経営を任され、とくに綿花の生産・取引に従事する。

前述のとおり、一九〇一年の母親の重病を機に、彼自身の言葉によれば、「放蕩《ほうとう》」生活を改め、さらにかつての恋人サラ・ペレスと縒《よ》りを戻し、一九〇三年にはそのサラと結婚、そしてほどなくしてマデロは政治の世界に足を踏み入れることになる。政治の世界への参入にも霊との交渉が関わっていたとされるが、マデロの最初の政治との本格的な関わりは、一九〇五年のコアウイラ州知事選挙だった。そこで中央政府の擁立《ようりつ》した候補への反対運動を展開したマデロは、運動には失敗し、米国への亡命を余儀なくされるものの、その経験は彼を全国規模での民主化運動へと駆り立てることになる。

一九〇八年二月、七八歳になったディアス大統領が米国人記者の取材に応じて、次の大統領選挙には出馬しないと明言したことで、メキシコ国内はその大統領選挙を巡る議論で急速に沸き返った。ディアスはほどなくして前言を翻《ひるがえ》すことになるが、マデロも主著『一九一〇年の大統領職継承』を書き上げ、翌年一月に発表する。そこではまだ彼はディアス政権への武装蜂起を呼びかけたわけではなく、あくまでも憲法に明記された大統領再選禁止事項を政府に守らせるように民主的な再選反対運動を展開することを呼びかけただけであったが、三〇〇〇部の初版は数ヶ月で売り切れ、すぐに第二版、第三版が発行され、彼は一躍時の人となった。

マデロは一九〇九年六月から再選反対運動を広めるために全国を遊説《ゆうぜい》して周り、翌年四月以降は「再選反対党」の大統領候補としてさらに遊説に励んだ。しかし、六月の投票日を前にマデロやマデロの支持者五〇〇〇人以上が逮捕され、「再選反対党」の抗議にもかかわらず、ディアスは選挙が「通常どおり」行われたとして、十月四日には自らの当選を宣言した。それに対して、交流のあった政府高官に働きかけた家族のおかげで保釈が許されたマデロは、十月七日に米国に亡命し、テキサス州サンアントニオから、ついにディアス政権に対する武装蜂起を呼びかける「サン・ルイス・ポトシ計画」を発表したのである。

その人となり

挙動《きょどう》は神経質で、話すときには手をあちこち動き回し、話に熱が入ると高くか細い声がますますかん高くなったと言われるマデロは、演説は上手な方ではなかったようだ。彼の演説はしかし、巧みな言葉遣いなどではなく、その話し方からにじみ出た強い信念や勇気を、聞くものに印象付けたと言われる。この点に関しては、当時の在メキシコ米国大使ヘンリー・レイン・ウィルソンの言葉が参考になる。ウィルソンは、大統領就任後のマデロに対して一貫して批判的で、反革命勢力による反マデロの画策も支持し、ウエルタのクーデタ後、マデロの夫人からマデロの救命をせがまれたにもかかわらず何もしなかったため、マデロの死にも間接的に責任があるとされる人物である。しかし、ウィルソンによるマデロに関する初期の報告は必ずしも否定的なものではなかった。そこには以下のように書かれている。

彼は、見た目は取るに足らない存在で、挙動は自信なさげで話し方もためらいがちであり、重要な公共の問題の多くをどう処すべきかということに関しては、とても不安で自信が持てないように見えます。しかしながら、彼にはその欠点を補う長所が一つあります。それは、素晴らしい二つの目です。その目に私は、真面目さ、誠実さ、そして忠実さを見ます。そして、もしかすると時とともに完全に明るみになるかもしれない、内に秘めた力、気骨の強さを。

独裁者ディアスに反対する運動を彼に敢行《かんこう》させたのも、そうした芯の強さだっただろう。彼の家族、とりわけ彼の両親と祖父は、当初、マデロ家全体を困難な状況に陥れかねない『一九一〇年の大統領職継承』の刊行に反対していた。祖父は、自らディアスに反対した過去を持っており、マデロにとっても模範的存在だったのだが、「すべてがバラ色だと思い込む若気の至り」を諫め、「象(=ディアス)に対する細菌(=マデロ)の戦い」をやめさせようと必死だった。裕福な大家族の後継ぎとして、普段は良き息子、良き孫として両親や祖父に従っていたマデロだったが、この時ばかりは、信念を曲げず、しかし良き息子、良き孫として、「祖国のためには自らの命をも犠牲にする覚悟でいなければならない」と、彼らを数ヶ月かけて説得したうえで、政権を批判する本の出版を断行したのだった。

そうした芯の強さの他に挙げられるマデロの人物像のもう一つの特徴が、平和、協調を望み、不必要な流血を嫌ったという点である。例えば、一九一一年五月、米墨《べいぼく》国境の町シウダ・フアレスでの勝利によって、ディアス政府軍に対する革命軍の勝利が決定的なものになったが、そのとき、政府軍司令官の処刑を求める声が革命軍の中で上がった。しかしマデロは処刑に反対し、危険を顧《かえり》みずに、自ら政府軍司令官を車で国境まで連れて行き、無事に米国へ亡命できるように計らった。

人の良さが仇になる

しかし、本来なら賞賛に値するそうした協調主義や平和主義は、革命メキシコの政治風土にはそぐわなかった。協調的な彼の政策に対する批判は多く、そしていくつかの協調的な決断が、彼を政治的な苦境に陥れ、最終的には命をも奪うことになる。

一つ目の大きな失敗は、シウダ・フアレスでの勝利後の政府との和平協定の締結である。革命軍と政府軍の戦闘が広がってメキシコ全土が内戦状態に突入することを恐れたマデロは、ディアスを辞めさせて政府を解体する代わりに、革命軍による攻撃も停止することを約束した。ディアスが辞めれば民主的な制度に則って必要な諸改革も進んでいくだろうと信じたのである。

しかしそれは間違いだった。一九一一年五月にディアスが辞任してから、十月に大統領選挙が実施されるまでの五ヶ月間は、ディアス政権の外相フランシスコ・レオン・デ・ラ・バラが暫定《ざんてい》大統領職を務めた。その間、和平協定に基づいて革命軍は武装解除が強制される一方で、旧政府軍はそのまま温存され、政権内にも旧体制派が多く残り、反革命勢力にとっては勢力挽回《ばんかい》の好機となった。そして、革命派と旧体制派の協調を目指したマデロに対して、革命派の中からの反発も強まり、この時期にマデロの求心力は大いに萎《しぼ》んだのである。

二つ目の、そして致命的な失敗は、マデロが大統領になってからのことである。一九一一年十一月に大統領に就任したマデロは、一九一三年二月に暗殺されるまで、複数の反乱に直面した。一つは同じ革命派からのもので、南部モレロス州のエミリアノ・サパタである。デ・ラ・バラ暫定政権期から武装解除を拒んで政府との戦いを続けていたサパタは、マデロ政権に対しても、農民への即時の農地返還を求めて、武装蜂起した。その後、同様にかつてマデロと共に戦った革命派のパスクアル・オロスコが北部チワワ州で保守派の援助を受けて蜂起した。マデロは軍隊を送って鎮圧を図ったが、軍司令官が戦闘中に負傷したあとで自殺したため、その後任にビクトリアノ・ウエルタを任命した。それが、致命的な失敗の始まりである。

ウエルタは、ディアスが辞職してヨーロッパへ亡命する際にメキシコ市からベラクルス港まで付き添った旧体制寄りの将軍であり、また、デ・ラ・バラ暫定政権期には、軍司令官としてモレロスに派遣され、サパタと和平交渉を行っていたマデロを邪魔《じゃま》するかのようにサパタ軍を挑発《ちょうはつ》し、それが原因でマデロと対立した過去があった。にもかかわらずマデロがウエルタを採用したのには人手不足のやむを得ない状況があったのだが、そのようにやむを得ずウエルタを信用するという過ちをマデロはこの後たびたび犯すことになる。

オロスコの反乱はひとまず鎮圧され、ウエルタの行動も問題ないかに見えた。しかし、保守派はマデロ打倒をあきらめず、今度はディアス元大統領の甥フェリックス・ディアスを担ぎ上げた。そのディアスの蜂起も失敗に終わったが、捕らえられたディアスに対するその時のマデロの対応も彼らしい。反乱が頻発する状況を受けて、マデロの周りには、見せしめとしてディアスを即座に処刑すべきとの声が上がったが、マデロは、「なぜ道徳的にすでに自殺している者を殺して名を汚す必要があろうか」と言って取り合わず、法に則った対応を進めた。しかし、軍法会議がディアスに極刑の判決を下すと、保守派の女性の一団がマデロにディアスの助命を請願しに行ったが、「(自分がディアスを)恩赦《おんしゃ》するとしたら、復讐(としてディアスを処刑)するのと同じくらい辻褄《つじつま》が合わなくなる」として、それも聞き入れなかった。

ともあれ、ディアスは結局、保守派の牛耳《ぎゅうじ》る最高裁判所が軍法会議の決定を無効としたため、一命を取りとめた。そして、そのディアスや元陸軍大臣ベルナルド・レイェスをメキシコ市の刑務所から救出してマデロ政権打倒のクーデタを起こすというのが、保守派の次なる計画となった。計画は一九一三年二月九日に実行に移される。ディアスとレイェスは救出され、二人に率いられた反乱軍はそのまま中央広場「ソカロ」と国家宮殿を攻撃した。しかし、政府軍も懸命にソカロを守り、その戦闘でレイェスは戦死し、ディアスも退却してソカロから少し離れたシウダデラという古い要《よう》塞《さい》に立てこもった。

そして、ソカロでの戦闘で負傷した政府軍司令官の代わりとしてマデロが任命したのが、またしてもビクトリアノ・ウエルタだった。その後の十日間は、「悲劇の十日間」と呼ばれ、メキシコ市の真ん真ん中で民間人を巻き込んだ戦闘が続いたが、その間、ウエルタは、表向きは反乱軍との戦闘を続けながら、ディアスや、ディアス側に肩入れしていた米国大使ウィルソンとたびたび密会し、最終的に反乱軍側に寝返るのである。途中、マデロの弟グスタボがそうしたウエルタの動きを察知してウエルタを捕らえたが、そこでもマデロは持ち前の誠実さを発揮し、忠誠を誓うウエルタの言葉を信じて彼を解放してしまう。マデロから二四時間以内に反乱軍を鎮圧するという条件を与えられたウエルタは、その二四時間以内に反乱軍側に寝返り、マデロと副大統領ホセ・マリア・ピノ・スアレスを捕らえた。ウエルタはマデロとピノ・スアレスに、命は守るという約束と引き換えに辞任を迫り、二人が辞任し、自らが臨時大統領に就任すると、二月二二日、約束を反故《ほご》にして二人を殺してしまったのである。

ちなみに、余談になるが、この「悲劇の十日間」において、マデロの妻や両親、妹たちなど、危害の加えられる恐れのある大統領の家族をかくまっていたのは、詩人・堀口大學の父・堀口九萬一《くまいち》が公使を務める日本公使館だった。九萬一のベルギー人の妻はマデロ夫人と非常に仲が良く、両夫婦は親しい付き合いがあったという。前述のようにマデロ夫人がウィルソン米国大使に夫の助命を懇願した頃、九萬一は直接ウエルタに会って同様の要請をしていた。九萬一の回想によれば、臨時大統領に就任後の二月二一日に各国の外交団と会見したウエルタは、列席していた堀口に対して、白々しくも、マデロの家族を庇護《ひご》したことに関して、日本人の「義侠心と思ひやりの深いこと」に感心したとして、「墨西哥《メキシコ》大統領としてのみならず、一般墨西哥人の名に於て無常の感謝と深厚なる敬意」を表したという。マデロ暗殺の前日のことだった。

彼を嫌ったウィルソン大使すらも認めた、真面目で誠実で忠実で強い気骨を持ったマデロ。その彼にあえて「悪」の部分を見つけようとするなら、真面目で誠実で忠実「すぎた」ということになろうか。そんなマデロは、群雄が割拠し権謀術数が飛び交ったメキシコ革命期はもとより、相手を出し抜くことが強さの証として肯定的に評価されがちな現在のメキシコ社会の常識からも外れた稀有《けう》な存在であり、やはり革命家だったのだと言えるだろう。

⦿参考文献

Castro Leal, Antonio, ed., *La novela de la Revolución Mexicana,* tomo 1 (México: Aguilar, 1960).

González Ramírez, Manuel, ed., *Fuentes para la Historia de la Revolución Mexicana: II. La caricatura política* (México: Fondo de Cultura Económica, 1955).

Kinght, Alan, *The Mexican Revolution,* Volume 1: *Porfirians, Liberals and Peasants* (Cambridge: Cambridge University Press, 1986).

Krauze, Enrique, *Francisco I. Madero: Místico de la libertad* (México: Fondo de Cultura Económica, 1987).

Ross, Stanley R. *Francisco I. Madero: Apostle of Mexican Democracy* (New York: Colombia University Press, 1955).

Womack Jr., John, "The Mexican Revolution, 1910-1920", in Leslie Bethell, ed., *Cambridge History of Latin America,* vol. 5 (Cambridge: Cambridge University Press, 1986).

堀口九萬一『世界と世界人』(第一書房、一九三六年)

1879?–1953年
途方もない犠牲を国民に強いてヒトラーを打ち破り、ソ連を超大国の地位に押し上げた。

二〇世紀最大の独裁者とその家族
スターリン
…Stalin…

半谷史郎

ソビエト連邦（ソ連）の政治家。約三〇年にわたって独裁者として君臨した。公式の生年月日は一八七九年十二月二一日だが、出生時の戸籍簿では一八七八年十二月十八日生まれなのが、一九九〇年に判明している。

「スターリン」は革命運動に身を投じてから用いたペンネームで、「鋼鉄の人」を意味する。本名は、ジュガシヴィリ。ロシア帝国南部のチフリス県ゴリ市生まれのグルジア人で、貧しい靴職人夫婦のただ一人の成人した子供だった（兄二人は夭逝《ようせい》）。父親が酒におぼれて早くに亡くなった後は母親の期待を一身に集め、地元ゴリの正教会学校を一八九四年に優秀な成績で卒業する。しかし、進学したチフリス神学校で革命思想に傾倒し、一八九九年に素行不良で退学処分になった。以後は職業革命家として逮捕・流刑・逃亡を繰り返す。一九一七年の二月革命による帝政崩壊を知ったのも、流刑先のシベリアの寒村だった。

ロシア革命で権力の座についたのはレーニン率いるロシア社会民主労働党ボリシェヴィキ派だ

が（この組織は一九一八年にロシア共産党、二五年に全連邦共産党、五二年にソ連共産党と改称――以下「党」と略称）、スターリンは党の古参幹部とはいえ、党機関紙「プラウダ」の編集など裏方役で、目立つ存在ではなかった。新参者トロツキーの華々しい活躍とは対照的である。新政権では、「マルクス主義と民族問題」（一九一三年）を書いた斯界《しかい》の権威として民族問題人民委員（大臣に相当）に登用されるが、これとてトロツキーの八面六臂《はちめんろっぴ》の活躍（外務人民委員として一九一八年に対独講和を締結、軍事人民委員として赤軍を創設）に比べれば影が薄い。

転機は一九二二年の党書記長就任である。単なる事務処理の責任者だったこの役職を、党内の人事権と議事決定権を駆使《くし》することで、最高権力ポストに変えていく。ちょうどレーニンが脳梗塞《のうこうそく》の発作で倒れ、政治的な影響力を低下させたことも、この流れを後押しした。二四年にレーニンが亡くなって以降は、権謀術数《けんぼうじゅっすう》を用いて有力幹部を次々と追い落としていく。最大の政敵トロツキーは、党除名のうえ二九年に国外追放し、四〇年には亡命先のメキシコに暗殺者を送り込んで葬り去った。

一九二〇年代末に最高権力者の地位を不動のものにすると、有無を言わさぬ強引さでソ連社会の大改造を断行する。遅れた農業国を欧米に伍する工業国へと一新する野心的な急進工業化と、農業を大規模な集団経営に変える農業集団化である。工業化の資金源と見なされた農村は、途方もない犠牲を強いられた。一九三〇年から三一年だけでも集団化に抵抗した農民一八〇万人が追放処分になり、三二年から三三年に数百万人もの餓死者を出している。

一九三〇年代後半には、大テロルと呼ばれる粛清《しゅくせい》の嵐が吹き荒れる。工業化と集団化で社会が不安定化したところに、国際環境の緊張(西にヒトラー政権の誕生、東に満州国の成立で、挟撃《きょうげき》の脅威が高まる)が加わったため、あらゆるところに敵を見るスターリンの猜疑心《さいぎしん》が、常軌《じょうき》を逸した蛮行《ばんこう》を発動させたのである。最盛期の三七年から三八年だけで逮捕者は一六〇万人、うち七〇万人が銃殺された。

一九三九年八月に締結された独ソ不可侵条約は、世界中を驚かせた。前年九月のミュンヘン会談を、ナチス・ドイツの矛先《ほこさき》をソ連に向けさせる英仏の策略と見たスターリンは、自国の(ひいては自身の)安全保障を最優先し、反共の闘士ヒトラーと躊躇《ちゅうちょ》なく手を結んだ。また付属の秘密議定書にしたがってポーランド領の一部とバルト三国を併合したほか、フィンランドやルーマニアにも領土割《かつ》譲《じょう》を呑ませた。

スターリンは、英仏独を手玉にとったと慢心《まんしん》し、欧州の戦火(第二次世界大戦は一九三九年九月の勃発《ぼっぱつ》)に高みの見物を決め込む。だから四一年六月二二日のドイツ軍のソ連侵攻は、寝耳に水の不意打ちだった。陣頭指揮すらできず、茫然自失《ぼうぜんじしつ》で別荘に引きこもってしまう。その間にドイツ軍はソ連の奥深くまで易々と攻め込み、ソ連軍は壊滅状態に陥った。

六月三〇日に側近のとりなしで職務に復帰し、戦争指導の全権機関「国防委員会」の議長になるが、その後も重大な戦略ミスが何度かあったし、敗走した軍人への非情な懲罰《ちょうばつ》もためらわなかった。独ソ戦でのソ連の人的損失(逃亡者も含む)が二七〇〇万人を数え、敗戦国ドイツの四倍もの犠牲者を出したのは、スターリンの存在なしには考えられない。

だが、スターリンの存在なしにソ連の勝利がありえなかったのも否定できない事実である。一九四一年秋の陥落寸前のモスクワに決然と留まる姿は、士気を大いに鼓舞《こぶ》した。共産主義と愛国主義が合体し、国民の中にスターリンを軸とするかつてない一体感が生まれる。スターリンも一九四二年前半までの失敗を教訓に、若い世代の軍人の進言に耳を傾けるようになり、これが独ソ戦の帰趨《きすう》を決める一九四三年のスターリングラード戦とクルスク戦の勝利につながった。三〇年代の工業化が兵器供給に果たした寄与も大きい。

また戦中は、大テロル期に社会を覆《おお》っていた抑圧が後退し、戦意高揚《こうよう》にかなう限り、自立した精神性を宿す芸術作品や宗教活動も容認された。とはいえ逆に利敵行為に走ったと疑われる場合は、まったく情け容赦《ようしゃ》なかった。典型は、チェチェン人をはじめとする諸民族の民族まるごとの強制移住である。

対独戦の勝利が視野に入ると一九四五年二月に英米首脳とヤルタで会談し、国連創設など、戦後の国際秩序形成の礎をつくった。ソ連は、東欧諸国を支配下に置き、戦後の国際社会でアメリカと覇《は》を競う超大国となる。

なおこの時の秘密協定で、スターリンはドイツ降伏後三カ月以内の対日参戦を約束し、そのとおり実行している(当時まだ有効だった日ソ中立条約を無視し、八月八日に宣戦布告)。見返りに南樺太と千島を得たほか、占領した満州で捕虜《ほりょ》にした日本人約六〇万人をソ連各地で労働力として使役した。このシベリア抑留《よくりゅう》では、慣れない気候や過酷な労働のために約六万人が亡くなっている。抑留期間は多くは四、五年だが、最長組は一九五六年の日ソ国交回復までの十一年間に及んだ。

戦後のスターリンは、戦勝の立役者として神格化され、戦前を上回るグロテスクなスターリン崇拝が社会を覆った。大テロル再来を思わす粛清事件も続発する。その一つ、医師団事件は、国際ユダヤ人組織の指令で、クレムリン勤務の医師団が政府要人の暗殺を画策したという荒唐無稽《こうとうむけい》な内容である。この事件がクライマックスを迎えようとしていた一九五三年三月一日の朝にスターリンは脳溢血《のういっけつ》で倒れ、そのまま意識を取り戻すことなく三月五日の夜九時五〇分に亡くなった。

スターリンは、二度結婚し、三子を儲けている。

最初の妻エカテリーナ・スワニッゼとは一九〇六年に結婚し、翌年に長男ヤコフが生まれた。だが産後の肥立ちが悪かったのか、直後に妻を亡くしている。スターリンは幼子の養育を妻の親戚にまかせ、革命活動に突き進んだ。

再婚は、一九一九年である。相手は、旧知の革命家アリルーエフの娘で、二三歳年下のナジェージダだった。一七年春にシベリア流刑を解かれて首都ペトログラードに戻って以降、頻繁《ひんぱん》に訪ねた知人宅で愛が芽生えたのである。二一年に次男ワシーリーが、二六年に長女スヴェトラーナが生まれている。

以下では、スターリンと家族との関係をソ連史の文脈において見ていきたい。

妻の自殺

一九三二年十一月九日、妻ナジェージダの死体が発見された。前夜のクレムリンでの革命記念日の宴席で夫と口論になり、一人で自宅に戻ると、衝動的にピストル自殺したのである。

自殺の原因は、夫との政治的見解の相違、とりわけ強圧的な支配や農村での大飢饉《だいききん》に心を痛めていたからだという説がある。これは娘スヴェトラーナの回想を拠《よ》り所とする（現場にあった父宛ての遺書は「非難と詰問《きつもん》にあふれた手紙」で、「一部は政治的な手紙でもあった」）。だがロシアのスターリン研究の大家フレヴニュークは近著でこの説を否定する。回想のこの箇所が、ほかの部分と違って、記述に具体性が乏しく、また別の裏づけ史料も見つからないからだ。自殺の少し前の一九三二年七月のことだが、ナジェージダが夫の補佐官に対して、外国で買い付ける新作の小説がこのところ来なくなったと不満を漏らした。このことを引き合いに出して、フレヴニュークは「ナジェージダはクレムリンの壁で隔てられ、夫の臣民数千万人の苦しみとは無縁だった」と結論づけている。

妻から言われなくても、スターリンの下には、農村の現状を伝える治安機関の報告書が日夜届いていた。こうした報告書への反応を確かめるために、ここではスターリンが確実に読んで返事も書いた「政治的な」手紙を紹介したい。一九三三年四月、作家のショーロホフが、農業集団化の荒れ狂う故郷は北カフカスのヴョーシェンスキー地区の惨状をスターリンに書き送り、対処を求めた手紙である。

私が目にしたことは、死ぬまで忘れられない。……夜、風の吹きすさぶ寒さの中、犬でも寒くて身を隠すというのに、〔穀物調達の未達成で〕家から追い出された一家が道端で焚《た》き火をして、火のそばに座っていた。子供がぼろ切れにくるまれ、火でとけた地面に置かれている。子供の泣き声が道端に響き渡っていた。……バズコフ・コルホーズでは母親と乳飲み子が追い出された。夜中じゅう村中を歩き回り、中に入れて温まらせてくれと頼んでいた。だが誰も入れてくれない〔助けた人も厳罰になるため〕。明け方、幼子は母親の腕の中で凍え死んでいた。

スターリンはこの手紙に対して、ヴョーシェンスキー地区への食糧援助と事実関係の調査を約束した。しかし、地区責任者の処分は形式的なものにとどまり、集団化が止むこともなかった。スターリンにとって集団化はどんな犠牲を払っても成し遂げるべき課題だったからである。

家族愛

一九三七年五月、スターリンの母が亡くなった。息子が一国の指導者になった後も、母は一人グルジアに残って暮らしていた。スターリンは葬儀に行かず、グルジア語とロシア語で「親愛なる愛する母へ、息子ヨシフ・ジュガシヴィリ（スターリン）より」と記名した花輪を贈っている。

スターリンが、母一人子一人の間柄なのに葬儀に参列しなかったのは、肉親への愛情が欠けていたからではない。ちょうど大テロルが始まる頃で、多忙を極めていたのだ（夏の休暇を南の保養地で一カ月ほどすごす慣例も、一九三七年に途絶えている)。母子の間には、数は多くないが手紙のやり取りがずっと続いており、いずれも短い文面ながら、相手を思いやる心情が読み取れる。

こんにちは、お母さん。お元気ですか、調子はいかがですか。長いこと手紙をもらっていません——僕のことを怒っているのですね。でも、どうしようもありません。誓って言いますが、とっても忙しいのです。〔一九二九年四月〕

お母さん、ごきげんよう。ショールとジャケットと薬を送ります。薬はまず医者に見せて、それから飲んで下さい。薬の分量を医者に決めてもらわないといけませんから。〔一九三七年五月〕

娘スヴェトラーナとも、親子の情愛に満ちた手紙が残っている。妻ナジェージダが亡くなって以降は、冗談めかして娘のことは「奥さま」と、自分のことはその命令を遂行する「秘書」と書くようになった(「セタンカ奥さまの秘書なる哀れなI・スターリン」)。スヴェトラーナもこの遊びを楽しんだ。「明日ズバロヴォへ行くことを許可するよう命じる」「劇場への同伴を命じる」「映画に行くことを許可するよう命じる。〈チャパーエフ〉とアメリカの喜劇映画を手配せよ」と書いておねだりし、スターリンもそうした文書に「承服いたしました」とか「服従致します」「同意します」「さっそく実行します」と署名した。

スターリンは、一九三八年も前年に続いて夏の休暇をとらなかった。乳母と保養地クリミアに滞在中のスヴェトラーナにあてて、七月にこう書き送っている。

こんにちは、わたしの小雀ちゃん！
手紙とどきました。魚をありがとう。でも、かわいい奥さま、もうお魚は送らないでください。クリミアがそんなに気に入ったのなら、夏中ムホラトカ〔政府の保養所〕にいてもかまいません。きゅっとキスします。おまえのパパより。

同年同月、モスクワのスターリンは、内務人民委員エジョフが報告してきた「敵」の一覧に「一三八人全員の銃殺に同意する」と書き込んでいる。身内への限りない愛と他人への残酷さとは、古今東西の独裁者にしばしば見られる現象である。

独ソ戦と子供たち

独ソ戦が始まると、子供たちの運命も変転する。
スターリンと長らく絶縁状態だった長男ヤコフは、砲兵大学の卒業直後に独ソ戦が勃発したため出征し、間もなく捕虜になった。ドイツ軍はこの事実を頻繁に宣伝し、一九四一年秋にはモスクワ上空から写真入りのビラをばらまいたこともある。投降した指揮官の身内を逮捕する当時の慣行どおり、ヤコフの妻は逮捕された(四三年春に釈放)。

ドイツ側がヤコフを捕虜の交換要員に指定して交渉をもちかけたものの、スターリンが拒否したと言われることがある。この説を裏付ける証拠はない。戦中の峻厳《しゅんげん》な司令官というスターリン・イメージが生んだ都市伝説なのだろう。ただ側近の将軍ジューコフの回想録には、ヤコフのことを尋ねるとスターリンは苦しげな表情を見せたという記述がある。肉親としての愛情と司令官としての立場との葛藤に苦しんでいたのは間違いない。

ヤコフは一九四三年にドイツの捕虜収容所で死亡した。戦争末期から戦後に入手した同房の軍人の証言やドイツ側の記録から、収監中のヤコフの振る舞いが立派なものだったことも確かめられた。このこともあってスターリンは心をやわらげ、特に孫のガリーナにはスヴェトラーナを通じて何くれとなくお金を送るようになった。

スヴェトラーナは一九四二年末に恋に落ちた。十六歳の小娘が見初めたのは、三八歳の著名な映画脚本家アレクセイ・カプレルだった。スターリンはこれを知って激怒する。四三年三月、スターリンは何の前ぶれもなしに家にやってきて愛娘を面罵《めんば》した。


「おまえのカプレルはイギリスのスパイだったんだ、やつは逮捕されたぞ」……

「でもわたしはあの人を愛しています！」

「愛しているだと！」父はこの言葉そのものへの言いあらわしようもない憎悪をこめて叫ぶと、いきなりわたしの頬に平手打ちを二発浴びせた――人生で初めてのことだ。「なんてことだ、ばあや、こいつの堕落ぶりはどうだ!」父はもう自制を失っていた。「こんな戦争の最中に、こいつは男と!」父は下品な百姓言葉を口にした。

カプレルは五年の刑期で流刑になった。スヴェトラーナは、「カプレルがユダヤ人であることが、何より父を怒らせているらしかった」と書いている。父と娘の親しい関係は、もう二度と戻ってこなかった。

次男ワシーリーは、航空学校を卒業して空軍パイロットになったが、早くから親の威光を笠に着て、乱痴気《らんちき》騒ぎを繰り返す極道者だった。開戦後も、モスクワ近郊の勤務だったので、しばしば別荘にやって来ては酒宴《しゅえん》を催した(スヴェトラーナとカプレルの馴れ初めも、この酒宴である)。一九四三年四月には、砲弾での「魚釣り」で事故をおこして部下を死なせてしまう。スターリンは国防相命令を出して息子の職務解任と降格を命じたが、当人は一向に気にしない。スターリンの息子に直言できるものは誰もいなかった。開戦時に二〇歳の大尉だったワシーリーは、戦中に二七回出撃して撃墜《げきつい》した敵機が二機だけだったのに、二四歳の若き中将として終戦を迎えている。

スターリンの最期

スターリンの最期の瞬間は、スヴェトラーナが次のように伝えている。

断末魔の苦悶は恐ろしいばかりだった。それは、みんなの眼前で父を絞め殺していった。ある瞬間に——それが実際にあったことなのか、ただそう思えただけなのかはよくわからない——たしか、もう最後の数分というときになって、父はふいに目をあけ、周囲に立っていた者たちをぐるりと見わたした。それは不気味なまなざしだった。狂気ともつかず、怒りともつかず、ただ死への恐怖と、自分の上にかがみこんでいる見知らぬ医師たちへの恐怖とにみたされたまなざし——そのまなざしが、一分の何分の一かの間、ぐるりとみなを見わたしたのだった。そして、このとき、——それは不可解な恐ろしいことで、わたしにはいまもって理解できないが、かといって忘れることもできない——このとき突然左手を上にあげ(左手はそれまでも動いていた)、その手でどこか上のほうを指差すとも、わたしたち全員をおどしつけるともつかぬ身ぶりをした。それは、不可解ではあったが、いかにも威嚇的《いかくてき》な身ぶりだった。そして、それがだれに、何にかかわるものだったのかは、知られぬままに終った……つぎの瞬間、魂は、最後の努力をなし終えて、肉体から離れ去った。

⊙参考文献

横手慎二『スターリン　「非道の独裁者」の実像』(「中公新書」、二〇一四年)
スベトラーナ・アリルーエワ(江川卓訳)『スベトラーナ回想録　父スターリンの国を逃れて』(新潮社、一九六七年)

1882–1945年
アメリカ大統領。1930年代の世界不況の克服に努力し、第二次世界大戦では枢軸国打倒の立役者となった。

アメリカの夢で世界を惑わした日和見の達人

フランクリン・D・ローズヴェルト

…Franklin Delano Roosevelt…

中野博文

第三二代アメリカ大統領(任期一九三三―四五年)。一八八二年ニューヨーク州のハイドパークで誕生する。一九一〇年にニューヨーク州上院議員となり、一九一三年にウドロウ・ウィルソン政権が成立すると海軍次官に就任。一九二〇年大統領選挙で民主党の副大統領候補として出馬し落選。翌年、小児麻痺《まひ》にかかるが、一九二八年、ニューヨーク知事選に出馬し勝利。一九三二年、大統領選挙で当選すると、一九四四年選挙まで四期にわたり国民から大統領としての信任を勝ち取る。

一九三三年三月、深刻化した経済危機を克服するために果敢《かかん》な対策を行ったが、それはニューディール(新規まき直し)と呼ばれ、その政策的な効果には疑問が付されたものの、国民福祉の充実に全力を尽くす姿勢が評価される。

一九三九年、第二次世界大戦の勃発後は、連合国への援助を進め、一九四一年、独ソ戦が起こると、ソ連に対しても支援を行う。同年、日本が真珠湾を攻撃すると、連合国側に立って米国も参戦することを決断。連合国の団結を呼びかけるとともに、大戦後に恒久平和の構築を行う組織として国際連合の創設に向けて努力。一九四五年、ドイツ、日本の敗北が間近に迫るなか、脳溢血《のういっけつ》で急逝《きゅうせい》。

忘れられた過去——帝国主義者としての罪

一九二〇年大統領選挙のときである。一つのスキャンダルが米国国民の話題となった。三八歳で副大統領候補になった民主党政治家の不用意な発言をめぐるものである。この年の選挙では共和党の勝利が確実視されていたから、それは、民主党が政権政党としてはふさわしくないことを示す、ほんの小さなニュースに過ぎないはずであった。ところが、このスキャンダルは二一世紀の今日まで長く伝えられていく。歴史に残る偉大な大統領の古傷となったからである。

1917年、ハイチとドミニカで活動する米国海兵隊を視察したローズヴェルト海軍次官(左側の男性)。第一次世界大戦の参戦に先だって米国は中南米で積極的に出兵をおこなっていた(https://www.google.com/culturalinstitute/beta/asset/_/LwGs6NKJDZDnHw, より。最終閲覧日2017年3月27日)

問題発言をしたのはフランクリン・デラノ・ローズヴェルトであった。このときの彼は政治家としてさしたる功績はなかったが、その名と海軍次官という職によって知名度だけはあった。第二六代大統領セオドア・ローズヴェルトと同じ姓を持ち、そしてセオドア・ローズヴェルトが大統領への道を駆け上がっていくときに出発点となった海軍次官の職についていたからである。セオドア・ローズヴェルトは米国史上に残る内政改革を成し遂げ、外交でも日露戦争の平和を仲介してノーベル平和賞を受賞した人物である。フランクリン・ローズヴェルトがいならぶ民主党の大物政治家を差し置いて副大統領候補に指名されたのは、選挙の際に名前が覚えられやすいという理由からであった。

資産家の子で派手な生活を好んだローズヴェルトは、副大統領候補ではあったものの三八歳の若さで大統領選挙に臨んだせいか、遊説旅行で浮かれていた。モンタナ州ビュートの街で演説した際、ハイチの憲法を書いたのは自分であると自慢したのである。これを聞いた共和党の人々は、カリブ海地域の小国ハイチを米国の支配領域と考えているローズヴェルトを一斉に批判した。そして、ハイチ人の意見を聞かずにアメリカの価値を押しつける帝国主義者の代表と非難したのである。

発言のタイミングも最悪であった。このとき、民主党のウィルソン大統領は病気で執務ができなくなっていた。ウィルソンは一九一九年十月に脳梗塞《のうこうそく》の発作に襲われた後、左半身不随に陥り、その精神も著しく感情的になって、政治に限らずまともな判断ができない状態であった。ところが、誰も彼に辞任を促さず、病状が深刻でないと偽って大統領としての任期を全うしたのである。もとより、そうした大統領に対して米国国民は冷たい目を向けており、大統領選挙ではウィルソンに対する批判が雪崩《なだれ》をうって、民主党の敵対政党である共和党の票となった。ローズヴェルトはウィルソン支持派の一人と見なされていたから、彼の吐いた暴言はウィルソンが政権を担うのが不適格であるのを示す新たな証拠と受けとめられたのである。

この暴言で始末が悪かったのは、ウィルソン政権の罪を正しく表現していたことであった。ハイチをはじめとしてキューバやニカラグアといったカリブ海地域に対して米国は十九世紀末からたびたび軍事干渉をおこなってきた。この地域に対する帝国主義政策をもっとも強力に推し進めたのは、共和党のセオドア・ローズヴェルトである。民主党のウィルソンはそれを厳しく批判して大統領選挙で帝国主義に反対する人々の支持を得た。しかし、いったん大統領になると、ウィルソンはローズヴェルト以上に帝国主義的な軍事干渉をおこなった。

一九二〇年大統領選挙では「ネイション」誌が、米国がハイチで不法に民族自決権を踏みにじってきたこと、またその暴力支配の非道さを問題にした論説を連続掲載していた。そうした状況下、一九一六年に治安回復の名目で海兵隊とともにハイチに乗り込んで、占領支配を実施した海軍次官ローズヴェルトが、民主化のために自分がハイチ人に憲法を押しつけたと認めたのである。米国内はもとより、国外からも顰蹙《ひんしゅく》を買ったのは当然であった。

ちなみに、彼がなぜこのような発言をしたのかというと、ウィルソンが進めた国際連盟への米国の加盟に国民の支持を集めようとしてであった。加盟反対派はイギリス帝国が国際連盟を自分たちの利権擁護《ようご》のために使うのではないかと懸念《けねん》していた。この懸念は連盟の議決方法への不信と結びついていた。各国平等の原則の下、米国は一票しかもっていないのに、イギリスは帝国全体としてカナダやオーストラリアなどの自治領を含めると六票を持っていたのである。第一次世界大戦末期にはイギリスを含めた連合国の要請に応じて米国はロシアに軍隊を派遣したが、国際連盟ができれば、イギリスの利益を守るための軍事介入が増えるのではないかと、帝国主義反対派は心配していたのである。

ローズヴェルトはそうした不安はないと主張した。その理由は「米国は十二票もある」からであった。キューバやハイチ、ドミニカやパナマ、ニカラグア、そして他の中米の国が米国と違う投票をすることなど考えられないと彼は言い、その一番わかりやすい例として、米国海軍が占領支配するハイチとドミニカは絶対に米国に逆らわないと述べた。そして、「ハイチについて私はよく知っています。なぜなら、ハイチの憲法は私が自分で書いたからです」と言ってのけた。

イギリスのみならず米国の帝国主義をも正当化したうえに、他国に憲法を押しつけたことを自分の手柄《てがら》とする人物が、大統領選挙戦で国際連盟を米国国民に売り込もうとしていた。それは滑稽《こっけい》であるのと同時に、おぞましい状況である。民主党が大敗して、「平常への復帰」を唱えた共和党のハーディングが大統領に当選したのは自然であり、米国は国際連盟に加盟することが永遠になくなったのである。

政治家としての再生――小児麻痺との戦い

一九三〇年代、大統領として国難に立ち向かったフランクリン・ローズヴェルトの姿に照らすと、大統領になる十二年前の暴言を見ると信じられない思いがする。彼は、国際連盟の加盟失敗が世界大戦の再発を招いたとの反省から、国際連合の創設を推進した人物として知られている。国際連盟を創ったウィルソンにせよ、国際連合を創ろうと奔走《ほんそう》したローズヴェルトにせよ、同じ帝国主義者と割り切ってしまえば、話は簡単であるが、それにしても、第二次世界大戦の勝利に尽力し、連合国をまとめて国際連合の合意を取り付けた苦労は並大抵のものではない。一九二〇年選挙で軽率な発言をする政治家が、そうした大業《たいぎょう》ができるとは思えないのである。

実際、一九二〇年選挙までの時期と大統領時代とを比べると、ローズヴェルトはまるで生まれ変わったかのような変貌《へんぼう》を遂げている。年輪を重ねて成長したというより、別人になったと考えた方がわかりやすいのである。

もともとのローズヴェルトは才知も政治への情熱もとくにない凡庸《ぼんよう》な人物であった。彼はニューヨークで植民地時代から続く富豪の家に生まれ、名門グロートン校からハーヴァード大学、コロンビア大学ロースクールと名門校に学んだ。学問にまじめに取り組むことはなく、法律家になった後も仕事にうちこむことはなかった。彼が愛したのは贅沢《ぜいたく》で派手な暮らしであった。そうした彼は遠縁にあたるセオドア・ローズヴェルトの大統領としての活躍を見て、自身も政治の世界に進むことを考え、二〇歳代でニューヨーク州上院議員になった。そして、一九一二年大統領選挙で民主党候補ウィルソンを支援したとき、その働きがウィルソンの目にとまって海軍次官になったのである。海軍行政で有能との評価は得たが、大統領時代に彼が見せた統治能力の片鱗《へんりん》をうかがわせるものはない。

そうしたローズヴェルトを根本から変えることになったのは大病と異性での苦労である。政治家が大成する条件として、この二つはしばしば挙げられるが、常人にない苦難に直面することで、彼は人間を鍛えたのである。

病魔がローズヴェルトを襲ったのは一九二〇年選挙の翌年であった。小児麻痺に感染したのである。カナダのリゾート地カンポベロ島で家族とヴァカンスを楽しんでいるときに発症し、一時は全身麻痺に陥った。懸命なリハビリで生活の不自由はなくなったものの、下肢《かし》の麻痺はその後も残り、誰もが政界復帰は不可能と考えたのであった。三九歳で罹患《りかん》し、四〇歳代前半を闘病生活に費やした人間が、ニューヨーク州知事から大統領へと政治の階段を駆け上がったのは、一つの英雄譚《えいゆうたん》といってよい。小児麻痺からの社会復帰は医学界からも注目された出来事であり、同じ病気を患った人々を大いに励ますことになる。

妻エレノアの存在——葛藤と政治活動でのパートナーシップ

病床に縛り付けられた生活がローズヴェルトの精神を強靱《きょうじん》にしたのは、確かである。それは大統領という重責、しかも四期十二年という長期の任期を続けるために必要なものであった。ただ、もし、彼の妻がエレノアでなかったなら、大統領になることはもちろん、政界復帰でさえ難しかったであろう。妻エレノアとの通常ではない関係が、フランクリン・ローズヴェルトを人間的に成長させたのである。

妻エレノアの働きは、日本で言う内助の功ではない。大勢の使用人に囲まれて自宅や保養地で過ごすローズヴェルトはエレノアの世話を必要としていなかったし、妻として愛してもいなかった。

夫婦関係は破綻《はたん》していたのである。エレノアは政治活動家として、ローズヴェルトが選挙に出馬するときに必要な組織づくりに励んだのであった。

もともとエレノアは幸せな家庭生活を何より大切にしていた女性であった。両親を早くに亡くし、幸薄い少女時代を過ごしたため、二〇歳で結婚して六人の子をもうけたのである。そうした彼女を政治活動家に変えたのは夫の裏切りであった。彼女のもっとも身近な女性と恋愛関係に陥ったのである。それは、エレノアが海軍次官夫人としての仕事と子育てのために身の回りの仕事を任せようと雇ったルーシー・マーサであった。

一九一八年、このことを知ったエレノアは離婚しようとしたが、フランクリンの母サラが立ちはだかる。離婚すればこれまでのように自由に財産を使わせないとサラはフランクリンに宣告したのである。スキャンダルが政治家生活の傷となること、そして贅沢な生活ができなくなることを恐れたフランクリンは、エレノアが何をしても一切干渉しないので、婚姻関係だけは続けてくれと懇願《こんがん》した。そうした夫に絶望したエレノアは生きる希望を政治活動に見いだす。社会で苦しむ人のために働くことで人生の新たな扉を開けようとしたのであった。

二〇一六年大統領選挙で民主党の候補となったヒラリー・クリントンは、自分はアメリカ史上、二番目に物議を醸《かも》した大統領夫人《ファースト・レディ》であると述べたことがある。第四二代大統領ビル・クリントンの政権で医療保険改革を推進した彼女は、クリントンの政敵から蛇蝎《だかつ》のように嫌われた。そうした彼女が自分以上に嫌悪《けんお》された女性として名指ししたのが、エレノア・ローズヴェルトであった。

もっとも、そのように嫌悪されるのは有能さの証でもある。先にフランクリン・ローズヴェルトはセオドア・ローズヴェルトの遠縁であると述べたが、五代前の祖先が兄弟という関係であり、日本では血縁と言えないほどの遠さである。しかし、フランクリンはエレノアを妻とすることで、セオドア・ローズヴェルトとの深いかかわりが生まれる。

エレノアはセオドア・ローズヴェルトの弟エリオットの娘なのである。セオドア・ローズヴェルトは弱冠四二歳で大統領に就任したが、経験不足の彼が政治を円滑に進めるために頼ったのは、実の姉アナ・ローズヴェルト・カウルズであった。アナは類い稀《まれ》な対人関係能力を持ち、米国の首都ワシントンに広い人脈を持っていた。そのアナに愛されて育ったエレノアは叔母に劣らぬ政治的実力を知らず知らずに身につけた。その才能はフランクリンが小児麻痺で倒れた後に一気に開花する。夫フランクリンに代わって政治活動にのめり込んでいったのであったが、その動機は夫の政界復帰に備えるという目的もあったが、自身の生きがいのためでもあった。一九二〇年に成立した憲法修正で女性参政権が全米すべてで認められたこともあり、女性の政治運動が盛んになっていた。エレノアは労働団体、性差別反対団体などの有力メンバーとしてさまざまな領域で活躍し、民主党を代表する女性活動家になっていった。

そうしたエレノアに助けられて政界に復帰したフランクリンはそれまでのような浮ついた行動が取れない立場に置かれる。「妻」の期待に応えるため、何としてもより高い地位に就き、立派な仕事をせねばならないのであった。夫婦としての関係は破綻しても、より良い政治を実現するという目的で二人は結びついていたのである。

改革者か腐敗政治の継承者か

フランクリン・ローズヴェルトが政界に劇的なかたちで復帰したのは、一九二四年の民主党全国大会であった。大会の演壇に現れたローズヴェルトは大統領候補としてニューヨーク州知事アル・スミスを支援する演説をおこなったのである。このときスミスは候補に指名されることに失敗したが、次の一九二八年大統領選挙では成功する。このときもローズヴェルトはスミスを応援しており、その応援の見返りとしてスミスの後継者としてニューヨーク州知事候補に指名された。そして、知事選挙に見事に勝利すると、これが次の一九三二年大統領選挙に出馬する足がかりになったのであった。

政界への復帰から大統領選挙の出馬までの経過を見ると、気になることがある。それは政治腐敗を糾弾《きゅうだん》されていた政治家との深いつながりである。彼が支援していたアル・スミスは米国における腐敗政治の代名詞「タマニー・ホール」の引き立てで有力政治家となった人物であった。タマニー・ホールとはニューヨーク市の民主党組織を支配した人々の集まりで、南北戦争後にそのボスであったウィリアム・トウィードのおこなった巨額の汚職が暴露されて以降、メディアや改革派の政治家によってアメリカ社会の醜悪《しゅうあく》さを象徴する恥部《ちぶ》と攻撃されてきた。

セオドア・ローズヴェルトはそうした腐敗への攻撃をもっとも果敢におこなった人物であった。

彼はギャングや汚職警官と結んで私欲を満たそうとする政治家たちとの戦いを自らの使命とした。こうしたセオドアと対照的にフランクリンはタマニー・ホールと深いつながりを持つスミスの後継者なのである。通常、フランクリン・ローズヴェルトが改革者であることを強調する歴史家は、ローズヴェルトがニューヨーク州知事になると、スミスの息のかかった人物を州政府幹部に採用しなかったことを高く評価する。しかし、ローズヴェルトの知事としての姿勢をつぶさに見ると、腐敗が取り沙汰された政治ボスのやり方を踏襲《とうしゅう》したように見えるものが多い。

州知事としてのスミスの業績として知られるのは、住宅不足の解消、工場労働者の待遇改善、児童福祉の充実である。こうした福祉行政の推進こそ、実はタマニー・ホールを支配するボスがおこなってきたことであった。

海外から大量の移民を受け入れることで発展してきたニューヨーク市において、政党は十九世紀中期以降、米国になじめない人々の住宅探しや就職、子育ての手助けをすることで、選挙の票を集めていた。スミスがおこなったこと、そしてローズヴェルトがスミスから引き継いでおこなったこととは、それまで政党が実施してきた住民の世話の一部を、州政府が代わりにおこなうことであった。これが福祉政治の充実として、都市化が進んだ二〇世紀にふさわしい改革と歓迎されたのである。

ボスの政治支配を視点として考えるとき、米国社会において腐敗と福祉の充実は表裏一体の関係である。無論、ローズヴェルトの政治手法は政党のボスたちと違うところもある。学歴も財産もない人々をボスたちは政党幹部に登用し政治家として育てていったのに対して、ローズヴェルトは大学出の改革者や知識人を連邦公務員に採用して自らの手足とした。ローズヴェルトは政党組織とは違う役所の場に、自分に忠誠を尽くす人々を配置し、大統領として政府の規模を拡大することで、その人々の数を増やした。こうした彼のやり方は、ボス政治を洗練させるかたちで継承したものとも言えよう。

リーダーシップはあったのか――非常事態下の内政改革

国民の支持の厚さから、新しいタイプの政治ボスとしてのローズヴェルトの姿はそれほど目立たなかった。その支持は未曽有の経済危機によって生み出されたものであった。

一九二九年にローズヴェルトが知事になった後、空前の経済危機が世界を襲う。この危機がもっとも深刻な状況になった一九三三年には米国では労働者の四人に一人が失業した。農家も大打撃を受け、農民所得は一九二九年からの四年間で六割近く下落した。ローズヴェルトは州知事として失業者と農民を助けるための緊急経済措置を打ち出して全国的な評判となったが、それは実にニューヨーク州民の一割に失業救済をおこなうというものであった。救済のためにはあらゆる措置を大胆に取るという態度、そして米国国民は必ずゆたかさを回復できると力強く市民に訴える姿が全国に報道されると、彼を一九三二年大統領選挙に推す声が巻き起こる。そして、そうした国民の期待のなかで選挙に勝利したのであった。

ローズヴェルトは大統領になると嵐のような勢いで改革政策を打ち出す。彼が大統領に就任する直前から、国家経済の要である金融市場は麻痺状態に陥っており、銀行が次々と倒産していた。この危機に対処するため、議会が法をつくるまで大統領の権力で金融機関に休業を命じ、信用制度を回復させた。そして、全国産業復興法、農業調整法を成立させて、経済的な非常事態に対応する態勢をつくりあげた。彼は大統領就任演説で必要ならば戦時における軍の司令官としての権力で危機を乗り切ると宣言したが、迅速《じんそく》かつ果断な政府の対応は、多くの国民の心をつかむ。民心を得たローズヴェルトは一九三四年議会選挙で勝利を収めると、福祉国家の基礎となる法律を創る。失業保険と老齢年金保険、公的扶助を国民に提供する社会保障法、労働者に基本的権利を保障したワグナー法である。

改革を実施していくとき、ローズヴェルトはラジオを通して明るく国民に直接語りかけた。また、メディアに政権がどう映っているかを常に注視していた。人気脚本家として、その作品がアカデミー賞を受賞することになるロバート・シャーウッドは、エレノア・ローズヴェルトの紹介で、大統領や政府の演説原稿を書くようになった。シャーウッドをはじめとして芸能関係者とのつながりは、ローズヴェルトの好感度の維持に大きく貢献することになる。

改革政治を進めていく際にも、彼は好感度を常に意識した。政策を構想する場合、複数の人物や団体に別々の案を起草させ、それぞれ独自に議会や関係団体に接触させた後、もっとも評価が高くて成功しそうな案を選んで、それを大統領の政策と宣伝したのである。恐慌下で資本家と労働者、企業と農家など経済集団間の利害対立が激化した時代、ローズヴェルトのやり方は利害調整をうまく達成し、国民の支持も失わない巧妙な手法に見えた。

しかし、それは大統領が主導権を握るやり方ではない。利害関係者や国民の動向を見極めた上で、成功することがわかったあとに、大統領の立場を決める究極の日和見《ひよりみ》主義である。

一貫した政治信条に基づいてローズヴェルトが行動しているのかどうか、米国国民は一九三七年以降、疑問に思うようになる。大統領の重要政策を憲法違反と判断し無効判決を繰り返していた連邦最高裁を、大統領の意のままに動くように変えようとしたのが、きっかけであった。同年、経済後退が起こったとき、政府による企業規制を強化してきたローズヴェルトへの反発が爆発する。ローズヴェルト政権下での経済回復が限定的であったのは確かであり、彼が大統領に就任して五年がたった後でも、国民の三人に一人が貧困という状態にあった。政権への不満が高まるなか、一九三八年議会選挙では民主党と敵対していた共和党が、躍進への足がかりをつかむ。下院では共和党が八九議席から一六九議席、上院でも十七議席から二三議席へと大きく伸びたのであった。

世界大戦が救った大統領としての名声

国民の信頼を失いかけたローズヴェルトがとった起死回生の策は、外交での積極行動であった。ヨーロッパ大陸の制覇《せいは》を目指すドイツは周辺諸国を併合していき、一九三九年、ついに第二次世界大戦が勃発《ぼっぱつ》する。この危機のなか、彼はドイツと戦うイギリス、フランスなど連合国を支えることが米国の安全保障にとって死活的重要性を持っていると訴えた。一九四一年の一般教書は民主政治の原則として「四つの自由」を列挙し、そうした原則の守られる世界をつくるため、全面的に連合国を支えていく決意を示したものであった。

この支援にあたっても、場当たり的な日和見主義が続けられた。連合国支援の条件を定めたのは一九三九年中立法であった。それはローズヴェルトも支持したもので、連合国が援助品を購入するにあたっては現金払いで運搬も連合国の責任としていた。売掛金が巨大になれば、その回収のために米国が連合国の側で参戦することになるし、運搬が米国船であればドイツの海上攻撃を受けて戦争に巻き込まれると恐れられたのである。しかし、一九四〇年にフランスが敗北すると、条件緩和が少しずつ進められていく。翌年には武器貸与法をつくって米国の資金で連合国へ物品を輸出するのを認め、その輸送も米国海軍の護衛をつけることとした。そして、その年の秋には援助物資を狙うドイツ潜水艦を発見次第、攻撃せよと米国護衛艦隊に命じたのである。

ローズヴェルトは、一九四〇年大統領選挙後、陸軍長官ヘンリ・スティムソンらがドイツに宣戦布告すべきであると繰り返し主張しても、聞く耳を持たなかった。戦争を嫌う国民感情に配慮したのである。その一方、ドイツ潜水艦との交戦を容認し、さらには東アジアでは日本に強硬姿勢を取って、米国が攻撃されても仕方がない状態をつくった。こうした姿勢は日本が米国の真珠湾を攻撃した後に問題となり、彼は口では世界大戦に参戦しないと言いながら、実は参戦の口実を探していたと非難される。参戦を決断せず、少しずつ交戦の道を開いていった態度は、第一次世界大戦下のセオドア・ローズヴェルトと対照的であった。セオドアは戦争を嫌うウィルソン政権と対決し、参戦のための国民運動を組織し、自ら志願兵を率いてドイツ討伐をおこなおうとしたのである。

真珠湾攻撃の翌月、連合国の代表二六か国を米国に集めたフランクリン・ローズヴェルトは戦争完遂を相互に約した連合国宣言を作成し、それを世界に発表する。そして、戦争終結の直前、戦後世界秩序の在り方をめぐって連合国間での亀裂がはっきりしていくなか、脳溢血で急死する。その最期を看取ったのは、妻エレノアとの夫婦関係を壊した女性ルーシーであった。

ローズヴェルトが唱えた「四つの自由」は戦後世界の理想として日本も受け入れ、日本国憲法で記載することになる。戦勝国に占領された日本は米国の理想を拒むことはできなかった。ローズヴェルトがハイチの憲法でしたのと同じことが繰り返されたと、われわれは考えて良いのであろうか。

⦿参考文献
新川健三郎『ルーズベルト　ニューディールと第二次世界大戦』（清水書院、一九八四年）
志邨晃佑『ウィルソン　新世界秩序をかかげて』（清水書院、一九八四年）
本間長世『アメリカ大統領の挑戦　「自由の帝国」の光と影』（NTT出版、二〇〇八年）

1889−1945年
総統として、未曽有の暴力的惨劇へと突き進んでゆくナチス・ドイツを主導しつづけた。

「殺戮マシーン」と化した強制収容所と「普通の人びと」

ヒトラー

…Hitler…

金田敏昌

「そして、ユダヤ人の迫害、共産党や自由主義の抑圧、言論や出版の統制、暴力組織(親衛隊〈SS〉)や秘密警察(ゲシュタポ)をもちいた反対派の迫害など画一的な全体主義国家をつくりあげ、近隣諸国への侵略を本格化して戦争に突入した。」(「人物 ヒトラー」『もういちど読む山川世界史』より抜粋)

この一節に明確な主語は存在しない。みなさんは、どのような主体を見出されるだろうか。筆者の関心は、まさに「画一的な全体主義国家」を動かした主体が「誰・何」であったのかという点にある。とくに開戦後の時期に立ち入って、答えを探ってみたい。

はじめに――なぜ、ヒトラーなのか

アドルフ・ヒトラーは、「悪の象徴」ともいうべき人物であろう。ただし、本稿において筆者は、彼に着目しつつも、むしろ一個人にのみスポットライトを当てることにたいする注意を喚起《かんき》したい。さもないと、「悪行」の実態と構造的なメカニズムが見えてこなくなるからである。

彼が権力を掌握した「第三帝国(ナチス・ドイツ)」は、ジェノサイド(集団殺戮・大量殺害)にまでいたる過激な暴力行為を現実のものとした。それをうけて、戦後の国際軍事裁判と米軍による「ニュルンベルク継続裁判」は、残忍な悪行の数々に「文明の裁き」をもって立ち向かう。とはいえ、罪に問われた事件と人物は、あくまで全体のごく一部にすぎない。

しかし、一九五八年に「ナチス犯罪追及センター」が設立され、精力的な情報収集と捜査が試みられるようになる。さらにナチ犯罪はドイツ人自らの手によっても裁かれつづけてきた。一九七九年を迎え、ドイツ刑法の謀殺罪につき、時効が撤廃されてもいる。同センターの設立から二〇一七年にいたるまで、一万八〇〇〇件以上のナチ犯罪がドイツ司法にもちこまれたという。

被害をこうむった人びとにたいして補償を求める声も拡がりつづけた。計り知れない人びとの苦しみにも「時効」はない。このように、凄惨《せいさん》を極めた国家的犯罪の痕跡《こんせき》は、今世紀を迎えてもなおくすぶりつづけている。

こうした経緯をふまえて、ヒトラーの「悪」をどう捉えるべきか。もちろん、彼の「善」を描き出そうとするのでもない。総統としてジェノサイドを惹起した機構のトップに君臨した人物は、その責任から逃れられない。ゆえに、筆者に歴史修正主義を肯定する心づもりは一切ない。

歴史修正主義について補足しておこう。広義において、歴史修正主義は古今東西さまざまな歴史認識の場で生じる歴史学における試みのひとつとされてきた。一方で、狭義において学術的な史料批判をともなわない非科学的な「語り」にも、この語が当てられる。ナチス・ドイツをめぐる歴史認識についていえば、「ホロコースト否認論」が顕著な例だ。

その要は、ホロコーストの一部もしくは全体を否定することにある。ホロコーストは、ユダヤ人にたいするナチスの組織的な大量虐殺行為を指す。ユダヤ人とホロコーストは、ナチ犯罪の象徴的なキーワードとして人口に膾炙《かいしゃ》しているといって差支えなかろう。「アウシュヴィッツ」も然りである。ただし、ナチスによる組織的な犯罪行為の対象は、ユダヤ人だけでない。戦時捕虜、西側出身を含む外国人労働者、占領地のポーランド人、セルビア人、ロシア人、スラブ人も犠牲者である。ひいては、ドイツ国内に居住する「反ゲルマン的」な「非社会的分子」にも牙が剥《む》かれた。シンティ・ロマ、同性愛者、黒人、エホバの証人、共産主義者、無政府主義者、反ナチ運動家と枚挙に遑《いとま》がない。

くわえて、重病患者、遺伝病患者、知的障害者、精神病者の烙印《らくいん》を押された人びとにたいする政策として、「安楽死」と称する殺害行為が猛威をふるった。その際、積極的な役割を果たしたのは、「人種衛生学(優生学)」、言い換えれば医療に従事した人びとである。さらに、優生思想は、ヒトラー自身も多大な関心を寄せ、社会的にも支持された言説であった。実のところ、各界から寄せられた批判も受けて、ヒトラーは途中で成人に限り「安楽死」を禁止したとはいえ、その被害者は二〇万人を超えるという。

こうした一連のナチ犯罪によって命を失った人びとは、一一〇〇万名以上とも見積もられている。日々、各地で無数の屍が積み上げられていく。虐殺行為は、戦況が次第にドイツの劣勢に陥る局面で急進化の動きをみせる。彼ら・彼女らにたいする生殺与奪の権を握ったのは誰・何なのか。無論、ヒトラーは斯様《かよう》の行為を自発的に禁じていない。とはいえ、ベルリンから遠く離れた各地において、いわば「殺戮マシーン」がフル稼働《かどう》したのは、如何なるメカニズムによるものなのだろうか。

急進化の一因をヒトラーの個人的な条件に委ねる見解もある。たとえば、彼は、政権取得後の早い段階からパーキンソン病に侵されていた。そのため、死期を案じて、諸々の過激な施策の実現が急がれたという。しかし、このことは事実であったとしても、歴史の全体を捉えようとするうえで氷山の一角にすぎない。ナチ・エリートから中間命令者を経て末端レヴェルにおける現場の実行者にいたるまで、多様な思考や行動の様式が介在していたはずである。

実際のところ、今日に至るまで歴史研究が明らかにしてきたように、個々の実態は複雑極まりない。すべての出来事がトップダウンの命令系統によって引き起こされたわけでもなかった。むしろ、さまざまなアクター・ファクターを無数の点として構成される立体のなかにヒトラーを位置づけるべきであろう。

この一筋縄《ひとすじなわ》ではいかない込み入った諸相に目を向けることこそが肝心だ。なぜなら、ナチス・ドイツは人類史上稀にしかみないジェノサイドをはたらいたが、けっして私たちと無縁の特殊な国家形態を確立したわけではないからである。ゆえに、近代国家に生を営むかぎり、私たちを取り囲む社会の過去と現在を注意深く理解するうえで、ヒトラーの権力機構を立体的に分析することは有意義な視座を提供してくれるのだ。ここに歴史学の醍醐味《だいごみ》があるといってもよかろう。

もちろん、未解明の課題も多い。とはいえ、多岐にわたる個々の実態が一歩一歩、蓄積されつつある。そのすべてを本稿で敷衍《ふえん》して解説することはできない。そこで、筆者自身の関心に手繰り寄せて事例を紹介しよう。第一に強制収容所、第二に警察が果たした役割についてである。

「ユダヤ人問題の最終解決」と強制収容所

「ユダヤ人問題の最終解決」の語は、ナチ親衛隊(SS)中佐アドルフ・アイヒマンが発案し関係文書において用いられたと理解する向きもあろう。従来の通説にしたがうと「最終解決」が目指すのは、まさに大量虐殺である。そして、この方針は、一九四二年一月二〇日にベルリンで開催された「ヴァンゼー会議」にナチ高官が集うなかで決定された。

しかし、実際のところ公文書に目を向けると、一九四一年七月三一日に国家元帥ヘルマン・ゲーリングが国家公安本部(SD)長官ラインハルト・ハイドリヒ親衛隊中将にたいして問題の解決を委任していたことが判明する。なお、ハイドリヒは同年九月に「親衛隊大将及び警察大将」に昇進した。このことは、プロイセン・ドイツ以来の警察組織とナチスの親衛隊が融合《ゆうごう》するにいたったことを意味している。警察機構の変遷にかんする言及は、次節に改めたい。

さて、ホロコーストは、実質的にハイドリヒが所管するところとなった。すでに一九四一年七月に国家保安部の特別行動部隊(アインザッツグルッペン)が独ソ戦の占領地域でユダヤ人の大量虐殺に着手し、その後、強制収容所の一形態として絶滅収容所の運営も開始されたことは事実に相違ない。いわゆる「死の工場」が本格的に稼働《かどう》し始めたのは、この時期のことであった。

ところで、ヒトラーが首相に任命されたのは一九三三年一月三〇日である。ホロコーストに至るまでの十年近くにわたって、ユダヤ人は如何に扱われていたのだろうか。たしかに、ヒトラーおよび、国家の公式イデオロギーとされたナチズムは、反ユダヤ主義を声高に謳《うた》いあげた。とくにヒトラー自身の反ユダヤ主義については研究も多く、諸説が提示されているところでもある。

ただし、反ユダヤ主義が当初からユダヤ人の抹殺をドグマ化していたわけではないという点を見落としてはならない。一九三八年の時点でさえ、「マダガスカル計画」の文書にヒトラーが署名していたくらいである。同計画は、ヨーロッパのユダヤ人を同島に移送しようとするという試みであった。つまり、人種的な「民族共同体」からの地理的な放逐《ほうちく》が目指されていたのである。

言い換えれば、こうした隔離の手法は、ドイツ人社会との接触を遮断《しゃだん》するということに主眼を据《す》えていた。「ゲットー」の設置も同様である。一九三九年から諸都市に設置されたゲットーには、ユダヤ人が強制的に居住させられた。最大の規模を有したのはワルシャワ・ゲットーであり、四一年三月の時点で四四万五〇〇〇の人口を擁したという。

もちろん、この強制的な隔離政策において多数のユダヤ人が命を落とした。たとえば、貧困や親衛隊による掃討《そうとう》作戦によってである。しかし、戦局の悪化と並行して、強制収容所で加速する殺害行為には異なる性格も見られることに注意を喚起したい。いわゆる「働かせて殺す」というコンセプトが確立したということである。

ナチス・ドイツといえば強制収容所を真っ先に想起する方も多いだろう。ただし、「死の工場」へと至る過程にも複数の段階がある。強制収容所それ自体は、ナチスが政権を取得した直後に創設された。ユダヤ人が「ユダヤ人である」という理由で収容されるようになったのは、戦争が始まってからのことである。初期段階における強制収容所は、ナチスと敵対する左派勢力の「潜在的な危険分子」を保護拘禁《こうきん》する施設として運営されていたという点を指摘しておきたい。

そうすると、ひとつの疑問が生じる。はたして如何なる経緯により、大戦末期にかけて強制収容所でユダヤ人の虐殺が常態化するようになったのだろうか。実は、まさにこの点において、「ヒトラーの帝国」も一枚岩的な体制ではなかったという事実が露呈《ろてい》するのである。順を追って説明しよう。

強制収容所に送り込まれたユダヤ人の数を正確に把握することはできない。一〇〇〇万人にのぼるとの推計もある。一定期間の囚人総数について統計を確認できるところでは、一九四三年八月に二二万四〇〇〇名、四四年八月に五二万四二八六名、四五年一月に七一万四二一一名となっており、囚人数の急増をみてとることができよう。

彼ら・彼女らは、常に労働可能な健康状態であるかどうかの「選別」に遭った。働けない者は「ガス室送り」となる。働ける者は、「労働力としての価値がなくなるまで」劣悪な環境のもとで強制労働に従事させられていく。

この段階において、対ユダヤ人政策は自家撞着《じかどうちゃく》に陥った。すなわち、ナチスが人種的な「民族共同体」を実現すべくユダヤ人の排除を目指す一方で、ユダヤ人を労働力としてドイツ産業に統合したということに他ならない。というのも、ユダヤ人がドイツの企業や工場で働くこと自体、「民族浄化」を目論むナチ・イデオロギーの原理に反する事態となるからである。

政策転換の背景には、とくに一九四一年六月二二日に独ソ戦が火蓋《ひぶた》をきったことがあった。成人男性は、戦力に動員されつづけていく。しかも、戦局は悪化の一途をたどる。このようにして、ますますドイツ人労働力の安定的な確保が見込めなくなってしまったのである。

その際、ナチズムは「女性は家庭に」なる母性イデオロギーを保持したため、女性に労働供給を期待することも見込めなくなっていた。ヒトラー自身は、ゲルマン女性の理想像として、「会社や議会への憧《あこが》れを持たず、親しんだ家と愛する夫に沢山の幸せな子どもがいればよい」との言を残している。ただし、女性の動員について多様な実態が明らかにされている点も看過《かんか》できない。

いずれにせよ、潜在的な労働力としてユダヤ人に目が向けられた。しかも、ナチ・イデオロギーから一定の距離を保っていた国防軍や経済界からである。このように、ユダヤ人を「働かせて殺す」というコンセプトは、古くからヒトラーによって合目的的に練り上げられたわけではなく、むしろ戦局をはじめ予想のつかない状況変化のもとで場当たり的に形成された。それは、一方で戦時体制という経済的観点、他方で民族的な差別待遇というイデオロギー的観点による妥協の産物である。

ナチ犯罪と警察

ナチス・ドイツといえば、警察国家的な要素が想起されよう。同時に、ヒトラーの権力基盤を支えた組織として秘密国家警察(通称ゲシュタポ)を思い浮かべる方も多いはずだ。ゲシュタポは、反ナチ勢力や「反社会的分子」の摘発《てきはつ》に積極的な関与をみせた組織である。

くわえて、ゲシュタポといえば、「ユダヤ人狩り」と強制収容所への移送にも従事したことが知られているだろう。ただし、ゲシュタポをしてナチス・ドイツの警察を総体的に語らしめることはできない。ドイツ警察は非常に複雑で多岐にわたる機構を有していたからである。

そもそもゲシュタポは、警察機構の数ある部門の一つであり、一九三九年以降の時期には、国家保安本部に七つ置かれた部局のうち第四局を占めたにすぎない。つづけて、第四局においてAからGに至る部課のなかで宗教関係を司るB課が五つの班に分かれ、第四班がユダヤ人関係を担当していた。アイヒマンが所属した同班も、全体を見渡すと一枝葉の域をこえる部署ではなかったのである。

ドイツ警察の変遷を概観しておこう。そもそも、ライヒ(帝国)初の中央集権的な警察機構が確立したのは、ナチス・ドイツにおいてである。それも政権取得直後ではない。一九三三年二月にケーリングがプロイセン州内相に就いて以降、ヒトラーの側近として党内の警察業務を指揮した親衛隊全国指導者ハインリヒ・ヒムラーが「親衛隊全国指導者兼ドイツ警察長官」に任命された三六年六月のことである。国家保安本部体制が敷かれるまでには、さらに三年を要した。

それまで、ライヒ圏内の警察機構は、地域的多様性を示してきたのである。十九世紀から二〇世紀にかけて、州や自治体が各々に警察権限を有し、時に軍隊が国内治安に関わることも稀ではなかった。近代警察として一定の体を成すにいたるのはヴァイマル期にかけてのことである。

このような背景のもとで培われてきたドイツ警察を手中に収めるべく、ナチスは如何なる策を講じたのか。それは、出発点において党内の私的な組織にすぎなかった親衛隊と警察を融合させることである。かくして、ナチスは国家権力に浸透し、国内の警察権力を一手に掌握した。結果的に広範にわたる中央集権体制が確立したのは確かである。しかし、現場レヴェルの実態は複雑を極めた。たとえば、警察人員の連続性が挙げられる。ヴァイマル期の警官の多くが、ナチ期においても職務を継続した。彼らにとってヴァイマル期の日常課題は何であったか。それは、おびただしい流血をともない、一方で共産党、他方でナチスのデモを鎮圧することでもあった。警察の末端レヴェルに至るまでが、熱狂的にナチズムを信奉する者で構成されていたというわけではないのである。

最たるケースが予備大隊という末端の一部隊である。三〇〇個を超える一連の予備大隊は、「秩序警察」、いわゆる制服を着用した「通常警察」において編制され、任務のひとつとして前線を担う国防軍の後方で治安維持に従事した。そうして、数百名からなる第一〇一警察予備大隊が一九四二年の夏にポーランドのユゼフフ村で直面したのは、およそ一五〇〇人のユダヤ人を射殺せよとの命令である。同部隊は、それから同年十一月までの間だけをみても、各地で六五〇〇名のポーランド・ユダヤ人の処刑に関与し、四二〇〇名以上をトレブリンカの強制収容所へ移送した。

興味深いのは隊員の出自《しゅつじ》である。彼らは、「普通の人びと」だった。軍務につくには年を取りすぎた中年の所帯持ちであり、多くがハンブルクの下層階級出身者である。そこは、社会民主党や共産党を支持する堅固な基盤を有し、ナチ化の度合いが低かった都市として名高い。つまり、狂信的にナチズムを信奉しえた若年層とは異なり、隊員は反ヒトラー・反ナチの気風さえをも感じさせる政治文化を共有してきたといえよう。

ゆえに疑問が生じる。同部隊の行動を精力的に調べ上げた研究者の言を借りよう。「これらの人びとが、ユダヤ人のいない世界というナチの人種的ユートピアのために、大量殺戮者を募るのに好都合なグループであったとはとうてい思えない」のだ。たしかに、処刑にあたって、隊内で個々の生理的もしくは倫理的な拒否反応が起きてもいる。しかし、殺戮は加速した。どうしてだろうか。

その原動力を一つに特定することは早計である。ただし、反セム主義やナチ・イデオロギーに答えを求めようとすると、説明のつかないことばかりになってしまう。なぜなら、同僚をかばい案じて「汚れ仕事」を引き受ける隊員の姿も見られたからである。

さらに、処刑に至る過程を分業化し対象を不可視化する、あるいは非人間化することは、彼らの精神的負担をいくらか軽減させた。このようにして、処刑は「合理的」かつ「効率的」に進捗《しんちょく》したという。現場の歯車は、ヒトラーや上層部の意図がダイレクトに貫徹するということよりも、隊員一人ひとりによって構成される組織的な行動のメカニズムが作用することによって回転していた。

このメカニズムを「近代官僚制(マックス・ウェーバー)」の特徴になぞらえることもできる。その特質について詳論する紙幅も尽きたので、あえて俗的に表現しよう。それは、極めてスムーズに物事を運ぶために、人びとを一種の「マシーン」に変えてしまいもする装置である。今日の社会におけるあらゆる集団や組織、そして制度にも同様の局面が潜《ひそ》んでいないだろうか。

いずれにせよ、ナチ犯罪の実態が見えてきた。それは、私たちにとって無縁で、比較不可能な対象でない。ジェノサイドをとおして生み出されてきた個々の出来事は、今なお近代国家という枠組みのなかで暮らす「普通の人びと」にとって、相対化して捉えられる歴史的事実である。

ドイツ史研究とヒトラーの「意図」

前節にかけて紹介してきたことは、ドイツ史研究が明らかにしてきた成果のごく一部にすぎない。かといって、本稿ですべてに言及することは不可能である。したがって、本節では、そうした個別の成果が生み出された学術的な背景を示しておくこととしたい。

戦後ドイツにおける歴史学は、ナチスの経験をふまえて、重大なフレームワーク上の変容を遂げた。従前の伝統史学と異なる「社会史」という手法が確立したことである。そのプロセスは、大きく分けて二つの局面をともなった。

第一に、「(社会)構造史」である。一九六〇年代から七〇年代にかけて大きな潮流を作り出した「構造史」は、諸個人ではなく、社会のあり方を規定する巨大な「構造」に着目した。そうして、ナチス・ドイツへといたる近代ドイツの歩みについて理解が深められていく。「ドイツ特有の道」という歴史的解釈も生み出された。ドイツでは、経済的な近代化と政治的な近代化の時期に大きなズレが生じたことにより、民主的な市民社会が実現するに至らなかったということである。

くわえて、ホロコーストは、ヒトラーの意志をこえたところにある「構造」に起因する現象として捉えられるようにもなった。このことは、ナチス・ドイツがヒトラーを頂点とする上意下達の体制であったと主張する「意図派」の議論にたいして、多様なアクター・ファクターが関与したのではないかという「機能派」の議論を切り拓くに至る。社会史学の動向は、戦後の西ドイツで地位に恵まれた人びとに潜む「ナチスの過去」を突き止めようとする社会的な関心にも支えられていた。

第二に、「日常(生活)史」である。一九八〇年代を経て新たな研究のスタイルが登場した。マクロの「構造」を扱うのが「上からの社会史」とすれば、「日常史」はミクロの実態に目を向けて、「下からの社会史」を積み上げようとしたのである。

かくして、ナチス・ドイツの強大なゲヴァルト(権力・暴力)が末端の現場レヴェルにおいて、どのように発現・機能していたのかを突き止めることが可能となった。それと同時に、「機能派」の議論も、よりいっそう深い段階へと掘り下げられていく。こうしたことの背景にも、医師、法律家、警察官といった「普通の人びと」の過去を精力的に調査しようと努めたドイツ社会の動きがある。

さらに、日常史において「ドイツ特有の道」に再考を促す試みもなされた。たとえば、「病理的近代」という概念がある。近代(化・性)は、ポジティヴな「進歩」の概念によってのみ規定されるのではなく、「病理的」でネガティヴな側面をも併せもつという。

関連して、ある研究者は、「古典的近代」という時期区分を諸国家に見てとれる局面として提唱した。ドイツの「古典的近代」は、都市化が進む一八八〇代から一九三〇年代までの時期を指す。ナチス・ドイツは、この「古典的近代」の極端な延長線上に位置づけられた。そうすると、ヒトラーの「悪行」は、遠く離れた場所の古い出来事として片付けられるのではなく、「近代」を経験したすべての地域において、その芽を潜ませているということにもなりえよう。

ひるがえって、「特有の道・病理的近代・古典的近代」と異なる見解が警察史研究から示されてもいる。近世を経て、十九世紀のプロイセン警察が培った「広義の警察（ポリツァイ）」がナチ期に激発したのだという。この「公共の安寧と福祉」をめざすゲヴァルトの片鱗《へんりん》は現代諸国家にも見てとれる。私たちは、ますますドイツの経験を共有しなければならない。

以上、研究史上のポイントを紹介してきた。その後も今日に至るまで、研究の裾野《すその》は拡がり続けている。これからも、「総統命令」やナチ・イデオロギーを現場で「実践」した「普通の人びと」が「発掘」されるかもしれない。それと同時に、被害に遭った人びとが忘却の淵から蘇ってくることを切に願う。

おわりに——個人的関心とメッセージ

本稿において、ヒトラーに着目し、彼が十二年間にわたり頂点に君臨した権力機構の一側面を扱おうとした動機は、筆者の個人的な経験からきた関心によっている。第一に一次資料にもとづいて、占領期ドイツの警察史を研究してきたことだ。占領期における警察改革の多様な諸相は、まさにナチ期へと至る警察史の複雑な実態によって裏打ちされてもいる。過去を見ずして戦後、そして現在を語ることはできない。

第二に、一方で日本の戦争裁判、とくにいわゆる「BC級戦犯」に関する公文書と「格闘」してきたことだ。およそ五七〇〇名が裁かれたBC級戦犯の多くが、末端の現場レヴェルにおける命令者と実行者であった。軍をはじめとして巨大な諸組織がもつマクロの構造的な体質に起因して、ミクロの犯罪行為が引き起こされたというケースも目につく。しかし、現状の歴史認識において、こうした事実の数々が欠落してはいないだろうか。ドイツ史研究に示唆を得るところは大いにある。

この点について、アーカイヴズ(史料)の問題についても触れておきたい。歴史的事実を明らかにするうえで欠かせない一次資料として、公文書は重要な位置を占めてくる。戦争の最中に、ライヒのトップから末端へと至るさまざまな階層で蓄積された文書群も、敗戦のどさくさで少なからず廃棄・焼却の憂き目に遭ったといえ、戦後に公開され、歴史研究者によって駆使されてきた。上層部の指令や、一指導者の人となりからすべてを演繹的《えんえきてき》に類推することに終始せず、現場レヴェルのメカニズムを掴むことができるのである。こうした現状も、日本と大きく異なっていよう。

ドイツ史研究のように、一枚岩ではない複雑な諸相に粘り強く目を凝らすことは、いま私たちが暮らす社会を対象化し、洞察を深めるうえで欠かせない態度である。年中、スキャンダラスでショッキングな事件が報道され、いつしか忘れ去られていく。その際、一部の個人にのみスポットライトが当たり過ぎていないだろうか。たしかに、人びとの個性も出来事の内容に影響を及ぼす。しかし、個性の範疇《はんちゅう》を超えて「起こるべくして起こる」出来事もある。表層から深部にいたるまで多様なアクター・ファクターを突き止め、過去の出来事を立体的に分析せずして、私たちの役に立つ教訓を得ることができない。歴史を知り、歴史に学ぶことの意義は、そこにある。

⊙参考文献(出版年順)
みなさんの手に取りやすいように邦語文献のみを掲載した。
ハンス―ウルリヒ・ヴェーラー(大野英二・肥前榮一訳)『ドイツ帝国　一八七一―一九一八年』(未来社、二〇〇〇年、元版一九八三年)
矢野久「大戦期ナチス・ドイツにおける女性労働動員(上)・(下)」(「三田学会雑誌」八三巻二・四号、一九九〇年四月・一九九一年一月、三四―五三頁・一八五―二〇二頁)
クリストファー・ブラウニング(谷喬夫訳)『普通の人びと―ホロコーストと第一〇一警察予備大隊』(筑摩書房、一九九七年)
デートレフ・ポイカート(木村靖二・山本秀行訳)『新装版　ナチス・ドイツ―ある近代の社会史』(三元社、一九九七年)
栗原優『ナチズムとユダヤ人絶滅政策　ホロコーストの起源と実態』(ミネルヴァ書房、一九九七年)
小松はるの「ヒトラーをめぐる女たち」(「東海大学紀要 外国語教育センター」第二二巻、二〇〇一年、一二一―一三六頁)
永岑三千輝『独ソ戦とホロコースト』(日本経済評論社、二〇〇一年)
矢野久『ナチス・ドイツの外国人―強制労働の社会史―』(現代書館、二〇〇四年)
芝健介『ニュルンベルク裁判』(岩波書店、二〇一五年)
石田勇治『ヒトラーとナチ・ドイツ』(講談社、二〇一五年)

⊙参考URL
ナチス犯罪追及センター(Zentrale Stelle der Landesjustizverwaltungen zur Aufklarung nationalsozialistischer Verbrechen)
http://www.zentrale-stelle.de/pb/,Lde/Startseite

1913–92年
東西冷戦時代の西ドイツの政治家。社会民主党党首、第4代ドイツ連邦共和国首相。1971年にノーベル平和賞を受賞した。

女性関係に翻弄された西ドイツの首相
ヴィリー・ブラント

…Willy Brandt…

伊藤嘉彦

敵対していた東側陣営との関係を見直し、より肯定的な外交関係を築くべく「東方外交」を推進したブラント。彼は、ソ連との間で国境の不可侵をうたった条約を締結し、ポーランドの首都ワルシャワでは、ワルシャワ・ゲットー蜂起記念碑の前で跪《ひざまず》き、祈りを捧げた。「東方外交」における一連の成果により、一九七一年にノーベル平和賞を受賞した彼が、「ギョーム事件」の際に辞任をさけることができなかった事情とは。

「ベルリンの壁」崩壊後の一九九二年三月十二日、東ドイツの社会主義統一党による体制を総括するヴィリー・ブラントの姿があった。「前方へのまなざしが過去の亡霊によって遮《さえぎ》られることがあってはならない」。彼は連邦議会における人生最後の演説を、こう締めくくった。

一九一三年十二月十八日にドイツのリューベックで生まれたブラントは、婚外子として生を受け、母方の名前で出生登録されたため、当時はヘルベルト・エルンスト・カール・フラームという名前だった。彼は父親の姿を生涯見ることはなかったが、祖父とされるルードヴィヒ・フラームが父親の代わりを務めた。ブラントは十四歳で「社会主義労働者青少年団」に参加し、社会主義思想との接点を持つことになる。後に社会民主党（SPD）党首となり、更に連邦首相という地位に上り詰めた経歴から、ブラントは生粋《きっすい》のSPD党員と思われがちだが、実際には一九三〇年に入党したSPDを翌年十月にいったん離れており、SPDから分離して設立された左派系政党であるドイツ社会主義労働者党（SAP）に参加していた。まだ若かったブラントは、左派陣営におけるドイツ共産党（KPD）でもSPDでもない第三の立場に可能性を感じてSAPに身を投じた。

だが、一九三三年一月三〇日にヒトラー内閣が成立し、権力を掌握《しょうあく》したナチスが左派系政党に対する弾圧を強めると、SAP指導部も地下活動を余儀なくされることになり、ブラントは追手を逃れるために三月頃から「ヴィリー・ブラント」を〝表の名前〟とするようになる。そして翌四月にノルウェーに居を移して、ノルウェー労働党の支援を受けてSAPの海外事務所を設立し、他のSAPメンバーとの連絡事務に携わっていた。しかし、常にノルウェーに滞在していたわけではなく、海外に亡命していた他のドイツ人と会うためにパリへ出向いたり、一九三七年にはスペイン内戦時のバルセロナに滞在するなど、欧州数ヵ国で活動していた。一九三九年に彼はナチス・ドイツによってドイツ国籍をはく奪され、この時にノルウェー国籍を取得するが、一九四〇年六月に、今度はノルウェーがナチス・ドイツに占領され、保護国になってしまったので、更にスウェーデンに移り、そこで生活することになる。

第二次世界大戦が終結すると、ブラントはニュルンベルクで行われる国際軍事法廷の報道員という身分でドイツに帰国し、再びSPDに参加。一九四八年二月には、ベルリンSPD執行部の役職についている。そして七月に、彼はドイツ国籍に復帰して、翌月に自らの正式名を「ヴィリー・ブラント」に変更し、再びドイツで政治の道を歩むことになる。しかし第二次世界大戦中、ドイツ本国に残った人々がナチスの人権侵害や戦火にさらされていたときに、比較的安全な中立国であるスウェーデンで亡命生活をしていた事実は、政敵に格好の攻撃材料を与える形となり、例えばキリスト教社会同盟(CSU)のシュトラウスは「貴君は十二年間国外で何をしておられたのか?」と述べるなど、ことあるごとに彼の過去に触れるのだった。

異性関係を「暴露」される

一九五七年十月三日、ブラントはベルリン市長に当選した。翌五八年一月にはベルリンSPDの代表者となり、さらに五月にはSPDの執行部入りを果たす。それまでの彼は何度か党内のライバルに敗北を喫していたのだが、これらの挫折《ざせつ》を乗り越えて着実に党内でのキャリアを重ねていった。

ブラントのベルリン市長としての振る舞いは、とりわけ一九六一年八月に「ベルリンの壁」が構築されたときに高く評価された。八月十三日に「ベルリンに壁が構築されている」という情報を得るや、連邦議会議員選挙でSPDの首相候補として遊説中だったブラントは、予定を中断してすぐに西ベルリンに戻り、事態掌握に務めた。これは八月二二日になってからやっと西ベルリン入りした現職の連邦首相アデナウアーの行動とは対照的であった。

しかしその後、ブラントは女性問題に絡《から》んだ中傷キャンペーンに見舞われることになる。ことの発端《ほったん》は一九六一年に、『そこにはまた女の子がいた』という暴露本《ばくろぼん》が発行され、ブラントの私生活が明るみにされたことであった。ブラントは一九五〇年頃、連邦議会秘書やジャーナリストとして活動していた経歴を持つジーヴァースという女性と知り合う。当時、ブラントはベルリンとボンの間を忙しく往復していたのだが、一九四八年九月に結婚したルート夫人は妊娠していたため、ベルリンから動くことができなかった。その時期に、ブラントはジーヴァースと水曜日の午後には決まって会っていたとされる。そして、この妻子ある若手有望政治家と独身ジャーナリストの関係を、西ドイツに潜伏《せんぷく》していた東ドイツのスパイが見逃すことはなかった。❖1

ジーヴァースは一九五一年秋に西ベルリンへの帰路、重要書類の入ったハンドバッグを盗まれてしまい、そのことを東ベルリンの人民警察に届け出た。ところが逆に国家保安省に尋問《じんもん》され、ブラントを監視し、情報を提供するよう要求されたとされる。彼女がこれを拒否したところ、東ドイツSPDの事務所に対してスパイ行為を働いたとして裁判にかけられ、一九五二年十二月に八年の刑を言い渡されて、一九五六年八月まで東ドイツで服役することになる。ブラントは刑期を終えて西ドイツに戻ったジーヴァースに拘留補償《こうりゅうほしょう》を申請するようにアドバイスをしたが、すでに西ベルリン市議会議員議長という公職に就いていたブラントは、以前のような形で彼女と接することを避けるようになっていた。これに失望したジーヴァースはブラントと交した手紙や、当時実用化に踏み出したばかりのファクシミリでのやりとりをフレデリックというジャーナリストに渡し、彼がこれを〝モルテンセン〟というペンネームで暴露本にして発行したのである。
刑期を終えて帰国したジーヴァースに対する振る舞いについて、ブラント自身の弁明は異なる。それによれば、一九五七年初め頃にジーヴァースに会い、今後の仕事のことでアドバイスをした。そして一九五八年に彼女の家を訪問するという話が何度かあったのだが、この時のやり取りを記した交信が先のジャーナリストによって、想像をかき立てるような話に仕立て上げられたというのだ。[2]
この本自体は、「個人のプライバシーを侵害している」として、裁判所によってさらなる頒布《はんぷ》を差し止める命令を受けることになるが、連邦議会選挙前にブラントのイメージを損なうことには成功した。ブラントはこれに対してか、家族とともに過ごす時間を大切にしていることを発言し、しばしば家族とともにメディアの撮影に応じるようになる。結果として一連の事件は、ブラントの人間臭さをかえって映し出す形になり、「異性に隙を見せるような完全無欠の人間ではない」が、「しっかりと反省する」態度を示すことで、「誠実な政治家」であるという彼への好感をつなぎとめたように思われる。しかし既婚者であるにもかかわらず、他の女性との噂に結び付くような交際を持つブラントの行動は、数年後に、取り返しのつかない失敗をもたらすことになるのである。

「東方外交」による緊張緩和

一九六一年の連邦議会選挙はSPDの勝利とはならなかったが、翌六二年にブラントは副党首となった。六三年に党首オレンハウアーが死去した後、ブラントは六四年二月の臨時党大会でSPD

の党首に就任することになる。再びキャリア上昇の流れを掴みそうな一九六五年九月に迎えた連邦議会選挙では、またしてもキリスト教民主／社会同盟（CDU／CSU）に勝つことができず、落胆《らくたん》したブラントは「SPDの党首を引き続き務め、ベルリン市長にも留まるが、次回の連邦議会選挙ではSPDの連邦首相候補にはならない」と発言した。しかし一九六六年十一月にCDU／CSUとSPDが連立を組んで政権を発足させると、ブラントはキージンガー内閣で連邦副首相と外相を兼務することになり、瞬《またた》く間に連邦政府の要職に就くことになった。この連立交渉にあたっては、CDUのキージンガーと彼の旧知であり、SPD党内の取りまとめに定評のあるヴェーナーが、「飛び地」であるベルリンから遅れて党首ブラントが到着する前に基本的な政策について合意をとりまとめていた。ブラントはSPDとCDU／CSUによる大連立をそれほど好感していなかったのだが、他に良い解決もなさそうだと考えていた。[3] しかし、連立政権の新しい外交政策となる「東方外交」については、「ヨーロッパ——特に東側の人々の多くの心情における——のヨーロッパ化が進捗《しんちょく》することになる」として、前向きな評価を与えていた。[4]

これまで西ドイツ連邦政府は、西ドイツがドイツを代表する唯一の国であると主張しており、東ドイツと国交を結ぶ国とは外交関係を構築しないという、いわゆる「ハルシュタイン原則」を採用していた。しかしこの原則は、西ドイツの支援を受けられないならば、東ドイツからの支援を要請するという動機に結びつき、東西ドイツを天秤《てんびん》にかけて交渉の条件を引き上げるなど、西ドイツ外交にとって足かせになる側面があった。実際にエジプトのナセル大統領は、西ドイツがイスラエルに武器を供与し続けることに対抗して東ドイツを承認する態度をとり、ハルシュタイン原則の欠陥を突いて、西ドイツに圧力をかけた。さらに、東ドイツをすでに承認している東側陣営の国々との外交関係構築が難しくなるという問題もあった。この問題は、一九六七年に西ドイツがルーマニアと外交関係を樹立したことで、東側陣営との関係が根本的に変化したことにより、後のブラント政権による「東方外交」を成功に導く素地が整いつつあった。

一九六九年の連邦議会選挙結果を受けて、十月に自由民主党（FDP）との間で連立政権を発足させたブラントは、連立パートナーのFDPから外相に入閣していたシェールと共に、東側陣営とのさらなる関係改善に向けて邁進《まいしん》することになる。とりわけ西ドイツとソ連の間で一九七〇年八月に締結されたモスクワ条約は、国境の不可侵と武力の不行使を約する内容をともなっており、ソ連による西方進出へのおそれが大きく減殺《げんさい》された。さらに十二月には、ポーランドとの間でも相互の武力不行使とオーデル＝ナイセ川の線を西部国境に定めたワルシャワ条約が締結された。すでに東ドイツは一九五〇年七月の段階でポーランドとの間にゲルリッツ協定を結び、オーデル＝ナイセ線を最終国境として確定させていたが、西ドイツの決断によって、これまで第二次世界大戦でドイツが失ったオーデル＝ナイセ川以東の土地を東西ドイツが放棄したことが確定する形となり、〝失地回復を狙うドイツ〟の亡霊《ぼうれい》に悩まされていたポーランドの不安を払拭《ふっしょく》させることに大きく貢献した。

ブラントは一九七〇年十二月七日にワルシャワを訪問した際、ユダヤ人犠牲者追悼碑《ついとうひ》の前で跪《ひざまず》いた。ブラント自身は帰国後、ルート夫人に対し、「何かする必要があった」と語っているが、ブラントの行動が報道されると、戦争の惨禍《さんか》や人道的な罪に対する反省を率直に体現する行為として、大きな感動を与えることになった。一九七一年には、一連の外交によりブラントは東西陣営間の緊張を和らげることに寄与したとして、「東欧諸国との関係正常化を目的とした、彼の東方外交」に対し、ノーベル平和賞が授与された。ブラントの外交的成果はそれにとどまらず、一九七二年十二月には、東西ドイツ間で権利の平等という基盤の上に正常な善隣《ぜんりん》関係を樹立することを確認した「ドイツ連邦共和国とドイツ民主共和国の関係の基礎に関する条約」を締結したのに加えて、一九七三年九月に東西ドイツはそろって国際連合加入を果たすことになる。

このようにみると、ブラント政権の織り成す外交は、あえて西ドイツと対抗関係にあった東側陣営諸国との関係改善を進捗させることにより、両陣営間の緊張緩和を達成するという大きな成果を収めることになった。しかし、その成果に酔うのもつかの間、ブラント辞任のきっかけが、思いもかけないところから忍び寄っていたのである。

「ギョーム事件」で失脚——再びちらついた女性の影

一九七四年四月二四日、ブラントの秘書を務めていたギュンター・ギョームが、東ドイツのスパイであることが発覚し、国家機密を東ドイツに流していた疑いで逮捕された。彼は一九五六年にスパイの身分を隠し、西ドイツのフランクフルト・アム・マインに移住した人物で、移住後はＳＰＤの党員として活動し、選挙対策事務局長として地元ＳＰＤの候補者であるレーバーの当選に貢献したことで、高い評価を得ていた。その後、レーバーが一九六九年にギョームを官邸スタッフに推薦したことから政権中枢《ちゅうすう》に近づき、一九七二年にブラントの秘書になる。これにより、ギョームは連邦政府の機密情報に触れることができる立場になった。実は七三年の段階で、彼には東ドイツのスパイであるという疑惑がかけられていたのだが、西ドイツ当局も決定的な証拠をつかめず、さらにブラントもギョームに対するスパイ疑惑について、東ドイツ出身者に対して向けられる誹謗中《ひぼうちゅう》傷《しょう》の類だという姿勢だったので、逮捕に踏み切ることができなかった。のちに「ギョーム事件」と呼ばれるこの出来事は、西ドイツ連邦政府中枢に東ドイツのスパイが入り込んでいることが明らかになったことで、西ドイツ社会を震撼《しんかん》させ、数日のうちにブラントは辞職に追い込まれることになる。

ギョームの逮捕を受けてヘーロルト連邦警察庁長官は、東ドイツに漏洩《ろうえい》した情報について調査を行っていたが、首相周辺を調査するうちに、ブラントの女性関係とギョームがそれに果たしていた役割に関する情報を入手することになり、四月二九日に連邦内相を務めていたゲンシャーに対して、ことの次第を口頭で報告、翌三〇日に報告書を取りまとめた。五月一日、ブラントは後に映画「007トゥモロー・ネバー・ダイ」にも登場するハンブルクの高級ホテル「アトランティック・ケンピンスキー」に滞在していたが、彼が朝食をとっているとき、ゲンシャーの腹心キンケルが報告書を携えて、わざわざ首都ボンからヘリコプターを飛ばして訪ねてきた。ブラントは、警察庁長官へーロルトの報告書に、一緒に過ごした女性達の名前、職業ばかりでなく、〝フランス人〟、〝ユーゴスラビア人〟、〝ホテルの部屋〟、〝列車の中〟といったように、女性との関係がこと細かに記されていることを知り、衝撃《しょうげき》を受けることになる。とりわけ問題とされたのは、スパイであったギョームが、首相のために女性を連れてくる〝仕事〟に関わっていた一人であるということで、おそらく録音テープなどの記録媒体《ばいたい》を通して、首相の夜の生活が東ドイツ側に筒抜《つつぬ》けになっている可能性があると判断されたことだった。

憲法擁護庁長官のノーラウは、ギョームが首相のスキャンダラスな情報をほのめかすようなことをすれば、連邦首相や西ドイツそのものが笑いものになり、さらに詳しい情報を得ているであろう東ドイツが、この件を利用して、誹謗中傷キャンペーンを行ってくるであろうことを、一九六九年十月からSPDの院内総務を務めていたヴェーナーに指摘した。SPDとしては次の選挙後も政権にとどまるために、この問題から一刻も早く抜け出す必要があった。おそらく五月四日、ヴェーナーはノーラウの意見を受けて、ブラントに辞職するか、続投するかの決定を迫ったとみられる。ブラントは翌日になって辞職願を書き、六日にその辞職願はハイネマン大統領に届けられた。このときブラントはスパイ事件での自らの不注意について政治的責任をとるとし、連邦首相の座には、同じSPD所属のヘルムート・シュミットが座ることになる。それは東西ドイツがそろって国際連合加入を果たし、世界から大きな祝福を受けた、わずか七ヵ月後のことであった。

スパイと女性——ブラントが生きた時代の鏡

ジーヴァースとの醜聞《しゅうぶん》がマスコミを賑わせていたとき、ルート夫人は報道されているような女性関係の真偽について、実際にブラントに尋ねたことがあるという。そのときブラントは「二年以上にわたる本気の関係はあったが、すでに終わっている」と答えていた。曖昧模糊《あいまいもこ》としたブラントの答えから、表に出てきた女性関係のすべてを把握《はあく》することは難しい。ブラント自身は三度の結婚を経験しているが、女性関係に絡むゴシップが何度か世間に流れている。妻子ある政治家による異性関係の噂が政治的リスクに結び付くことは明らかであるにもかかわらず、ブラントが疑惑をもたれる形で多くの女性と接点を持った理由については、自らの生まれ育った境遇によるもの、もしくは政治家としての大きなプレッシャーを感じて、女性たちのもとに避難所を求めたからであるとするベルリン自由大学教授バーリングによる解釈が存在するが、これが無難《ぶなん》な評価なのかもしれない。

しかしブラントとの交流を、二〇〇〇年代になって初めて明らかにした、イーレフェルトのような人物も存在する。ジャーナリストであった彼女は、一九六九年頃にブラントと知り合い、特別列車の中でもブラントと会う機会があったとされるが、興味深いことに「ギョーム事件」の際、彼女の名前は出てこなかった。ブラント辞任の日、彼女はブラントを囲む一人として、彼のヴィラに詰めていたが、その日から数回しか会っていない。このように当事者が回想を著すまで知られていなかったエピソードもあり、外交上の輝かしい成果と異性関係での失態という人間臭い部分を伴った彼の生き様が、かえって魅力として映る部分もある。

辞任後のブラントは、引き続きＳＰＤの党首にとどまったことからもわかるように、そのカリスマ性は衰えることがなかった。ブラントの死後、自宅に残された書類の中には、「どんな人生も内から見ると敗北の連鎖にほかならない」と書かれたメモが残っていた。彼がこの言葉をいつ記したのか、もはや知る術はない。ブラントが「敗北の連鎖」と評価した政治キャリアにおいて浮かびあがった女性たちは、本人が望んだかどうかはともかく、東西冷戦中に繰り広げられた諜報戦に結び付いた形で歴史に名を残すことになった。そしてブラントの輝かしい功績を学ぶとき、うらはらに、スパイの「輝かしい成果」までもが、過去の亡霊のようにつきまとうのである。

⊙Endnotes

❖1…DER SPIEGEL, 21/1974, P68.
❖2…Zeit Online, am 13. März 2014.
❖3…Willy Brandt, My Life in Politics, Hamish Hamilton, 1992, London, P154.
❖4…Ibid. P431.

⊙参考文献

アルフレート・グロセール（山本尤訳）『ドイツ総決算　一九四五年以降のドイツ現代史』（社会思想社、一九八一年）
グレゴーア・ショレゲン『ヴィリー・ブラントの生涯』（三元社、二〇一五年）
Willy Brandt, *My Life in Politics*, Hamish Hamilton, 1992, London.

1918–89年
ルーマニアの政治家。共産党書記長に就任して以降、独裁体制を築いたが、1989年の東欧革命で処刑された。

叩き上げの共産主義者 チャウシェスク

…Ceaușescu…

高草木邦人

ニコラエ・チャウシェスクという人物に対して、良いイメージを抱く日本人は少ないであろう。高等学校の世界史の教科書で、彼に関連する記述は、「自主外交」と「東欧革命」の二つである。「自主外交」とは、社会主義陣営の国にもかかわらず、一九六〇年代以降のルーマニアがソ連と距離をおいた外交のことを指す。一九六五年にルーマニアの事実上の国家元首になったチャウシェスクは、この路線を明確に打ち出していく。例えば、一九六七年には西ドイツと国交を樹立し、一九六八年には、ワルシャワ条約機構によるチェコ－スロヴァキアへの軍事介入を批判した。また、西側諸国との関係も強化した。チャウシェスクは、一九六八年には、ニクソン米国大統領をルーマニアに招待し、翌年十月には、自身が訪米した。さらに、中ソ対立の中、一九七一年に訪中し、外交上での独自色を鮮明にした。

このようにチャウシェスクは西側諸国などに受けの良い外交を展開しつつも、国内政治においては独裁体制を強化した。彼は一九七四年に大統領制を導入し、自らが初代大統領に就任し、権限を集中させた。反対運動に対しては軍隊を動員し、また、反乱を未然に防ぐために秘密警察とその協力者を使い、監視社会を強化した。しかし、一九八九年十二月二一日に、このような独裁政治に対して、ルーマニア国民の怒りが爆発した。国民はチャウシェスクを権力の座から引きずり下し、同月二五日に処刑した。教科書では、チャウシェスク政権打倒を喜ぶ国民の写真を添えながら、このように叙述される。一方で、この東欧革命のイメージが強すぎるために、彼がもともとどのような人物であったのかという点はあまり知られていない。そこで、ここでは、一九六〇年代以降の独裁期ではなく、その青年期をとりあげることで、「独裁者チャウシェスク」という「悪」のイメージを解体していく。

少年時代

チャウシェスクは、一九一八年一月に、ルーマニア南西地域にあるオルト県スコルニチェシュティ村の農民の十人兄弟の次男として生まれた。チャウシェスクの親は平均的な農民よりも多めの土地を所有していたが、その生活は決して楽なものではなかった。父親の稼《かせ》ぎでは、子沢山の一家を養え切れず、働ける子供たちは、順次、家から独立した。チャウシェスクも小学校を卒業した十一歳の時、職を求めて、生まれ故郷を離れた。すでに自立していた姉をたよりに、チャウシェスクは生まれ故郷から一〇〇キロ以上離れた首都ブカレストに向かった。まず、彼は靴職人の見習いであった姉と同じ職場で働いたが、一九三二年秋頃には、靴職人アウレル・コルナツェアヌの工房で働くことになった。チャウシェスクのこの新しい親方は共産主義に共感を抱く人物であった。彼は赤色救援会という政治犯やその家族に対する支援を行う非合法団体で活動していたのだ。チャウシェスクはこの工房で共産主義思想に感化され、靴職労働組合にも入会した。

　当時のルーマニアでは、共産党は非合法下におかれていた。というのも、共産党が当時のルーマニアのあり方そのものを根底から否定する主張をしていたからであった。ロシアの十月革命の成功を目のあたりにした世界各国の資本主義国は、自国内への共産主義革命の波及を恐れていた。さらに、ソ連の隣国であったルーマニアは、第一次世界大戦中にロシア帝国などからの領土割譲《かつじょう》により国土を増大させていたために、ソ連からの領土修正主義を突きつけられていた。一九二一年五月にルーマニア共産党(以下共産党と略記)は結党されたが、ソ連とコミンテルンの指導の下で活動を展開することになった。それゆえ、共産党を「国賊《こくぞく》」とみなしたルーマニア政府は、一九二四年四月に共産党の解散とその新聞や出版物の発禁《はっきん》を命じ、共産党の活動を禁止したのであった。

大ルーマニアの領土

　このような共産主義運動に、なぜチャウシェスクが加わったのか。はっきりしたことは不明であるが、彼は後にその理由として「徒弟《とてい》の生活苦、劣悪な食事、不正義への反抗に対する残虐《ざんぎゃく》行為、より良い世界のために闘いたい要求」と答えている。もちろん、これを文字通りに信じることはできないが、当時、共産党は、「ここ」とは違う新しい世界をもたらしてくれる魅力があった。それゆえ、共産主義運動には、労働者だけでなく、ユダヤ人などの少数民族、失業者、女性、学生、他の政党では成功しない政治家など、社会の底辺や周辺にいた者たちを惹きつけたのだ。

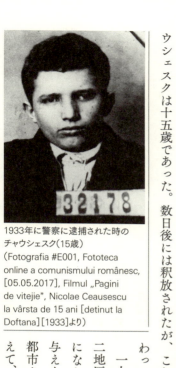

共産党の「徒弟」として

チャウシェスクの話に戻ろう。一九三三年十一月に、ヴィクトリア大通りの靴職工房で労働者たちのストライキが発生した。この知らせが靴職労働組合に伝わると、若手の組合員が中心となり、スト支援に駆け付け、騒ぎを起こした。警察は器物破損《はそん》と窃盗《せっとう》の容疑で六名の労働者を逮捕したが、この中に、チャウシェスクも含まれていた。これが、彼の人生初めての逮捕であった。この時、チャウシェスクは十五歳であった。数日後には釈放されたが、これ以降、彼は共産主義運動に深くかかわっていった。

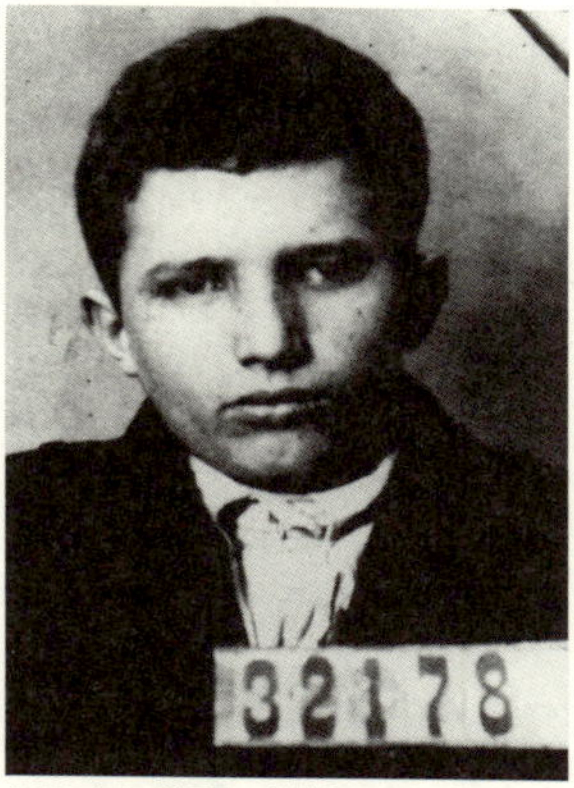

1933年に警察に逮捕された時のチャウシェスク（15歳）
（Fotografia #E001, Fototeca online a comunismului românesc, [05.05.2017], Filmul „Pagini de vitejie", Nicolae Ceausescu la vârsta de 15 ani [detinut la Doftana][1933]より）

一九三四年、チャウシェスクは首都の第二地区における共産主義青年同盟の構成員になり、共産党指導部から重要な使命が与えられた。それは、ルーマニア南西部の都市クラヨヴァで行われる裁判に署名を携えて、参加することであった。この裁判は一九三三年に大規模なストライキを起こした鉄道労働者に対する再審であった。共産党は、チャウシェスクを含めた四名の若い労働者たちが、多数の署名を携えて、首都から遠路はるばるやってきたことを演出し、裁判を有利に展開することを狙ったのである。しかし、彼らはその使命を果たす前に、裁判所の入り口で警察に逮捕されてしまう。チャウシェスクの二度目の逮捕である。逮捕された若者たちは、署名とともに、ブカレストに送還され、首都警察のもとで尋問《じんもん》された。四名のうち一人の者がその背後関係などを自白したために、関与していた共産党指導者が連座してしまう。ちなみに、このとき、チャウシェスクは嘘《うそ》の供述を行う。警察が署名を運ぶことを誰から頼まれたのかを尋問すると、彼は知らない人物から受け取ったと述べ、「党務」の詳細を語らなかった。警察に対するこのような態度は、これ以降、「党務」を忠実に果たしていくチャウシェスクの基本路線となった。

「党務」を忠実に果たす一方で、チャウシェスクの逮捕歴は着実に積み上げられていった。一九三四年八月には、工場で配布するビラを用意したとして逮捕され、九月には明確な容疑もなく二度も逮捕された。十月の逮捕のときは、釈放後に、故郷に「強制送還」させられた。しかし、翌年一月には、再度ブカレストに戻り、共産主義青年同盟の県委員会の会議に参加した。当然のことなら、彼に対する警察の監視も厳しくなり、この会議の帰りに、チャウシェスクは捕まりかかる。もっとも、なんとか逃げおおせたが、この時は、証拠品を警察に取られてしまった。

一九三五年二月には、チャウシェスクは南西部のオルテニア地方に派遣された。任務は、共産主義青年同盟の指導員として同地域の青年を対象とした共産主義普及活動であった。しかし、同地方の共産主義青年同盟の指導者が七月に逮捕されたため、チャウシェスクはその任務を同年十二月まで引き継いだ。その後、彼は中部のプラホヴァ県に派遣された。プラホヴァは当時のルーマニアにおいて有数の工業地帯であった。チャウシェスクの新しい任務は、この地域に共産主義青年同盟の支部を創設することであった。プラホヴァ県を中心に飛び廻る中で、隣県のウルミ村で同地域の青年幹部たちとの会合が開かれた。しかし、この会合の参加者の一人が裏切り、警察に密告をしたため、チャウシェスクたちは一九三六年一月に逮捕された。

この時に逮捕されたチャウシェスクの仲間たちは、警察の厳しい取り調べに対して、次第に自白していった。しかし、チャウシェスクは違った。尋問において、共産主義のビラや出版物を配布する容疑を問われたところ、チャウシェスクは「ウルミ村のオルテアヌの家で憲兵が私を見つけたことは真実であるが、彼らは私の所持品からビラを見つけていない」と答え、そこで何をしていたのかという質問に対して、「オルテアヌは印刷職人で、ブカレストで知り合った。ウルミ村で暮らしていること、そして彼が失業したことを聞いて、訪ねただけだ」と答えた。さらに、警察がそこで行われていた集会になぜ参加したのかという尋問に対しては、「集会なんてなかった」、「我々は無職だったので、失業者としてお互いに相談していただけである」と答えた。最後に、警察が「他に何か言いたいことは」と聞くと、「何もない」と答えた。その後の尋問でも、集会など行っていない、証拠になるようなものは何も持っていない、何も知らないと、容疑を全面否定した。

いずれにせよ、この一件でチャウシェスクは裁判にかけられた。審理は一九三六年五月二六日から翌月の五日まで行われたが、そこでチャウシェスクは、全国紙にも取り上げられるような事件を起こした。検察側の証人が被告人の一人に不利な証言を行い、裁判官はその被告に十五日間の懲《ちょう》役《えき》を言い渡した。これに対して、チャウシェスクはそれが嘘の証言であると裁判官に抗議したのであった。その抗議はあまりにも激しく、裁判は一時休廷となり、その後は、チャウシェスク不在の中で裁判が再開された。彼に下された判決は、二年半の懲役刑であった。ちなみに、その六か月分は裁判所における彼の「無礼な行為」に対する罰であった。これが十八歳のチャウシェスクにとって初めての収監《しゅうかん》となった。

チャウシェスクが初めて収監された刑務所はブラショフ中央刑務所であった。彼はそこに数か月ほど収監された。この刑務所では、チャウシェスクに対して、共産主義者としての「通過儀礼」が行われた。この刑務所に収監されている古参の共産党員たちは、共産主義思想に感化され、新たに収監されてきた若者たちを「審査」していた。裏切り行為の有無、その有能さなどが調査され、共産党員として適格か否かの判断がなされた。この時、チャウシェスクはこれまでの実績が認められ、「合格」の判定が下り、正式に共産党員の一員として認められたのであった。

共産党の若手幹部への昇格

一九三六年八月になると、チャウシェスクはドフタナ刑務所に移された。この刑務所には、多くの共産主義者が収容されていたが、その中でもギョルゲ・ギョルギュウ・デジが卓越《たくえつ》していた。ドフタナは、当初は囚人にとって劣悪な環境の刑務所であったが、デジは一九三七年八月に抗議運動を組織し、世論も巻き込みながら、面会と差し入れの許可、医者の定期往診、一週間に二度の肉食などの待遇改善を勝ち取った。新聞閲覧《えつらん》やラジオ聴取の「権利」も勝ち取り、刑務所の外の情報を取集することが可能となった。また、共産主義者たちは政治や経済について議論したり、仏語や露語などを教えあったりしていた。このような独房内外の交流の中で、共産主義者たちは独自の共同体的な人的結合を形成し、デジの強力な指導力のもとで、刑務所内において強固な党組織が築かれていった。この待遇改善運動に、チャウシェスクも参加していた。騒ぎを起こす囚人たちに対処する中で、ある看守《かんしゅ》は「一九三七年二月二〇日の朝、政治囚ニコラエ・チャウシェスクは所長や我々を死刑執行人だとか喧嘩《けんか》っ早いだとかと、侮辱《ぶじょく》の言葉を叫び始めた……」と所長に報告している。看守の警告にもかかわらず、罵倒《ばとう》を止めないチャウシェスクは、囚人たちの「扇動者」とし待遇改善運動を盛り上げた。

一九三八年十二月に、チャウシェスクは刑期が満了となり、ドフタナ刑務所から放免された。二一歳を迎えようとしていたチャウシェスクは先輩の共産党員たちと地下活動を行い、翌年の春には、共産主義青年同盟の首都支部の幹部になった。そして、この頃には、チャウシェスクの名前は警察のブラック・リストに書き込まれることになった。警察はブカレストの履物工場や工房で労働組合の勧誘運動を支援していたチャウシェスクを監視し、一九三九年五月に彼を逮捕した。この時、チャウシェスクは数日後に釈放されたが、嘘の住所を供述し、後の捜査をかく乱させた。一九三九年十一月に、チャウシェスクは共産主義青年同盟の中央委員会入りを果たし、ついに共産党の青年部のリーダーの一人になる。

一九四〇年夏に、チャウシェスクは大規模なデモ行進を計画していた。彼は青年労働者たちを組織する立場にあったが、可能な限り人数を集めること、そして「ユダヤ人の陰謀」と言われないためにも、ルーマニア人を必ず集めることを彼らに命じた。そうすれば、もし軍隊が武力に訴えたならば、労働者に銃を向けるルーマニア政府に対してソ連に介入の口実を与え、もし軍事的な弾圧がなければ、デモは成功し、ソ連はルーマニアの民衆が共産主義者であることを知るであろう。それ故に、このデモの参加者はルーマニア人だけに限るのだと。しかし、この計画は事前に警察に漏《も》れ、一九四〇年七月にチャウシェスクは逮捕された。この後、チャウシェスクはジラヴァ刑務所、一九四二年二月からはカランセベシュ刑務所、そして一九四三年八月からはトゥルグ・ジウ刑務所と転々と移りながらも、一九四四年八月まで収監された。もちろん、これらの刑務所の中で、事実上の共産党トップとなっていたデジから信頼を得て、その側近の一人にまで上り詰めていった。

十五歳の頃から始めた共産主義運動は九年におよび、そのうち六年以上の歳月を刑務所で過ごし、シャバにいる時も逮捕の連続であった。そんなチャウシェスクの人生に転機が訪れる。それが、第二次世界大戦末期のルーマニアへのソ連軍の進駐であった。これは、チャウシェスクだけでなく、共産党にとっても飛躍の時期であった。一九四一年に独ソ戦が始まると、ナチ・ドイツの同盟国としてルーマニアもソ連に宣戦布告した。しかし、スターリングラードの戦いにおけるドイツ軍の敗退以降、ソ連軍が巻き返し始めた。東部戦線からソ連軍が侵攻してくる中で、ルーマニアの指導層の間では、いち早く連合国陣営と休戦協定を結び、戦線離脱を模索《もさく》する動きが見られた。つまり、ソ連軍が首都を制圧する前に、ドイツと手を切り、ソ連軍を敵としてではなく、味方として迎い入れることで、戦後の政治的主導権を確保しようとするものであった。他方で、ソ連との交渉における「仲介人」として共産党の協力が不可欠であったために、政治犯に対する恩赦《おんしゃ》とともに、一九四四年八月二二日に、共産党を含めた連立政権が樹立された。このようにして、これまで非合法の下に置かれ、政治犯として収監、あるいは亡命していた共産主義者たちは、一夜にして、政治の主導権を握る立場になったのである。これに乗り遅れまいと、チャウシェスクは、一九四四年八月の初めに、トゥルグ・ジウ刑務所を脱走した。その時、彼は二六歳であった。これ以降のルーマニア政治の激変の中で、この若き政治犯は政治家に転身していくことになる。

政治犯から政治家への転身

刑務所から脱走し、首都に戻ったチャウシェスクは、共産党指導部から新たな任務が与えられた。それは、共産主義青年同盟の長として、共産党の青年部の再組織化をすることであった。ルーマニアでは、戦前・戦中において、青年の多くは極右運動に動員されていたため、チャウシェスクは、大学と学生の「非ファシスト化」を目標に、極右的な学生を追放し、学生の利益に反するファシズムを明らかにし、共産主義思想によって再教育を行うといった主張を展開した。さらに彼は、従来の共産主義運動では重視されてこなかった文化・スポーツなど余暇的な側面を組織に導入した。また、このようにして再建した共産主義青年同盟の組織力を使いながら、チャウシェスクは共産党による権力奪取のための運動にも貢献した。この頃、共産党は、駐留していたソ連軍を背景に、「ブルジョワ政党」を含む連立政権ではなく、共産党を主体とした政権の樹立を要求していた。一九四四年十月二九日に、共産党は労働者と学生を動員し、大規模なデモを実施した。共産党の機関誌によると、七万人が参加したというが、このデモにおいて、チャウシェスクは学生動員の責任者として参加した。このデモの圧力に押されて、当時の首相は内閣改造を行い、デジなどを入閣させ、内閣における「共産党枠」を増やした。しかし、共産党はこれに満足せず、さらに運動を強めていく。チャウシェスクも青年を動員し、これに貢献した。特に、一九四五年二月二四日の共産党によるデモは、死傷者が出るほど激しいものになった。

このような「下から」の突き上げに苦しんでいたルーマニア政府にとどめを刺したのが、ソ連であった。ソ連は、共産党主体の政権樹立を後押しするために、外務次官ヴィシンスキをルーマニアに派遣した。三月六日に、彼は軍事占領地域の割譲《かつじょう》という最後通牒《つうちょう》を突きつけ、国王に対して耕《こう》民戦線《みんせんせん》のペトロ・グローザに組閣を命じさせた。耕民戦線は共産党に協力してきた政党であり、その他の大臣職にも共産党に近い立場の政党の政治家たちが就任した。共産党自身は内務、法務、交通のポストだけであったが、この政権は事実上の共産党政権となった。

このような共産党の「攻勢」の中で、共産党内におけるチャウシェスクの昇進はさらに続く。

一九四五年の夏に、チャウシェスクは首都の第一地区の地区担当に任命された。同地区には主要な工場が立地されながらも、首都の地区の中で最も党員数が少なかった。当時、ブカレストの共産党員数は全体で四二〇〇名程度であったが、ブカレスト支部長は目標として十万人を掲げていた。チャウシェスクはこの党員増加運動を積極的に取り組んだ。この党務における成果、そしてこれまでの実績が買われて、十月の党大会の際に、二七名からなる共産党中央委員の一人に選出された。大会後に、彼はルーマニア南東部のドブルジャ地方副支部長に任命され、そして一九四六年八月には、オルテニア地方支部長に任命された。オルテニア地方は、チャウシェスクの生まれ故郷がある地方である。つまり、故郷に錦を飾ったのであった。

オルテニアにおけるチャウシェスクの主要な任務は、一九四六年十一月に予定されている総選挙のための準備である。彼はさっそく、オルテニア地方の各県の政治勢力を調査し、報告書を共産党中央委員会に提出した。そして、共産党の支持者獲得のために、主要都市において選挙集会を積極的に組織し、時には共産党の有名幹部を招き、集会の盛り上がりを演出した。チャウシェスク自身も共産党の候補者として立候補し、来たる十一月の総選挙に備えた。

この一九四六年十一月の総選挙において、共産党は何が何でも勝利することを目指した。有権者の獲得のために、選挙演説だけでなく、利権もばらまかれた。例えば、グローザ政権は前年三月に公布した土地改革により、五〇ヘクタール以上の土地所有を収用していたが、その土地が貧農たちに無償分配された。また、選挙法を自らの有利に改正し、警察権力によって野党勢力の選挙運動を

1948年の党大会の際の共産主義者たち
中央の人物がギョルギュウ・デジ、
少し空いて右の人物がチャウシェスク(30歳)
(Fotografia #E078, Fototeca online a comunismului românesc,[05.05.2017], Arhiva Institutului de studii istorice si social-politice de pe lânga C.C. al P.C.R., fondul Fotografii, mapa I/166, Bucuresti, februarie 1948. Nicolae Ceausescu în mijlocul unui grup de participanti la Congresul al VI-lea al P.C.R. [febr. 1948]より)

妨害し、さらに選挙結果も不正に操作することで、共産党とその協力政党は投票の八〇%以上を獲得した。もちろん、この選挙でチャウシェスクも議員に当選した。彼は共産党の幹部職だけでなく、「国会議員」という国家の役職も獲得したのであった。この時、チャウシェスクは二八歳であった。

　この総選挙後、ルーマニアの政治構造は大きく変化する。まず、これまでルーマニアの政治を牽引《けんいん》していた政治家たちに対する弾圧が始まった。第二次世界大戦以前に二大政党として支持を獲得していた農民党と自由党は、一九四六年の総選挙での「敗北」の後、巻き返しを模索していた。農民党の幹部は、英米の介入を求め、国外亡命を試みるが、その計画は事前に発覚した。一九四七年七月十四日、彼らはブカレスト近郊から飛行機でまさに亡命する直前で逮捕された。この「陰謀」を理由に、農民党の党首・幹部は一斉逮捕され、同月二九日に党組織も解党させられてしまった。また、マーシャル・プランの導入を求めていた自由党も弾圧に晒《さら》され、一九四七年十一月に解党、その後、同党の幹部は逮捕された。首相経験者も含め、主要な政治家たちは逮捕され、政治犯として刑務所に収監された。ほんの数年前と立場が逆転したのであった。さらに、一九四七年十二月に共産党は国王に退位を迫り、一九四八年三月に新憲法を制定し、ルーマニアは「人民共和国」になった。

一方、チャウシェスクは、一九四八年に労働者党（社民党吸収により共産党が党名改称）の党中央委員候補に「降格」になるが、その後は着実にキャリアを積んでいく。一九四八年三月に農務次官に就任し、一九五〇年には国防次官のポストとともに、少将の軍籍も獲得した。一九五二年には、党中央委員会に返り咲き、一九五四年に政治局員に選出された。そして、一九六五年に、ルーマニアの事実上の国家元首である共産党第一書記に就任した。この時、チャウシェスクは四七歳、十五歳から三二年間叩き上げられた若き指導者の誕生であった。

⊙参考文献

Betea,Lavinia,et.al,*Viata lui Ceausescu. Ucenicul Partidului*, adevarul,2012.

Diac,Cristina,Nicolae Ceaușescu (1918-1989), Arhivele totalitarismului,an.26,nr.58-59(1-2),2008.

木戸蓊『バルカン現代史』（「世界現代史」、山川出版社、一九七七年）

草間吾一訳『ニコラエ・チャウシェスク―平和と国際協力の政策』（恒文社、一九七二年）

【執筆者略歴】（掲載順）

菊地重仁（きくち しげと）
一九七六年、秋田県生まれ。二〇一三年、ミュンヘン大学博士課程修了(Dr. phil.)。現在、青山学院大学准教授。主要論文：「複合国家としてのフランク帝国における『改革』の試み：カール大帝皇帝戴冠直後の状況を中心に」(『西洋中世研究』)、「中心と周縁を結ぶ：カロリング朝フランク王国における命令伝達・執行の諸相について」(『西洋史研究　新輯』)、"Representations of monarchical 'highness' in Carolingian royal charters" (*Problems and Possibilities of Early Medieval Charters*, ed. by J. Jarrett & A. S. McKinley); "Carolingian capitularies as texts: significance of texts in the government of the Frankish kingdom especially under Charlemagne" (*Configuration du texte en histoire*, ed. by O. Kano)など

木下憲治（きのした けんじ）
北海道生まれ。北海道大学大学院文学研究科博士後期課程修了。現在、北海道大学大学院文学研究科専門研究員、北海学園大学・北海道教育大学・札幌学院大学・北星学園大学・酪農学園大学非常勤講師。主要論文：「カロリング期におけるエリートと武器授与の儀礼」(『西洋史学』第二三五号)、「ハルミスカラとカロリング期のエリート」(『法制史研究』第六四号)

荒木洋育（あらき よういく）
一九六八年、ニューヨーク生まれ。二〇〇二年、東京大学大学院博士課程修了・学位取得(文学博士)。現在、慶應義塾大学・日本大学・東邦音楽大学・武蔵野学院大学・武蔵野短期大学兼任講師。主要論文：「『アングロ＝ノルマン王国』崩壊期のイングランド国王財政とクロス＝チャネル＝バロンズ」(『史学雑誌』)、「『アングロ＝ノルマン王国』崩壊期における国王とクロス・チャネル・バロンズ」(『西洋史学』)、「ジョン治世初期のイングランド国王行政の再評価」(『歴史学研究』)、「マグナ＝カルタを公認した英王ジョンの虚像と実像」(『日欧比較文化研究』)、「リチャード一世・ジョン期イングランドの統治構造と教皇との関係」(『日欧比較文化研究』)

井上みどり（いのうえ みどり）
東京都生まれ。学習院大学文学部史学科卒業、東京大学大学院総合文化研究科博士課程単位取得退学。論文：「中世盛期ドイツ領主社会における人的結合関係」(『学習院史学』)

林　亮（はやし りょう）
一九七八年、神奈川県生まれ。二〇一三年、日本大学大学院文学研究科博士後期課程外国史専攻修了。博士(文学)。現在、日本大学非常勤講師。主要論文：「中世盛期フランス王領地における騎士身分の形成」(『史叢』七八号)、「中世キリスト教指導者層による騎士理念の構築と称揚」(『日本大学文理学部人文科学研究所　研究紀要』八一号)

藤井真生（ふじい まさお）
一九七三年、長野県生まれ。二〇〇七年、京都大学大学院文学研究科指導認定退学。博士(文学)。現在、静岡大学人文社会科学部教授。主要著書・論文：『中世チェコ国家の誕生』、『中世仕事図絵』(翻訳)、「カレル四世の『国王戴冠式式次第』にみる伝統と国王理念の変容」(『断絶と新生』)、「外国人に官職を与えるな」(『コミュニケーションから読む中近世ヨーロッパ史』)、「イタリア司教の目に映った一五世紀のチェコ」(『地中海世界の旅人』)、「中世チェコにおけるアルコール飲料」(『都市歴史博覧』)

関哲行（せき てつゆき）
一九五〇年、茨城県生まれ。一九八三年、上智大学大学院文学研究科博士課程満期退学。現在、流通経済大学社会学部教授。主要著書：『スペインのユダヤ人』、『スペイン巡礼史』、『旅する人びと』、『中世環地中海圏都市の救貧』(共著)、『断絶と新生』(共著)、『忘れられたマイノリティ』(共著)

三浦清美（みうら きよはる）
一九六五年、埼玉県生まれ。一九九三年、東京大学大学院人文科学研究科ロシア文学専攻修了。博士（文学）。現在、電気通信大学共通教育部教授。主要著書・論文：『ロシアの源流』、『ロシア文化の方舟』（編著）、「『ボリスとグレープについての物語』における語句、《НЕДОУМѢЮЩЕ, ЯКО ЖЕ БѢ ЛЕПО ПРЕЧЬСТЬНѢ》の解釈について—中世ロシアにおけるキリスト教と異教の融合過程の研究」（『スラヴ研究』）、「終末論としてのローマ—『モスクワ第三理念』をめぐって」（甚野尚志・踊共二編『中近世ヨーロッパの宗教と政治』）、「ロシア正教会の刷新とその挫折—ロシア古儀式派の源流」（甚野尚志・益田朋幸編『ヨーロッパ文化の再生と革新』）

後藤秀和（ごとう ひでかず）
一九七三年、千葉県生まれ。二〇〇〇年、学習院大学人文科学研究科史学専攻博士前期課程修了。元、学習院大学文学部助手。現在、慶應義塾大学・日本大学他にて非常勤講師。主要論文：「聖界領邦ザルツブルクとその世俗化」（大津留厚・水野博子・河野淳・岩崎周一編『ハプスブルク史研究入門』）、「一八七四年サルツブルク市営屠畜場の成立」（『高崎商科大学紀要』）

馬渕彰（まぶち あきら）
一九六四年、静岡県生まれ。二〇〇〇年、ケンブリッジ大学・大学院Ph.Dコース、歴史学研究科修了。現在、日本大学法学部教授。主要著書・論文：『オックスフォード　ブリテン諸島の歴史（第九巻　一八一五—一九〇一）』（共訳）、「一九世紀後半の政治問題でのメソディスト諸派の基本方針とその影響：メソディスト派定期刊行物上の国教制度廃止運動の関連記事を中心に」（『キリスト教史学』二〇一四）、「一八七〇年代イギリス農業労働者の組合活動と教会—イースト・アングリア地方の『メソジスト派神話』再考」（『桜文論叢』二〇一一年）、「アレヴィ・テーゼ再訪：E.P.トムソン『イングランド労働者階級の形成』以後の論争を中心に」（『ウェスレー・メソジスト研究』二〇〇六年）、「チャールズ・ウェスレー：福音と出遭った詩人」（『福音主義神学』二〇〇四年）、「ジョン・ウェスレーとピューリタン」（『ウェスレー・メソジスト研究』二〇〇三年）

嶋中博章（しまなか ひろあき）
一九七六年、北海道生まれ。二〇〇九年、関西大学大学院博士課程後期課程修了。現在、関西大学文学部助教。主要著書：『太陽王時代のメモワール作者たち』、『フランス王妃列伝』（共編著）

黛秋津（まゆずみ あきつ）
一九七〇年、東京都生まれ。二〇〇四年、東京大学大学院総合文化地域文化研究専攻博士課程単位取得満期退学。博士（学術）。現在、東京大学大学院総合文化研究科准教授。主要著書・論文：『三つの世界の狭間で—西欧・ロシア・オスマンとワラキア・モルドヴァ問題』、「黒海国際関係の歴史的展開—二〇世紀初頭まで」（六鹿茂夫編『黒海地域の国際関係』）、「オスマン帝国における附庸国と『宗主権』の出現—ワラキアとモルドヴァを例として」（岡本隆司編『宗主権の世界史—東西アジアの近代と翻訳概念』）、「ロシアのバルカン進出とキュチュク・カイナルジャ条約（一七七四年）—その意義についての再検討」（『ロシア・東欧研究』第三七号、二〇〇九年）、「ロシア・オスマン関係の中のワラキア・モルドヴァ公問題—一八世紀後半から一九世紀初頭まで—」（『史学雑誌』一一三—三、二〇〇四年）

山中聡（やまなか さとし）
一九七八年、京都府生まれ。二〇一〇年、京都大学大学院文学研究科博士後期課程修了。現在、東京理科大学理学部第一部講師。主要論文：「共和国フランスは神を求める」（山﨑耕一・松浦義弘編『フランス革命史の現在』）、「第二次総裁政府期の立法府による共和暦の再普及と旬日祭典の再編」（『西洋史学』二〇一二年）、「第一次総裁政府期の敬神博愛教」（『西洋史学』二〇〇九年）

高草木邦人（たかくさき くにひと）
一九七六年、群馬県生まれ。二〇一〇年、日本大学大学院文学研究科博士後期課程修了。博士（文学）。現在、日本大学非常勤講師。主要著書・論文：「二十世紀初頭のルーマニアにおける選挙権改革」（『東欧史研究』）、『歴史学と、出会う』（共著）、『歴史を社会に活かす：楽しむ・学ぶ・伝える・観る』（共著）、『せめぎあう中東欧・ロシアの歴史認識問題―ナチズムと社会主義の過去をめぐる葛藤』（共著）

川上 英（かわかみ えい）
一九七九年、英国生まれ。二〇一一年、東京大学大学院総合文化研究科博士課程単位取得満期退学。現在、慶應義塾大学商学部専任講師。主要論文："El cooperativismo y la industria chiclera en la época posrevolucionaria", *Mexican Studies/Estudios Mexicanos* 33(1), 2017; "Intermediario entre dos mundos: Francisco May y la mexicanización de los mayas rebeldes", *Historia Mexicana* 62(3), 2013;「反乱マヤ集団の対外戦略―『ユカタン・カスタ戦争』再考」（『イベロアメリカ研究』三六(二)、二〇一五年）

姉川雄大（あねがわ ゆうだい）
一九七四年、千葉県生まれ。二〇〇八年、千葉大学大学院修了。現在、青山学院大学非常勤講師・千葉大学アカデミック・リンク・センター特任講師・明治学院大学非常勤講師。主要著書・論文：『せめぎあう中東欧・ロシアの歴史認識問題―ナチズムと社会主義の過去をめぐる葛藤』（共著）、『教育支援と排除の比較社会史―「生存」をめぐる家族・労働・福祉―』（共著）、『福祉国家と教育―比較教育社会史の新たな展開に向けて―』（共著）、「戦間期ハンガリーにおける国民化政策の反自由主義化―学校外体育義務制度（レヴェンテ制）の失敗と転換―」（『歴史学研究』）

上垣豊（うえがき ゆたか）
一九五五年、兵庫県生まれ。一九八五年、京都大学大学院博士課程学修退学。現在、龍谷大学法学部教授。主要著書：『規律と教養のフランス近代―教育史から読み直す―』、『ナポレオン―英雄か独裁者か』、『大学で学ぶ西洋史［近現代］』（共著）、『近代フランスの歴史―国民国家形成の彼方に』（共著）、『世界歴史大系　フランス史二』（共著）、ピエール・ノラ編『記憶の場―フランス国民意識の文化＝社会史（第一巻）』（共訳）など

川村清夫（かわむら すがお）
一九五八年、東京都生まれ。一九八二年、上智大学文学部卒業。一九八五年、上智大学大学院博士前期課程修了。一九九九年、米国インディアナ大学大学院にてPh.D.を取得。専攻は東欧近代史。現在、バベル翻訳大学院アソシエイト・プロフェッサー。主要著書・論文：『オーストリア・ボヘミア和協―幻のハプスブルク帝国改造構想』、『プラハとモスクワのスラヴ会議』、*The Bohemian State-Law And the Bohemian Ausgleich*、『ターフェとバデーニの言語令―ハプスブルク帝国とチェコ・ドイツ民族問題』、「英語圏におけるハプスブルク帝国史研究の動向」（『上智史学』第四七号、二〇〇二年）、「ヨーロッパの後継諸国におけるハプスブルク帝国史の研究動向」（『上智史学』、二〇〇五年）。

中野博文（なかの ひろふみ）
一九六二年、福岡県生まれ。一九九三年、学習院大学大学院政治学研究科博士後期課程修了。現在、北九州市立大学外国語学部教授。主要著書・論文：『ヘンリ・アダムズとその時代』、「揺れ動くアメリカの市民像」（『アメリカ研究』五一号、二〇一七年）、「危機のなかの自由主義」（『アメリカ史研究』No.三五、二〇一二年）、「二〇世紀アメリカ民主政への接近視角」（金井光太朗編『愛国心とアイデンティティ』）、「人種と権利政治」（川島正樹編『「人種」とアメリカニズム』）

半谷史郎（はんや しろう）
一九六八年、愛知県生まれ。二〇〇一年、東京大学大学院総合文化研究科修了、博士（学術）。現在、愛知県立大学外国語学部准教授。主要訳書：アレクセイ・ユルチャク『最後のソ連世代』、ディビッド・ウルフ『ハルビン駅

警察史研究の成果と課題」(『三田学会雑誌』一〇〇巻二号、二〇〇七年七月)、「連合軍進駐直後におけるドイツ警察の治安実践と住民感情―ゲルゼンキルヒェン市警が『特記』した外国人犯罪(一九四五年)」(『三田学会雑誌』一〇二巻三号、二〇〇九年一〇月)、「連合軍占領期のドイツ警察と社会秩序―ゲルゼンキルヒェン市警による『闇市活動撲滅』の現場から(一九四六―四八年)」(『ゲシヒテ』第四号、二〇一一年三月)、「連合軍占領期のドイツにおける警察実践―ゲルゼンキルヒェン市の事例(一九四六―五一年)」(『現代史研究』第五七号、二〇一一年一二月)、「国立公文書館所蔵『戦争犯罪裁判関係資料』の形成過程とBC級戦争裁判研究の可能性」(『歴史学研究』No.九四五、二〇一六年五月)、「デートレフ・ポイカート/木村靖二・山本秀行訳『ナチスドイツ―ある近代の社会史』」(『歴史学と、出会う』)

伊藤嘉彦(いとうよしひこ)

一九七七年、北海道生まれ。二〇一七年、拓殖大学大学院国際協力学研究科安全保障専攻博士後期課程卒業。博士(安全保障)。現在、外務省外交記録・情報公開室記録審査員。主要論文:「ドイツ連邦議会選挙と欧州情勢の行方」『ドイツ連邦政府による難民問題への対応と課題』「武器輸出に関するドイツの取り組み」など

へ』、テリー・マーチン『アファーマティヴ・アクションの帝国』

金田敏昌(かねだとしまさ)

一九七七年、奈良県生まれ。二〇一〇年、慶應義塾大学大学院経済学研究科後期博士課程単位取得退学。現在、外務省大臣官房総務課外交記録・情報公開室記録審査員及び、大阪経済法科大学アジア太平洋研究センター(CAPP)客員研究員。主要著書・論文:「ドイツにおける